国家"双高"建设项目系列教材

地理信息技术及其应用

主 编 常德娥 吴春华 张金兰

西南交通大学出版社
·成 都·

图书在版编目（CIP）数据

地理信息技术及其应用 / 常德娥，吴春华，张金兰
主编. -- 成都：西南交通大学出版社，2023.10
国家"双高"建设项目系列教材
ISBN 978-7-5643-9510-0

Ⅰ.①地… Ⅱ.①常… ②吴… ③张… Ⅲ.①地理信息系统－高等职业教育－教材 Ⅳ.①P208.2

中国国家版本馆 CIP 数据核字（2023）第 196043 号

国家"双高"建设项目系列教材

Dili Xinxi Jishu ji Qi Yingyong
地理信息技术及其应用
主编　常德娥　吴春华　张金兰

责 任 编 辑	何明飞
封 面 设 计	何东琳设计工作室
出 版 发 行	西南交通大学出版社
	（四川省成都市金牛区二环路北一段 111 号
	西南交通大学创新大厦 21 楼）
发行部电话	028-87600564　028-87600533
邮 政 编 码	610031
网　　　址	http://www.xnjdcbs.com
印　　　刷	四川森林印务有限责任公司
成 品 尺 寸	185 mm × 260 mm
印　　　张	17
字　　　数	423 千
版　　　次	2023 年 10 月第 1 版
印　　　次	2023 年 10 月第 1 次
书　　　号	ISBN 978-7-5643-9510-0
定　　　价	54.00 元

课件咨询电话：028-81435775
图书如有印装质量问题　本社负责退换
版权所有　盗版必究　举报电话：028-87600562

前　言

地理信息科学是理论、技术与应用三者结合的科学，地理信息产业在半个多世纪以来取得了长足的发展，广泛应用于资源调查、环境评估、灾害预测、国土管理、城市规划、邮电通信、交通运输、军事公安、水利电力、公共设施管理、农林牧业、统计、商业金融等领域。

自 20 世纪 60 年代 GIS 诞生以来，它的科学内涵不断深化，技术水平日益完善，解决实际应用问题的能力不断提高。GIS 技术的发展对 GIS 专业教材的需求日益增加，同时对 GIS 专业人才的需求也提出了更高的要求。

党的二十大报告指出："培养造就大批德才兼备的高素质人才，是国家和民族长远发展大计。功以才成，业由才广。加快建设国家战略人才力量，努力培养造就更多大师、战略科学家、一流科技领军人才和创新团队、青年科技人才、卓越工程师、大国工匠、高技能人才。"

为深入贯彻落实二十大报告精神，编者根据二十大报告和《高等学校课程思政建设指导纲要》等文件精神，紧紧围绕"培养什么人、怎样培养人、为谁培养人"这一教育的根本问题，以落实立德树人为根本任务，以学生综合职业能力培养为中心，以培养卓越工程师、大国工匠、高技能人才为目标，结合 GIS 技术的发展、院校教学及企业用人新需求，整合多年教学资源，在校编教材《地理信息技术及应用》基础上，总结"GIS 技术及应用省级精品开放课"建设和近年来在 GIS 教学和科研中的经验编写了本书。本书力求系统科学、简明易读，通过项目导向、任务驱动、知识点与技能点相结合，深入浅出地向读者介绍当前 GIS 技术的主要内容和关键技术，努力服务于 GIS 初学者。

本书采用 ArcGIS10.6 操作软件进行 GIS 操作技能的讲解，以项目组织教学内容，以任务驱动推进课程学习。教材从 GIS 概述、GIS 数据获取、GIS 数据表达、GIS 数据转换与处理、GIS 数据查询与分析、GIS 数据可视化与地图制图 6 个项目，介绍 GIS 技术所包含的知识及技能。以任务驱动知识点、技能点学习，理论实践一体化，实现"学中做，做中学"。本书配套立体化的教学资源，适宜实施信息化教学。通过学习本书，可以初步掌握空间数据输入、编辑、处理、分析和输出的基本技能，强化实践操作能力和初步解决实际问题的基本能力。

本书是国家"双高"建设项目系列教材、广东工贸职业技术学院高等职业教育测绘地理信息类"十四五"规划教材，由常德娥、吴春华、张金兰共同编写。常德娥负责编写项目一、项目二、项目三，并进行全书统稿；吴春华负责编写项目四、项目五，并负责校核；张金兰负责编写项目六。

在本书的编写过程中，广泛参阅并引用了国内外有关文献资料，以及 ArcGIS 帮助文档和 ESRI 公司的各种资料，同时也得到了诸多老师们的帮助，在此表示衷心的感谢。

由于水平有限和时间仓促，书中难免会有不足和疏漏之处，恳请广大读者和专家提出宝贵修改意见，在今后的教学和科研中，不断充实和完善本书。

编 者

2023 年 4 月于广州

目　录

项目一　GIS 概述 ··· 001
　任务一　GIS 简介 ··· 002
　　知识点一　认识 GIS ··· 002
　　知识点二　体验 GIS ··· 007
　任务二　GIS 软件 ··· 009
　　知识点一　常用 GIS 软件 ·· 009
　　技能点一　认识 ArcMap 图形用户界面 ······································· 012
　　技能点二　使用 ArcMap 打开地理数据 ······································· 016
　　技能点三　使用 ArcMap 浏览地理数据 ······································· 020
　　技能点四　使用 ArcMap 显示地理数据 ······································· 024

项目二　GIS 数据获取 ··· 031
　　知识点一　GIS 数据源及获取方法 ··· 032
　　技能点一　共享数据的获取方法 ·· 034

项目三　GIS 数据表达 ··· 041
　任务一　地物的空间位置表达 ··· 042
　　知识点一　如何表达地球——地球椭球体 ···································· 042
　　知识点二　如何表达地物位置——坐标系 ···································· 046
　　技能点一　认识 ArcGIS 中的坐标系 ··· 052
　　技能点二　定义数据坐标系 ·· 056
　　技能点三　投影变换 ··· 060
　　技能点四　栅格数据地理配准 ·· 068
　　技能点五　矢量数据空间校正 ·· 074
　任务二　地物的几何特征表达 ··· 086
　　知识点一　地物的几何特征 ·· 086
　　知识点二　地物几何特征的表示方法 ··· 088
　　技能点一　ArcGIS 矢量数据格式 ··· 091
　　技能点二　ArcGIS 矢量数据的创建 ·· 094
　　技能点三　ArcGIS 矢量数据格式转换 ··· 102
　　技能点四　空间数据基本编辑 ·· 107
　　技能点五　空间数据其他编辑 ·· 117
　　技能点六　要素矢量化 ·· 122
　　技能点七　属性数据编辑 ··· 126

技能点八　属性连接 ··· 131
　　　技能点九　属性计算与汇总 ··· 138
　任务三　地物的相对关系表达 ··· 146
　　　知识点一　地物间的相对关系 ··· 146
　　　技能点一　ArcGIS 中的拓扑 ·· 147
　　　技能点二　拓扑的构建与编辑 ··· 152

项目四　GIS 数据转换与处理 ··· 161
　任务一　GIS 数据转换 ··· 162
　　　知识点一　GIS 数据转换 ·· 162
　　　技能点一　CAD 数据转换 ·· 165
　　　技能点二　坐标数据转换 ··· 170
　　　技能点三　要素类型转换 ··· 178
　　　技能点四　数据结构转换 ··· 183
　任务二　GIS 数据处理 ··· 186
　　　知识点一　数据的裁剪与拼接 ··· 186
　　　技能点一　矢量数据裁剪 ··· 189
　　　技能点二　矢量数据分割 ··· 193
　　　技能点三　矢量数据合并 ··· 197
　　　技能点四　矢量数据融合 ··· 201
　　　技能点五　栅格数据镶嵌 ··· 205
　　　技能点六　栅格数据裁剪 ··· 209

项目五　GIS 数据查询与分析 ··· 212
　任务一　GIS 数据查询 ··· 213
　　　知识点一　空间数据查询 ··· 213
　　　技能点一　属性查询 ·· 217
　　　技能点二　空间查询 ·· 222
　任务二　GIS 数据分析 ··· 226
　　　知识点一　空间数据分析 ··· 226
　　　技能点一　创建缓冲区 ·· 231
　　　技能点二　择房分析 ·· 241
　　　技能点三　道路占地统计分析 ··· 245

项目六　GIS 数据可视化与地图制图 ·· 249
　　　知识点一　GIS 数据可视化 ·· 250
　　　知识点二　地图内容 ·· 253
　　　技能点一　符号化显示 ·· 255
　　　技能点二　地图输出 ·· 258

参考文献 ·· 265

项目一　GIS 概述

 学习目标

知识目标

（1）理解什么是 GIS。
（2）掌握 GIS 的组成。
（3）熟悉地理数据的特点。
（4）了解 GIS 的功能。
（5）体验 GIS 的应用。
（6）了解常用的 GIS 软件。

技能目标

（1）认识 ArcMap 图形用户界面。
（2）学会使用 ArcMap 打开地理数据。
（3）熟练使用 ArcMap 浏览地理数据。
（4）能够使用 ArcMap 显示地理数据。

素养目标

（1）了解我国 GIS 技术的发展历程，增强民族自豪感。
（2）了解我国具有自主知识产权的 GIS 软件，增强民族自信心。
（3）了解 GIS 在社会民生热点中的应用，保持敏锐的洞察力。
（4）了解 GIS 的前沿发展热点，初步养成对 GIS 事业的热诚。

任务一　GIS 简介

知识点一　认识 GIS

一、什么是 GIS

（一）GIS 的发展历程

1. 国际 GIS 的发展历史

GIS 起源于 20 世纪 60 年代。1962 年，"GIS 之父"罗杰·汤姆林森（Roger Tomlinson）最先在其工作报告中使用了 GIS 技术。1963 年，在他的主导下开发完成了世界上第一个真正投入应用的地理信息系统 CGIS。1968 年，在其发表的科学论文《区域规划的地理信息系统》（A Geographic Information System for Regional Planning）中第一次提出了 GIS（Geographic Information System）的概念。

GIS 巩固于 20 世纪 70 年代，至 80 年代随着 GIS 应用领域的不断扩大，迅速掀起了研究热潮；90 年代是 GIS 全面应用、产业化发展阶段。今日，随着应用的不断扩大与深化，GIS 已经发展成为一个独特的研究与应用领域，并成为一个全球性的重要行业。

2. 国内 GIS 的发展状况

我国 GIS 起步虽然较晚，发展势头却相当迅猛。

我国到 20 世纪 70 年代末，国内的 GIS 先驱们看到了 GIS 的广阔前景和重要性，才提出开展 GIS 研究的倡议。进入 80 年代后，GIS 研究与应用迅速发展，在理论探索、规范探讨、实验技术、软件开发、系统建立、人才培养和区域性试验等方面都取得了突破和进展。80 年代末，武汉测绘科技大学在摄影测量与遥感专业的基础上建立了信息工程专业，使我国 GIS 基本人才的培养纳入正轨。1994 年 4 月，我国专门成立了"中国 GIS 协会"，此后又成立了"中国 GIS 技术应用协会"，加强了国内各种 GIS 学术交流，研制推出了 Geostar、Citystar、MapGIS 等具有自主版权的 GIS 软件。

如今，随着 GIS 市场化的快速发展，GIS 已经渗透到人们生活的方方面面。人们不管是要去到一个地方，还是要寻找某条生活信息，总是喜欢先在地图上搜一搜。从人们的吃喝住行对于"电子地图"的依赖程度，可以看出，空间思维已经内化为人们生活习惯的一部分了。

也正是在这样的大背景下，一个以往或许只有科研院所的专业人员才会关注的应用领域，逐渐揭开了其神秘的面纱，以一副平易近人的面孔，走近寻常百姓的生活。

（二）GIS 的概念

维基百科对 GIS 是这样定义的：它是一门综合性学科，结合地理学与地图学，已经广泛地应用在不同的领域，是用于输入、存储、查询、分析和显示地理数据的计算机系统。

百度百科关于 GIS 的定义：它是一种特定的十分重要的空间信息系统。它是在计算机硬、软件系统支持下，对整个或部分地球表层（包括大气层）空间中的有关地理分布数据进行采集、储存、管理、运算、分析、显示和描述的技术系统。

（三）GIS 概念的转化

随着时代的发展与科技的进步，GIS 技术在不断发展与深化，人们对 GIS 的理解也在不断深入，GIS 的内涵也在不断拓展，对于 GIS 概念的理解也经历了不同的转化阶段。

1968 年，罗杰·汤姆林森最早提出 GIS 的概念，他将 GIS 定义为 Geographic Information System，即地理信息系统，是一种收集与处理地理数据的计算机技术系统，强调其对地理数据的管理和分析能力。

地理信息系统的进一步发展与深化需要新的科学研究成果作为"原动力"，地理信息科学的概念应运而生。1992 年 Michael F. Goodchild 提出了 Geographic Information Science 的概念，即地理信息科学（广义上的地理信息系统，是一个具有理论和技术的科学体系）。与地理信息系统相比，它更加侧重于将地理信息视作为一门科学，而不仅仅是一个技术实现。GIS 作为一个工具，在帮助人们了解世界的构成和运行的同时，也是社会和环境科学交叉的一门学科。因此 Michael F. Goodchild 认为 GIS 是一门关于位置的科学。

随着遥感技术、信息技术、互联网技术、计算机技术等的应用和普及，1998 年诞生了 Geographic Information Service 的概念，即地理信息服务，GIS 以新的应用模式继续发展。地理信息系统已经从单纯的技术型和研究型逐步向地理信息服务层面转化，如导航需要催生了导航 GIS 的诞生，GIS 成为人们日常生活中的一部分。

现如今，随着 GIS 应用领域的不断扩大与内涵的深化，GIS 已成为人们生产、生活、学习和工作中不可或缺的工具。GIS 已不再是地理学领域的独享技术，而成为大众化的通用技术，进入千行百业。

随着新型测绘的赋能以及实景三维中国的建设，中国 GIS 应用全面进入三维时代。城市信息模型建设将带动 GIS 应用从相对宏观的地理空间进入相对微观的建成环境，GIS 将成为真正意义上的"空间信息系统"。随着 GIS 不断深入社会生活，GIS 的社会属性将不断进行拓展（郭仁忠，2022（第五届）GIS 软件技术大会）。

二、GIS 的组成

一个完整的 GIS 系统，应由硬件系统、软件系统、地理数据和 GIS 人员组成，如图 1-1-1 所示。

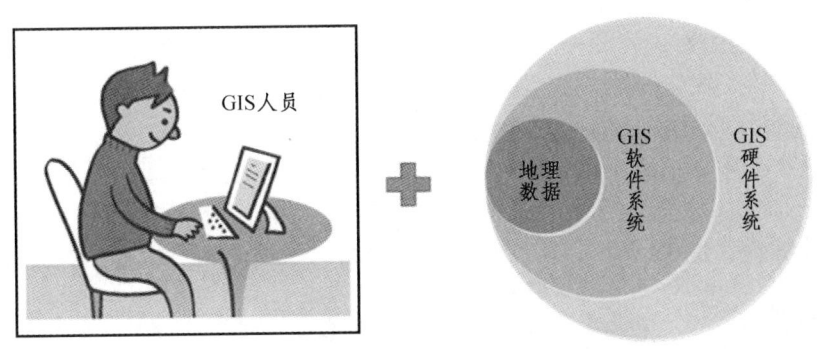

图 1-1-1　GIS 系统组成

（1）硬件系统：包括计算机及用于空间数据输入、数据存储、数据处理及信息输出的计算机硬件设备。

（2）软件系统：包括支持计算机正常运行的系统软件和 GIS 专用软件。

（3）地理数据：是 GIS 系统的核心内容，整个 GIS 系统都是围绕着地理数据展开的。

（4）GIS 人员：即受过专业训练并具备相关技能的 GIS 从业人员，其构成如图 1-1-2 所示。

图 1-1-2　GIS 从业人员

（一）地理数据

地理数据是直接或间接关联着相对于地球的某个地点的数据，是表示地理位置、分布特点的自然现象和社会现象的诸要素文件。它包括自然地理数据和社会经济数据，如土地覆盖类型数据、地貌数据、土壤数据、水文数据、植被数据、居民地数据、河流数据、行政境界及社会经济方面的数据等。

地理数据是各种地理特征和现象间关系的符号化表示，是与地理环境要素有关的物质的数量、质量、分布特征、联系和规律等的数字、文字、图形和图像等的总称，它包括空间数据、属性数据、时态数据三部分。

1. 空间数据

空间数据指空间地物的位置、形状和大小等几何特征，以及与相邻地物的空间关系。空间位置又可以表达为绝对位置和相对位置。

绝对位置是指地物的坐标位置，如地物的经纬度坐标；相对位置即地物间的空间关系，如不同地物在空间上的距离、邻接、重叠、包含等。

【实例】用空间数据描述图 1-1-3 中地物的几何特征及相对关系。

房屋和泳池应使用矩形符号抽象描述其几何特征及相对位置，其中矩形符号的大小描述房屋、泳池占地面积的相对大小；用点符号表达滑梯和长椅的相对位置，忽略其几何特征。

2. 属性数据

属性数据又称为非空间数据，是对空间地物特征的描述数据，如道路名称、等级、长度、宽度等。属性数据包含两层含义：地物的类别和地物的特征。

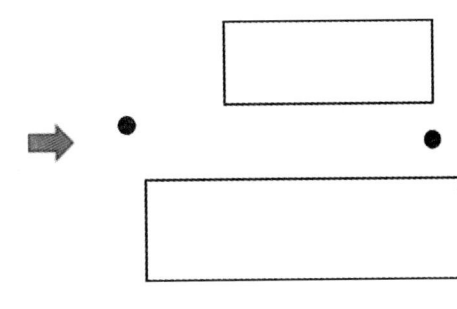

图 1-1-3 地物的空间数据表达

【实例】用属性数据描述图 1-1-3 中地物的属性特征。

首先描述地物的类别，如房屋、泳池、滑梯、长椅，然后描述每一类地物的具体特征。构成地物的属性数据，如图 1-1-4 所示。

房屋的属性数据：类型、结构、层数、面积、地址等。

泳池的属性数据：类型、面积等。

滑梯的属性数据：高度、材质等。

长椅的属性数据：长度、材质等。

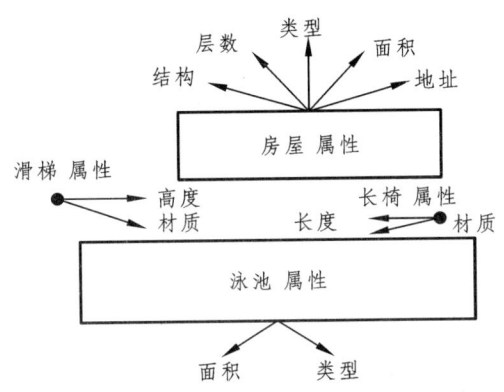

图 1-1-4 地理数据的属性数据

3．时态数据

时态数据是指地理数据采集或地理现象发生的时间或时段，展示空间地物随时间的动态发展变化特征，图 1-1-5 展示了鄱阳湖水域面积随时间的变化情况。

综上所述，地理空间数据可以看作是空间数据、属性数据和时态数据三部分之和，即

$$\text{地理数据}=\text{空间数据}+\text{属性数据}+\text{时态数据}$$

属性数据和时态数据合起来描述地理数据的非空间组成部分，有时将其统称为非空间数据。

时态数据目前应用得还不多，由于现在一般的 GIS 系统还没有达到时态空间数据模型的层次，因此地理数据一般认为是空间数据和属性数据的综合体，如图 1-1-6 所示。

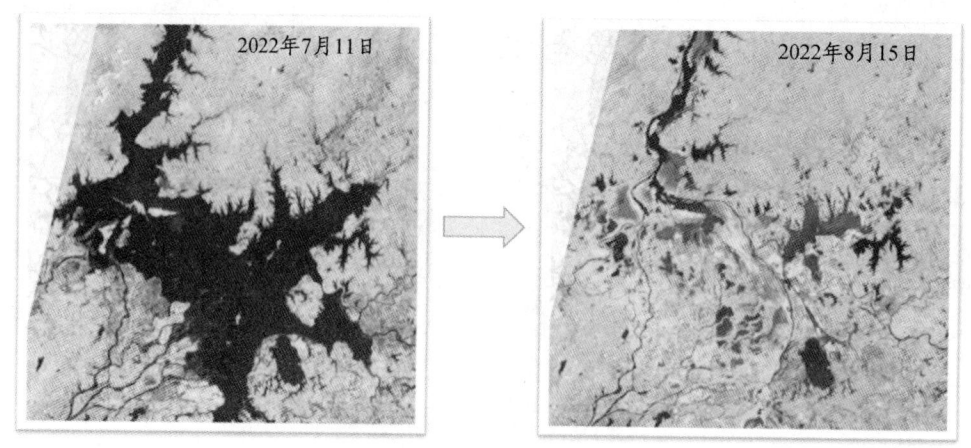

图 1-1-5　鄱阳湖水域面积随时间的变化情况

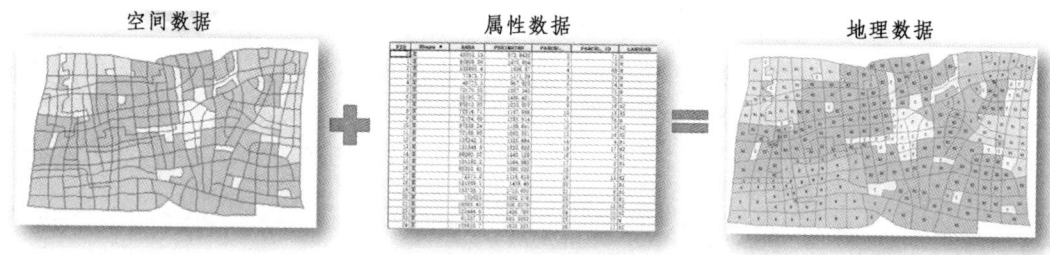

图 1-1-6　地理数据是空间数据和属性数据的综合体

（二）地理数据表达方法

地理数据根据其数据表达方法的不同，可将其分为矢量数据和栅格数据，如图 1-1-7 所示。

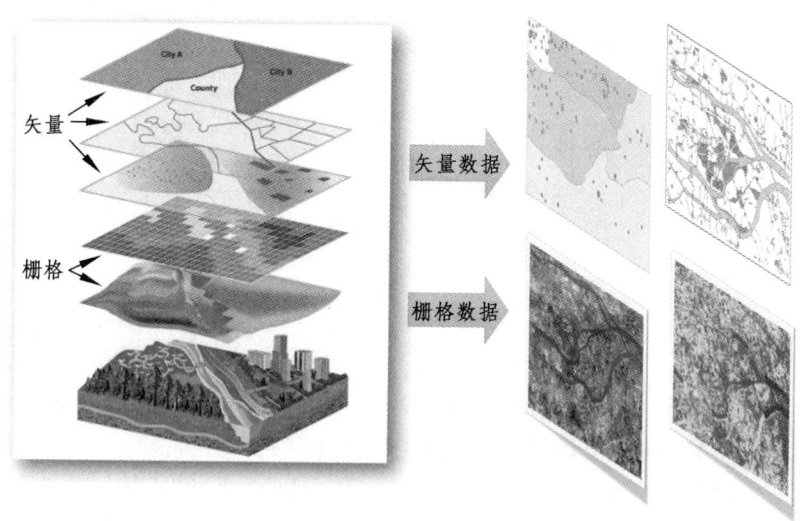

图 1-1-7　矢量数据与栅格数据

知识点二　体验 GIS

一、GIS 的功能

（一）数据采集与编辑

数据采集与编辑是 GIS 的基本功能，包括从不同的数据源中获取数据（包含数字化仪、扫描仪、文本文件以及大多数常用空间数据格式，如导入 CAD 数据、栅格影像图、人口分布数据等），以及数据集构建、空间要素及其属性数据编辑以及坐标系和投影变换等编辑、存储功能。

（二）数据处理

数据处理包括数据格式转换、数据结构转换、数据整合、数据检查等内容。

（三）数据查询

数据查询是 GIS 功能中的一种基本功能，几乎用于所有数据分析，数据查询常见的应用有选择感兴趣的区域、探索空间分布模式、为进一步分析而分类要素、探索空间关系等。

（四）数据分析

数据分析探索地图图层内部和图层之间的空间关系。GIS 空间分析是基于地理对象的位置和形态特征的空间数据分析技术，是 GIS 最核心的功能。常用的空间分析应用包括：

（1）位置分析：分析研究对象的位置、周边环境以及相互关系，挖掘该位置所具有的各种特征。

（2）趋势分析：分析地理事物的演变演化趋势。

（3）模式研究：研究地理事物的空间分布模式、集聚特征以及事物之间的相互关系。

（4）模拟分析：模拟地理现象，模拟某假设条件下，研究对象会发生哪些变化。

（五）专题制图和数据可视化

采用不同方法对地图要素进行符号化处理，以及组合地图图层以用于表达，并使用地图元素来创建地图，然后进行输出打印。

使用 GIS 可根据地理数据迅速制作出各类专题图，并把这些专题图叠加显示进行综合查看。同时，可把复杂的数据通过符号化处理以二维或三维地图的方式直观显示出来，如土地利用数据、人口分布数据、道路数据等，这些被称为数据可视化，其目的是方便用户迅速捕捉到目标信息。

二、GIS 的应用

凡是与空间位置相关的应用都可以采用 GIS 技术，GIS 在各行各业都有了广泛深入的应用见图 1-1-8，尤其在资源环境及城市管理方面发挥了重要作用。例如对海洋油气泄漏进行模拟分析；对红蚁入侵的空间分布及风险进行评估分析；在新冠疫情时期，对疫情的动态分析可视化、空间影响评估、数据空间分析、人员活动轨迹追踪等,为疫情防控预警和防疫决策分析提供辅助和支撑。

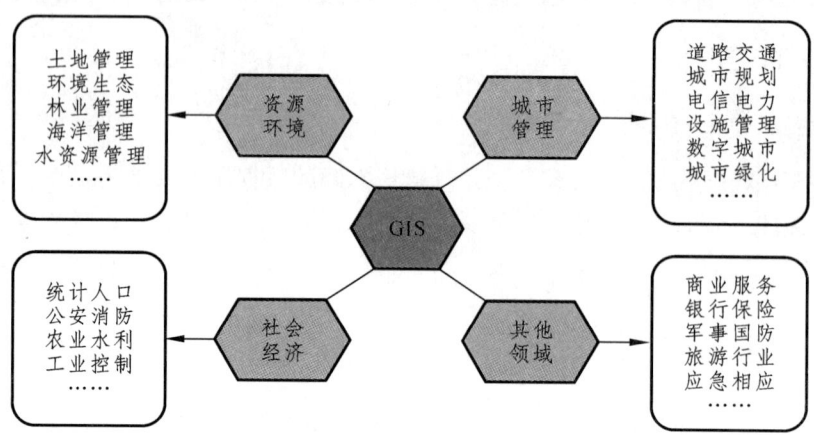

图 1-1-8　GIS 的应用领域

任务二　GIS 软件

知识点一　常用 GIS 软件

一、常用 GIS 软件

GIS 发展至今，国内外均有非常成熟的软件系统。国外比较有代表性的 GIS 商业软件有 ArcGIS、MapInfo、AutoCAD Map 等，国内有代表性的有 MapGIS、SuperMap、GeoStar 以及国产替代化软件 GeoScene 等。

（1）ArcGIS 是目前功能最全、应用最广的 GIS 软件，由美国的 ESRI 公司开发，其分析功能十分强大，但对计算机的运行速度有较高的要求，本书所有技能点操作均基于该软件。

（2）MapInfo 是目前用得比较广泛的 GIS 软件，是由美国 MapInfo 公司开发的，其执行效率较高、操作简单、容易上手，但是分析功能较弱，并且当数据量巨大时，其效率会大幅度下降。

（3）AutoCAD Map 是基于 AutoCAD 的 GIS 软件，由 Autodesk 公司开发。它直接集成到 AutoCAD 环境，因而方便了广大的 AutoCAD 用户上手使用。其具有 GIS 的基本功能和少量的空间分析功能，优势在于数据编辑功能强大、效率高。

（4）MapGIS 是武汉中地信息工程公司开发的 GIS 软件平台，是我国第一套拥有自主知识产权的国产地理信息系统平台软件。它具有完整的桌面端，自然资源与智慧地质是 MapGIS 的优势应用领域，在矿产制图、地质制图方面应用较为广泛。

（5）SuperMap 是北京超图软件股份有限公司开发的，具有完全自主知识产权的大型地理信息系统软件平台。它以二三维一体化技术为基础框架，软件融合了倾斜摄影、BIM、激光点云等三维技术，集成了 WebGL、VR、3D 打印等 IT 新技术，确立了新一代三维 GIS 技术体系，极大推动了三维 GIS 更加广阔和深入的应用。SuperMap 目前主要被作为二次开发的基础平台，许多国内的 GIS 应用系统都是在它的基础上二次开发而来。

（6）GeoStar 是武大吉奥信息技术有限公司研发的 GIS 软件平台，是我国自主版权的三大 GIS 平台之一，主要应用于测绘领域。

（7）GeoScene 是由易智瑞信息技术有限公司打造的新一代国产替代化地理信息平台，它获得了 ArcGIS 技术及知识产权转让，具有中国软件著作权，与 ArcGIS 无缝兼容。

二、ArcGIS 软件

ArcGIS 由美国环境系统研究所（ESRI）开发并销售，具有很长的历史并且经历了很多版本和变化。ArcGIS 最初为大型机应用而开发，近年来发生了翻天覆地的变化，从命令行方式发展为图形用户界面（GUI）系统，变得更加方便易用。数据模型也发生了多次变化，所以 ArcGIS 会有多种不同格式的数据集，如图 1-2-1 所示。

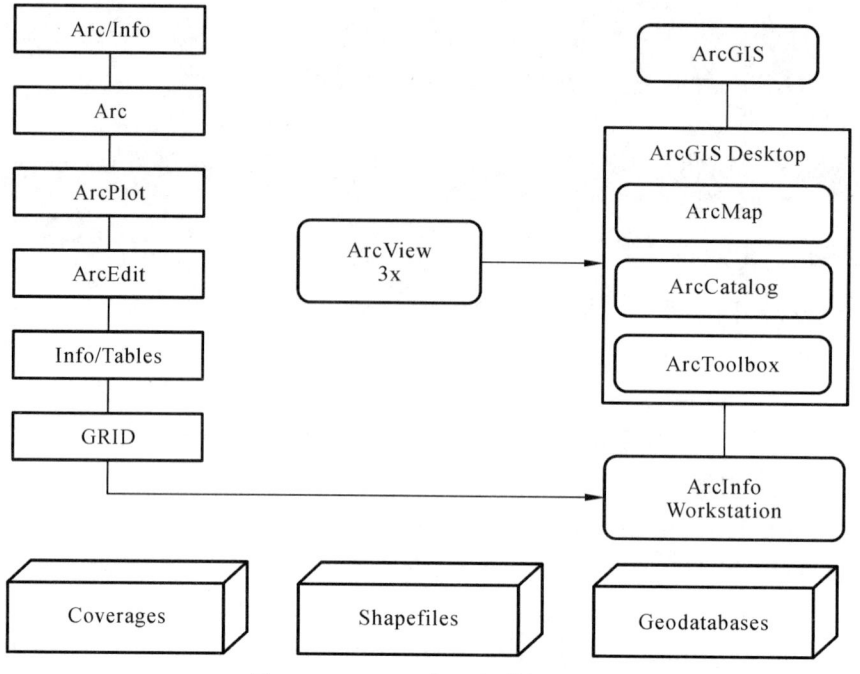

图 1-2-1　ESRI 产品与数据格式

ArcGIS Desktop 发布于 2001 年，综合了 Arc/Info 系统的强大功能和 ArcView 系统的易用界面，包括 ArcMap、ArcCatalog 和 ArcToolbox。

（一）ArcMap

ArcMap 是 ArcGIS Desktop 中的一个主要的应用程序，具有基于地图的所有功能，包括制图、地图分析和编辑。ArcMap 提供两种类型的地图视图：数据视图和布局视图。

数据视图：在数据视图窗口中，可以对图层进行符号化显示、分析和编辑 GIS 数据集。内容列表界面帮助组织和控制数据框中 GIS 数据图层的显示属性。

布局视图：在布局视图窗口中，可以处理地图的页面，包括地理数据和其他制图元素，如比例尺、图例、指北针等。

（二）ArcCatalog

ArcCatalog 是管理数据库的"数据窗口"，宏观浏览数据、方便管理数据、定义数据库结构、定义拓扑、创建数据和建立元数据。在 ArcGIS 10 以上的版本中将 ArcCatalog 集成在 ArcMap 中，可以非常方便地进行数据管理。

（三）ArcToolbox

ArcToolbox 是 ArcGIS 中地理处理工具的集合，分为工具箱、工具集、工具三个层次。

在 ArcToolbox 中，用户能够为特定或常用任务添加自己的工具或脚本。

模型构建器（Model Builder）让用户能够图形化地构建数据处理步骤，并且可以保存起来以供后续重复使用，如图 1-2-2 所示。

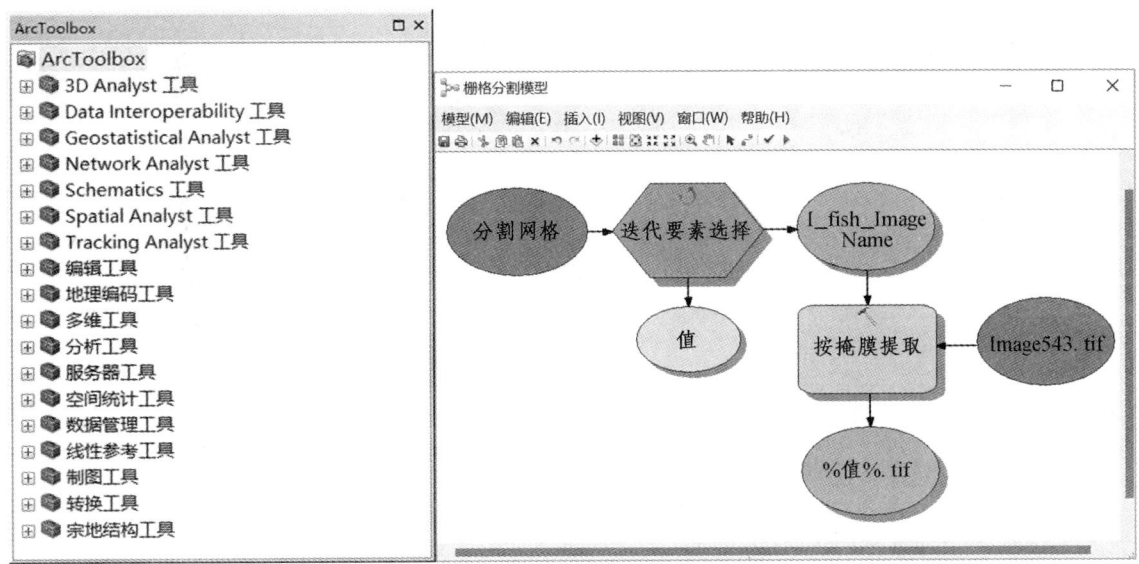

图 1-2-2　ArcToolbox 及模型构建器

技能点一　认识 ArcMap 图形用户界面

【技能目标】

（1）认识 ArcGIS 桌面软件模块。
（2）学会打开 ArcMap，新建空白地图文档。
（3）认识 ArcMap 图形用户界面。
（4）学会切换数据视图与布局视图。
（5）了解数据视图与布局视图的功能。

【操作流程】

ArcMap 图形用户界面操作流程如图 1-2-3 所示。

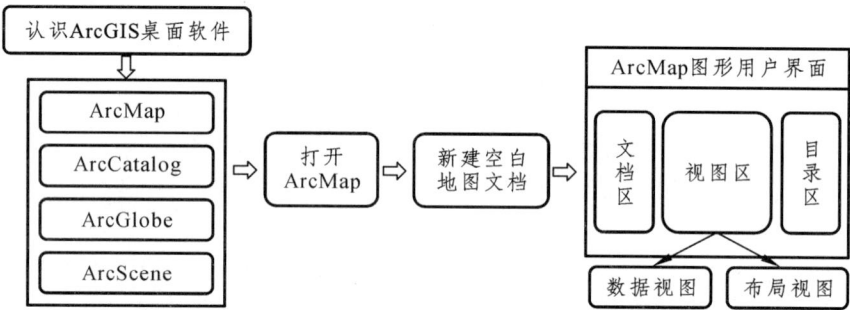

图 1-2-3　ArcMap 图形用户界面操作流程

【操作步骤】

一、认识 ArcGIS 软件

ArcGIS 软件体系如图 1-2-4 所示，本书中使用的是 ArcGIS 软件体系中的桌面软件部分，版本为 ArcGIS 10.6，包括 ArcCatalog、ArcMap、ArcGlobe、ArcScene 四个桌面模块，本书主要涉及 ArcCatalog 和 ArcMap 两个模块。

二、打开 ArcMap，新建空白地图文档

ArcMap 是 ArcGIS Desktop 中的一个主要的应用程序，具有基于地图的所有功能，包括制图、地图分析和编辑。

（一）启动 ArcMap

在"开始"菜单中找到"ArcGIS"，在 ArcGIS 软件列表中定位到"ArcMap 10.6"，单击启动 ArcMap，如图 1-2-5 所示。

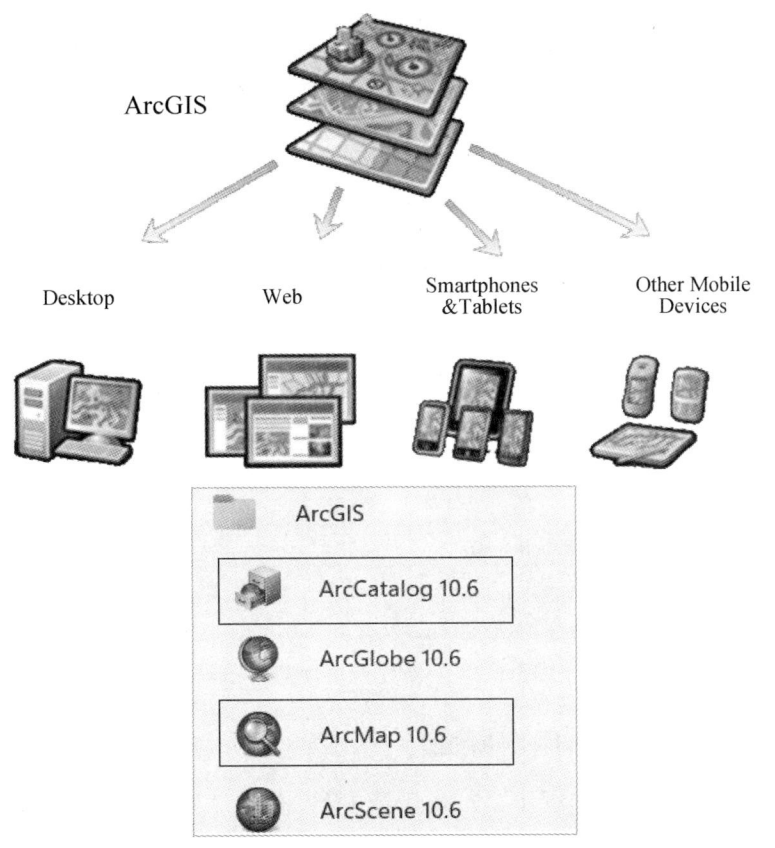

图 1-2-4　ArcGIS 软件体系及桌面应用模块

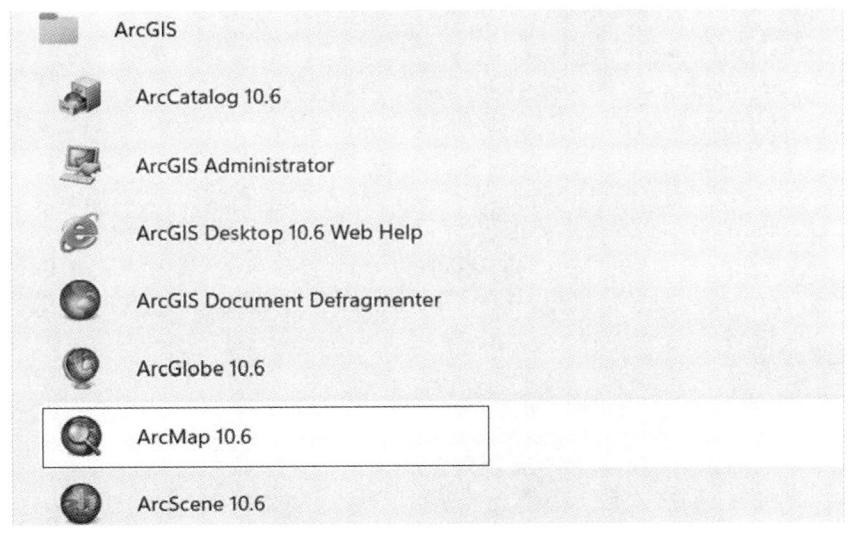

图 1-2-5　启动 ArcMap

（二）新建空白地图文档

启动"ArcMap 10.6"后，选择"新建地图"→"空白地图"，打开一个空白地图文档，如图 1-2-6 所示。

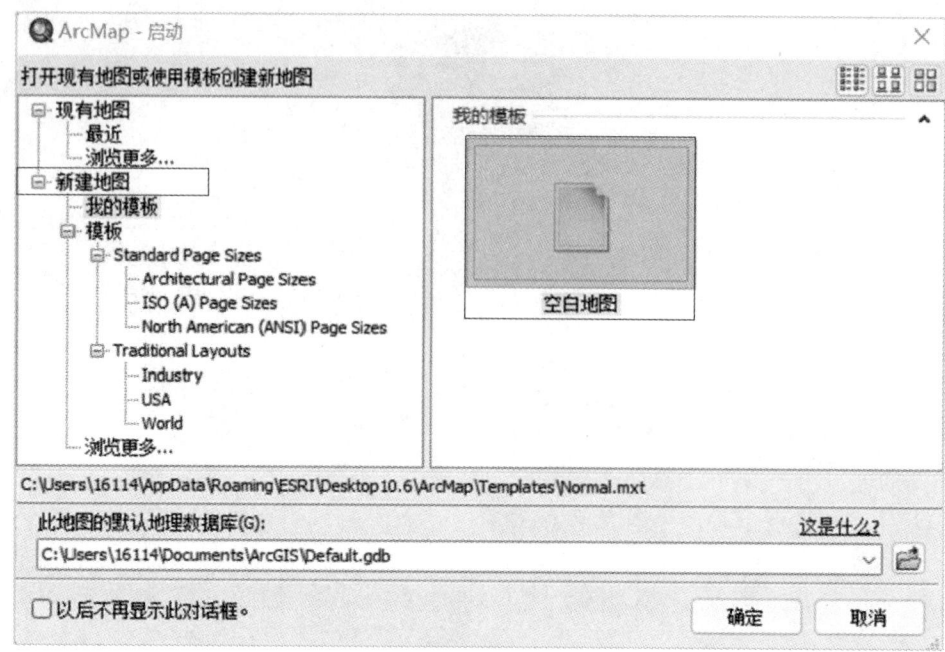

图 1-2-6　新建空白地图文档

三、认识 ArcMap 图形用户界面

ArcMap 的图形用户界面如图 1-2-7 所示，包括文档区、视图区和目录区三部分，其中目录区就是集成的 ArcCatolog。

图 1-2-7　ArcMap 图形用户界面

四、切换 ArcMap 的数据视图与布局视图

ArcMap 提供两种地图视图：数据视图和布局视图。

在数据视图中，可以对图层进行符号化显示、分析和编辑 GIS 数据集。内容列表界面帮助组织和控制数据框中 GIS 数据图层的显示属性。

在布局视图中，可以处理地图的页面，包括地理数据和其他制图元素，如比例尺、图例、指北针等。

通过菜单"视图"→"数据视图/布局视图"，可以在数据视图与视图之间进行切换显示，如图 1-2-8 所示。

图 1-2-8　ArcMap 视图切换

技能点二 使用 ArcMap 打开地理数据

【技能目标】

（1）熟练掌握工作目录的连接。
（2）认识 ArcGIS 中不同的地理数据格式。
（3）学会打开地理数据。
（4）理解数据与图层、数据与文档及符号的关系。

【操作流程】

使用 ArcMap 打开地理数据操作流程，如图 1-2-9 所示。

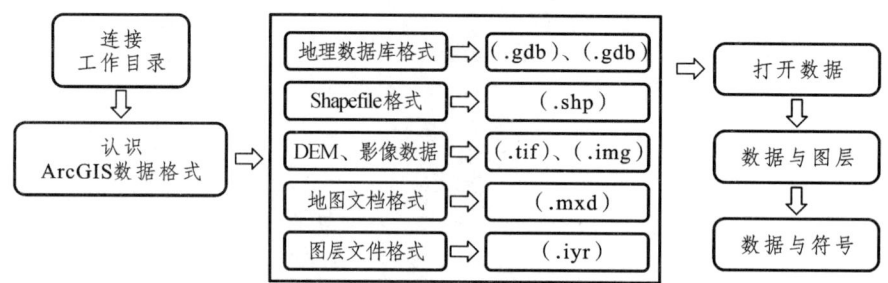

图 1-2-9 使用 ArcMap 打开地理数据操作流程

【操作数据】

实验数据\项目一\data1

【操作步骤】

一、连接工作目录

在"目录窗口"，选择"连接到文件夹"或"文件夹连接"右键选择"连接到文件夹"，然后选择路径"实验数据\项目一\data1"，如图 1-2-10 所示。

二、认识 ArcGIS 数据格式

连接工作目录之后，发现在当前的工作目录下 data1 文件夹中显示了不同数据格式，如图 1-2-11 所示，包括*.mdb、*.gdb、*.tif、*.img、*.shp、*.mxd、*.lyr 等格式。

地理数据库格式：文件地理数据库（.gdb）和个人地理数据库（.mdb）。
Shapefile 格式：.shp 后缀的文件。
DEM、影像数据格式：.tif、.img 等栅格数据格式。
地图文档格式：.mxd 后缀的文件。
图层文件格式：.lyr 后缀的文件。

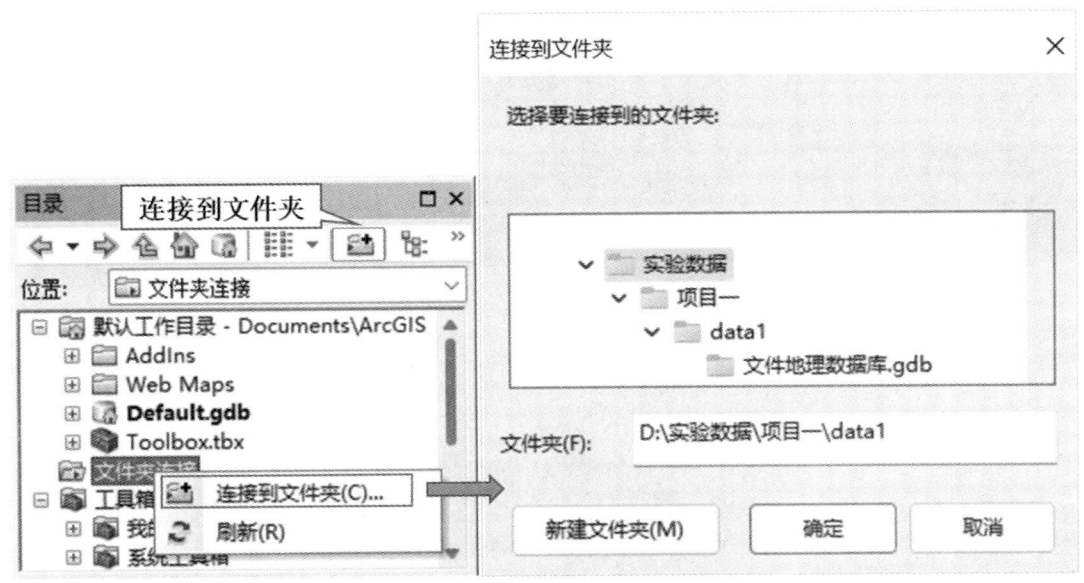

图 1-2-10　连接工作目录

图 1-2-11　工作目录下的数据格式

三、打开数据

在目录窗口中选中要打开的数据，按住鼠标左键将数据拖入地图窗口视图区，即可打开数据。

（一）打开地图文档数据

将"地图文档.mxd"拖入地图窗口视图区，数据就可以显示出来，并且在内容列表窗口，显示有多个数据图层，如图 1-2-12 所示。

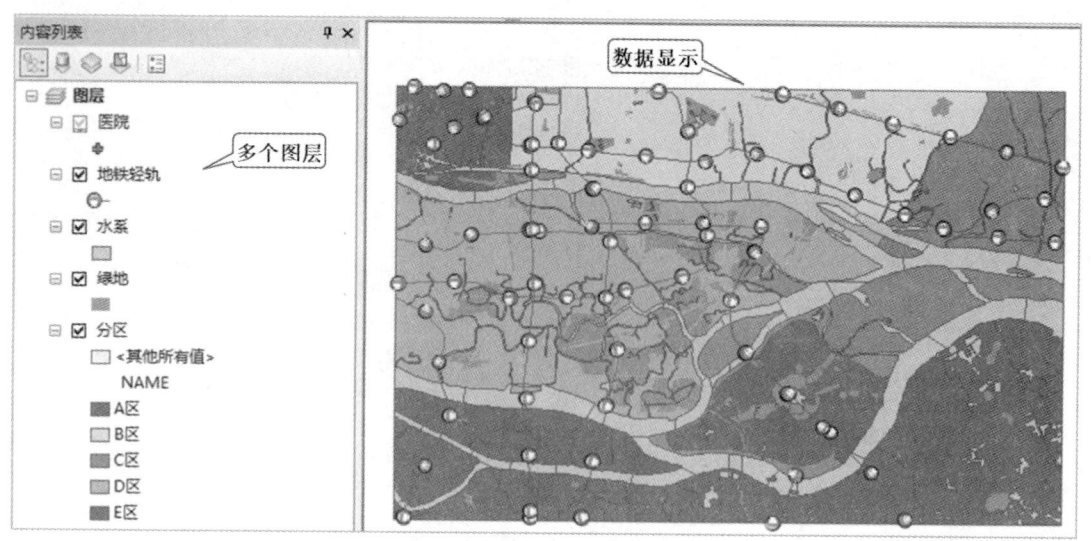

图 1-2-12 打开地图文档数据

(二)打开地理数据库格式数据(文件地理数据库.gdb)

1. 新建空白地图文档

方法 1:通过菜单文件→新建,打开创建新的空白地图。

方法 2:通过工具栏的 按钮,新建空白地图。

方法 3:或使用快捷键:Ctrl+N,新建空白地图。

2. 在目录窗口,打开"文件地理数据库.gdb"中的所有数据

步骤 1:在目录窗口,切换内容面板显示样式为目录+内容。

步骤 2:单击选中"文件地理数据库.gdb"。

步骤 3:通过框选的方式选中内容区中的所有数据,将数据拖入地图窗口视图区,如图 1-2-13 所示。

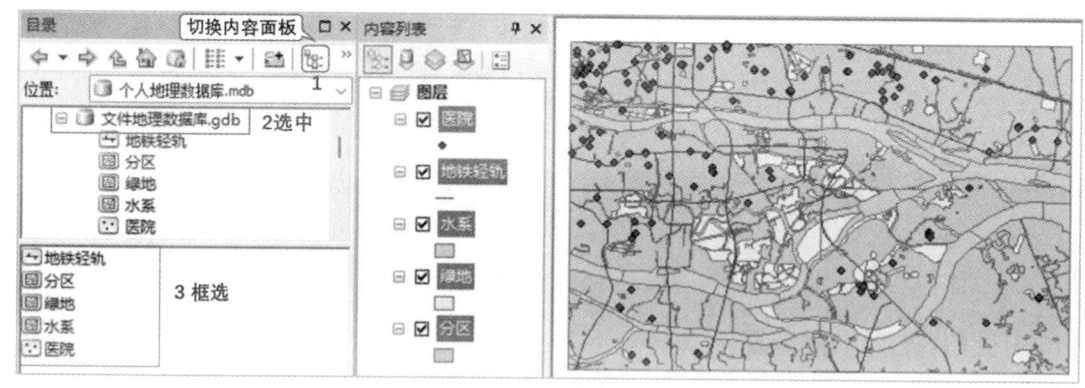

图 1-2-13 打开数据库格式数据

3. 其他数据的打开

Shapefile 数据、图层文件数据及图像数据都可以通过拖拽的方式打开,此处不再赘述。

四、数据与图层的关系

多次打开同一份数据，理解数据与图层的关系：同一份数据可以多次打开显示为多个图层；多个图层可以使用同一份数据。

五、不同数据格式数据符号显示的差异

（1）地图文档和图层文件，每次打开数据显示的颜色和符号样式都是相同的，即地图文档和图层文件格式数据保存了数据的符号样式。

（2）Shapefile 和数据库格式数据，每次打开显示的符号样式是随机的，即这两种格式数据不保存数据的符号样式。

（3）图像格式文件每次打开显示样式都是相同的。

六、想一想

应当如何保存数据的符号样式？

技能点三 使用 ArcMap 浏览地理数据

【技能目标】

（1）熟练调整图层的显示顺序。
（2）学会关闭、显示图层。
（3）学会图层的放大、缩小与漫游。
（4）学会使用标识工具。
（5）学会通过属性浏览空间数据。
（6）学会查看空间数据的属性信息。
（7）理解空间数据与属性数据的关联方法。

【操作流程】

使用 ArcMap 浏览地理数据操作流程，如图 1-2-14 所示。

图 1-2-14 使用 ArcMap 浏览地理数据操作流程

【操作数据】

实验数据\项目一\data2

【操作步骤】

一、连接工作目录，打开数据

连接工作目录："实验数据\项目一\data2"，打开"地图文档.mxd 数据"。

二、操作图层

关闭、显示图层：通过图层前面的复选框关闭或显示图层，如图 1-2-15 所示；

调整图层的显示顺序：通过上下拖动图层来调整图层的显示顺序。

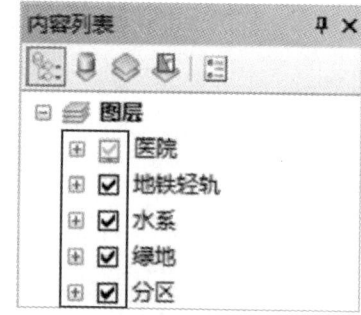

图 1-2-15 操作图层

三、浏览地图

图层的缩放、漫游：通过工具栏的放大、缩小、漫游、全图等按钮 来实现图层的缩放与漫游。

四、使用识别工具

使用识别工具 ，查看空间数据的属性特征，如图 1-2-16 所示。

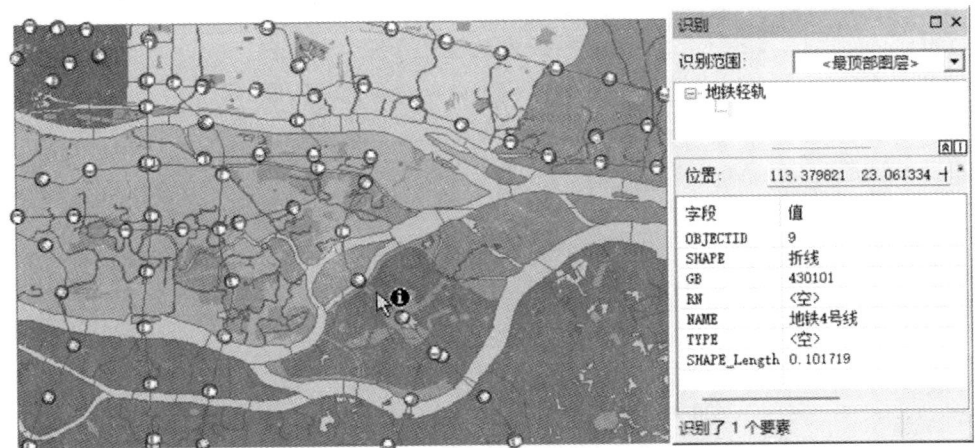

图 1-2-16　使用识别工具

五、使用属性表查找空间数据

使用属性数据表查看数据的记录数、空间分布及位置。

（一）打开属性表

选中图层右键→"打开属性表"，或使用快捷方式打开，如图 1-2-17 所示。

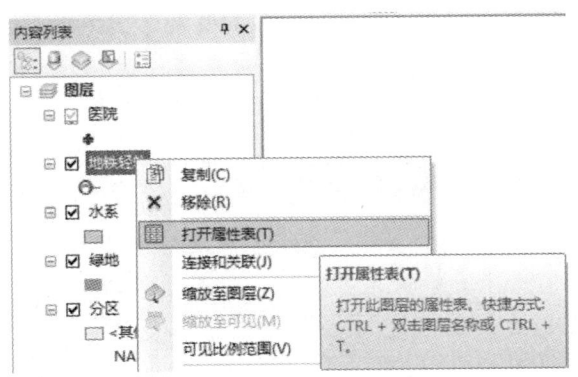

图 1-2-17　打开属性表

（二）查看属性表记录

1. 查看数据总记录数

在属性表左下方可以查看地铁轻轨图层的总记录数是 21，如图 1-2-18 所示。

2. 选择记录

通过属性表字段前面的空白标记来选择一条记录或者多条记录；可按住鼠标左键上下拖动或同时按住 Ctrl 或 Shift 键来选择多条记录。

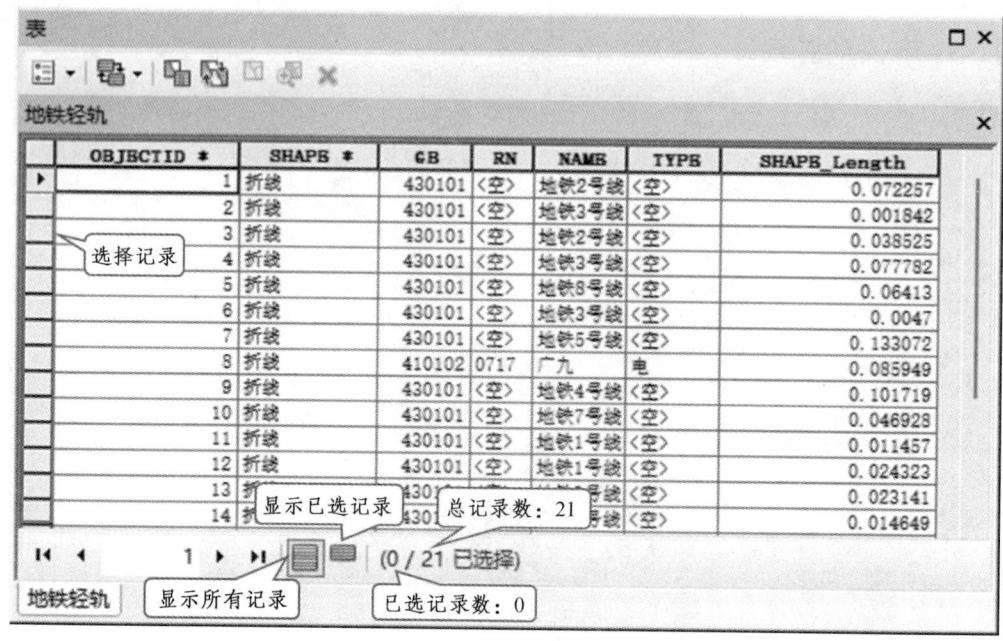

图 1-2-18　查看属性表记录

（三）查看选中记录的空间位置及分布形态

步骤 1：选中一条记录。

步骤 2：通过双击选中记录的空白标记区或者"右键"选择"缩放至"来查看选中记录的空间位置；

步骤 3：通过缩放、漫游来查看要素及其周边的要素，如图 1-2-19 所示。

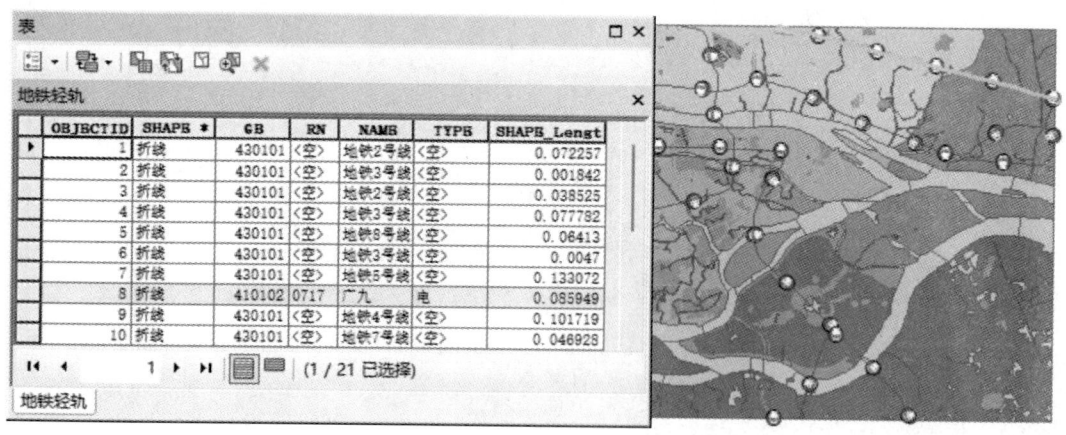

图 1-2-19　查看选中记录的空间位置及分布形态

六、查看空间数据的属性信息

选中空间数据,查看其属性数据。

(1)缩放图层至合适大小。

(2)使用工具"选择要素" 选择要素。

(3)打开属性表,在属性表底部切换"显示所选记录"。

(4)查看属性信息,如图 1-2-20 所示。

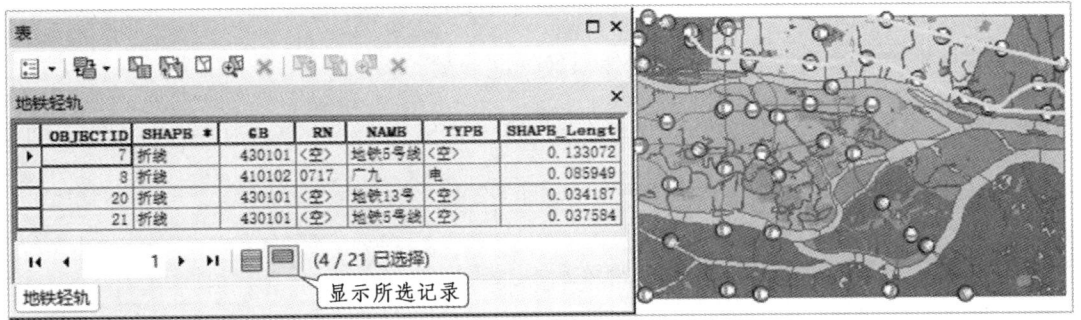

图 1-2-20　查看所选空间数据的属性信息

七、想一想

空间数据与属性数据是如何关联的?

技能点四　使用 ArcMap 显示地理数据

【技能目标】

（1）熟练进行图层符号的设置。
（2）学会对图层要素进行标注。
（3）学会保存图层文件。
（4）学会保存地图文档。
（5）理解地图文档与数据、图层文件与数据之间的关系。

【操作流程】

使用 ArcMap 展示地理数据操作流程，如图 1-2-21 所示。

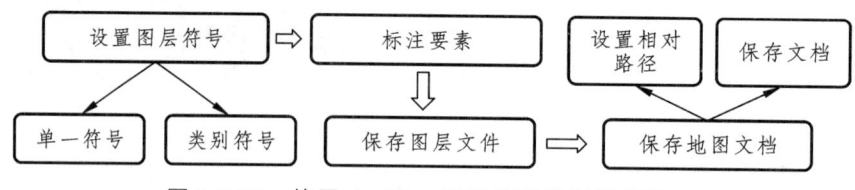

图 1-2-21　使用 ArcMap 展示地理数据操作流程

【操作数据】

实验数据\项目一\data3

【操作步骤】

一、准备工作

新建空白地图，连接工作目录，将"文件地理数据库.gdb"中的所有数据拖入到地图窗口中。

二、设置图层符号

（一）单一符号设置

单一符号设置即设置数据图层的统一符号。

以"医院"图层符号设置为例，分别设置"医院""地铁轻轨""水系"和"绿地"的显示符号。

（1）点击"医院"图层下方的点符号，在弹出的符号选择器对话框中为"医院"选择合适的点符号，设置符号的颜色、大小、角度等属性，如图 1-2-22 所示。

（2）"地铁""水系"符号设置方法如图 1-2-23 和图 1-2-24 所示。

（3）"医院""地铁轻轨""水系"和"绿地"单一符号设置效果如图 1-2-25 所示。

（二）类别符号设置

"分区"类别符号设置，通过要素属性表中类别字段设置数据的显示符号。

根据"分区"属性表中的"NAME"字段设置类别符号填充效果。

第1步：打开图层属性对话框（双击"分区"图层或右键选择"属性"）。

第2步："图层属性"→"符号系统"→"类别"（唯一值）→"值字段"（NAME）→"添加所有值"→"色带"→确定，如图1-2-26和图1-2-27所示。

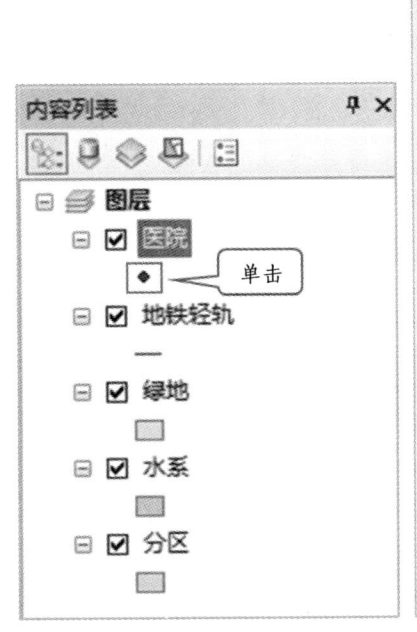
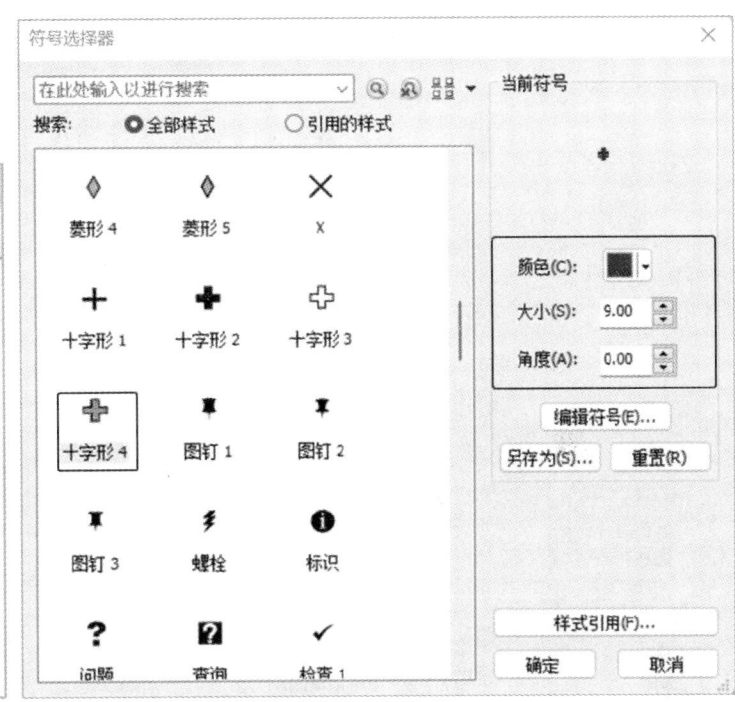

图 1-2-22 医院符号设置

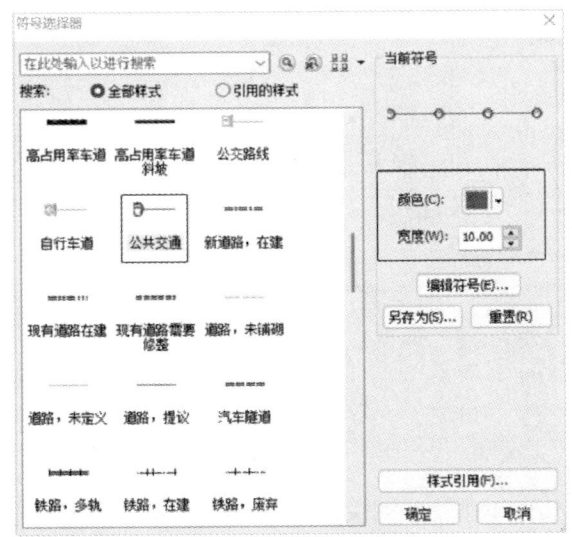

图 1-2-23 地铁轻轨符号设置

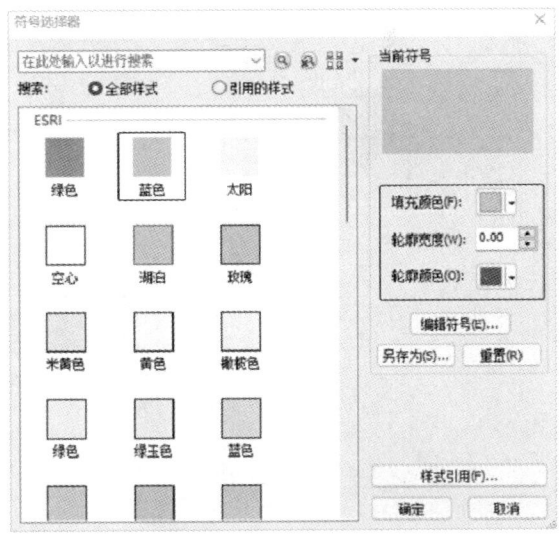

图 1-2-24 水系符号设置

图 1-2-25 单一符号设置效果

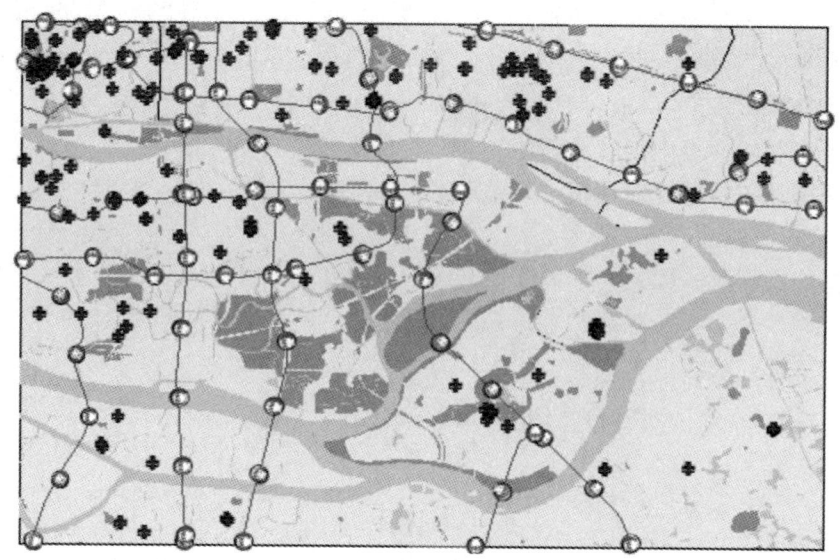

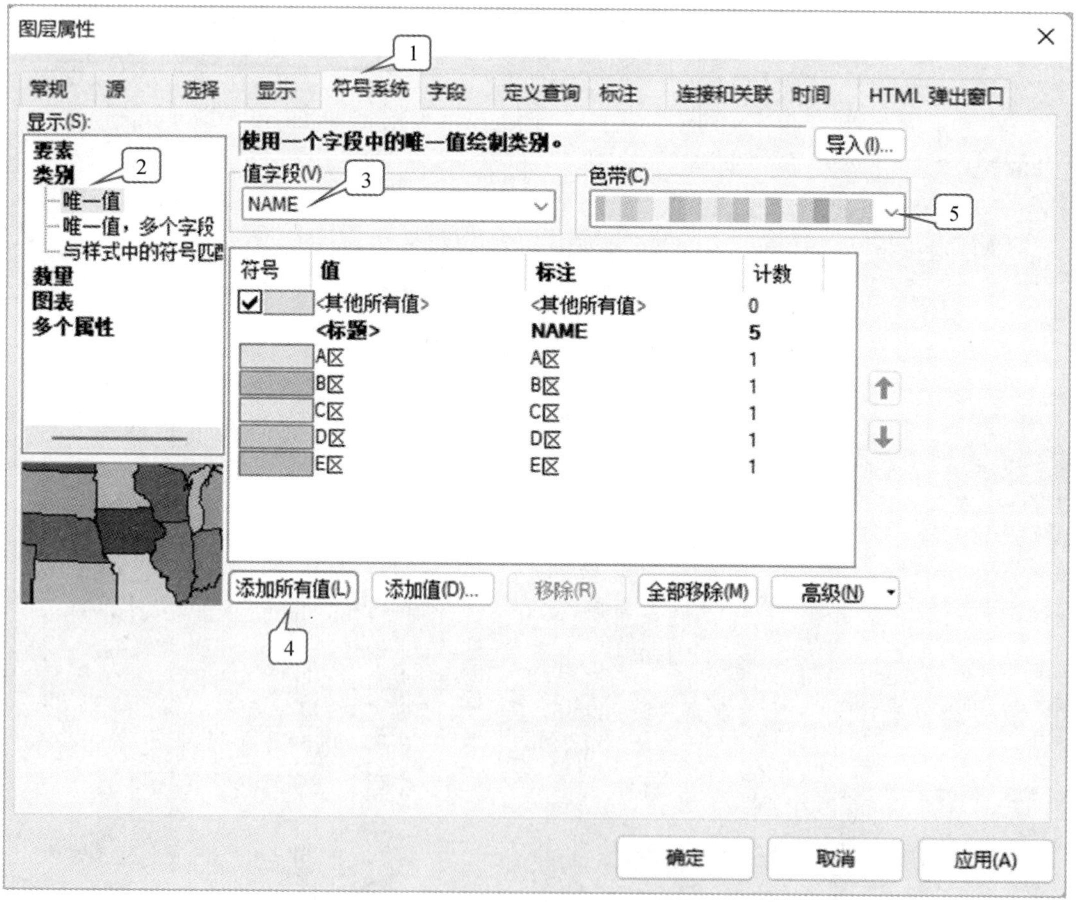

图 1-2-26 行政区类别符号设置

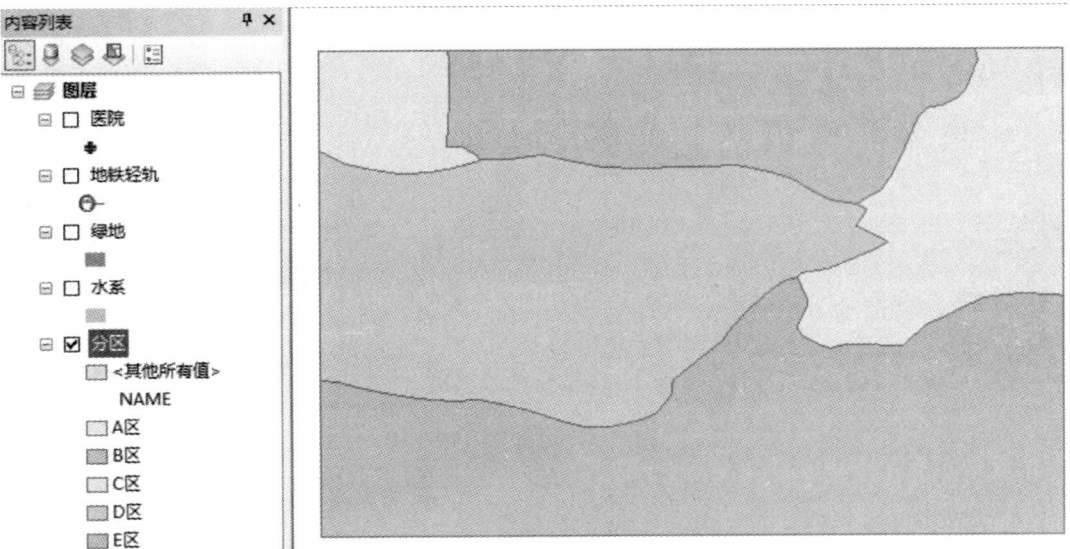

图 1-2-27　行政区类别符号设置效果

三、标注要素信息

标注"分区"图层的"NAME"信息。

第 1 步：双击图层打开图层属性。

第 2 步："图层属性"→"标注"→"标注字段"（NAME）→设置"文本字符串"（字体、颜色、大小等）→确定，如图 1-2-28 和图 1-2-29 所示。

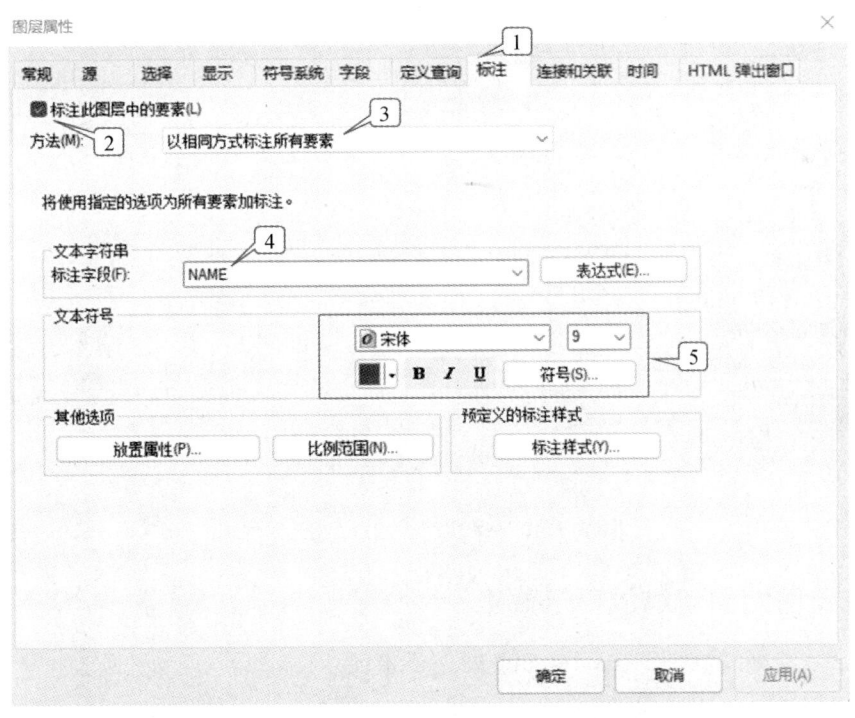

图 1-2-28　标注"分区"图层"NAME"信息

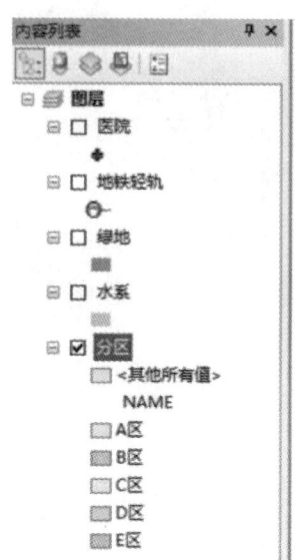
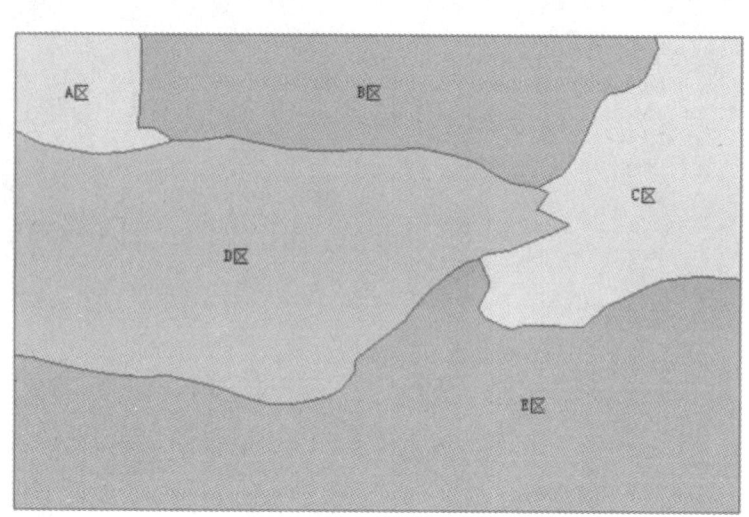

图 1-2-29 "分区"标注效果

四、保存图层文件

将"分区"的符号样式保存成图层文件"分区.lyr"。

选中"分区"图层右键→另存为图层文件→在工作目录下，新建"Result"文件夹，保存"分区"图层文件，如图 1-2-30 所示。

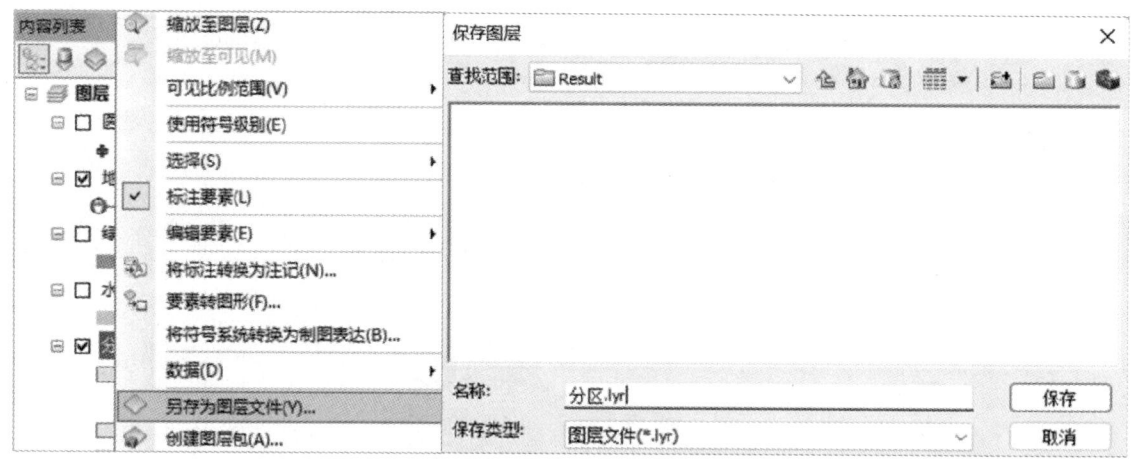

图 1-2-30 保存"分区"图层文件

五、设置医院图层缩放显示效果

设置当医院图层缩放小于 1∶100 000 时，不再显示。

双击医院图层打开图层属性，"图层属性"→"常规"→"比例范围"→"缩放超过下列限制时不显示图层"→"缩小超过 1∶100 000"→确定，如图 1-2-31 和图 1-2-32 所示。

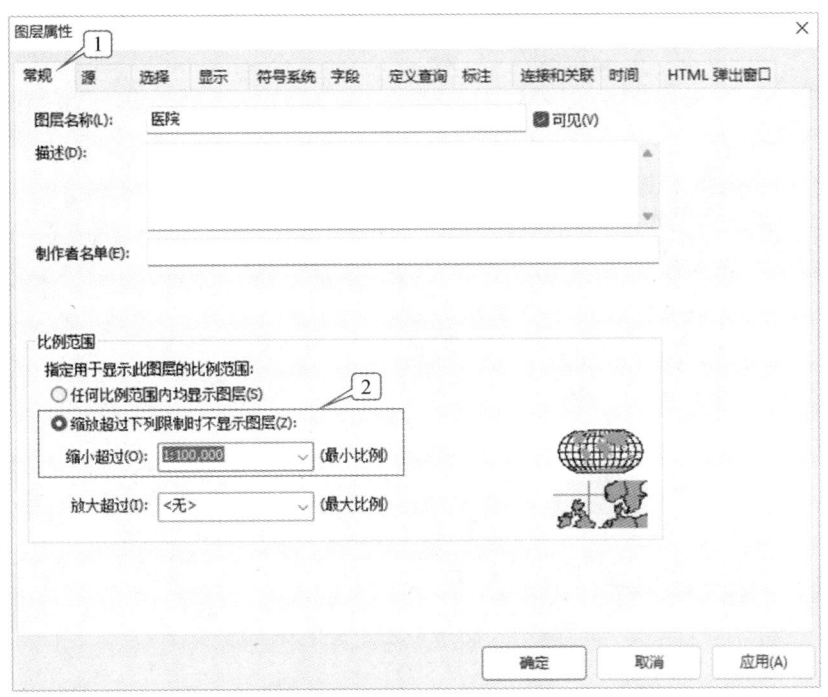

图 1-2-31 随缩放显示设置

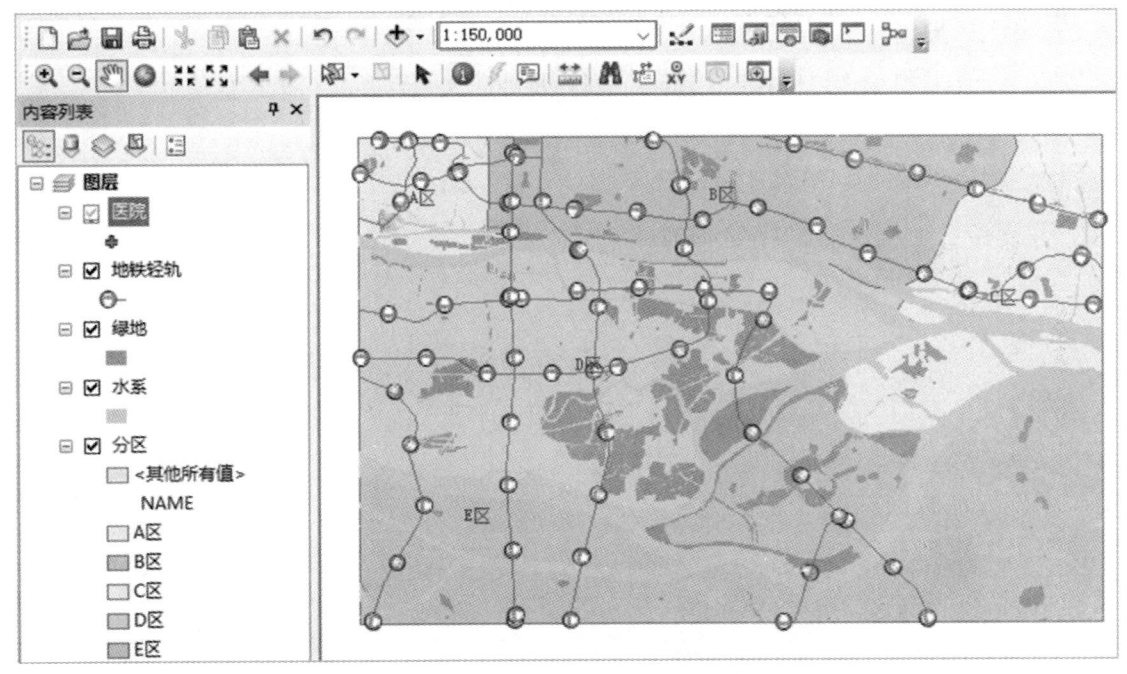

图 1-2-32 比例尺为 1:150 000 时医院不再显示

六、保存地图文档

(一) 设置相对路径

"文件"→"地图文档属性"→勾选"存储数据源的相对路径名",如图 1-2-33 所示。

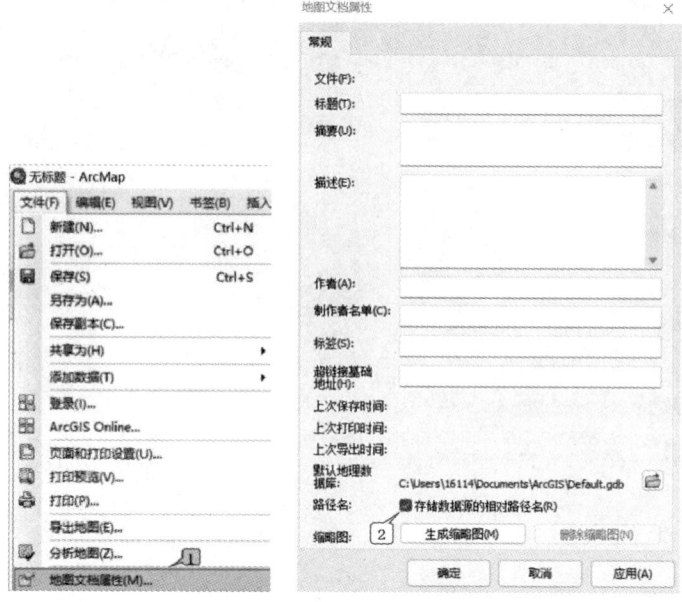

图 1-2-33 设置地图文档相对路径

（二）保存地图文档

方法 1："文件"→"另存为"→将地图文档保存在工作目录下。

方法 2：工具栏单击"保存" 将地图文档保存在当工作目录下。

七、想一想

图层文件、地图文档与数据之间有什么关系？

项目二　GIS 数据获取

 学习目标

知识目标

（1）了解空间数据的来源。
（2）理解不同空间数据的获取方法。

技能目标

（1）了解共享数据下载网站。
（2）熟练下载各种共享数据。

素养目标

（1）关注一年一度的"全国测绘法宣传日暨国家版图意识宣传周"活动，不断强化国家版图意识，让"规范使用地图"成为全民自觉，培养家国情怀。
（2）熟悉标准地图服务网站，让"规范使用地图，一点都不能错"扎根于每个人心中，凝聚起守护"图上河山"的全民力量，培养主人翁精神。
（3）了解规范获取数据的途径，培养合理使用数据的意识。

知识点一 GIS 数据源及获取方法

一、GIS 数据源

GIS 数据源，是指建立地理数据库所需的各种数据的来源，主要包括地图数据、遥感图像数据、文本资料、统计资料、实测数据、已有系统的数据及一些共享数据等，如图 2-1-1 所示。

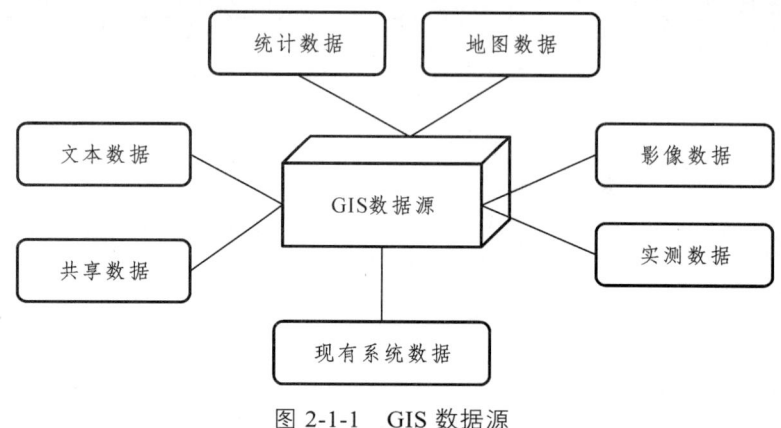

图 2-1-1 GIS 数据源

（一）地图数据

各种类型的地图数据是 GIS 最主要的数据源。地图数据内容丰富，图上实体间的空间关系直观，而且实体的类别或属性可以通过各种符号来进行识别和表示。地图数据又根据其功能的不同，分为普通地图和专题地图（工程图、规划图、地质图）。

地图表达地物不仅包含实体和属性，还包含实体间的空间关系。

（二）影像数据

影像数据是一种大面积的、动态的、近实时的数据源，也是 GIS 的重要数据源。影像数据可分为卫星遥感影像数据、航空遥感影像数据和无人机航测数据。

（三）实测数据

各种实测数据特别是一些 GPS 点位数据、地籍测量数据常常是 GIS 的一个很准确和很现势的资料。

（四）统计数据

国民经济的各种统计数据，如人口数量、人口构成、国民生产总值等，常常也是 GIS 的数据源，尤其是 GIS 属性数据的重要来源。

（五）文本数据

文本数据是各行业、各部门的有关法律文档、行业规范、技术标准、条文条例等。各种文字报告和立法文件在一些管理类的 GIS 系统中有很大的应用。如在城市规划管理信息系统中，各种城市管理法规及规划报告在规划管理工作中起着很大的作用。

(六) 现有系统数据

GIS 还可以从其他已建成的信息系统和数据库中获取相应的数据。由于规范化、标准化的推广，不同系统间的数据共享和可交换性越来越强。

(七) 共享数据

GIS 发展过程中，产生了大量的数据信息，经过格式转换，许多数据在不同的系统中可以被重复利用的。因此，很多时候有必要进行数据共享以降低系统成本和防止资源浪费。同时，通信、网络技术的高速发展，为地理信息共享提供了高效可行的通道。对已有数据的采用需要注意数据格式的转换和数据精度、可信度的问题。

二、不同数据源数据的获取方法

不同的数据源其获取方法各不相同，主要 GIS 数据源的获取方法如图 2-1-2 所示。

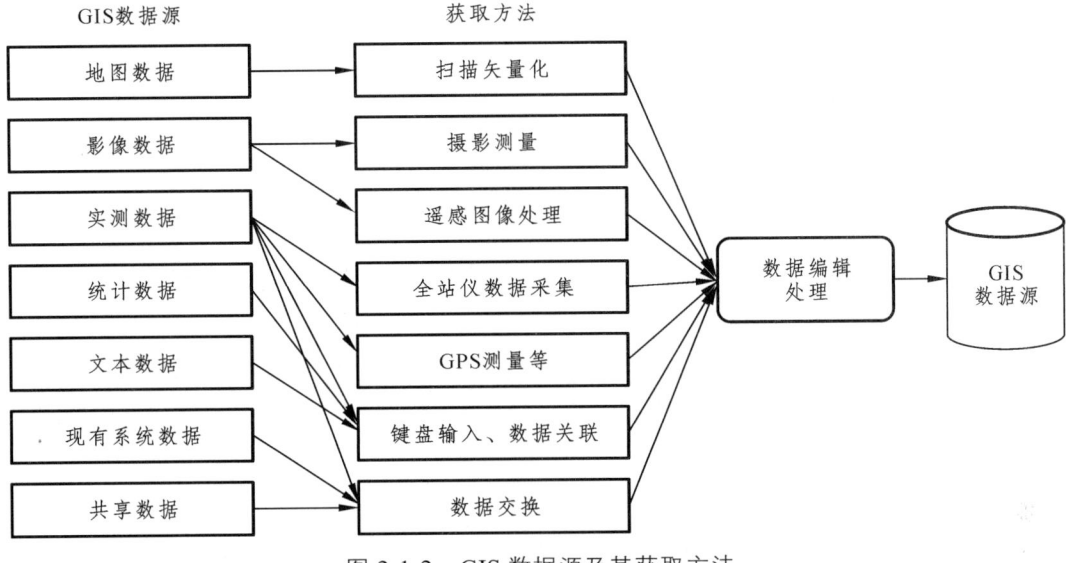

图 2-1-2 GIS 数据源及其获取方法

技能点一　共享数据的获取方法

【技能目标】

（1）熟悉共享数据下载网站。

（2）熟练下载共享数据。

【共享网站】

（1）地理空间数据云：http://www.gscloud.cn/。

（2）全国地理信息资源目录服务系统：http://www.webmap.cn/main.do? method=index。

（3）标准地图服务系统：http://bzdt.ch.mnr.gov.cn/。

（4）国家地理信息公共服务平台：https://www.tianditu.gov.cn/。

（5）国家统计局：http://www.stats.gov.cn/。

（6）广东统计信息网：http://stats.gd.gov.cn/。

（7）广州市统计局：http://tjj.gz.gov.cn/。

【操作流程】

共享数据下载操作流程如图 2-1-3 所示。

图 2-1-3　共享数据下载操作流程

【操作步骤】

一、DEM 数据获取

以地理空间数据云（http://www.gscloud.cn/）平台获取 ASTER GDEM 30 M 分辨率数字高程数据为例。

打开"地理空间数据云"网站→选择"高级检索"→选择"数据集"（ASTER GDEM 30M 分辨率数字高程数据）→设置"空间位置"（广东省广州市白云区）→单击"检索"→选中记录→下载，下载过程如图 2-1-4 和图 2-1-5 所示，获取的 DEM 数据如图 2-1-6 所示。

图 2-1-4　地理空间数据云平台

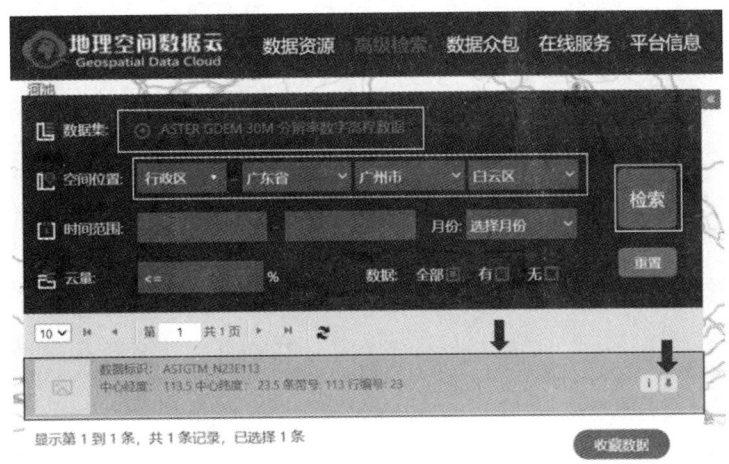

图 2-1-5　获取 ASTER GDEM 30M 分辨率 DEM 数据

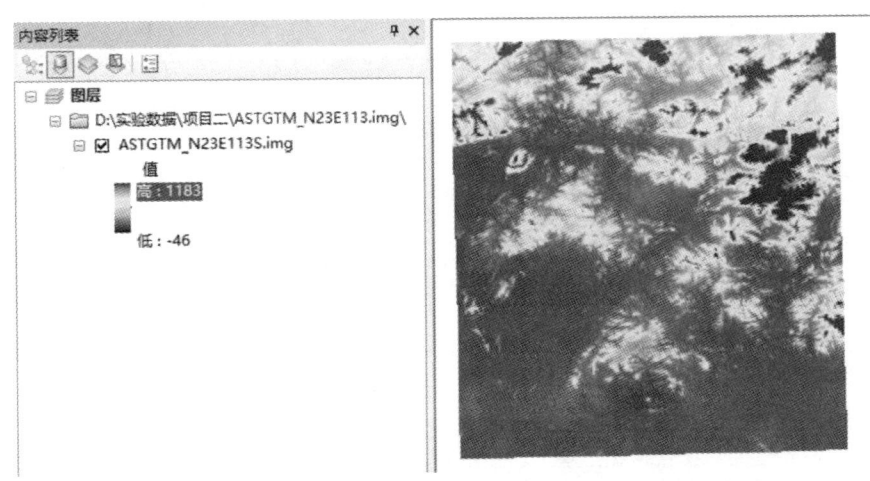

图 2-1-6　获取的 DEM 数据

二、遥感影像数据获取

（一）遥感影像数据获取

本例以地理空间数据云（http://www.gscloud.cn/）平台获取 Landsat 8-9 OLI/TIRS C2 L2 遥感影像数据为例，进行讲解。

打开"地理空间数据云"网站→选择"高级检索"→选择"数据集"（Landsat 8-9 OLI/TIRS C2 L2）→设置"空间位置"（广东省广州市白云区）→"月份"（2月）→"云量"（<=10%）→单击"检索"→选中记录→下载，下载过程如图 2-1-7 所示。

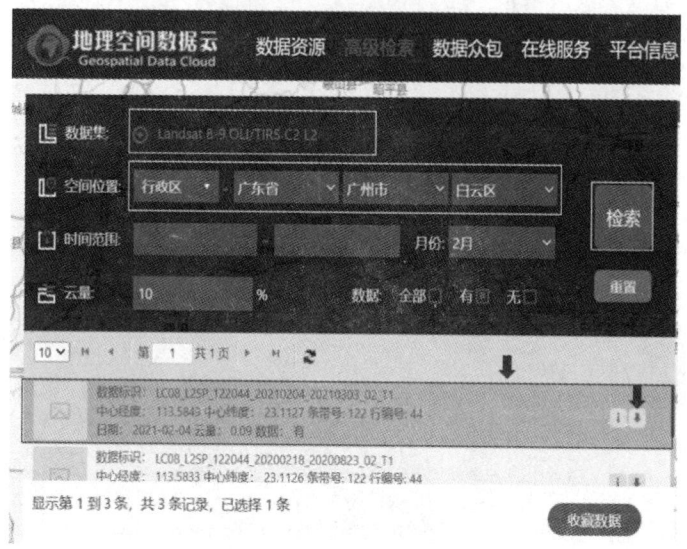

图 2-1-7　下载 Landsat 8-9 OLI/TIRS C2 L2 遥感数据

（二）遥感影像数据波段合成

Landsat8 OLI 波段合成方案见表 2-1-1 所示。

表 2-1-1　Landsat8 OLI 波段合成

R、G、B	主要用途
4、3、2（Red、Green、Blue）	自然真彩色
7、6、4（SWIR2、SWIR1、Red）	城市
5、4、3（NIR、Red、Green）	标准假彩色图像，植被
6、5、2（SWIR1、NIR、Blue）	农业
7、6、5（SWIR2、SWIR1、NIR）	穿透大气层
5、6、2（NIR、SWIR1、Blue）	健康植被
5、6、4（NIR、SWIR1、Red）	陆地/水
7、5、3（SWIR2、NIR、Green）	移除大气影响的自然表面
7、5、4（SWIR2、NIR、Red）	短波红外
6、5、4（SWIR1、NIR、Red）	植被分析

ArcMap 中,波段合成可以通过"影像分析"工具或工具箱中的"波段合成"工具来完成,不同波段合成如图 2-1-8 所示。

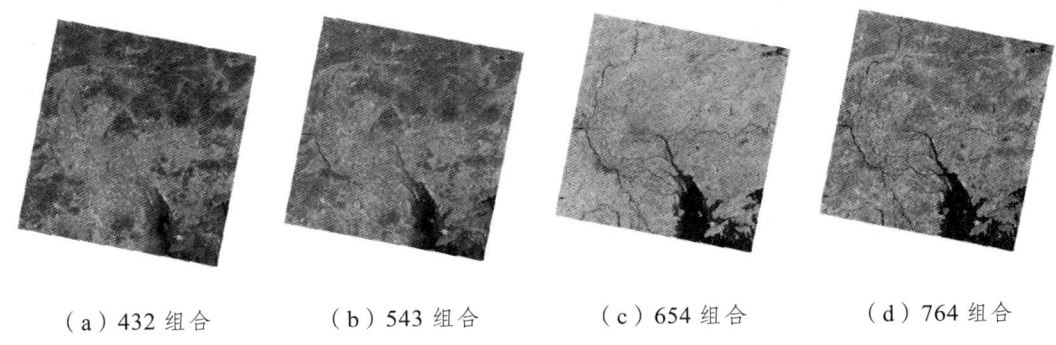

(a) 432 组合　　　(b) 543 组合　　　(c) 654 组合　　　(d) 764 组合

图 2-1-8　Landsat 8 OLI 不同波段组合合成效果

三、矢量地图数据获取

以全国地理信息资源目录服务系统(http://www.webmap.cn/)平台获取 1∶100 万矢量地图数据为例,如图 2-1-9 所示。

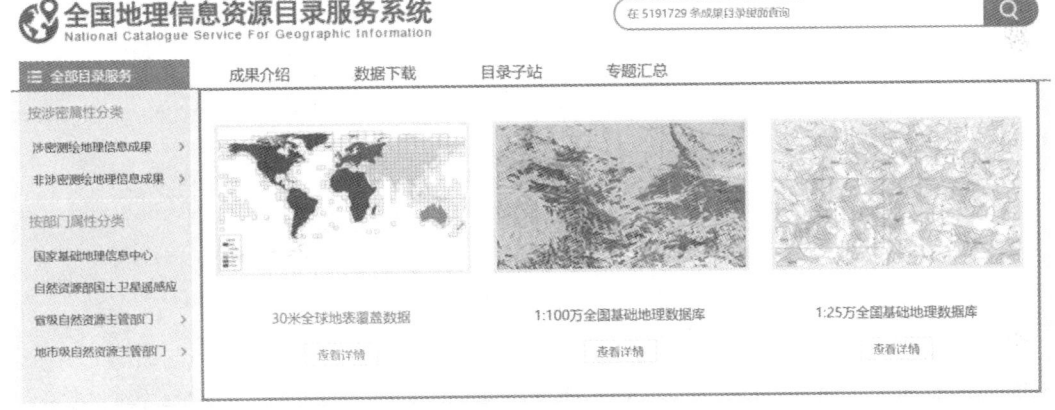

图 2-1-9　全国地理信息资源目录服务系统

(一)定位区域

以广东省广州市白云区为行政区域,如图 2-1-10 所示。

(二)成果查询

成果查询如图 2-1-11 所示。

(三)矢量地图数据展示

数据获取结果如图 2-1-12 所示。

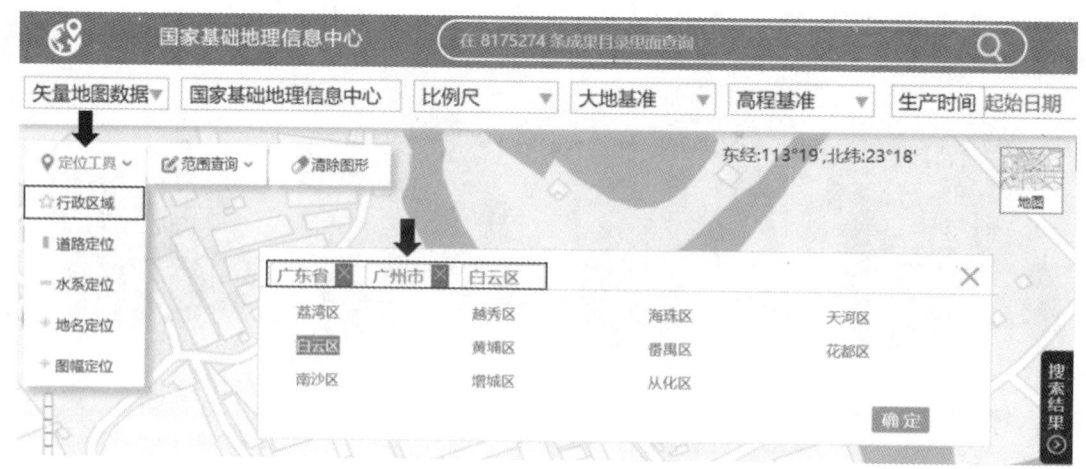

图 2-1-10 定位区域

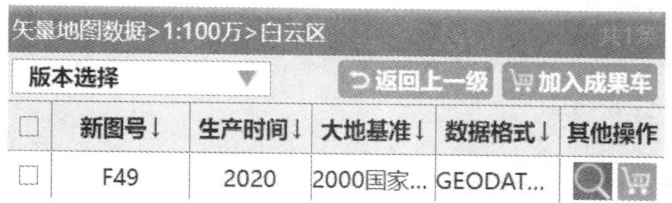

图 2-1-11 成果查询

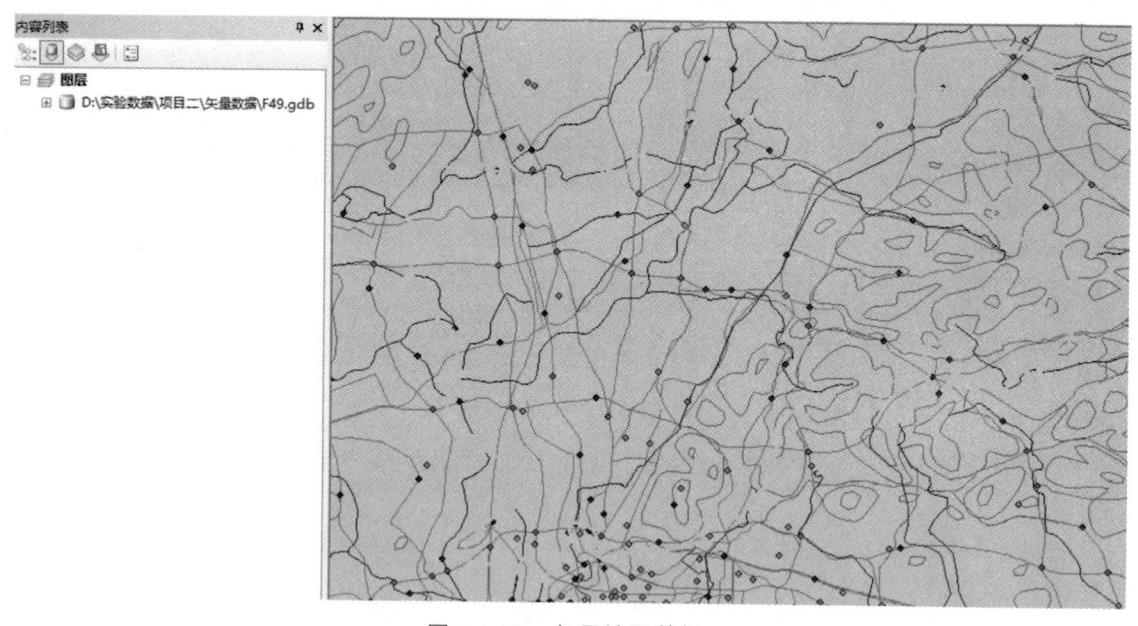

图 2-1-12 矢量地图数据

四、标准地图数据获取

（1）通过标准地图服务系统（http://bzdt.ch.mnr.gov.cn/）获取标准地图数据，如图 2-1-13 所示。

图 2-1-13　标准地图服务系统网站

（2）通过国家地理信息公共服务平台（https://www.tianditu.gov.cn/），获取标准地图数据，如图 2-1-14 所示。

图 2-1-14　国家地理信息公共服务平台网站

五、统计数据获取

统计数据获取可通过国家统计局（http://www.stats.gov.cn/）以及省市统计局进行获取，如图 2-1-15～图 2-1-17 所示。

图 2-1-15　国家统计局网站

图 2-1-16　广东省统计信息网站

图 2-1-17　广州市统计局网站

项目三　GIS 数据表达

 学习目标

知识目标

（1）理解什么是地球椭球体。
（2）熟悉我国常用的椭球体基准面。
（3）熟悉我国常用的地理坐标系。
（4）掌握高斯投影、UTM 投影。
（5）理解地理坐标系与投影坐标系之间的变换方法。
（6）掌握栅格数据地理配准的方法。
（7）熟悉矢量数据空间校正的方法。
（8）掌握地物几何特征及其表示方法。
（9）理解拓扑关系的含义以及拓扑检查的作用。

技能目标

（1）熟悉 ArcGIS 中坐标系的表达。
（2）学会定义数据的坐标系。
（3）熟练进行地理坐标系与投影坐标系之间的变换。
（4）理解不同坐标系之间的转换方法。
（5）熟练栅格数据地理配准。
（6）熟练矢量数据空间校正。
（7）熟练创建 GIS 数据。
（8）熟练编辑 GIS 空间数据。
（9）熟练编辑 GIS 属性数据。
（10）熟悉拓扑的构建与编辑。

素养目标

（1）了解 GIS 行业数据生产标准，以"测绘地理信息产业新工艺、新技术、新标准"为准绳，规范数据生产意识。
（2）培养主人翁意识、精益求精精神，养成具有团队协作精神的地理工匠。
（3）养成数据保密意识，培养保护数据安全的责任意识。

任务一 地物的空间位置表达

知识点一 如何表达地球——地球椭球体

一、地球的形状

我们生活的地球，它的形状到底是怎样的呢？小时候我们都用过地球仪（见图 3-1-1），地球的形状真如地球仪一样，是一个正球体吗？

1972 年 12 月 7 日，阿波罗 17 号的宇航员在距离地球 29 000 km 的太空拍摄下了一张地球的全身照："Blue marble（蔚蓝弹珠）"。在浩瀚的宇宙之中，地球看起来就像一个表面光滑的蓝色正球体。

然而真实的地球表面并不光滑，相反地，地球表面是高低起伏不平的，有高山、丘陵、平原和海洋，最高的珠穆朗玛峰高出海平面约 8 848 m，而最低的马里亚纳海沟低于海平面 11 022 m。地球的自然表面起伏不平，非常复杂，不规则。

图 3-1-1　地球仪

这样一个凹凸不平的表面，对于地球测量而言，是一个无法用数学公式进行表达的曲面，这样的曲面不能作为制图和测量的基准。为了达到能够用数学模型进行表达的目的，需要对真实的地表进行建模和逼近。为了更好地逼近真实地表引入了以下几个重要概念。

（一）海平面

虽然地球表面起伏不平，但是这种高低起伏相对于地球半径 6 371 km 来说还是很小的，再者海洋约占整个地球表面的 71%，因此人们把海平面所包围的地球形状看作近似的地球形状。

（二）大地水准面

设想处于完全静止的平均海水面向陆地和岛屿延伸所形成的闭合曲面，称为大地水准面，它所包围的形体称为大地体。

大地水准面是最接近真实地球的重要模型，它是对地球表面的一级逼近。大地水准面是基于重力的一种不规则等势表面。由于地球表面起伏不平，地球内部质量分布不均，故地球的重力场分布也是不一致的，从而导致大地水准面是一个略有起伏的不规则曲面，依然无法用数学表达式进行建模，因此需要进行二次逼近，如图 3-1-2 所示。

二、地球椭球体

由于大地水准面的不规则，无法用数学模型进行表达，因此选用一个非常接近大地水准面且能用数学模型表达的曲面来代替大地水准面，这个曲面称作旋转椭球面。

旋转椭球面所包围的数学形体（绕椭圆的短轴或长轴旋转而成的球体）称为旋转椭球体。旋转椭球体的短半轴称为短半径或极半径，用 b 表示；它的长半轴，称长半径或赤道半径，用 a 表示，如图 3-1-3 所示。

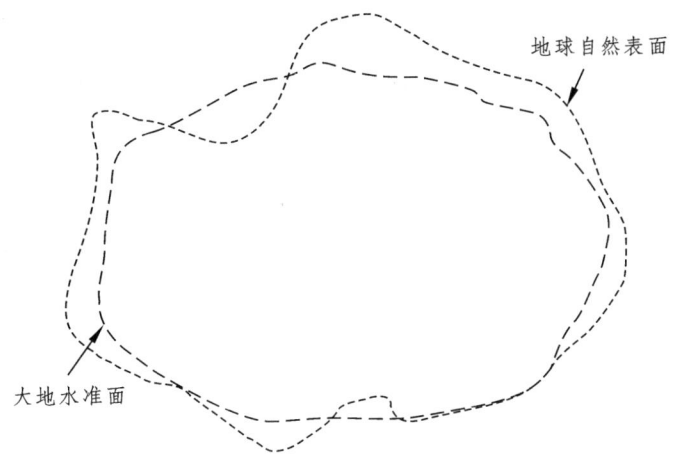

图 3-1-2　地球自然表面与大地水准面

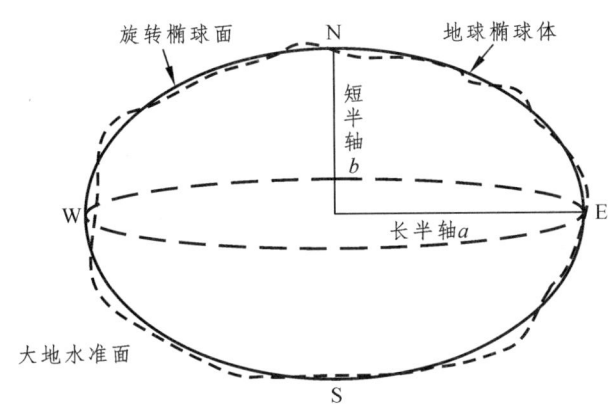

图 3-1-3　地球椭球体

在测量和制图中就用旋转椭球体来代替大地球体，这个旋转椭球体通常称为地球椭球体，简称椭球体。椭球体是规则的数学表面，所以它被视为地球体的数学表面，用作测量计算的基准面。

地球椭球体是对地球表面的二级逼近。

三、基准面

即便应用地球椭球体，仍然不能足够精确地表达地球的形状，所以还要进一步校正。大地水准面是最接近地球真实表面的模型，因此，将地球椭球体根据大地水准面进行偏移，直到获得最佳拟合为止。

基准面是指大地水准面与椭球体面的相对关系，即确定与局部地区大地水准面拟合最好的一个地球椭球体。通过数学方法将地球椭球体摆放至与大地水准面最贴近的位置上，即对地球椭球体进行定位和定向。

因此，基准面包含选择的地球椭球体以及椭球中心相对于大地水准面中心的偏移位置。基准面是对地球表面的第三次逼近。

(一)地心基准面

总体最佳拟合的基准面称为"地心基准面",如我国 2000 国家大地坐标系基准面就是一种地心基准面,基于 China Geodetic Coordinate System 2000 椭球,简称 CGCS2000 椭球。另 1984 世界坐标系(World Geodetic System 1984,WGS1984)基准面也是地心基准面,基于 WGS1984 椭球。

1. 2000 国家大地坐标系基准面

2000 国家大地坐标系基准面是地心基准面,是全球地心坐标系在我国的具体体现,其原点为包括海洋和大气的整个地球的质量中心。

2000 国家大地坐标系所采用的椭球参数为:长半轴 6 378 137.0 m,短半轴 6 356 752.314 140356 m,扁率 298.257222101。

2. World Geodetic System 1984 坐标系基准面

World Geodetic System 1984 坐标系的原点位于地球质心,采用的椭球参数为:长半轴 6 378 137.0 m,短半轴 6 356 752.314245179 m,扁率 298.257223563。

(二)区域基准面

为特定区域的大地水准面找到的最佳拟合椭球,叫作区域基准面,如图 3-1-4 所示。这种基准面只在特定区域拟合良好。因为区域基准面的旋转椭球体只与地表某特定区域吻合得较好,而在其他区域的拟合将会变差,如图 3-1-5 所示,所以它适用于特定区域。

我国常用的区域基准面有北京 1954 坐标系基准面和西安 1980 坐标系基准面。

1. 北京 1954 坐标系基准面

北京 1954 坐标系基准面,基于卡拉索夫斯基(Krasovsky1940)椭球,原点在俄罗斯的普尔科沃,其椭球的长半轴 6 378 245 m,短半轴 6 356 863 m,扁率 1/298.3。

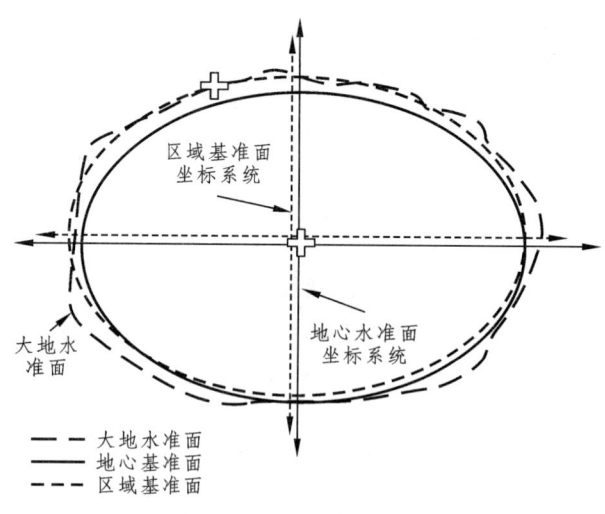

图 3-1-4 区域基准面与地心基准面

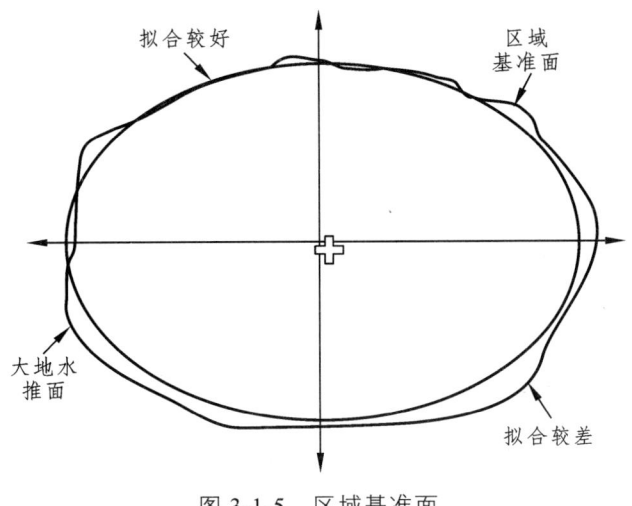

图 3-1-5　区域基准面

2. 西安 1980 坐标系基准面

西安 1980 大地坐标系采用的地球椭球基本参数为 1975 年国际大地测量与地球物理联合会第十六届大会推荐的数据，即 IAG75 地球椭球体，大地原点设在我国中部的陕西省泾阳县永乐镇，位于西安市西北方向约 60 km，其椭球长半轴 6 378 140 m，短半轴 6 356 755 m，扁率 1/298.25722101。

知识点二 如何表达地物位置——坐标系

一、地理坐标系

地理坐标系（Geographic Coordinate System，GCS）使用三维球面来定义地表位置。基于距离地球中心的测量角度，单位是度（Degree），用经度（Longitude）和纬度（Latitude）表示地面点位的球面坐标系。

地理坐标系包括角度测量单位、本初子午线和基准面（基于旋转椭球体）。

经度测量本初子午线以东或以西多少度（本初子午线是经过英格兰格林尼治天文台的 0°经线），范围从-180°~+180°。纬度测量赤道向上或向下多少度，范围从南极的-90°到北极的+90°，如图 3-1-6 所示，P 点的地理坐标为东经 60°和北纬 55°。

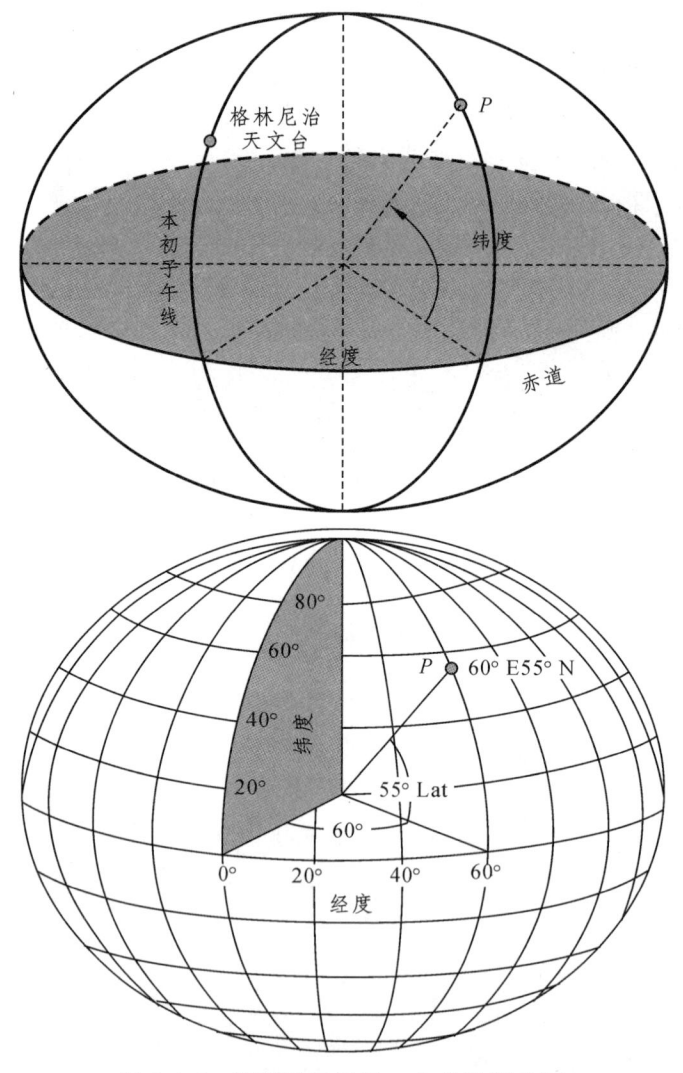

图 3-1-6 地理坐标系及 P 点的地理坐标

我国常用的地理坐标系有区域基准面坐标系（北京 1954 坐标系和西安 1980 坐标系）和

地心基准面坐标系（2000国家大地坐标系和WGS1984坐标系）。

（一）北京1954坐标系

北京1954坐标系是1949年后为了满足测绘工作需求，从苏联1942年普尔科沃坐标系引用过来的坐标系。

北京1954坐标系采用的椭球体是克拉索夫斯基椭球，大地原点在俄罗斯的普尔科沃，大地点结果通过局部平差得到，属于区域基准面大地坐标系。

（二）西安1980坐标系

西安1980坐标系是我国1978年在西安召开全国天文大地网平差会议，建立的新的国家大地坐标系统。

西安1980坐标系采用的椭球体是1975年国际测量大会推荐的IAG75椭球，大地原点在陕西省泾阳县永乐镇，大地点结果经过全国天文大地网整体平差，属于区域基准面大地坐标系。

（三）2000国家大地坐标系

随着社会的进步，国民经济建设、国防建设和社会发展、科学研究等对国家大地坐标系提出了新的要求，迫切需要采用原点位于地球质量中心的坐标系统，即地心基准面坐标系作为国家大地坐标系。

采用地心基准面坐标系，有利于采用现代空间技术对坐标系进行维护和快速更新，测定高精度大地控制点三维坐标，并提高测图工作效率。我国于2008年7月起，全面启用2000国家大地坐标系。

2000国家大地坐标系是地心基准面坐标系，原点是包括海洋和大气的整个地球质量中心。

（四）WGS1984坐标系

WGS1984坐标系是美国研制的坐标系统，广泛应用于GPS全球定位系统，它属于地心基准面坐标系，原点在地球质量中心。

二、投影坐标系

（一）地图投影

将三维球面地理坐标利用一定的数学法则转换为二维平面坐标的过程称为地图投影。而将三维球面地理坐标按照一定的数学法则投影到二维平面而形成的平面坐标系则称为投影坐标系。

投影坐标系始终基于地理坐标系，即"投影坐标系=地理坐标系+地图投影"。而地理坐标系则是基于椭球体或旋转椭球体。投影坐标系的坐标单位为米或千米等。

地图投影使用数学公式将球面坐标与平面坐标关联起来，建立地球表面（球体或旋转椭球体曲面）上的点与投影平面（地图平面）上点之间的一一对应关系。

由于地球是一个赤道略宽两极略扁的不规则的梨形球体，故其表面是一个不可展平的曲面，所以运用任何数学方法进行这种转换都会产生误差和变形，为按照不同的需求缩小误差，就产生了各种不同的投影方法,而且不同的投影方法具有不同性质和大小的投影变形。

地图投影变形是球面转化成平面的必然结果,没有变形的投影是不存在的。由曲面投影至平面会导致数据的形状、面积、距离或方向发生变形。不同投影会引起不同类型的变形。对某一地图投影来讲,不存在这种变形,就必然存在另一种或两种变形。例如一种投影可保持要素面积不变,但会改变其形状。

(二)我国常用的地图投影

我国常用的地图投影包括兰勃特投影(小比例尺:≤1:100万)、高斯-克吕格投影(中大比例尺:≥1:50万)、UTM投影(基于WGS1984地理坐标系)。

1. 兰勃特投影(Lambert,正轴等角割圆锥投影)

1)投影方法

(1)圆锥投影(相切)。

圆锥被置于地球上,并与地球沿一条纬线相交,该纬线就是标准纬线。沿中央子午线对面的经线切开圆锥,并将其展平为平面,如图3-1-7所示。

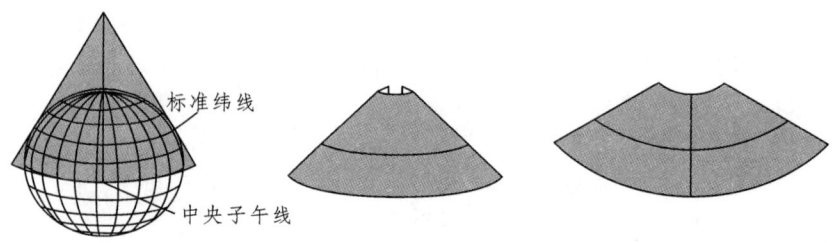

图3-1-7 圆锥投影(相切)

(2)圆锥投影(相割)。

圆锥被置于地球上,但穿过曲面。圆锥和地球沿两条纬线相交,这两条纬线就是标准纬线。沿中央子午线对面的经线切开圆锥,并将其展平为平面,如图3-1-8所示。

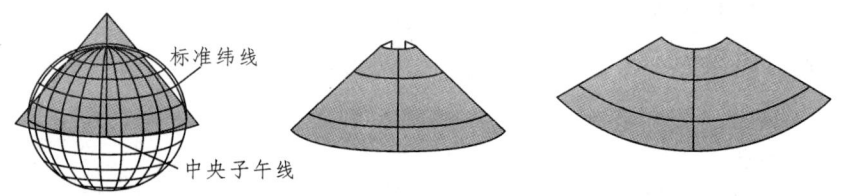

图3-1-8 圆锥投影(相割)

兰勃特投影属于正轴等角割圆锥投影,如图3-1-9所示。

2)投影应用

兰勃特投影适用中纬度小于1:100万(包括1:100万)的地图。它类似于Albers投影(等面积割圆锥投影),不同之处在于其描绘形状比描绘面积更准确。

由于我国位于中纬度地区,全国地图和分省地图经常采用割圆锥投影(Lambert或Albers投影,在处理显示1:400万、1:100万的全国数据时为了保持等面积特性,经常采用Albers等面积割圆锥投影):中国地图的中央经线常位于东经105°;两条标准纬线分别为北纬25°和北纬47°,投影原点纬度(latitude of origin)为0°。

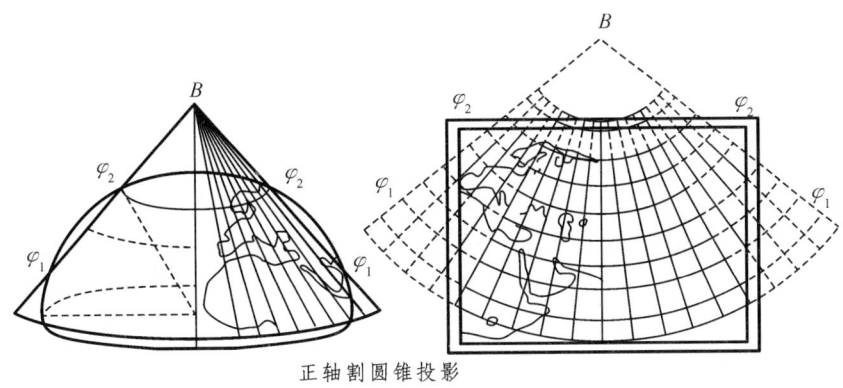

正轴割圆锥投影

图 3-1-9　兰勃特投影

2. 高斯-克吕格投影（Gauss Kruger 等角横切椭圆柱投影）

1）投影方法

高斯-克吕格投影是一种等角横轴切椭圆柱投影。它假设一个椭圆柱面与地球椭球体面横切于某一条经线上，按照等角条件将中央经线东、西各 3°或 1.5°经线范围内的经纬线投影到椭圆柱面上，然后将椭圆柱面展开成平面而成。

该投影是 19 世纪 20 年代由德国数学家、天文学家、物理学家高斯最先设计，后经德国大地测量学家克吕格补充完善，故称为高斯-克吕格投影，简称高斯投影，如图 3-1-10 所示。

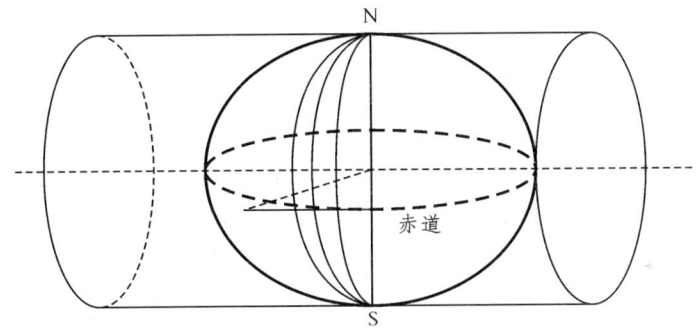

图 3-1-10　高斯投影

2）投影特点

（1）除中央经线和赤道为直线外，其他经线均为对称于中央经线的曲线。

（2）没有角度变形，在长度和面积上变形也很小。

（3）中央经线无变形，自中央经线向投影带边缘，变形逐渐增加，变形最大处在投影带内赤道的两端。

（4）中央经线无变形，因此通过分带控制变形。

（5）以 6°分带为例，6°分带从本初子午线开始，按经差 6°为一个投影带自西向东划分，全球共分为 60 个投影带，如图 3-1-11 所示。

3）投影应用

（1）我国各种大、中比例尺（≥1∶50 万）地形图均采用高斯-克吕格投影，其中 1∶2.5 万~1∶50 的小比例尺地图采用 6°分带法，中国跨 13-23 带；大比例尺地图采用 3°分带法（≥1∶1 万），3 度投影带是从东经 1 度 30 分经线（1.5°）开始，按经差 3 度为一个投影带自西向东划分，全球共分 120 个投影带，中国跨 25-45 带，如图 3-1-12 所示。

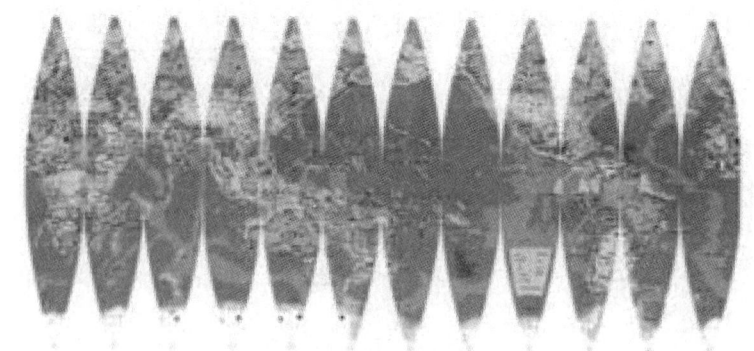

图 3-1-11　高斯投影 6°分带法

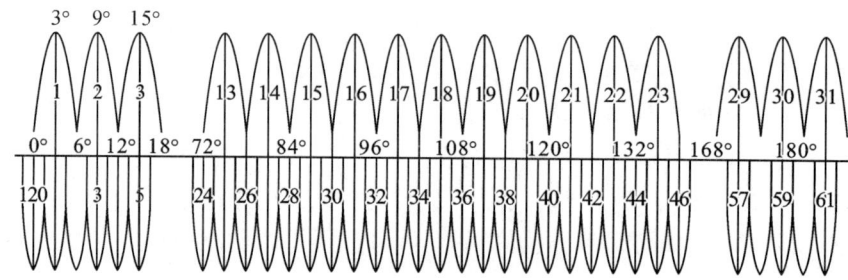

图 3-1-12　我国高斯投影带号范围

（2）西偏 500 km。

我国位于北半球，高斯投影的纵坐标 X 值全部大于 0；而横坐标 Y 值在中央经线以西全部为负值，运用起来很不方便。为了使得高斯投影的 Y 值为正值，因此将高斯投影各带的坐标纵轴向西偏移 500 km，即将所有 Y 值都加 500 km，如图 3-1-13 所示。

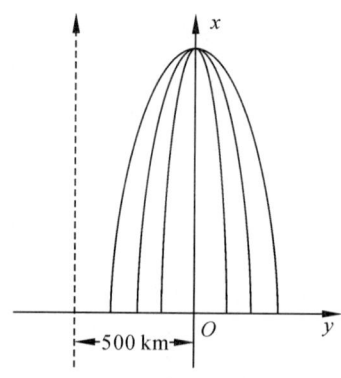

图 3-1-13　高斯横坐标西偏

（3）横坐标前冠以带号。

由于高斯投影采用了分带方法，因此高斯投影各带的投影坐标完全相同，某一坐标值（Y，X），在每一投影带中均有一个，6°带在全球则有 60 个同样的坐标值，不能确切表示该点的位置。因此，通常会在高斯投影横坐标值前，冠以带号，以准确定位点的位置。

我国的高斯投影带号均为两位数，6 度分带法的带号范围为 13-23，3 度分带法的带号为

25-45。因此，在我国若高斯投影横坐标整数位为 8 位，则前 2 位就是高斯投影带的带号。

3. UTM 投影（等角横轴割椭圆柱投影）

椭圆柱割地球于南纬 80°、北纬 84°两条等高圈，投影后两条相割的经线上没有变形，而中央经线上长度比为 0.9996。

UTM 投影分带方法与高斯-克吕格投影相似，UTM 投影 6°分带是自西经 180°起每隔经差 6°自西向东分带，将地球划分为 60 个投影带。

因此，UTM6°投影带号=高斯 6°投影带号+30，如图 3-1-14 所示。

我国的卫星影像资料常采用 UTM 投影。

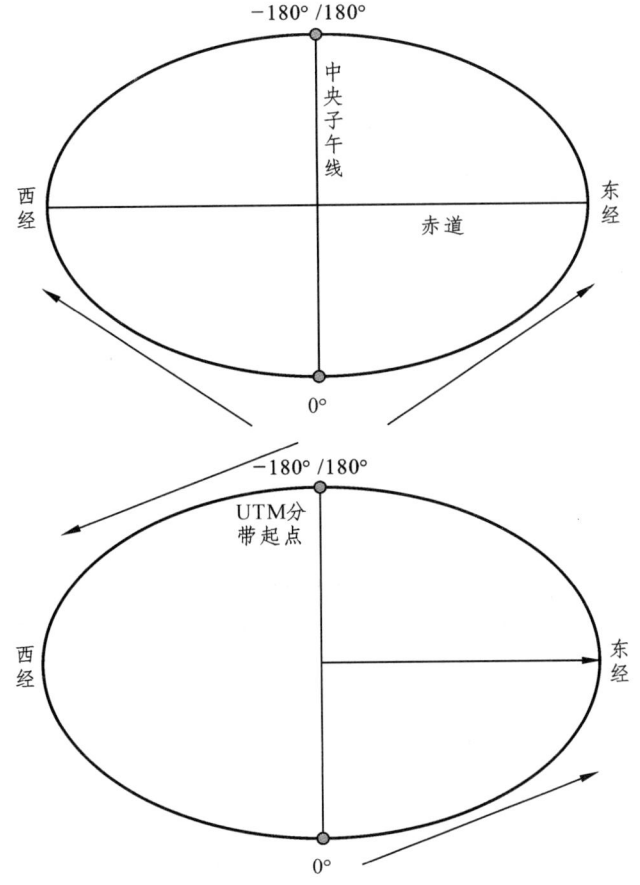

图 3-1-14 UTM 投影及投影分带

技能点一　认识 ArcGIS 中的坐标系

【技能目标】

（1）熟悉 ArcGIS 中我国常用地理坐标系的表达。
（2）熟悉 ArcGIS 中我国常用投影坐标系的表达。
（3）熟悉高斯投影坐标系中的 3°、6° 分带投影文件。
（4）理解高斯投影与 UTM 投影带号的关系。
（5）了解 Lambert 投影和 Albers 投影及其应用。

【操作流程】

认识 ArcGIS 中的坐标系操作流程，如图 3-1-15 所示。

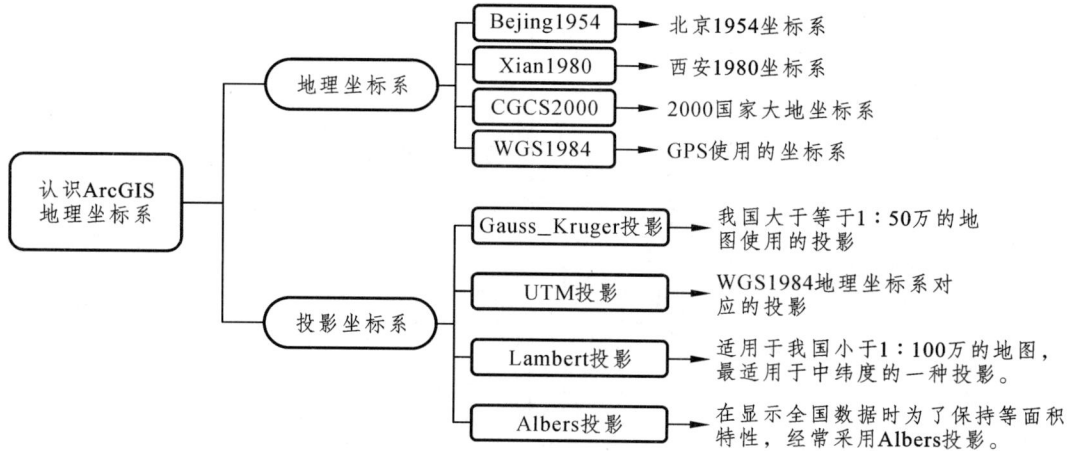

图 3-1-15　认识 ArcGIS 中的坐标系操作流程

【操作步骤】

一、新建空白地图

打开 ArcMap，新建空白地图。

二、打开数据框属性窗口

方法 1：在空白地图窗口→右键→数据框属性。
方法 2：菜单→视图→数据框属性（见图 3-1-16）。

三、数据框属性窗口→坐标系

在坐标系选项页下即可看到 ArcGIS 中的坐标系表达为：地理坐标系和投影坐标系，如图 3-1-17 所示。

图 3-1-16 打开数据框属性

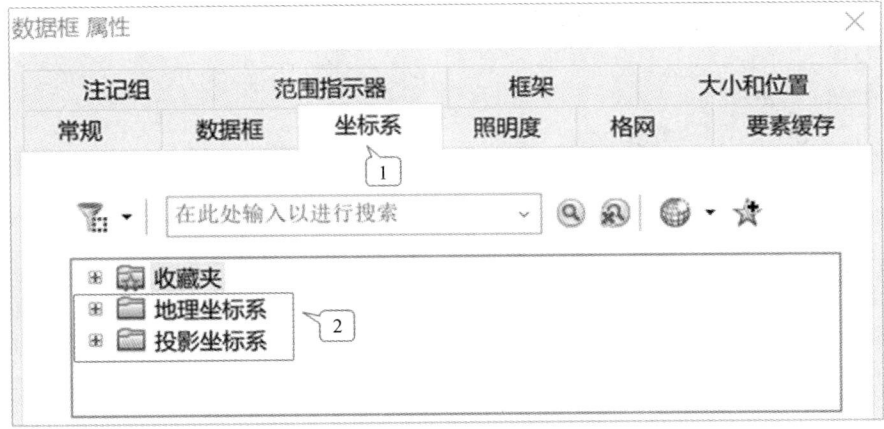

图 3-1-17 ArcGIS 中的坐标系

四、地理坐标系

在地理坐标系文件夹→Asia 和 World 中即可看到我国常用的地理坐标系，如图 3-1-18 所示。

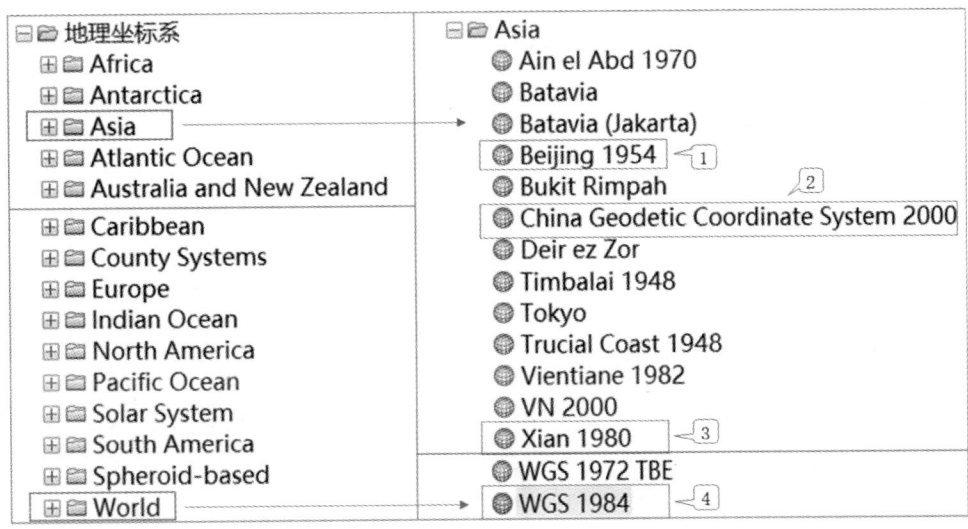

图 3-1-18 ArcGIS 中我国常用的地理坐标系

五、投影坐标系

在投影坐标系文件夹→Continental、Gauss Kruger 和 UTM 文件夹中即可看到我国常用的投影坐标系，如图 3-1-19 所示。

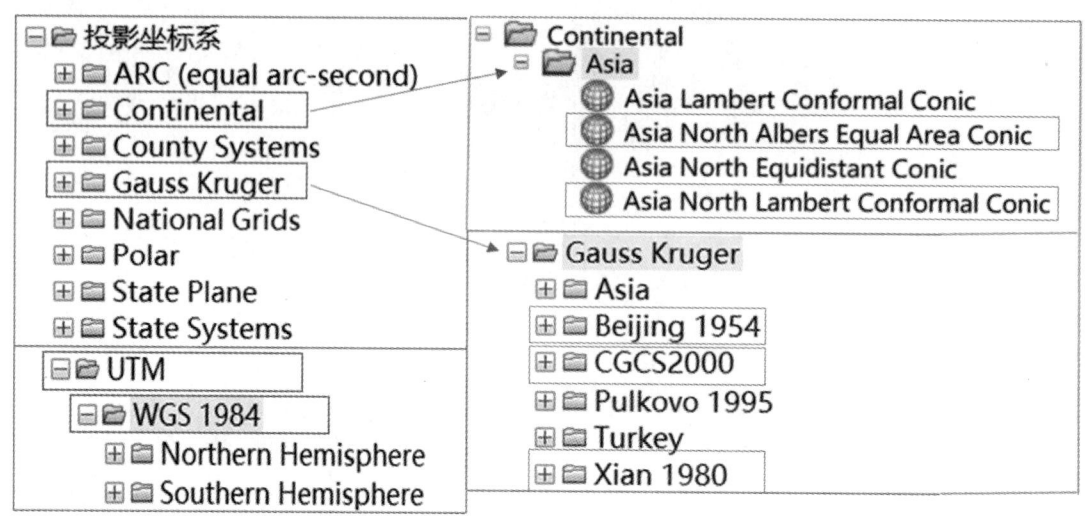

图 3-1-19　ArcGIS 中我国常用的投影坐标系

（一）Gauss Kruger 投影 Beijing1954、Xian1980 和 CGCS2000 坐标系

高斯投影中的 Beijing1954、Xian1980 和 CGCS2000 坐标系都有 6°和 3°分带文件，其中又分为 6°、3°有带号投影文件和无带号投影文件，此处以高斯投影中的 CGCS2000 坐标系为例进行说明，如图 3-1-20 所示。Beijing1954 和 Xian1980 坐标系文件与此类似。

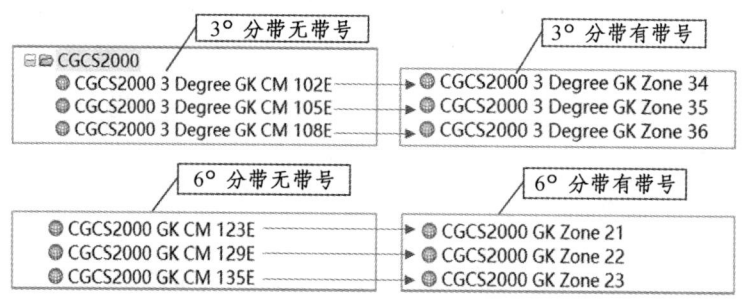

图 3-1-20　Gauss Kruger 投影 CGCS2000 坐标系的分带文件

（二）UTM 投影 WGS1984 坐标系

我国卫星影像资料大多采用 UTM 投影，UTM 投影采用 6°分带我国范围位于 UTM 投影的 43 带至 53 带范围内，如图 3-1-21 所示。

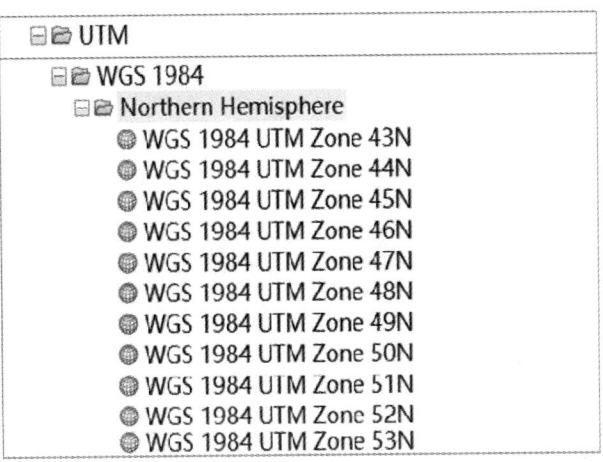

图 3-1-21　我国范围内 UTM 投影带号

（三）Lambert 投影坐标系和 Albers 投影坐标系

Lambert 投影坐标系和 Albers 投影坐标系位于投影坐标系下 Continental 文件夹的 Asia 文件夹。我国小于 1∶100 万比例尺地图采用兰勃特正轴等角割圆锥投影（Lambert Conformal Conic），参数设置为

中央子午线经线：105°0′0″。

第一标准纬度：25°0′0″。

第二标准纬度：47°0′0″。

投影原点纬度（Latitude of origin）：0°。

ArcGIS 中没有提供与我国兰勃特投影参数相同的坐标系，需要用户自定义，如果精度要求不高，可以直接使用 Asia North Lambert Conformal Conic，如图 3-1-22 所示。

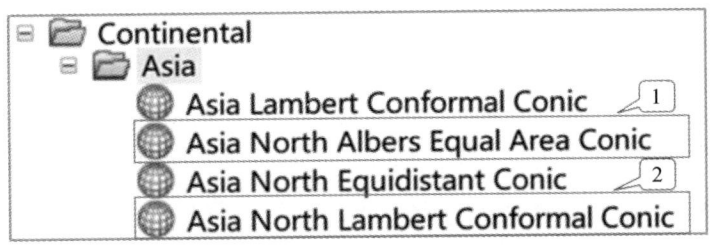

图 3-1-22　Lambert 和 Albers 投影坐标系文件

六、想一想

将 CGCS2000 地理坐标系数据进行投影，应选择哪个投影坐标系？应当如何选择相应的投影坐标系文件？

技能点二　定义数据坐标系

【技能目标】

(1) 熟悉我国常用地理坐标系和投影坐标系。
(2) 理解当数据没有坐标系时，如何定义数据的坐标系。
(3) 学会定义数据的坐标系。

【操作流程】

定义数据坐标系操作流程，如图 3-1-23 所示。

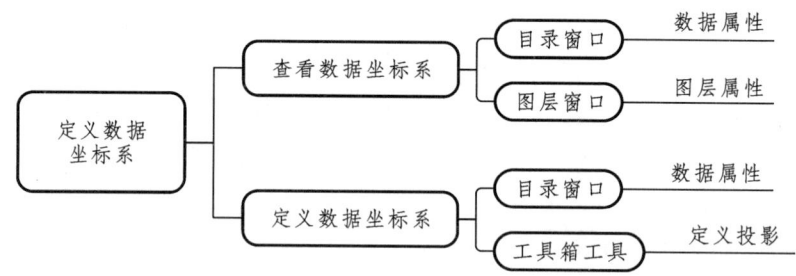

图 3-1-23　定义数据坐标系操作流程

【操作数据】

实验数据\项目三\任务 1\定义数据坐标系。

【操作步骤】

一、加载数据

打开 ArcMap，连接工作目录，加载数据"定义数据坐标系.gdb"。

二、查看数据的坐标系

(一) 通过目录窗口，查看数据坐标系

双击数据，打开要素类属性窗口即可查看数据的 XY 坐标系。

双击"区域"数据查看该数据的坐标系，该数据的坐标系信息如下：CGCS2000_3_Degree_GK_Zone_38，Gauss_Kruger 投影，投影带号为 38，地理坐标系为 GCS_China_Geodetic_Coordinate_System_2000 坐标系，如图 3-1-24（a）所示。

(二) 通过数据框属性，查看图层坐标系

首先在地图窗口加载数据，然后地图窗口空白处→右键→数据框属性，打开数据框属性对话框→坐标系→图层，即可查看所有打开图层的坐标系。如图 3-1-24（b）所示，区域坐标系为：CGCS2000_3_Degree_GK_Zone_38，医院和交通数据坐标系均为未知。

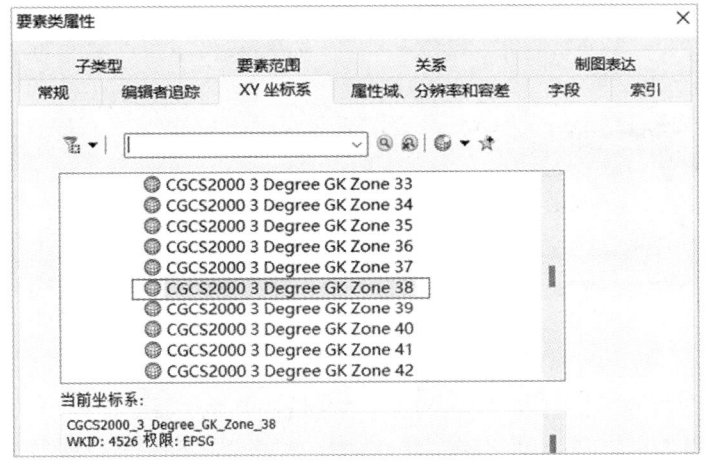

（a）

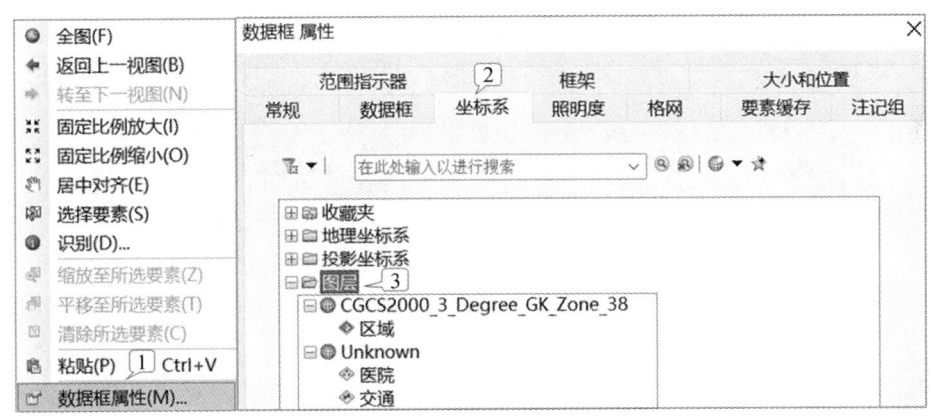

（b）

图 3-1-24　查看数据坐标系信息

三、定义数据的坐标系

由于"医院""交通"两个数据均没有坐标系信息，为使"医院""交通"与"区域"数据坐标系一致，接下来将展示如何为数据定义坐标系，使之与现有数据坐标系一致。

（一）在目录窗口，定义数据坐标系

1. 定义"交通"数据的坐标系

1）查看数据坐标范围

从"交通"数据的坐标范围可以看出，该数据的坐标值为平面坐标值，且与"区域"坐标值范围一致，如图 3-1-25 所示，因此应设置"交通"数据与"区域"数据具有相同的投影坐标系。

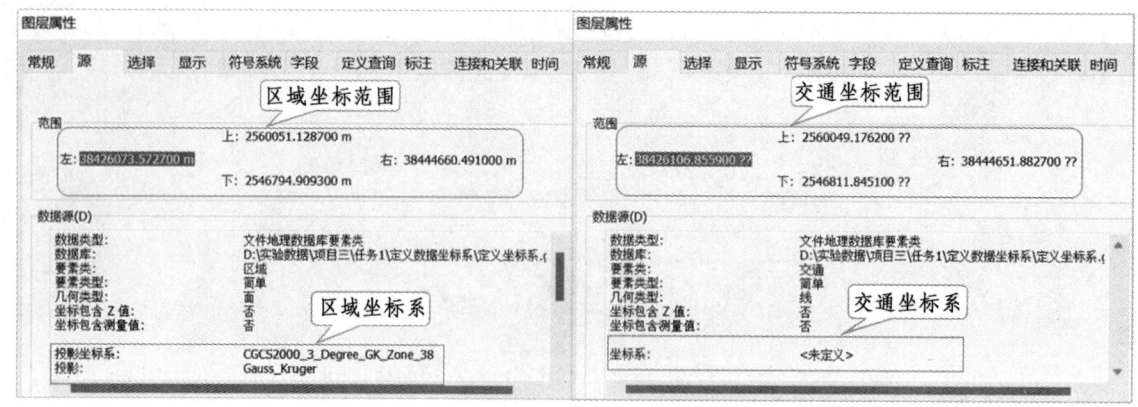

图 3-1-25 "区域"与"交通"数据坐标范围

2）定义"交通"数据的坐标系

步骤 1：新建空白地图，打开"交通"与"区域"数据。

步骤 2：在目录窗口，双击"交通"数据，打开"要素类属性"窗口。

步骤 3：选择"XY 坐标系"→"图层"→选择。

"CGCS2000_3_Degree_GK_Zone_38"，如图 3-1-26 所示。

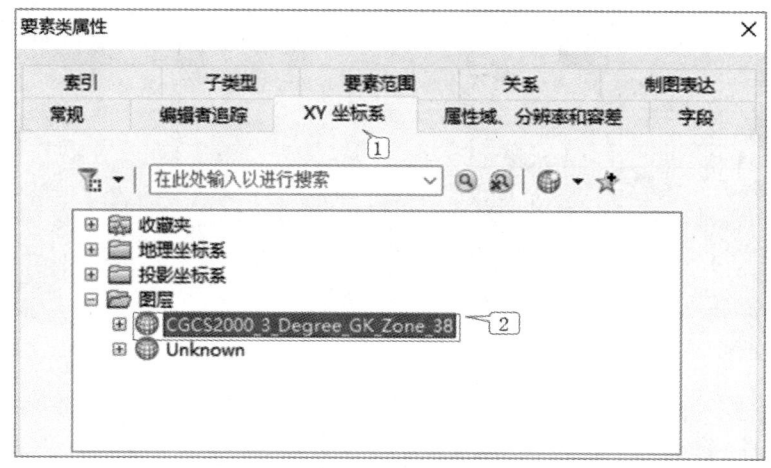

图 3-1-26 定义"交通"数据坐标系

3）定义"医院"数据的坐标系

（1）查看数据坐标范围

从"医院"数据的坐标范围可以看出，该数据坐标值为经纬度坐标值，是地理坐标系坐标值。为使"医院"数据与"区域"数据坐标系一致，设置"医院"数据与"区域"数据具有相同的地理坐标系，即设置医院的数据的坐标系为：GCS_China_Geodetic_Coordinate_System_2000 坐标系。

（2）定义"医院"数据的坐标系

步骤 1：新建空白地图，打开"医院"与"区域"数据。

步骤 2：在目录窗口，双击"医院"数据，打开"要素类属性"窗口。

步骤 3：选择"XY 坐标系"→"地理坐标系"→"Asia"→"China_Geodetic_Coordinate_System_2000"，如图 3-1-27 所示。

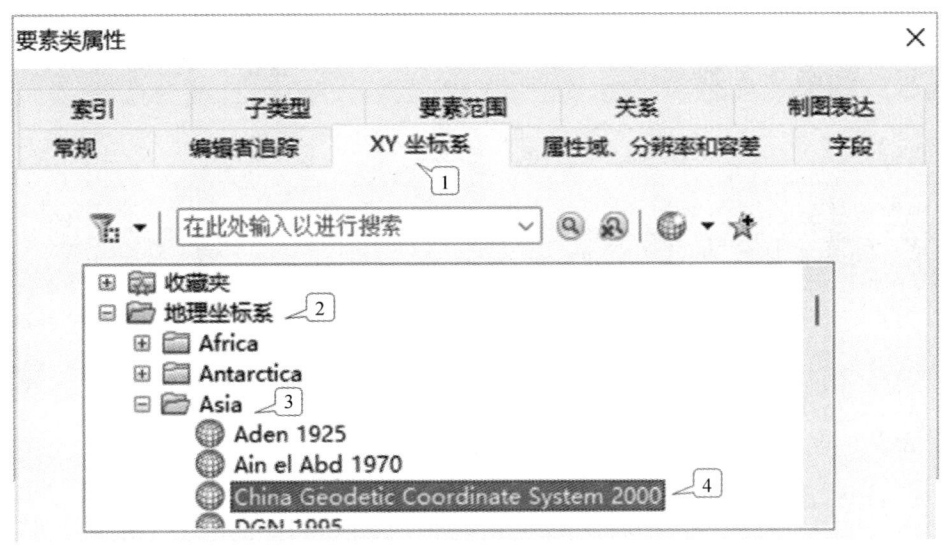

图 3-1-27 定义"医院"数据的坐标系

（二）使用工具箱"定义投影"工具，定义数据坐标系

除了在目录窗口通过要素类属性对话框定义数据坐标系外，还可以使用工具箱工具来定义数据的坐标系。

打开 ArcToolBox 工具箱 ![icons]。

在工具箱中选择"数据管理工具"→"投影和变换"→"定义投影"，在"定义投影"对话框中选择输入数据，并指定坐标系，即可完成定义数据的坐标系，如图 3-1-28 所示。具体操作此处不再赘述。

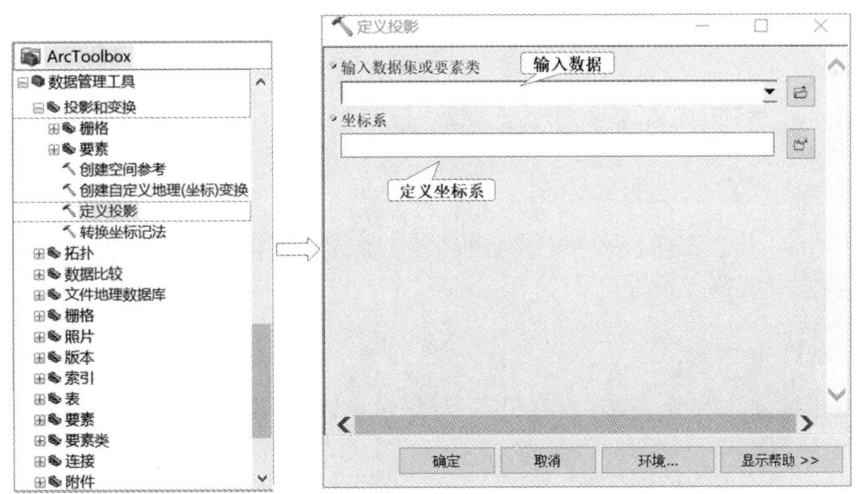

图 3-1-28 使用"定义投影"工具定义数据的坐标系

四、想一想

如何根据坐标值范围判断数据的坐标系是地理坐标系还是投影坐标系？

技能点三 投影变换

【技能目标】

（1）理解投影变换的含义。
（2）理解同一基准面下的投影变换方法。
（3）理解不同基准面间的投影变换方法。
（4）熟练掌握同一基准面下地理坐标系与投影坐标系之间的转换。
（5）学会不同基准面间的投影变换方法。

【操作流程】

投影变换操作流程，如图 3-1-29 所示。

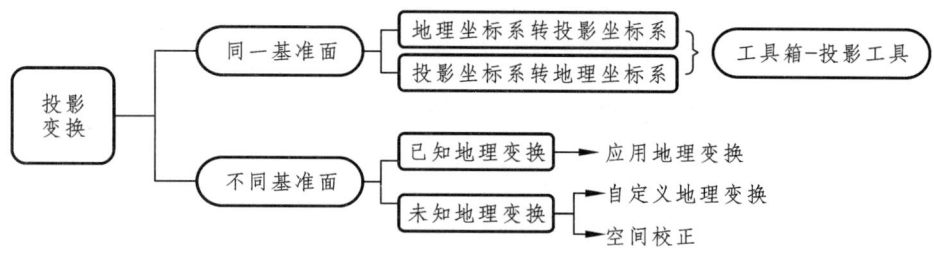

图 3-1-29 投影变换操作流程

【操作数据】

实验数据\项目三\任务 1\投影变换\同一基准面下的投影变换。

【操作步骤】

一、同一基准面下的投影变换

（一）连接工作目录，加载数据

打开 ArcMap→连接工作目录→"实验数据\项目三\任务 1\投影变换\同一基准面下的投影变换"，加载数据"投影变换.gdb"。

（二）查看数据坐标系

查看数据坐标系，发现"交通""区域"数据是投影坐标系，"医院"数据是地理坐标系，如图 3-1-30 所示。

（三）投影变换

1. 地理坐标系转投影坐标系

将"医院"数据进行投影变换，由当前地理坐标系转为投影坐标系（CGCS2000_3_Degree_GK_Zone_38）。

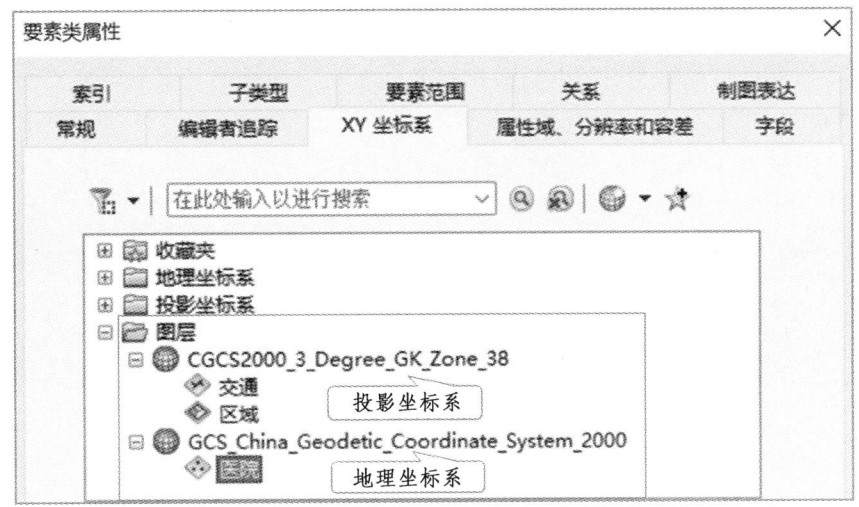

图 3-1-30 数据坐标系

1)打开"投影"工具

打开 ArcToolBox 工具箱,定位到"数据管理工具"→选择"投影和变换"→选择"投影",如图 3-1-31 所示。

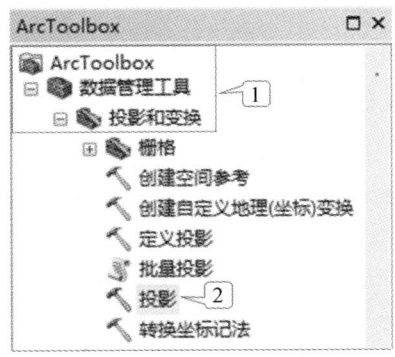

图 3-1-31 工具箱投影变换工具

2)投影变换

在"投影"对话框中,按图 3-1-32 所示设置,即可完成"医院"数据的投影变换。

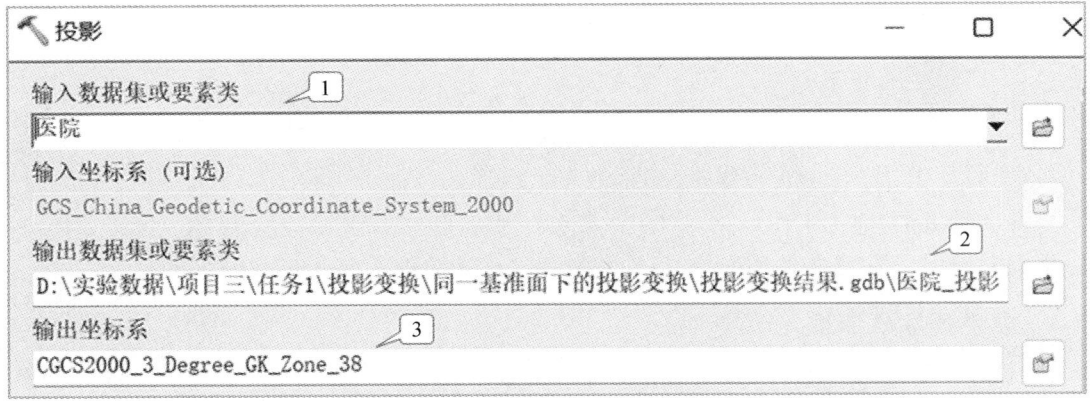

图 3-1-32 地理坐标系转投影坐标系

2. 投影坐标系转地理坐标系

将"交通"数据进行投影变换,由当前投影坐标系转为地理坐标系（GCS_China_Geodetic_Coordinate_System_2000）。

1）打开"投影"工具

打开 ArcToolBox 工具箱,定位到"数据管理工具"→选择"投影和变换"→选择"投影",如图 3-1-32 所示。

2）投影变换

在"投影"对话框中按图 3-1-33 设置,即可完成"交通"数据的投影变换。

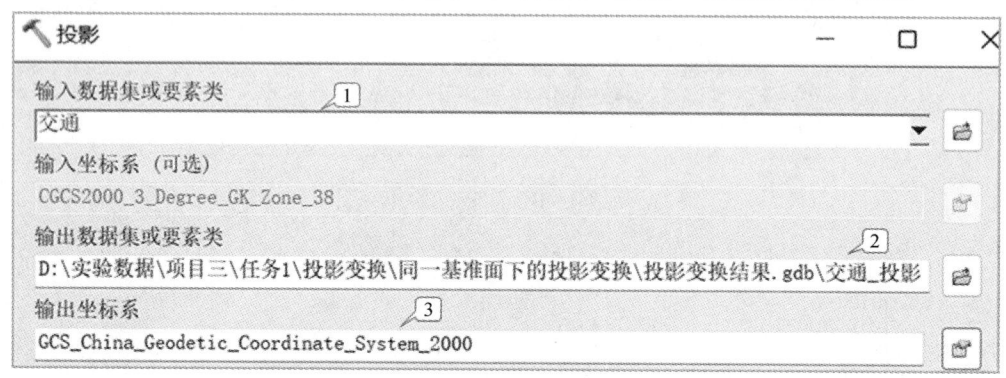

图 3-1-33　投影坐标系转地理坐标系

二、不同基准面间的投影变换

投影变换在同一个椭球体（同一基准面）中的变换都是严密的,而在不同的椭球体（不同基准面）之间的转换则是不严密的。这是因为它们的椭球基准是不同的,所以不存在一套转换参数可以全国通用的,在每个地方会不一样。

两个椭球间的坐标变换,一般而言比较严密的是用七参数布尔莎模型,即 X 平移,Y 平移,Z 平移,X 旋转（WX）,Y 旋转（WY）,Z 旋转（WZ）,尺度变化（DM）七个参数。

若要求得七参数就需要在一个地区提供 3 个以上的公共点坐标对（例如,在北京 1954 坐标下 X、Y、Z 和西安 1980 坐标系下 X、Y、Z）。

如果区域范围不大,最远点间的距离不大于 30 km（经验值）,则可以用三参数,即 X 平移,Y 平移,Z 平移,而将 X 旋转,Y 旋转,Z 旋转,尺度变化 DM 均视为 0。

（一）已知地理变换下的投影变换

已知地理变换如北京 1954 坐标系与 WGS1984 坐标系之间的变换。

1. 连接工作目录,加载数据

打开 ArcMap→连接工作目录→"D:\实验数据\项目三\任务 1 数据\任务 1\投影变换\不同基准面间的投影变换\已知地理变换",加载数据"已知地理变换.gdb"。

2. 查看数据坐标系

"餐饮点"数据为 WGS1984 地理坐标系,"区域"数据为基于 WGS1984 的 UTM 投影坐标系（WGS_1984_UTM_Zone_49N）,如图 3-1-34 所示。

图 3-1-34　投影变换数据坐标系

3. 投影变换

将"餐饮点"数据变换为 Beijing1954 地理坐标系,"区域"数据变换为基于 Beijing1954 的高斯投影坐标系,完成 WGS1984 与 Beijing1954 之间的变换。

由 WGS1984 变换为 Beijing1954 是已知地理变换,系统会根据区域位置自动选择对应的地理变换,此处的地理变换为"Beijing_1954_To_WGS_1984_3",如图 3-1-35 和图 3-1-36 所示。

(二)未地理变换下的投影变换

未知地理变换即不存在已知的地理变换,如北京 1954 坐标系与西安 1980 坐标系之间的变换。

1. 加载数据

加载"实验数据\项目三\任务|数据\任务 1\投影变换\不同基准面间的投影变换\已知地理变换"文件夹中的"Beijing54.mdb"和"Xian80.mdb"。

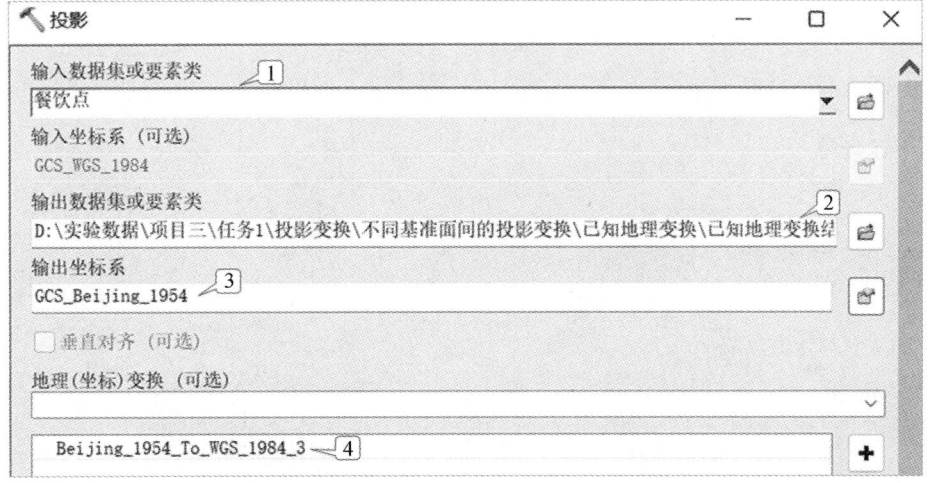

图 3-1-35　WGS1984 与北京 1954 地理坐标系变换

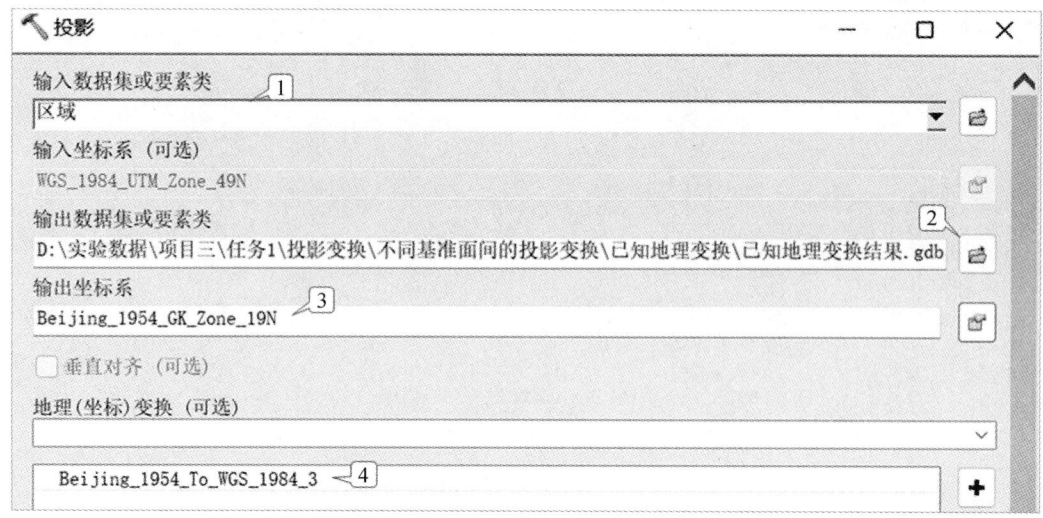

图 3-1-36　WGS1984 与北京 1954 投影坐标系变换

2. 查看数据坐标系

"Beijing54.mdb"和"Xian80.mdb"数据坐标系如图 3-1-37 所示。

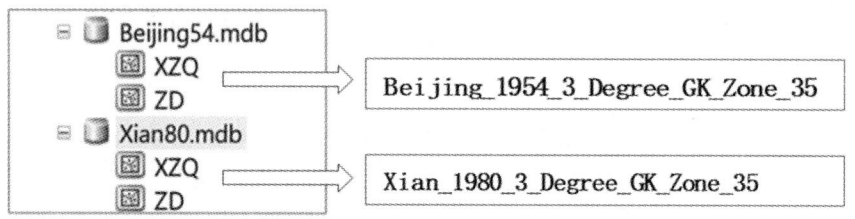

图 3-1-37　投影变换数据坐标系

3. 变换分析

1）两个坐标系数据存在坐标偏移

加载数据后，发现"Beijing1954 坐标系"和"Xian80 坐标系"数据有坐标偏移，不能够完全套合，如图 3-1-38 所示。

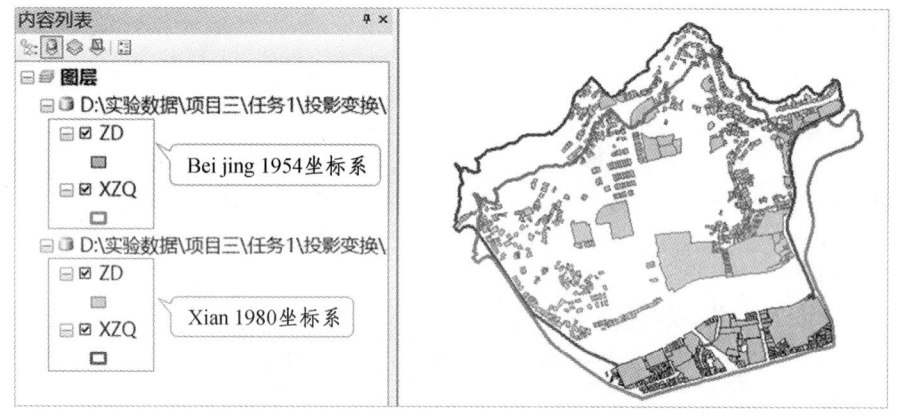

图 3-1-38　两个坐标系数据存在坐标偏移

2）两个坐标系变换不存在已知地理变换

由于"Beijing1954"和"Xian1980"坐标系变换属于两个不同的椭球体之间的，二者之间没有已知地理变换，投影变换须使用变换参数。另外，不同区域"Beijing1954"和"Xian1980"的变换参数各不相同，没有统一的变换参数，这给变换增加了难度。

若有精确的变换参数，则可根据提供的变换参数自定义地理变换完成投影变换；若没有准确的变换参数，则可以首先进行投影变换，不应用任何地理变换，然后通过空间校正的方法，完成坐标配准。

本次操作因为没有该区域数据的具体地理变换参数，故此处只提供变换方法作为参考，不做具体参数变换。

4．投影变换

1）投影变换法

不同基准面间的投影变换若有已知的变换参数，则可选投影变换法。

（1）创建自定义地理变换。

在工具箱"投影和变换"下选择"创建自定义地理（坐标）变换"，根据变换要求，选择创建三参数地理变换或七参数地理变换。图 3-1-39 所示为创建自定义三参数地理变换，图 3-1-40 所示为创建自定义七参数地理变换。

（2）投影变换。

应用自定义地理变换进行投影变换。在投影对话框中的选择自定义的三参数或七参数地理变换即可完成不同基准面的投影变换，如图 3-1-41 所示。

2）投影变换+空间校正法

在没有确定的变换参数的情况下，可使用投影变换加空间校正法来完成数据投影变换，达到同一区域多数据坐标系一致的目的。

（1）投影变换。

首先对需要进行投影变换的数据进行投影。

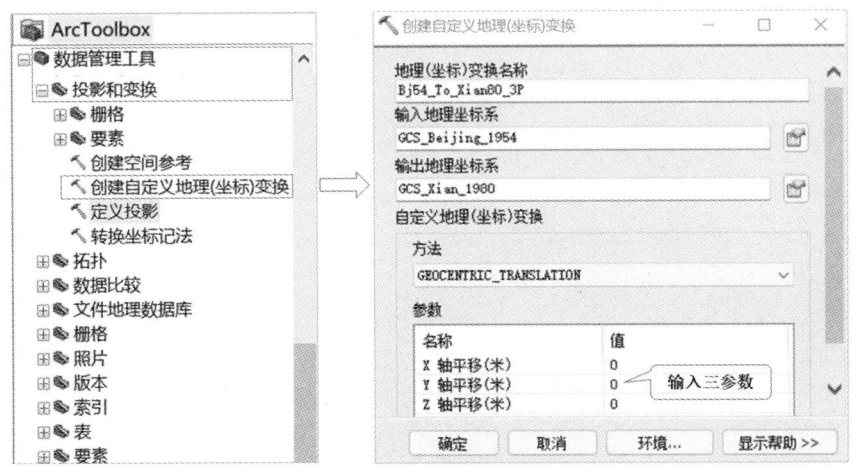

图 3-1-39　自定义地理变换（三参数）

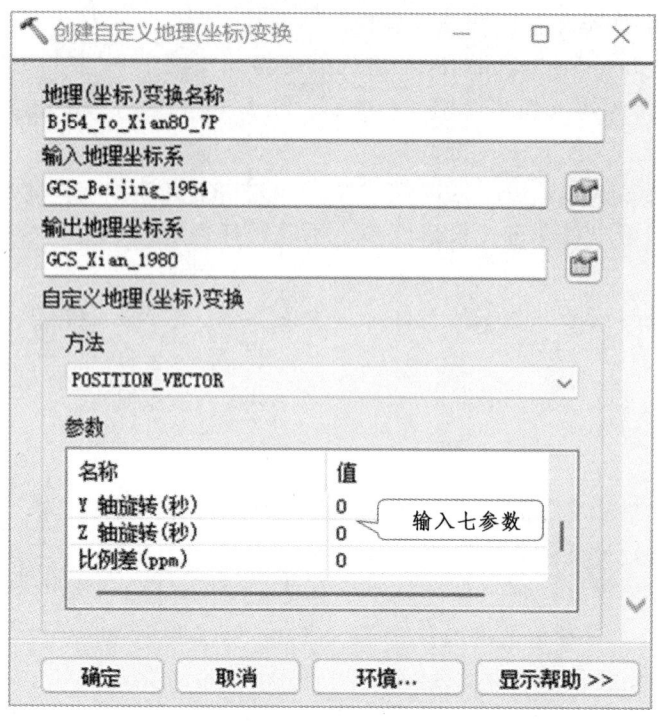

图 3-1-40 自定义地理变换（七参数）

图 3-1-41 不同基准面间的投影变换

（2）空间校正。

投影变换后数据在编辑状态下可进行空间校正，实现坐标变换，如图 3-1-42 所示。具体操作可参照本项目"技能点五 矢量数据坐标配准"中的空间变换方法。

图 3-1-42 空间校正工具

三、想一想

如果需要将数据从西安 1980 坐标系"GCS_Xian_1980"投影变换为 2000 国家坐标系"GCS_China_Geodetic_Coordinate_System_2000",应当如何进行变换呢?

技能点四　栅格数据地理配准

【技能目标】

（1）理解栅格数据地理配准的原理。
（2）掌握栅格数据地理配准的方法。
（3）熟悉栅格数据地理配准的流程。
（4）熟练使用地理配准工具对栅格数据进行坐标配准。

【技能原理】

地理配准过程实质上是找到一种数学关系（或函数关系）来描述变换前图形数据坐标与变换后图形数据坐标之间的换算关系。

这种换算关系常表示为二元多项式一次、二次、三次及更高次的表达式。在进行多项式变换时，由控制点的坐标和理论值，求出转换系数，这需要在配准中找一些特殊点的坐标，即控制点。控制点可以是经纬线网格的交点、公里网格的交点或者一些典型地物的坐标。配准时可以从图中均匀的选取几个点做控制点。

本次演示的配准数据为某一区域的地形图，数据比例尺为 1∶10 000。所选取的控件点为公里网格的交点，操作中要求控制点均匀分布于全图。

【操作流程】

栅格数据地理配准操作流程，如图 3-1-43 所示。

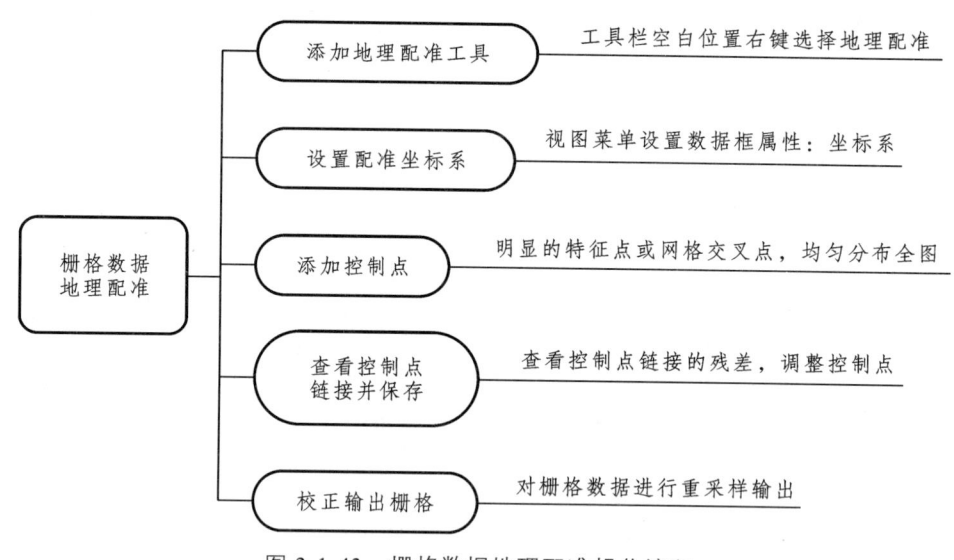

图 3-1-43　栅格数据地理配准操作流程

【操作数据】

实验数据\项目三\任务 1\栅格数据地理配准。

【操作步骤】

一、加载数据

打开 ArcMap，连接工作目录，加载数据"GeoRef.jpg"。

二、添加"地理配准"工具

在工具栏空白处右键选择"地理配准"，如图 3-1-44 所示。

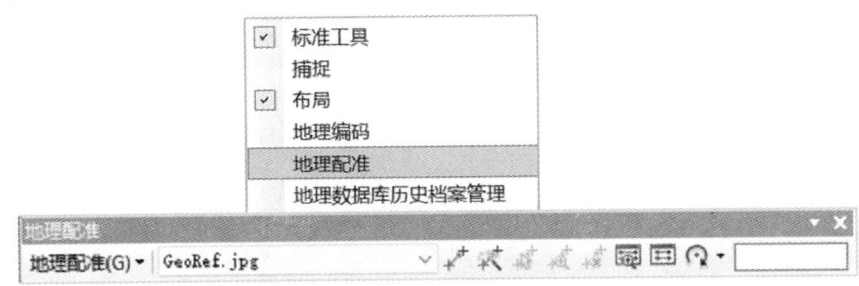

图 3-1-44　添加地理配准工具

三、设置地理配准坐标系

（一）识读地形图坐标系

根据"GeoRef.jpg"数据左下角显示的坐标系描述及角点坐标确定数据的坐标系。

"GeoRef.jpg"数据采用"1980 西安坐标系"，根据经度范围可知该区位于东经 102°附近；根据横坐标的位数为 5 位，单位为千米，换算成以米为单位，则横坐标为 8 位，故前两位 34 为带号；因此该数据的坐标系为高斯投影的 1980 西安坐标系 3°分带第 34 带，如图 3-1-45 所示。

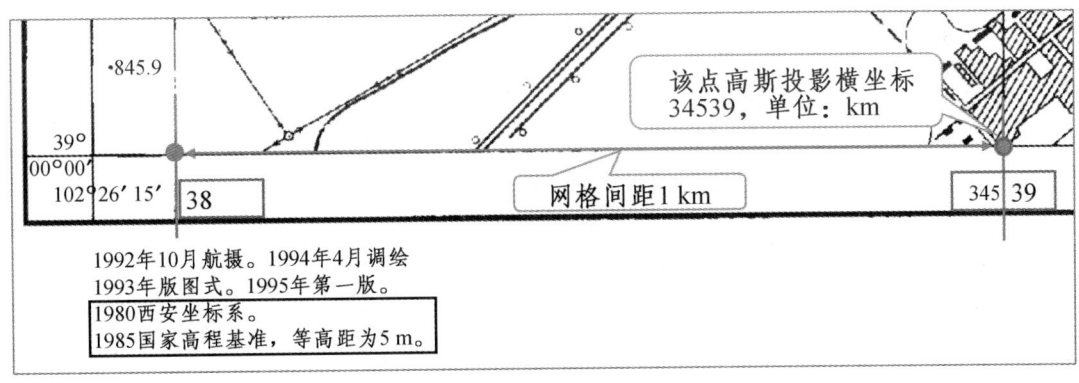

图 3-1-45　识读地形图坐标系信息

（二）设置配准坐标系

1. 打开数据框属性对话框

在"视图"菜单中选择"数据框属性"或地图窗口右键选择"数据框属性"，打开数据框属性对话框。

2. 选择坐标系

在"数据框属性"窗口中（见图 3-1-46），选择"投影坐标系"→"Gauss Kruger"→"Xian 1980"→"Xian 1980 3 Degree GK Zone 34"。

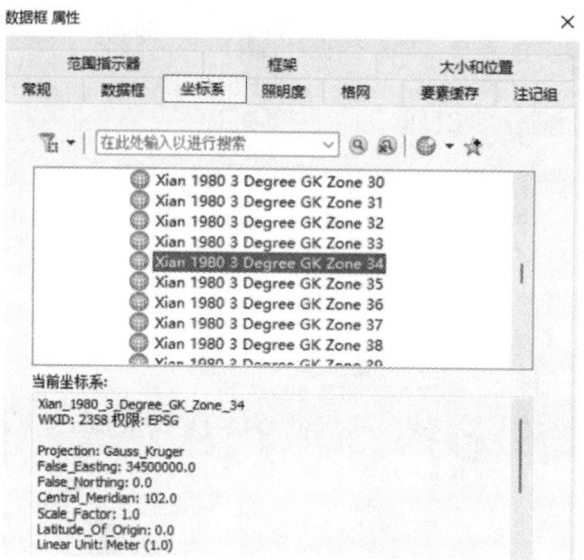

图 3-1-46　设置地理配准输出坐标系

四、添加控制点

（一）读图，定位控制点

在图上选取控制点，读取控制点图面坐标值，以图 3-1-47 左上角最外围公里网格交点为例，该点的横坐标值为 34 538 000，纵坐标值为 4 323 000，坐标值以米为单位。

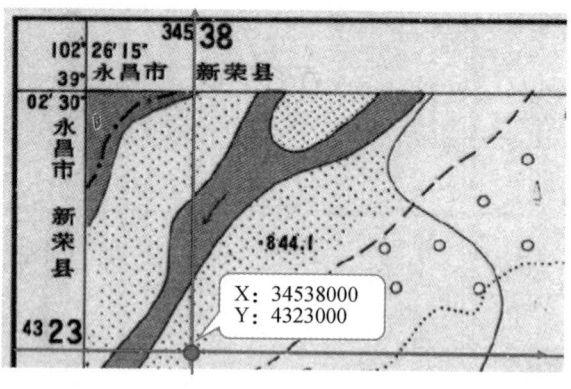

图 3-1-47　定位控制点

（二）添加控制点

单击"地理配准"工具条上的"添加控制点"按钮，单击左键添加控制点，右键输入图面 X 和 Y 坐标值（以米为单位），以图 3-1-48 左上角最外围公里网格交点为例。

依此类推，通过缩放、漫游地图，添加其他控制点。为了保证配准结果的精度，控制点应尽量均匀分布全图。本例控制点分布如图 3-1-49 所示。

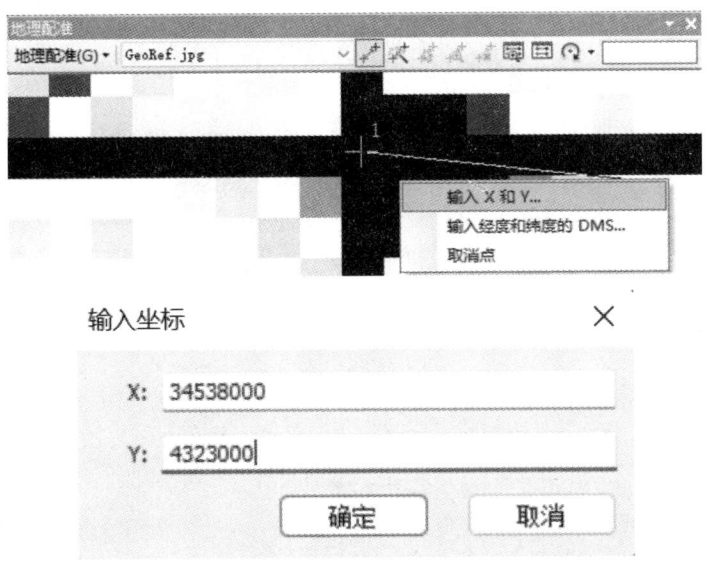

图 3-1-48 添加控制点

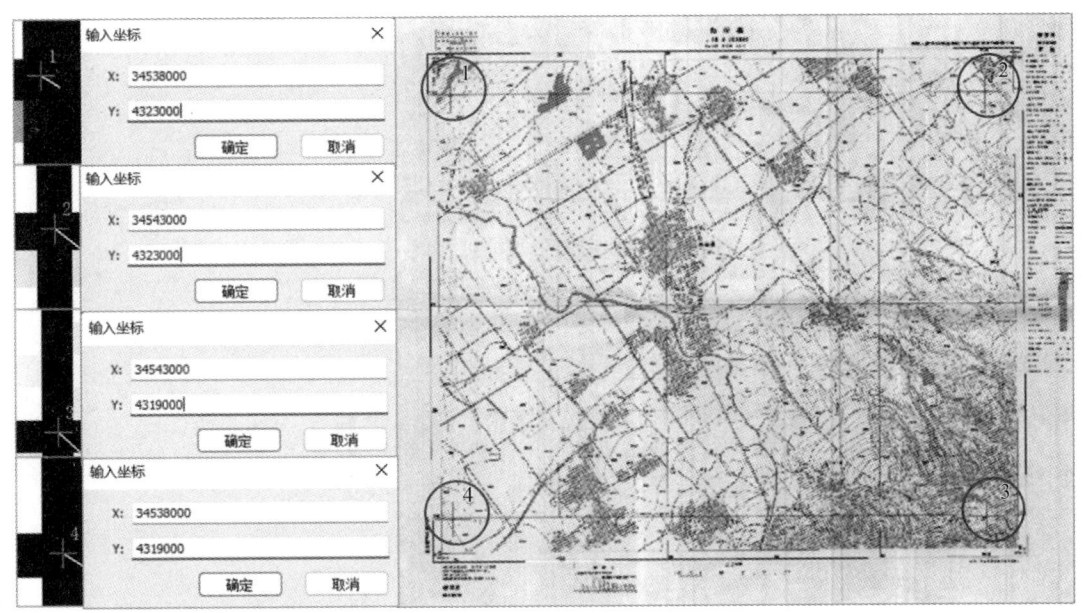

图 3-1-49 控制点分布及相应坐标值

五、查看控制点残差

（一）打开查看链接表

打开查看链接表，如图 3-1-50 所示。通过查看控制点的残差值（见图 3-1-51）判断控制点残差值是否满足精度要求。若控制点残差值过大，则需要调整控制点或删除残差值较大的控制点，重新添加控制点。依此往复，直到所有控制点残差均满足精度要求为止。

图 3-1-50　打开查看链接表

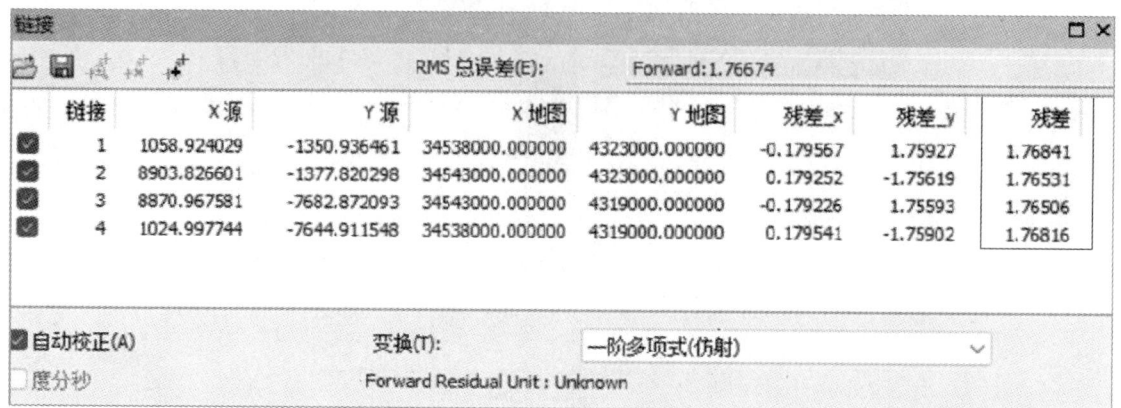

图 3-1-51　查看控制点残差值

（二）保存控制点链接表

当控制点残差值满足精度要求后，即可保存控制点链接表，如图 3-1-52 所示。

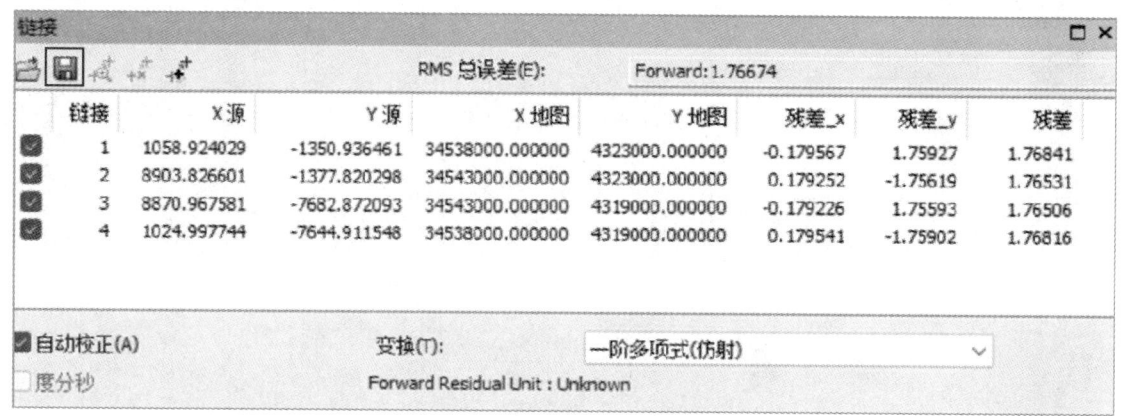

图 3-1-52　保存控制点链接表

六、校正数据

在"地理配准"工具条单击"地理配准"选择"校正"，如图 3-1-53（a）所示。在校正对话框中设置重采样类型、输出位置、格式和名称，如图 3-1-53（b）所示，即可完成栅格数据校正输出。

（a）打开"校正"数据对话框

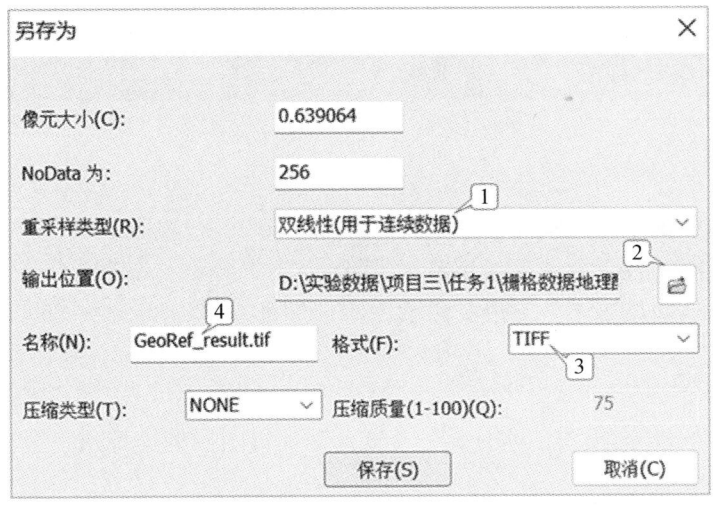

（b）校正设置与输出

图 3-1-53　校正数据

七、地理配准结果

校正结果"GeoRef_result.tif"的坐标范围和空间参考如图 3-1-54 所示。

图 3-1-54　地理配准结果坐标信息

八、想一想

若有已知同名控制点，如何根据已知控制点完成栅格数据的地理配准呢？

技能点五　矢量数据空间校正

【技能目标】

（1）理解矢量数据坐标配准方法。
（2）理解不同空间校正方法的适用范围。
（3）熟练使用空间校正工具完成矢量数据坐标配准。

【技能原理】

矢量数据坐标配准采用"空间校正"工具，实现将图层的坐标从一个位置转换到另一位置，如图 3-1-55 所示。

图 3-1-55　空间校正工具

变换过程是针对某一要素类内的所有要素统一执行的，通常用于将以数字化仪单位创建的数据转换成地图上所表示的实际单位。

空间校正以位移连接为基础，位移连接是表示校正的源位置和目标位置的特殊图形元素。空间校正支持多种校正方法，能校正所有可编辑的数据源，可以实现将数据从一个坐标系中转换到另一个坐标系中、纠正几何变形、将沿着某一图层的边要素与邻接图层的要素对齐，如图 3-1-56 和图 3-1-57 所示。

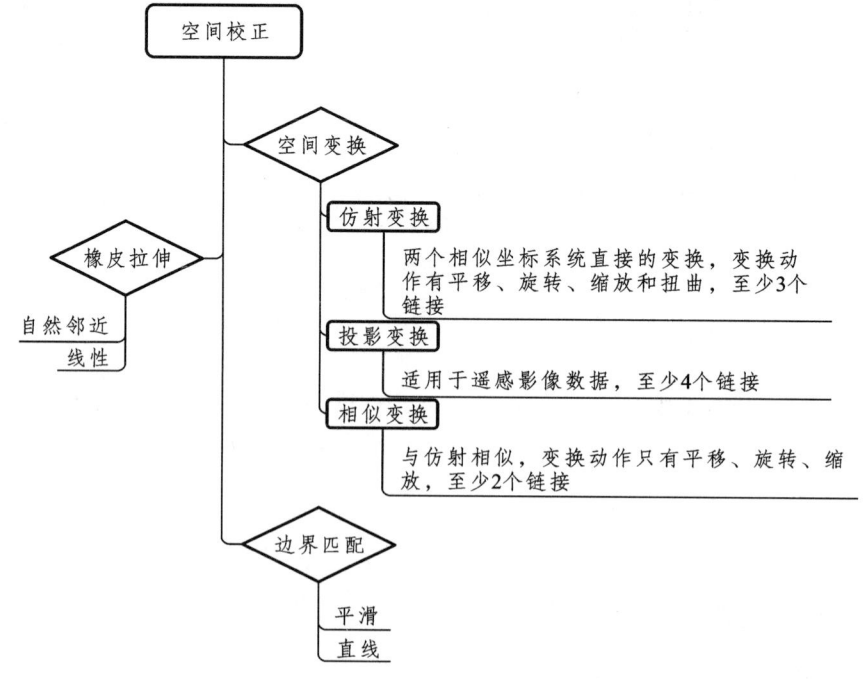

图 3-1-56　"空间校正"变换方法

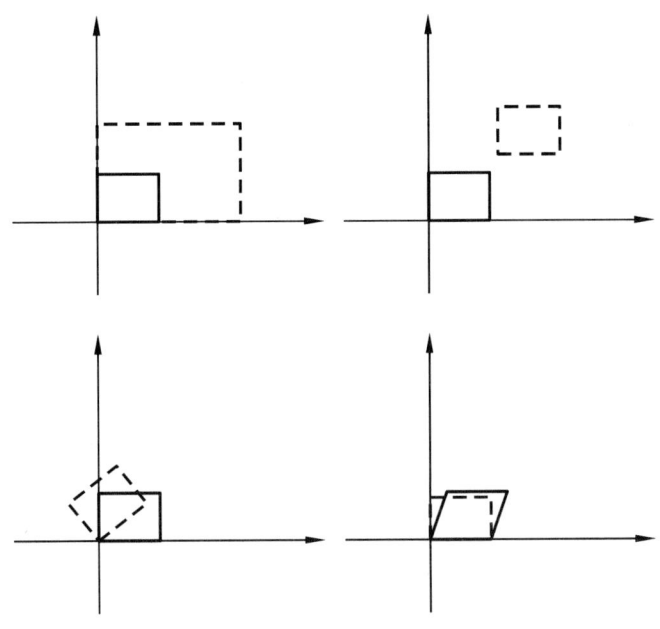

图 3-1-57 "空间变换法"变换示意

【操作流程】

空间校正操作流程,如图 3-1-58 所示。

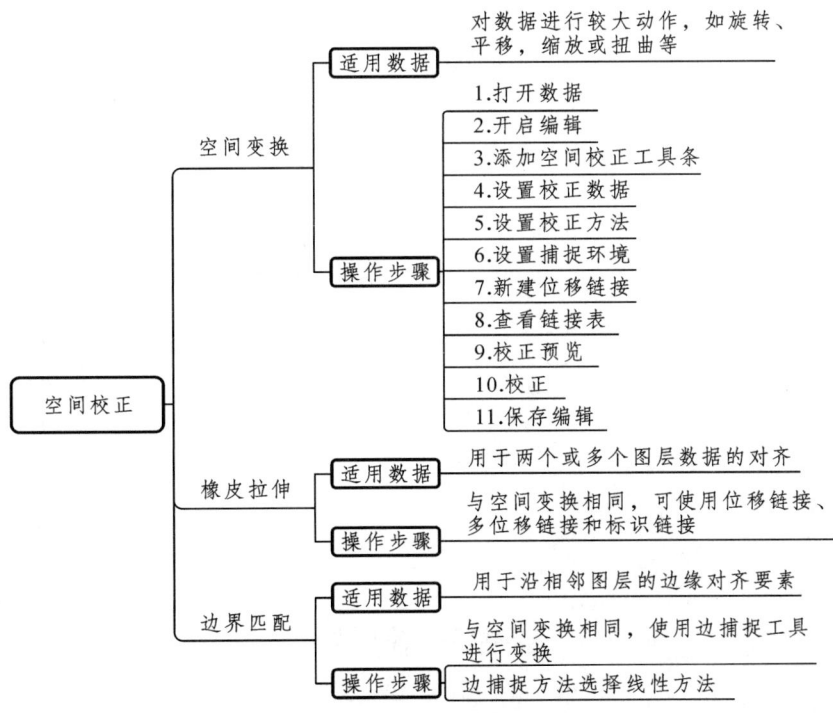

图 3-1-58 空间校正操作流程

【操作数据】

实验数据\项目三\任务 1\矢量数据空间校正。

【操作步骤】

一、空间变换

在此将展示如何基于自己创建的位移链接来应用变换。

（一）变换分析

本例中的变换将对包含宗地和建筑物要素的两个要素类进行移动、缩放和旋转，以使其与另一组宗地和建筑物要素类对齐，如图 3-1-59 和图 3-1-60 所示。空间变换方法选择相似变换法。

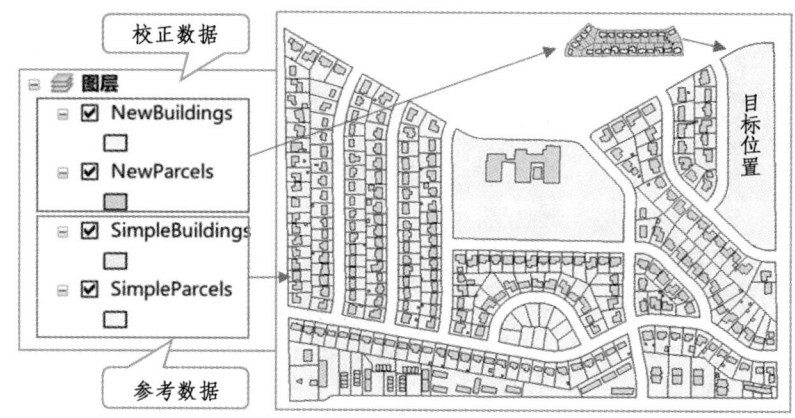

图 3-1-59　变换数据分析示意

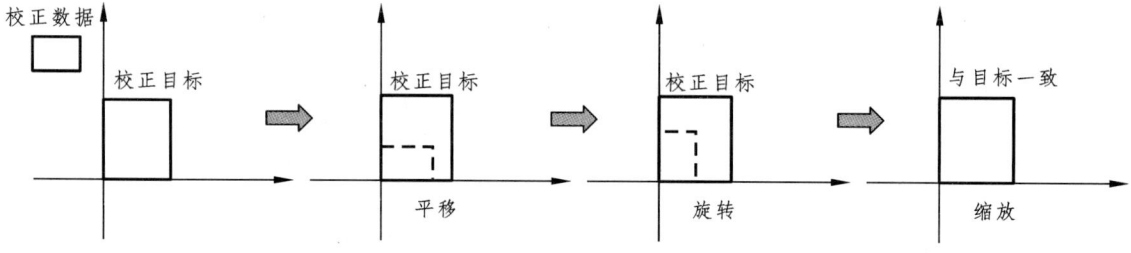

图 3-1-60　变换动作示意

（二）变换步骤

1. 加载数据

打开 ArcMap，连接工作目录，加载数据"空间变换.mxd"。

2. 添加"空间校正"工具

在工具栏空白处右键选择"空间校正"，如图 3-1-61 所示。

图 3-1-61　空间校正工具条

3. 启动编辑器

启动编辑器，开始编辑，如图 3-1-62 所示。

图 3-1-62　开始编辑数据

4. 设置校正数据

在"空间校正"工具条单击"空间校正"选择"设置校正数据"，勾选需要校正的数据，勾选"NewBuildings"和"NewParcels"，如图 3-1-63 所示。

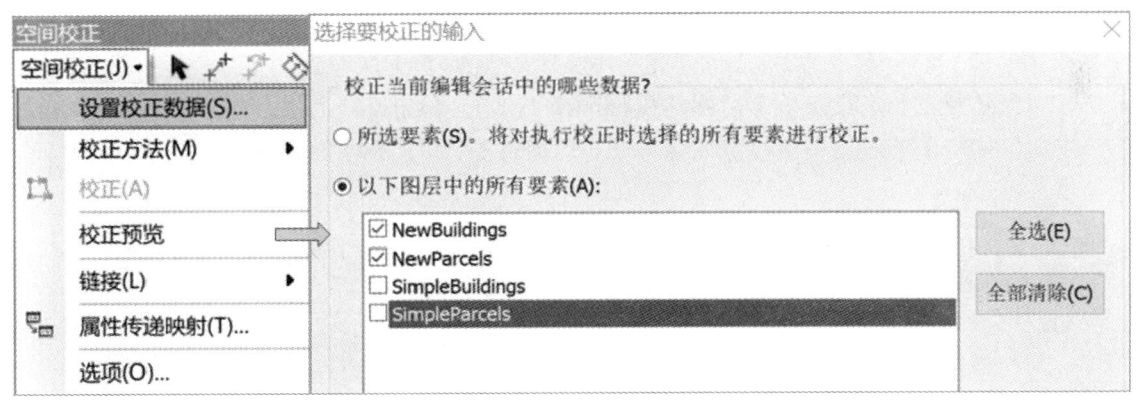

图 3-1-63　设置校正数据

5. 设置校正方法

在"空间校正"工具条单击"空间校正"选择"校正方法"，选择"变换-相似"，如图 3-1-64 所示。

图 3-1-64　设置校正方法

6. 设置捕捉

在"编辑器"工具条中选择"捕捉"打开"捕捉工具条"，如图 3-1-65 所示。

在开始添加位移前，应先设置捕捉环境，以便将添加的各个位移链接捕捉到要素折点。

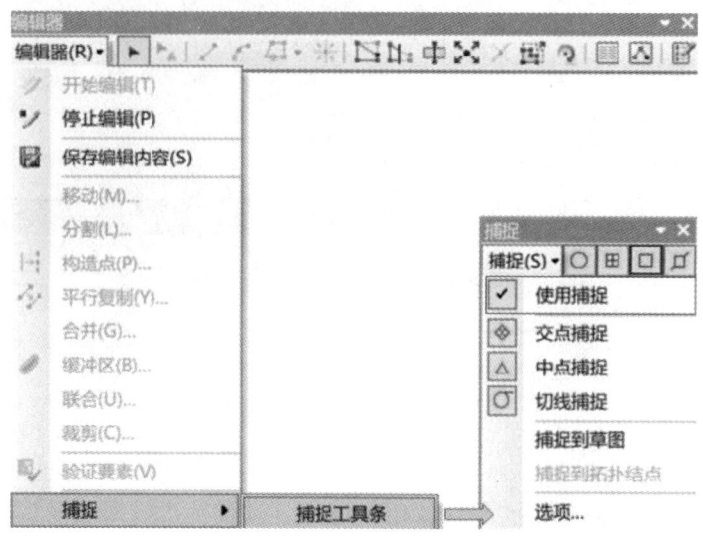

图 3-1-65 设置捕捉

7. 添加位移链接

在"空间校正"工具条单击"新建位移链接工具"，添加位移链接，如图 3-1-66 所示。

添加位移链接的过程中应尽量放大原图，捕捉折点，由"NewParcels"向"SimpleParcels"添加位移链接。

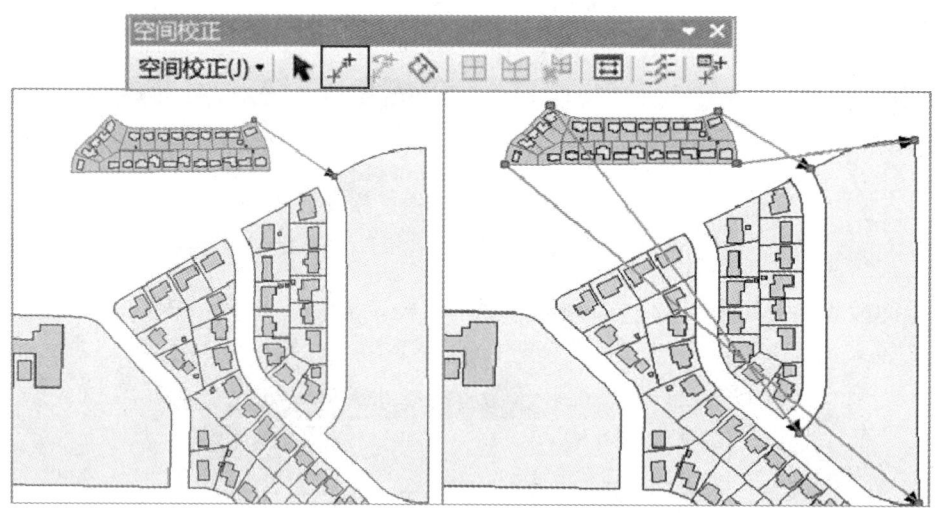

图 3-1-66 新建位移链接

8. 查看链接表

查看链接表中的校正残差（见图 3-1-67），如果残差较大，应删除残差大的链接，重新添加链接，以保证校正的精度。

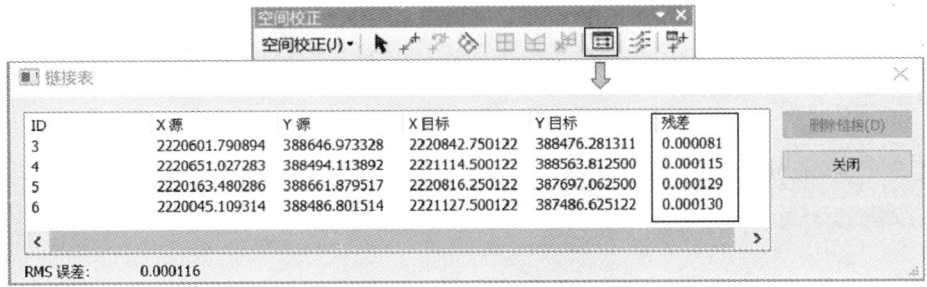

图 3-1-67　查看位移链接

9. 校正预览，预览校正效果

在"空间校正"工具条单击"空间校正"选择"校正预览"，查看校正效果，如图 3-1-68 所示。

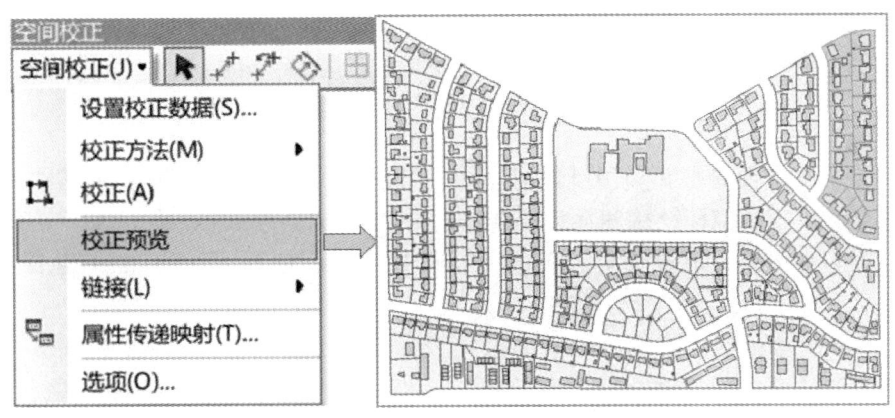

图 3-1-68　校正预览

10. 校　　正

在"空间校正"工具条单击"空间校正"选择"校正"，如图 3-1-69 所示。

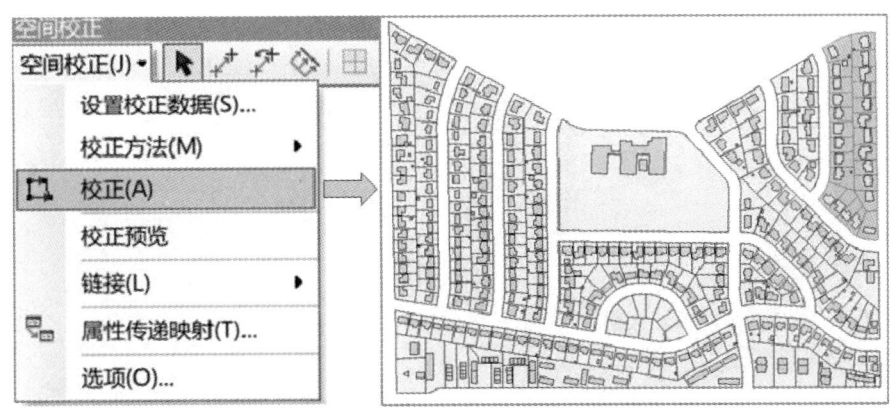

图 3-1-69　校正结果

11. 保存编辑

在"编辑器"工具条单击"编辑器"选择"保存编辑内容",然后"停止编辑",如图 3-1-70 所示。

图 3-1-70　保存空间变换结果

二、橡皮拉伸

橡皮拉伸法常用于两个或多个图层的对齐。

(一)变换分析

橡皮拉伸变换过程中主要采用可保留直线的分段变换来移动图层中的要素。本例将展示通过使用位移链接、多位移链接和标识链接来对数据执行橡皮拉伸变换。

变换数据为一组新的街道要素,通过执行橡皮拉伸变换以匹配现有的街道要素类,如图 3-1-71 所示。

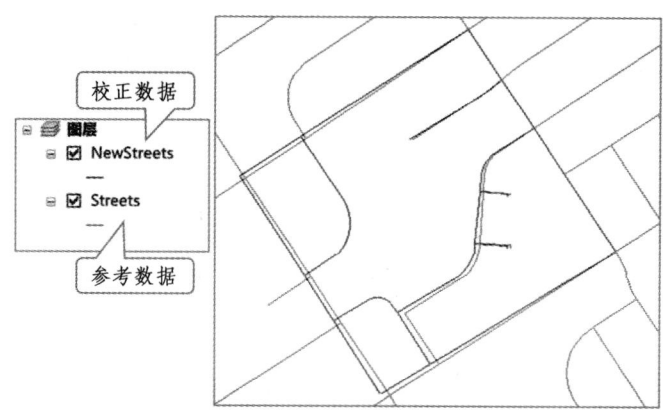

图 3-1-71　橡皮拉伸变换分析

(二)变换步骤

(1)加载数据"橡皮拉伸.mxd"。

(2)添加空间校正工具。

(3)启动编辑器,"开始编辑"。

(4)设置校正数据,如图 3-1-72 所示。

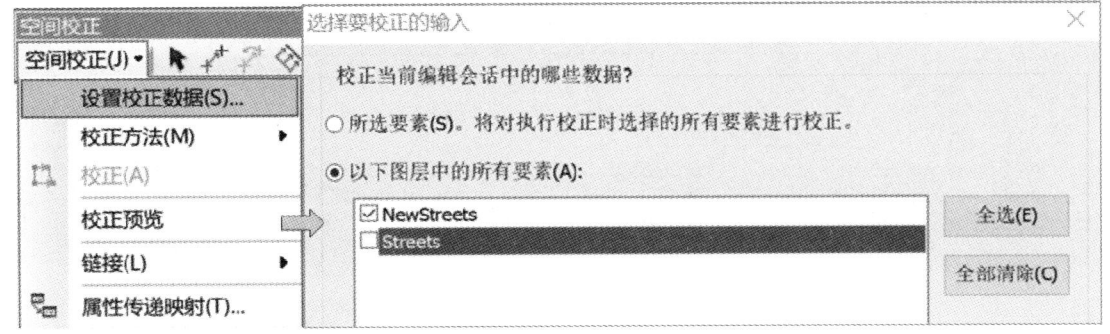

图 3-1-72　设置橡皮拉伸校正数据

（5）设置校正方法"橡皮页变换"，如图 3-1-73 所示。

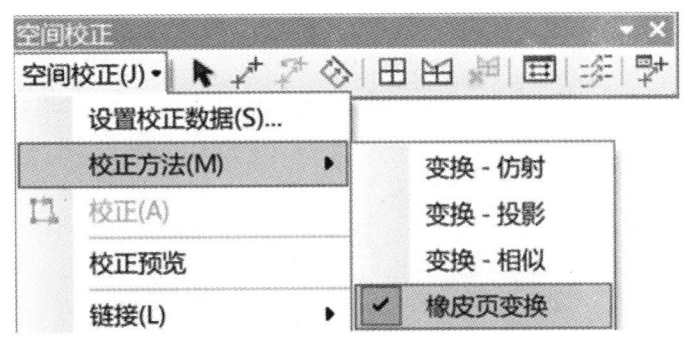

图 3-1-73　设置校正方法

（6）使用捕捉。

（7）新建位移链接。添加位移链接的过程中应尽量放大原图，捕捉折点由"NewStreets"向"Streets"添加位移链接，如图 3-1-74 所示。

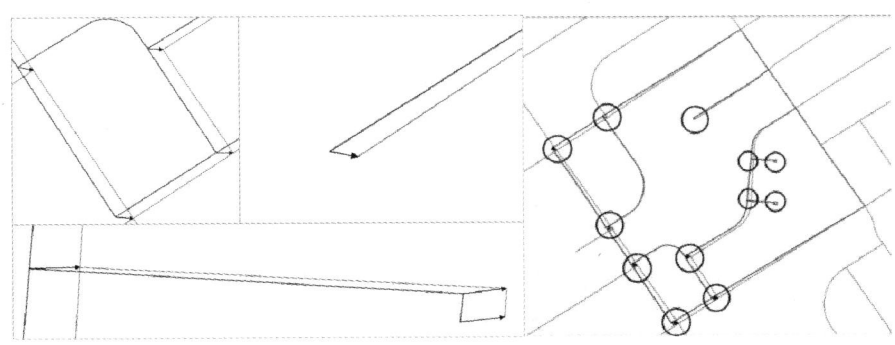

图 3-1-74　新建位移链接

（8）对于曲线要素，添加多位移链接，如图 3-1-75 所示。

（9）添加标识链接。为变换过程中不发生移动的点要素，添加标识链接，如图 3-1-76 所示。

（10）校正预览，预览校正效果。

（11）校正，如图 3-1-77 所示。

（12）保存编辑内容。

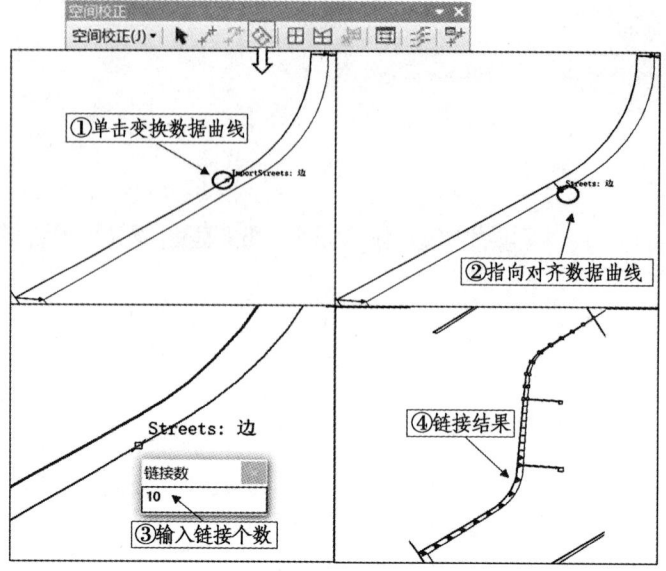

图 3-1-75　添加多位移链接

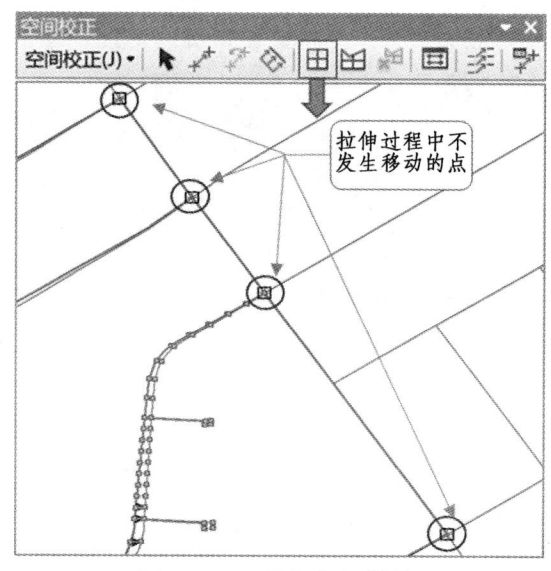

图 3-1-76　添加标识链接

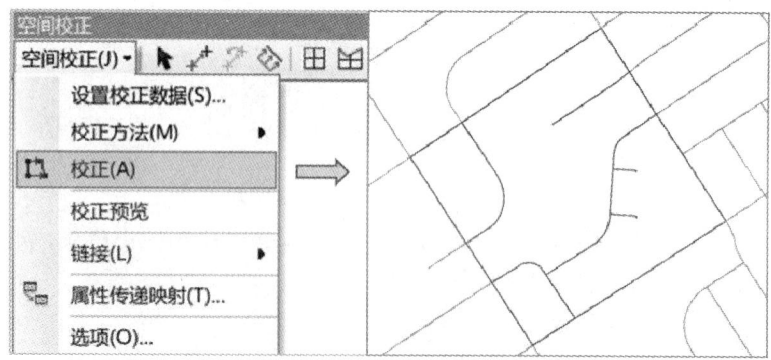

图 3-1-77　校正数据

三、边界匹配

边界匹配法用于沿相邻图层的边缘对齐要素。

（一）变换分析

边界匹配通常对精度较低的要素图层进行调整，而将另一图层用作目标图层。边界匹配同样基于位移链接来定义空间校正。

本例将学习使用自己创建的位移链接对图 3-1-78 所示的两个相邻图幅的河流数据进行边界匹配。

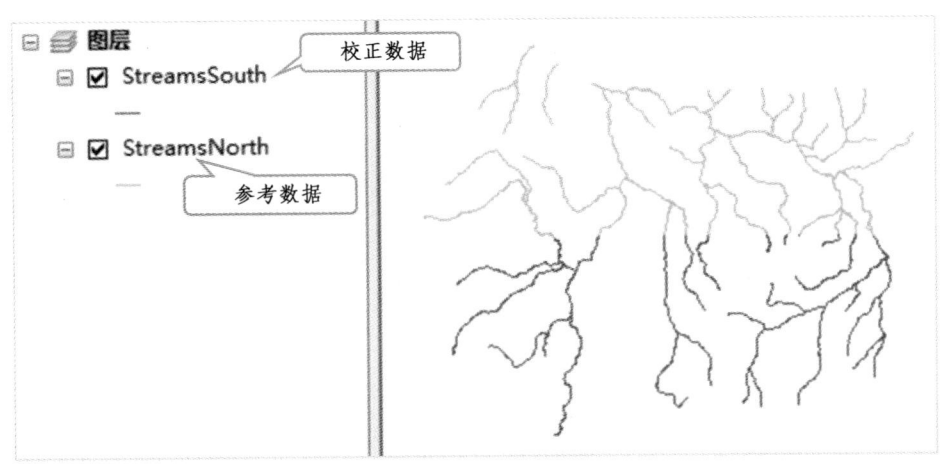

图 3-1-78　变换数据

（二）变换步骤

（1）加载数据"边界匹配.mxd"。

（2）添加空间校正工具。

（3）启动编辑器："开始编辑"。

（4）设置校正数据，勾选"StreamsSouth"，如图 3-1-79 所示。

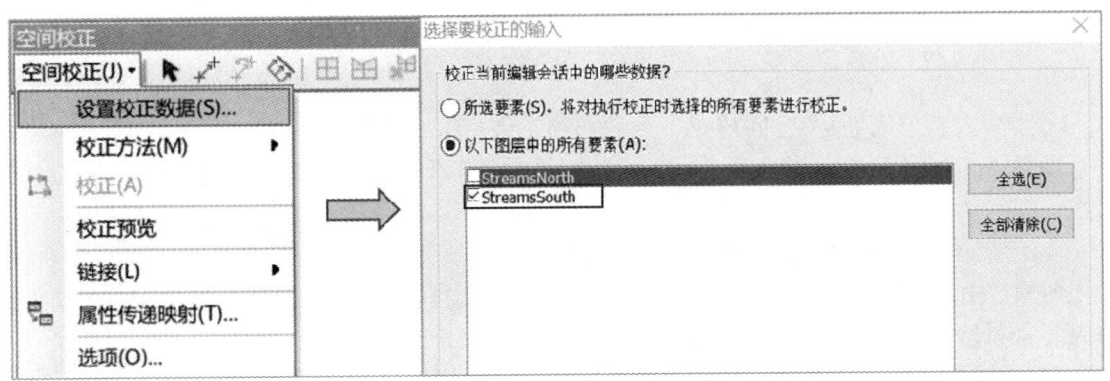

图 3-1-79　设置校正数据"StreamSouth"

（5）设置校正方法，选择"边捕捉"，如图 3-1-80 所示。

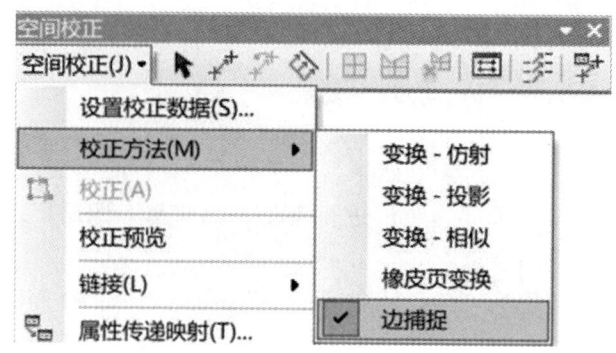

图 3-1-80　设置校正方法——边捕捉

（6）使用捕捉。

（7）校正属性设置。

① 选择边捕捉方法："空间校正"→"选项"→"常规"→"边捕捉"→"选项"→"线"。

边捕捉的方法有平滑和线性两种：线性方法仅移动所校正线的端点，而平滑方法会对整条线要素应用校正。本例选择线性，如图 3-1-81 所示。

如果勾选了"校正到链接中点"则校正图层和参考图层都向中点移动，此处不勾选。

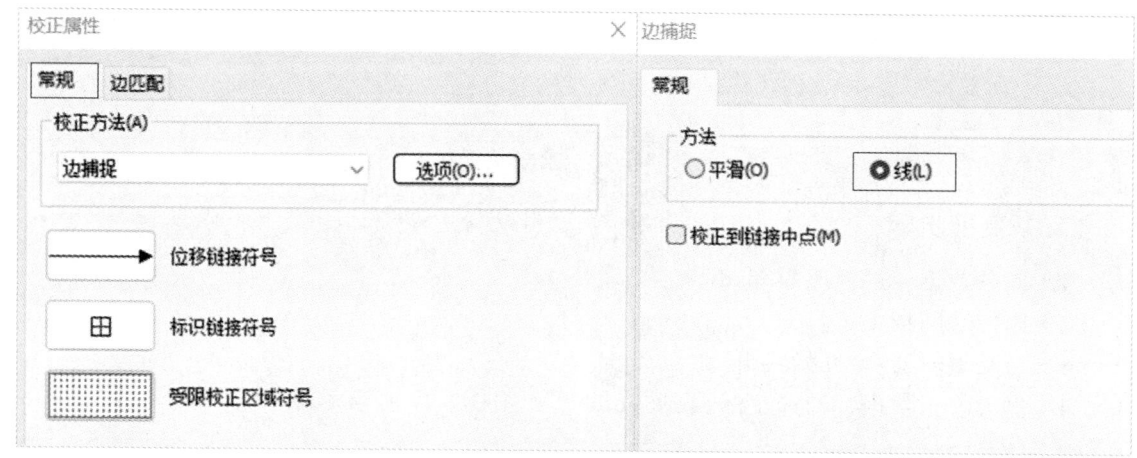

图 3-1-81　设置边捕捉方法——线

② 设置边匹配属性："空间校正"→"选项"→"边匹配"。

设置边匹配属性是定义使用"边匹配"工具时的源图层和目标图层以及创建位移链接的方式，如图 3-1-82 所示。

（8）新建位移链接："空间校正"→"边匹配工具"。

使用"边匹配"工具在要素端点的周围拖出一个选框，"边匹配"工具将根据位于选框内的源要素和目标要素来创建多个位移链接，如图 3-1-83 所示。

（9）校正预览。

（10）校正，结果如图 3-1-84 所示。

（11）保存编辑。

图 3-1-82 设置边匹配属性

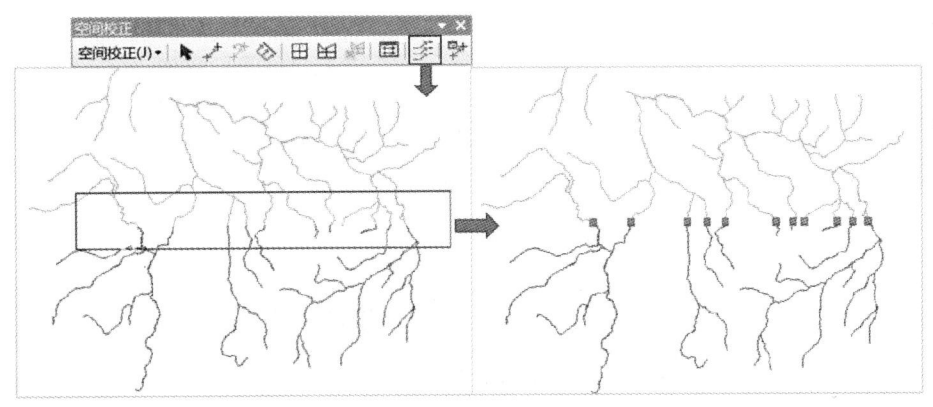

图 3-1-83 使用"边匹配"工具新建位移链接

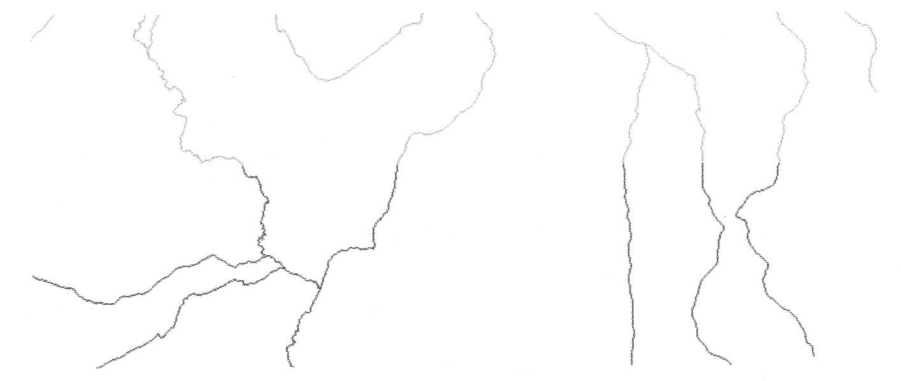

图 3-84 校正结果

四、想一想

相邻图幅数据的接边修复,应选择哪一种空间校正方法进行数据变换?

任务二　地物的几何特征表达

知识点一　地物的几何特征

地物的几何特征是 GIS 中对现实地物的模型表达，是对现实地物的概括和抽象表达。

抽象的程度因研究区的大小、规模不同而有所不同。如在一张小比例尺的全国地图中，广州市被抽象为一个点，抽象程度很大。而在较大比例尺的广州市地图上，广州市的行政区划、道路、水体等则被详尽地表示了出来。

在地理空间世界中，被抽象的地理现象都有一个自然的维度，即零维、一维、二维、三维，这取决于它们被抽象成点、线、面、体四种要素，分别用点状、线状、面状和体状符号来表示，见表 3-2-1。

表 3-2-1　地理现象及空间实体

维度	空间实体	地理现象
零维	点	城镇、乡村居民地、交通枢纽、车站、学校等
一维	线	河流、海岸、铁路、公路、地下管网、行政边界等
二维	面	土壤、耕地、森林、草原、沙漠、行政边界等
三维	体	云、水体、矿体、地铁站、高层建筑等

一、点

点是有特定的位置，无宽度和长度，抽象的点。用点符号来表示要素的质量和数量特征；将点状符号定位于事物所在的相应位置上，通常用点符号的形状和颜色表示质量特征；用点符号的大小表示数量特征。在 GIS 中点用一对 X、Y 坐标值表达，如图 3-2-1 所示。

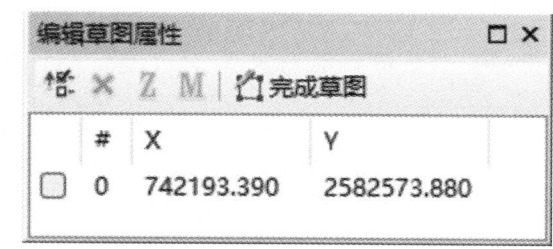

图 3-2-1　点数据及其表达

二、线

地面上呈线状或带状的事物，如河流、交通线、境界线等用线来表达。线有长度，但无宽度和高度，同时线有单线、双线、网状之分。在 GIS 中线用 X、Y 坐标对序列来表达线，如图 3-2-2 所示。

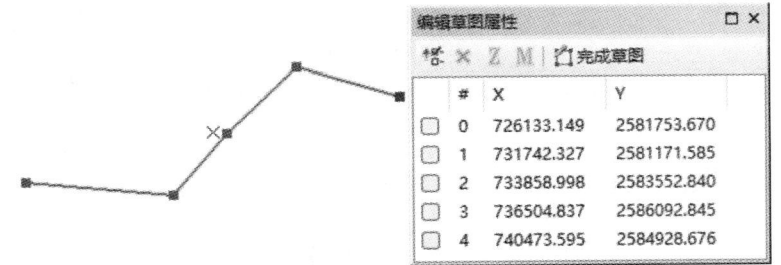

图 3-2-2　线数据及其表达

三、面

面是具有长和宽的目标,通常用来表示自然或人工的封闭多边形,有面积和周长。面具有大范围连续分布的特征,有些有确切的边界,如建筑物、水塘等;有些在实地上没有明显的边界,如土壤类型。在小比例尺下也可能用点状符号来表示。面需要注意区分独立的面还是与其他地物有相邻关系。在 GIS 中面用 X、Y 坐标点对来表达,如图 3-2-3 所示。

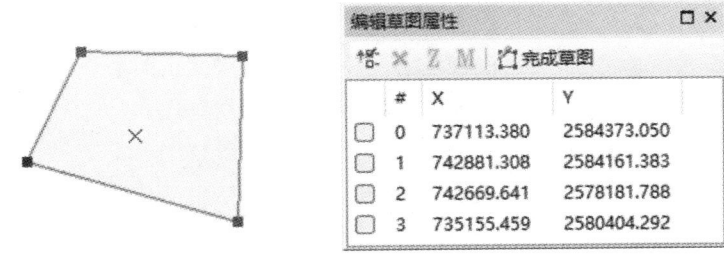

图 3-2-3　面数据及其表达

四、体

体用于描述三维空间中的现象与物体,具有长度、宽度和高度等属性。体状地物有体积,也有表面积。目前,在 GIS 中创建三维地形所使用的 DEM 模型是常用的体模型,如图 3-2-4 所示。

图 3-2-4　体数据及其表达

综上所述,地物的几何特征是 GIS 中对现实世界的模型表达,是对现实世界地物实体的概况和抽象表达,具体可以抽象表达为点、线、面、体四种几何形态。

知识点二　地物几何特征的表示方法

地物的几何特征可以抽象表达为点、线、面、体四种几何类型，其表达方法主要有：矢量表达法和栅格表达法，又称为矢量数据和栅格数据，如图 3-2-5 所示。

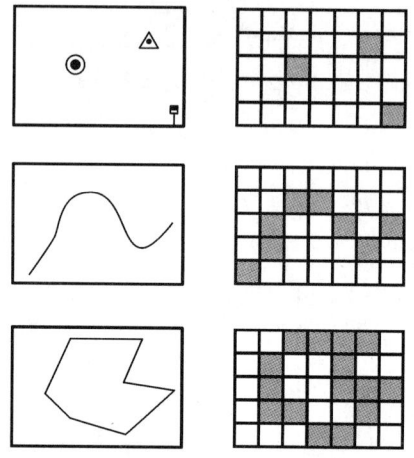

图 3-2-5　矢量数据及栅格数据表达

一、矢量数据

矢量数据主要表现空间实体的形状特征。矢量数据的特征有如下几点：
（1）定位明显、属性隐含。
（2）形象直观，如图 3-2-6 所示。

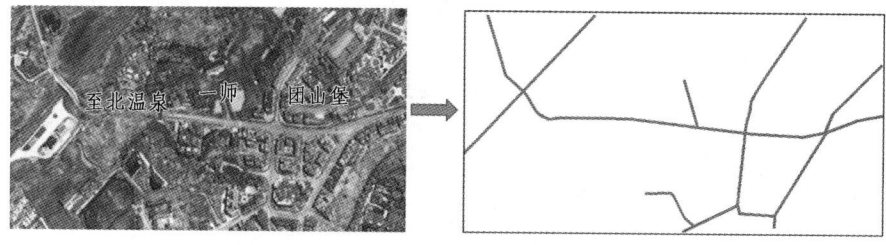

图 3-2-6　道路矢量表达法

（3）特别适合于模拟离散（非连续变化）的空间数据，如图 3-2-7 所示。

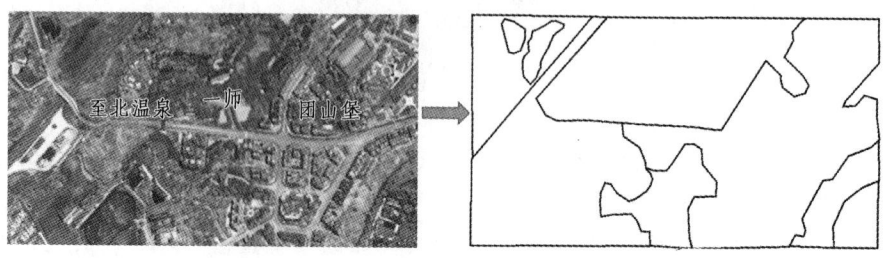

图 3-2-7　土地利用矢量表达法

（4）精度高。矢量数据的精度与点的数量与质量有关，以线要素为例，线上的拐点数量越多定位质量越高，对线要素的描述就更精确，精度就越高。如图 3-2-8 所示，左图中的线要素相对于右图，对于线要素的描述更精确，精度更高。

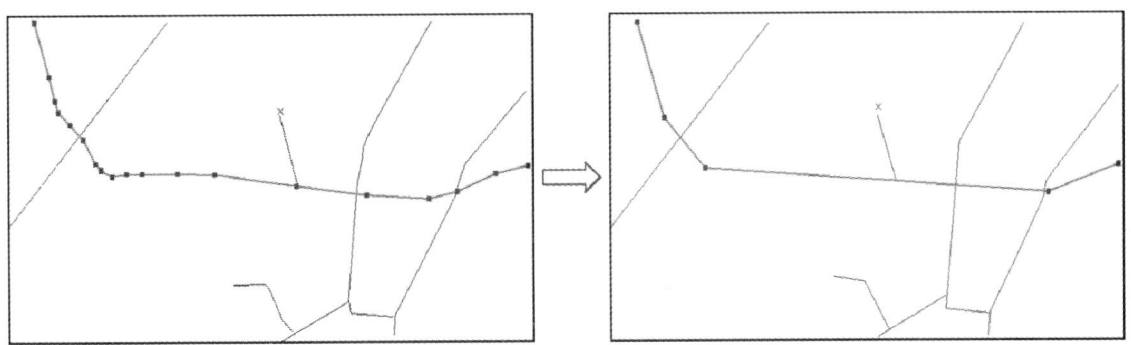

图 3-2-8　矢量数据的精度表达

二、栅格数据

栅格数据主要描述空间实体的级别分布特征及其位置。栅格数据是由像元阵列组成的，每个像元的行列号确定位置，用像元值表示空间对象的类型、等级等特征，每个栅格单元只能存在一个值。

栅格数据位置很容易隐含，像元值代表实体的属性或属性的编码，如图 3-2-9 所示。

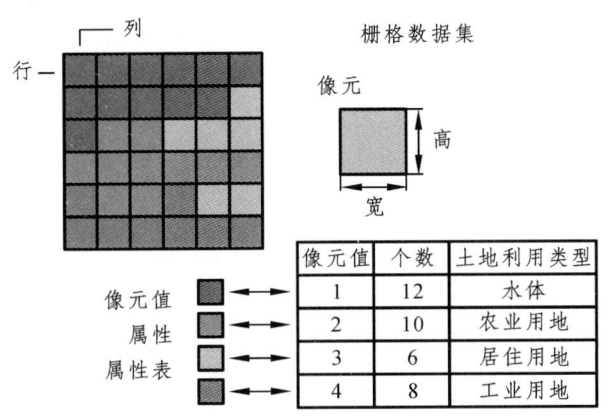

图 3-2-9　栅格数据像元值

栅格数据的点是一个像元；线是在一定方向上连接成串的相邻像元集合；面是聚集在一起的相邻像元集合，如图 3-2-10 所示。

（一）栅格数据特征

栅格数据的特征是属性明显，定位隐含；栅格数据的精度与分辨率有关。栅格数据的分辨率对数据精度的其他影响有如下几方面：

（1）位置的移动。

（2）形状的畸变。

（3）属性的偏差。

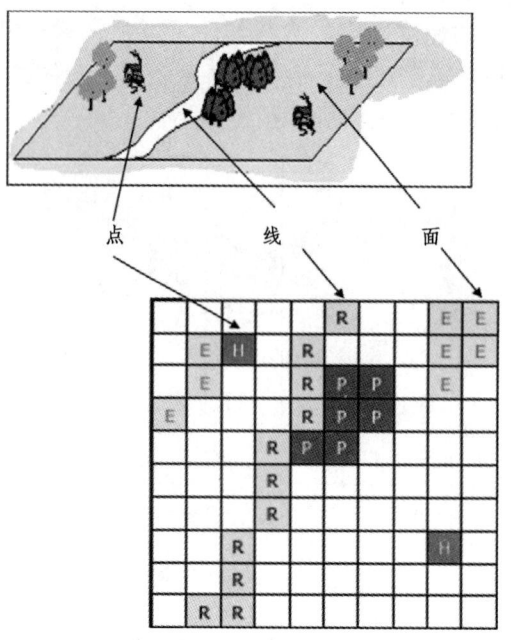

图 3-2-10 栅格数据的表达

（二）栅格数据的获取

栅格数据可以通过遥感影像数据获取，还可以利用扫描仪、摄像机获取，也可以通过规则点采样、不规则点采样及插值的方法获取栅格数据。还可以由矢量数据转栅格数据这种间接的转换方式生成栅格数据。

技能点一　ArcGIS 矢量数据格式

【技能目标】

（1）熟悉 ArcGIS 中的矢量数据格式
（2）熟悉 Shapefile 数据格式的特征
（3）熟悉地理数据库格式的特征及其组织结构

【操作流程】

ArcGIS 矢量数据格式操作流程，如图 3-2-11 所示。

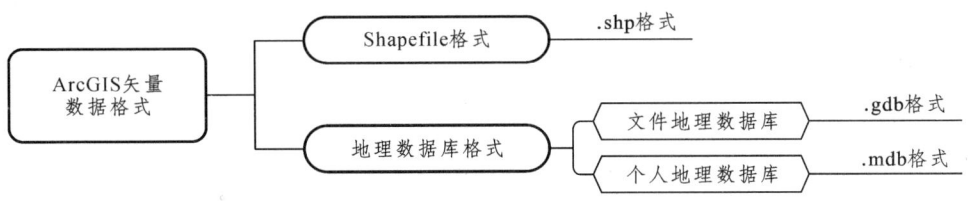

图 3-2-11　ArcGIS 矢量数据格式操作流程

【操作步骤】

ArcGIS 矢量数据有 Shapefile 和地理数据库两种格式。

一、Shapefile 格式

（一）Shapefile 格式文件特征

Shapefile 是一种矢量数据格式，Shapefile 图形文件存储了空间地理要素的非拓扑几何信息以及属性信息，其中几何信息由一系列矢量坐标组成。Shapefile 可以支持点、线、面等图形要素的存储。

一个 Shapefile 是由若干个文件组成的，空间信息和属性信息分离存储，故称之为"基于文件"，如图 3-2-12 所示。

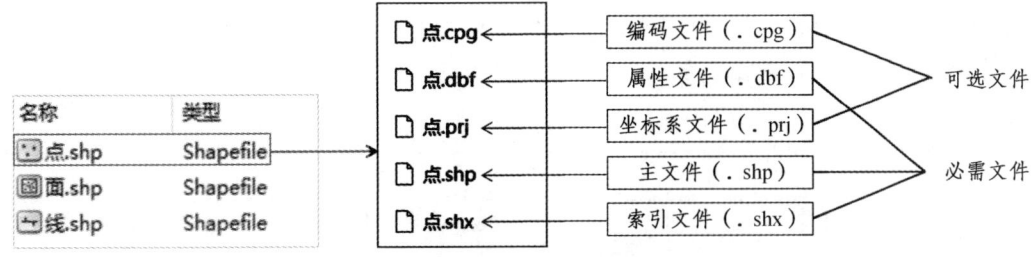

图 3-2-12　Shapefile 文件的构成

（二）Shapefile 格式文件局限性

1. 文件容量限制

Shapefile 每个子文件都有大小限制，最大不能超过 2 GB，以点要素为例，最多约能存储 7 000 万个点。

2. 不支持高级对象

Shapefile 不支持注记要素类、关系类、拓扑关系、属性域和子类、坐标精度和分辨率等。

3. 字段存储限制

Shapefile 字段无法存储空值，无法向上舍入数字，对 Unicode 字符串的支持不足，字段名称最长只能为 10 个字符，且在同一字段中无法同时存储日期和时间。

Shapefile 支持的最大字符数为 255。若超出此上限，当转换为 Shapefile 时只会转换前 255 个字符。

4. 性能限制

由于形状压缩方法的不同，Shapefile 所占用的空间可能为文件地理数据库或 SDE 的 3～5 倍。

Shapefile 的空间索引效率较数据库低。这就意味着，同地理数据库要素类相比，空间查询耗时更长。当处理大量要素时，效率低。

二、地理数据库格式

（一）地理数据库文件特征

地理数据库（Geodatabase）是为了更好地管理和使用地理要素数据而按照一定的模型和规则组合起来的存储空间数据和属性数据的容器。

在地理数据库中，常用的元素有表（Table）、要素类（Feature Class）、要素数据集（Feature Dataset）、视图（View）、关系类（RelationShip Class）、栅格（Raster）、栅格数据集（Raster Dataset）。

在要素数据集中，可以建立地形三角网（Terrain）、网络数据集（Network Dataset）、拓扑（Topology）等。

（二）地理数据库文件分类

地理数据库文件分为个人地理数据库，文件地理数据库及空间数据引擎 ArcSDE 数据库三种类别，具体特征见表 3-2-2。鉴于文件地理数据库在存储容量、跨平台等方面的优势，推荐使用文件地理数据库进行数据存储。

表 3-2-2 三种地理数据库格式特征对比

特征	地理数据库		
	个人地理数据库	文件地理数据库	ArcSDE GDB（3 级）
存储格式	MS Access	二进制文件的文件夹	关系型数据库

续表

存储容量	2 GB	没有限制（1 TB/表）	依赖于服务器
支持操作系统平台	Windows	跨平台（Windows, Linux, and Solaris）	Windows, Linux, and Solaris Plus
用户数	单个编辑用户 多个读用户	单个编辑用户 多个读用户	多个读、写用户
版本支持	无（仅支持检入/检出方式的复制）	无（仅支持检入/检出方式的复制）	版本、复制、归档

（三）地理数据库数据集

地理数据库支持多种数据集，如图 3-2-13 所示。

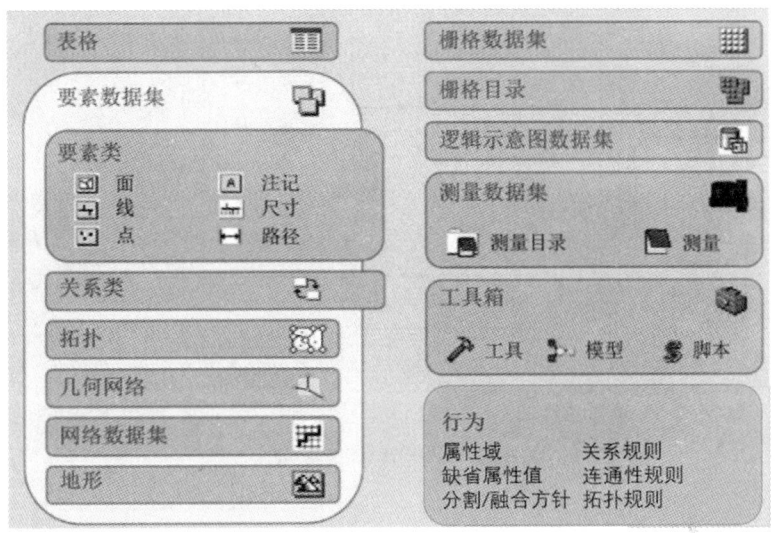

图 3-2-13 地理数据库支持的数据集

（四）地理数据库要素类组织

地理数据库要素类组织可以是独立要素类，也可以是在数据集中的要素类，如图 3-2-14 所示。

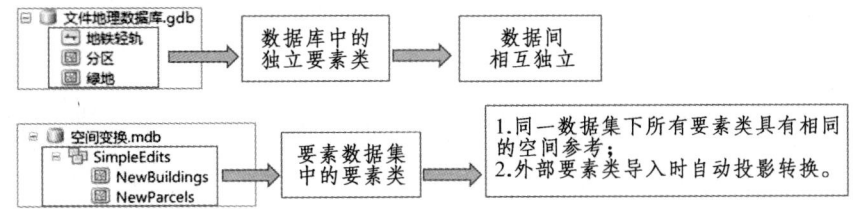

图 3-2-14 地理数据库要素类组织

技能点二　ArcGIS 矢量数据的创建

【技能目标】

（1）熟悉 ArcGIS 中矢量数据格式。
（2）掌握 Shapefile 格式数据的创建方法。
（3）熟悉地理数据库格式数据的组织结构。
（4）掌握地理数据库格式数据的创建方法。

【操作流程】

创建矢量数据操作流程，如图 3-2-15 所示。

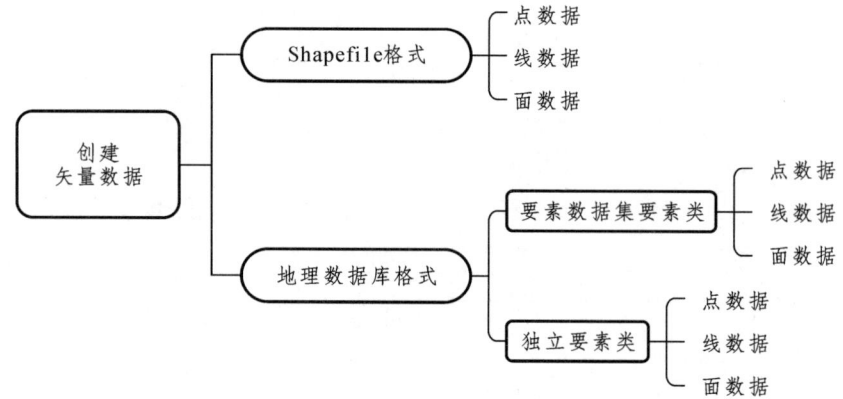

图 3-2-15　创建矢量数据操作流程

【操作步骤】

一、操作准备

（一）连接工具目录

打开 ArcMap，新建空白地图，连接工作目录"实验数据\项目三\任务 2\矢量数据创建"。

（二）新建目标文件夹

在当前工作目录下新建两个文件夹，分别命名为"Shapefile 格式"和"地理数据库格式"。

二、创建 Shapefile 矢量数据

（一）点数据的创建

在目录窗口选择"Shapefile 格式"文件夹右键→"新建"→"Shapefile"，如图 3-2-16 和图 3-2-17 所示。

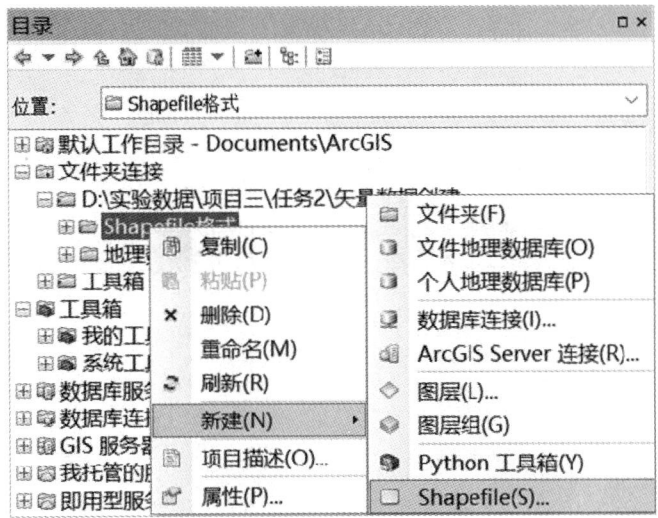

图 3-2-16 新建 Shapefile 格式文件

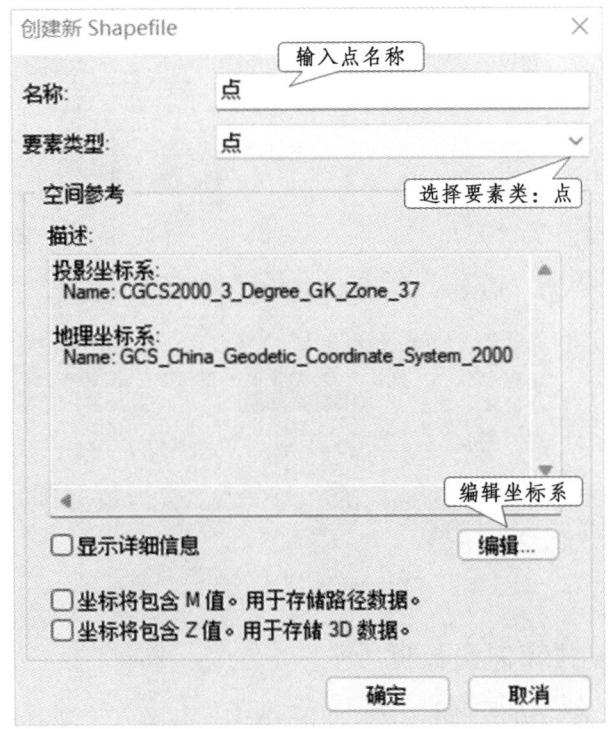

图 3-2-17 新建 Shapefile 点数据

(二)线数据的创建

线数据要素类型选择"折线",其他参数与点相同,如图 3-2-18(a)所示。

(三)面数据的创建

面数据要素类型选择"面",其他参数与点相同,如图 3-2-18(b)所示。

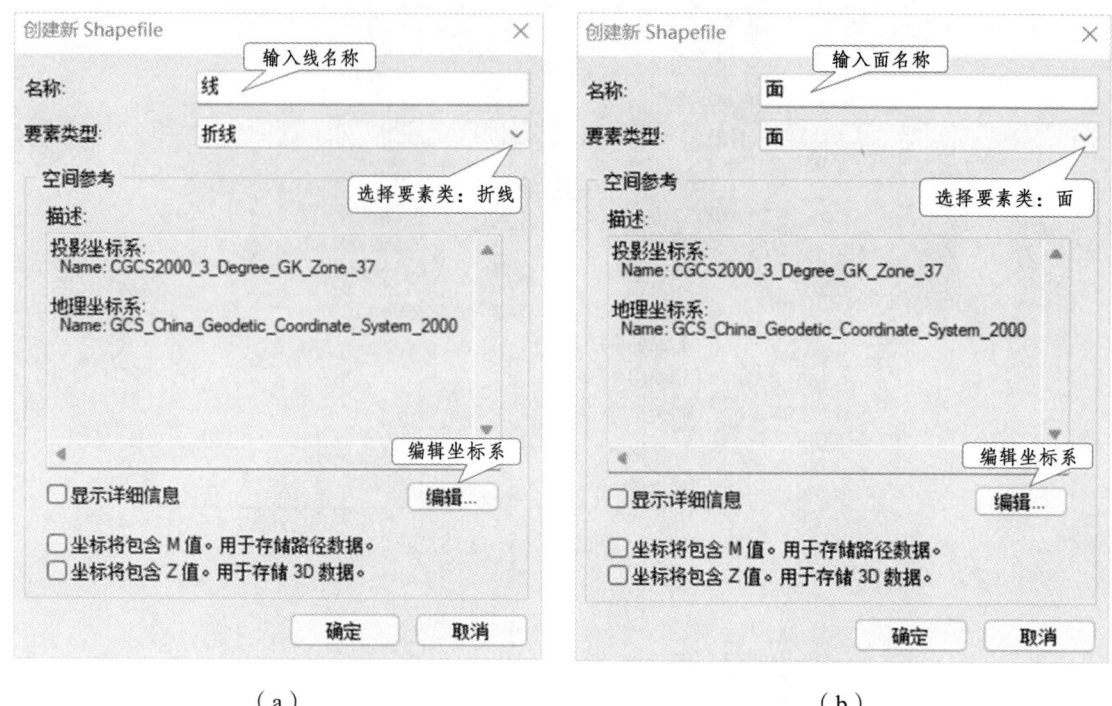

图 3-2-18 新建 Shapefile 线、面数据

（四）数据成果

Shapefile 格式数据成果，如图 3-2-19 所示。

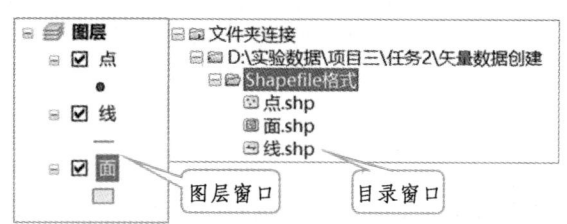

图 3-2-19 Shapefile 格式点、线、面数据

三、创建地理数据库矢量数据

就数据组织方式及使用方法来讲，个人地理数据库与文件地理数据库没有区别，但文件地理数据库相对于个人地理数据库在文件存储容量和跨平台移植方面有独特的优势，因此在本书中推荐使用文件地理数据库来存储数据。下面以文件地理数据为例来演示。

（一）新建地理数据库

在目录窗口中选择"地理数据库格式"文件夹右键→"新建"→"文件地理数据库"或"个人地理数据库"（本例选择"文件地理数据库"），如图 3-2-20 所示。

（二）独立要素类的创建

1. 点要素类的创建

（1）"文件地理数据库"→右键→"新建"→"要素类"，如图 3-2-21 所示。

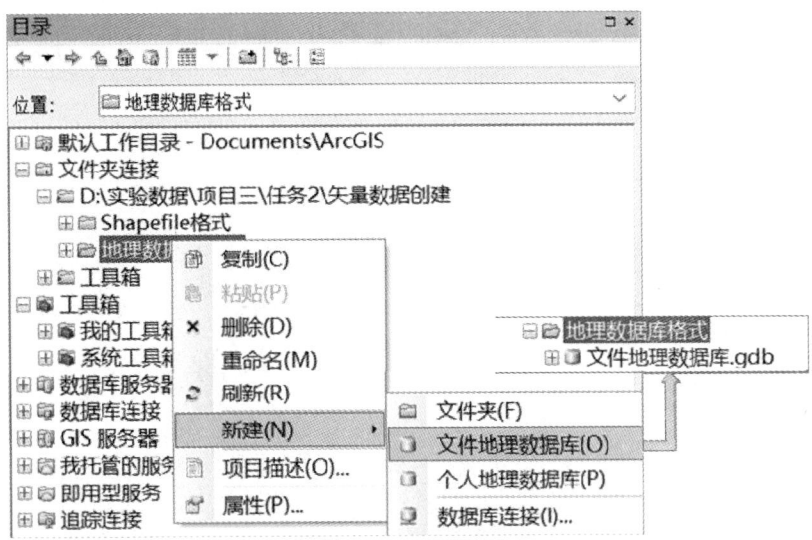

图 3-2-20　新建文件地理数据库

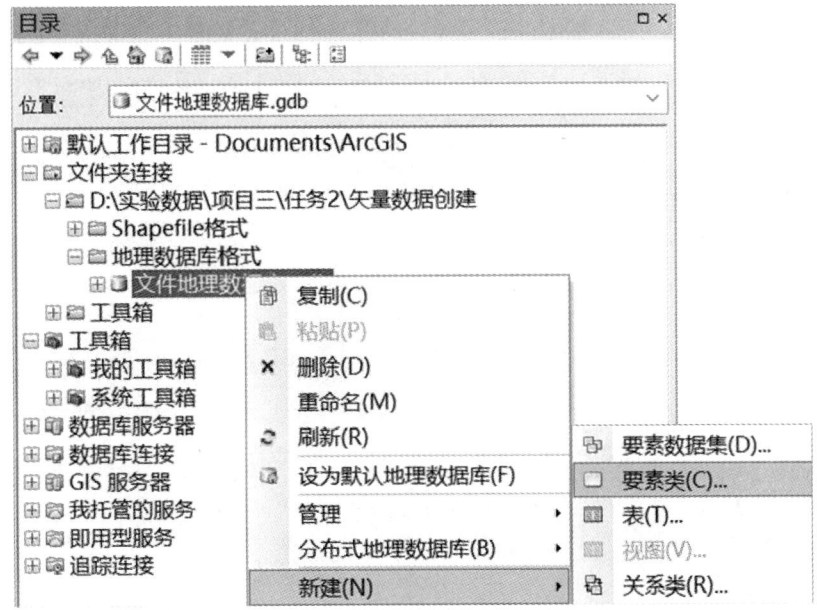

图 3-2-21　新建文件地理数据库要素类

（2）输入点要素名称→要素类型：点要素，如图 3-2-22 所示。
（3）选择坐标系，以"CGCS2000_3_Degree_GK_CM_114E"为例，如图 3-2-23 所示。
（4）添加字段，设置字段数据类型→字段属性，如图 3-2-24 所示。

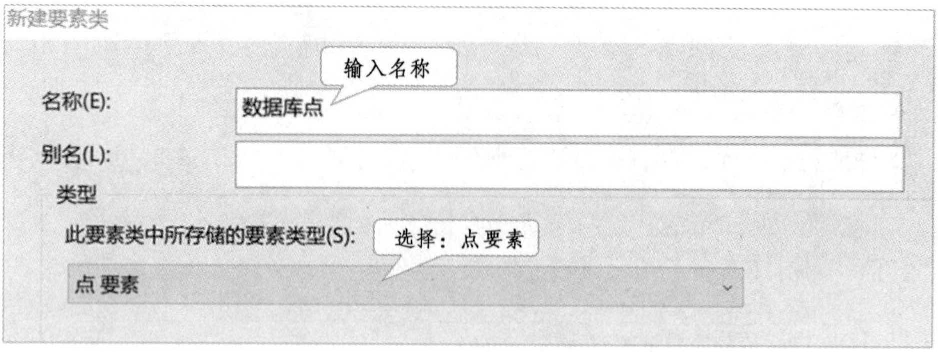

图 3-2-22　输入点要素名称及类型

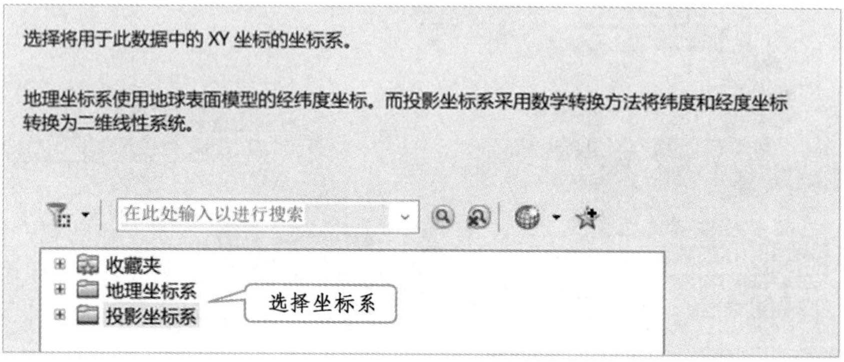

图 3-2-23　选择坐标系

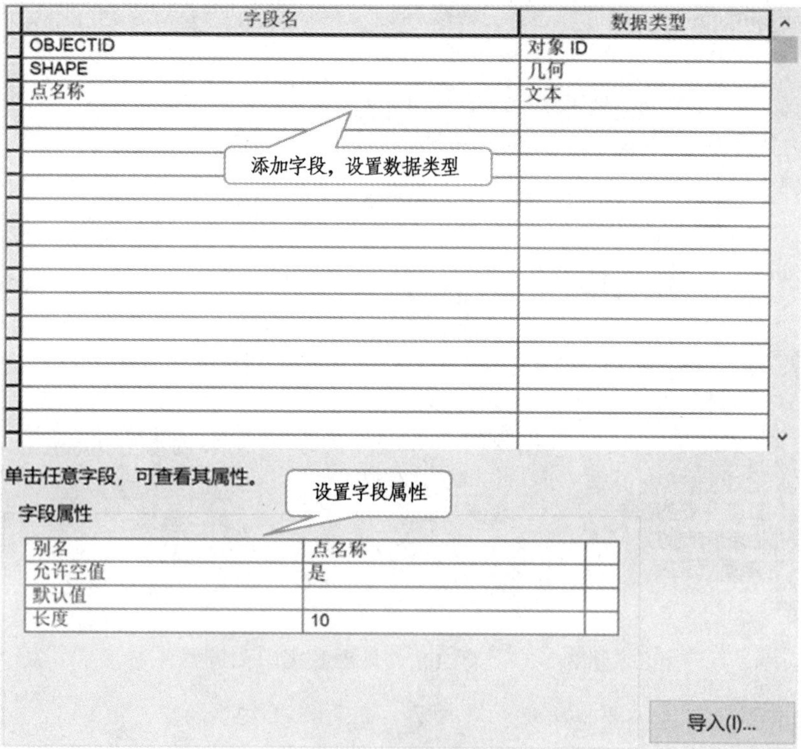

图 3-2-24　添加属性字段

2. 线要素类的创建

线要素类的创建"要素类型"选择"线要素",其他与点要素类完全相同,如图 3-2-25 所示。

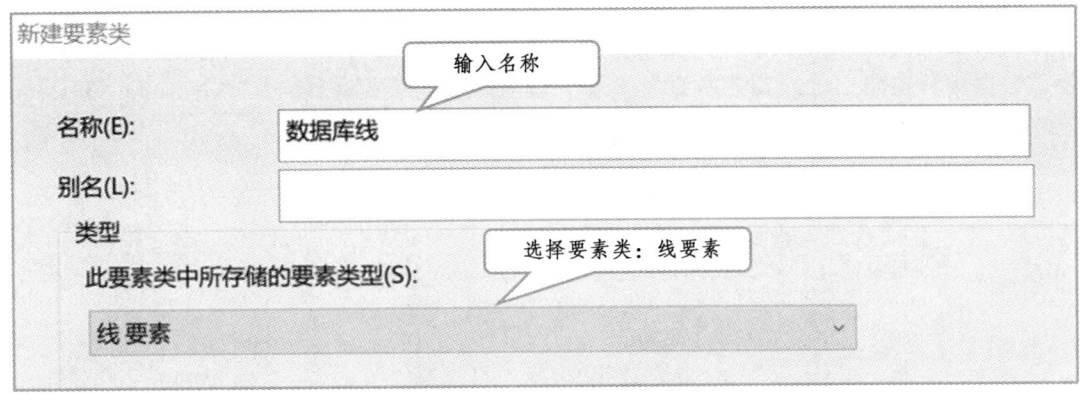

图 3-2-25　输入线要素名称及类型

3. 面要素类的创建

面要素类的创建"要素类型"选择"面要素",其他与点要素类完全相同,如图 3-2-26 所示。

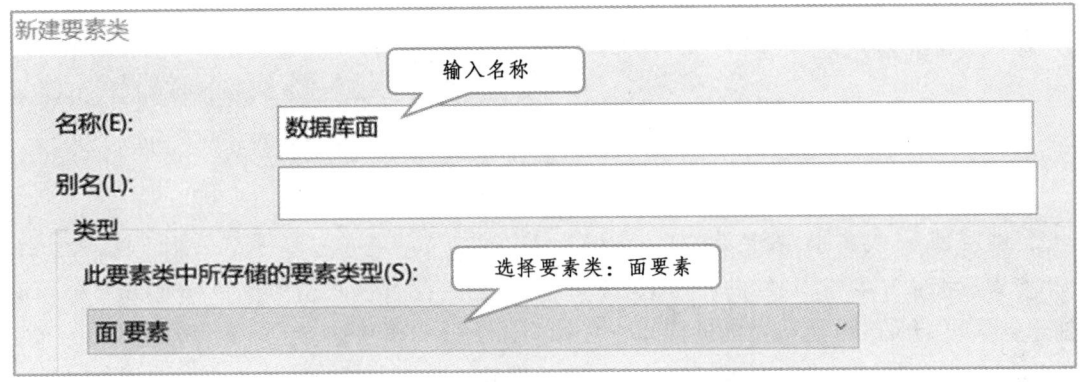

图 3-2-26　输入面要素名称及类型

4. 创建结果

独立要素类的创建结果,如图 3-2-27 所示。

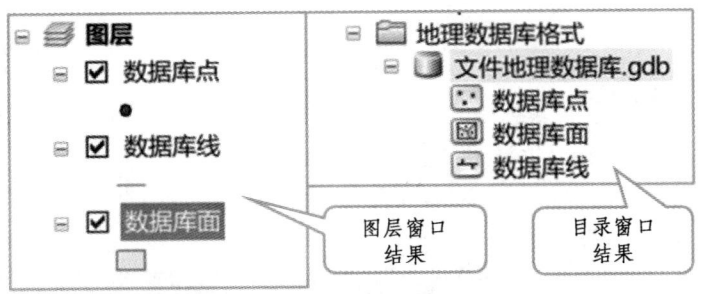

图 3-2-27　数据库中独立要素类

（三）要素数据集中要素类的创建

1. 新建要素数据集

首先新建"要素数据集数据库.gdb"，然后右键→"新建"→"要素数据集类"，打开"新建要素数据集"窗口，输入要素数据集名称，设置数据集坐标系（以"CGCS2000_3_Degree_GK_CM_117E"为例），如图 3-2-28 所示。

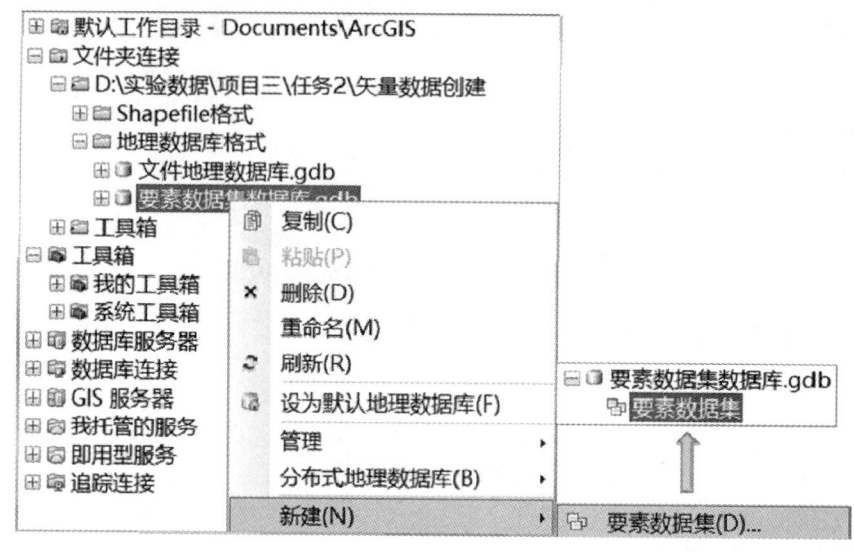

（a）新建　　　　　　　　　　　（b）新建要素数据集

图 3-2-28　新建要素数据集

2. 创建点、线、面要素类

"要素数据集"右键→"新建"→"要素类"，如图 3-2-29 所示。在"要素类"窗口中分别创建点、线、面，与独立要素类创建方法相同，此处不再赘述。

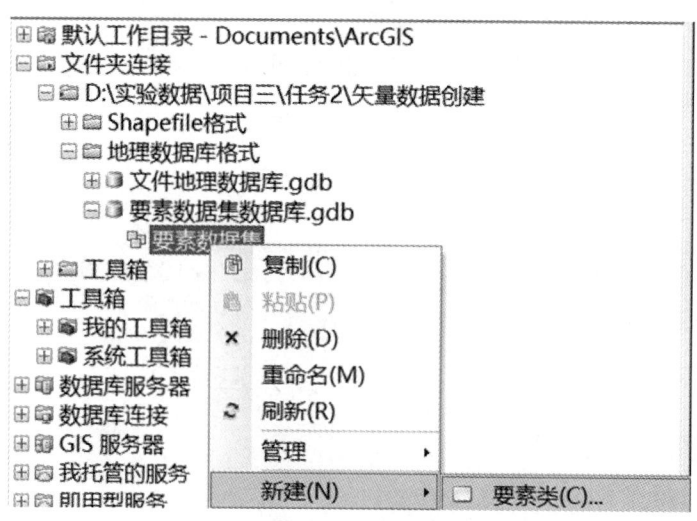

图 3-2-29　要素数据集下新建要素类

3. 要素类

要素数据集中的要素类，如图 3-2-30 所示。

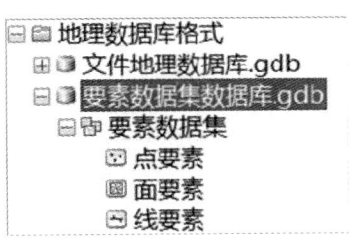

图 3-2-30　要素集中的点、线、面要素类

4. 要素类的坐标系

要素数据集中要素类的坐标系统一为要素数据集的坐标系，如图 3-2-31 所示。

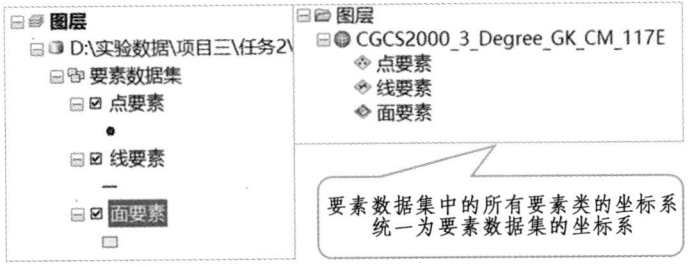

图 3-2-31　要素集中要素类坐标系统一为要素数据集的坐标系

技能点三　ArcGIS 矢量数据格式转换

【技能目标】

（1）掌握 Shapefile 数据格式的特征。
（2）掌握地理数据库格式数据存储结构。
（3）掌握 Shapefile 与地理数据库格式之间的转换。

【操作流程】

矢量数据格式转换操作流程，如图 3-2-32 所示。

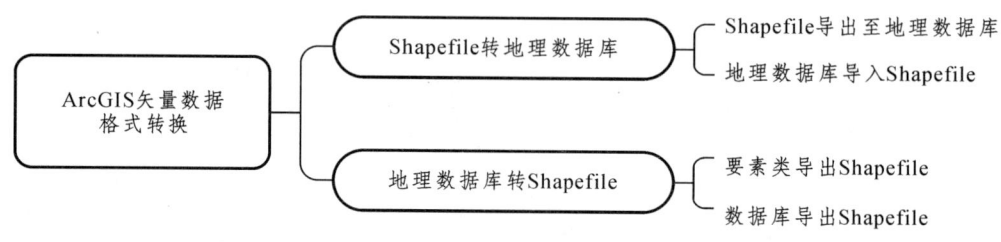

图 3-2-32　矢量数据格式转换操作流程

【操作数据】

实验数据\项目三\任务 2\矢量数据格式转换。

【操作步骤】

一、连接工作目录

在目录窗口，连接工作目录"实验数据\项目三\任务 2\矢量数据格式转换"。

二、Shapefile 转地理数据库

（一）Shapefile 导出为地理数据库

Shapefile 文件导出至地理数据库，可以单个文件导出，也可以批量导出。单个文件导出可进行数据重命名、数据筛选、字段的删除和添加；而批量导出则对数据不进行任何修改，只转换格式。导出至地理数据格式时可直接存储在数据库中，也可以存储在数据库的要素数据集中。

1. 单个 Shapefile 文件导出至地理数据库

在工作目录下选中"Shapefile 格式"文件夹中的"点.shp"右键选择"导出"定位到"转出至地理数据库（单个）"，打开导出窗口，如图 3-2-33 所示，在导出窗口中输入图 3-2-34 所示参数完成数据格式转换。

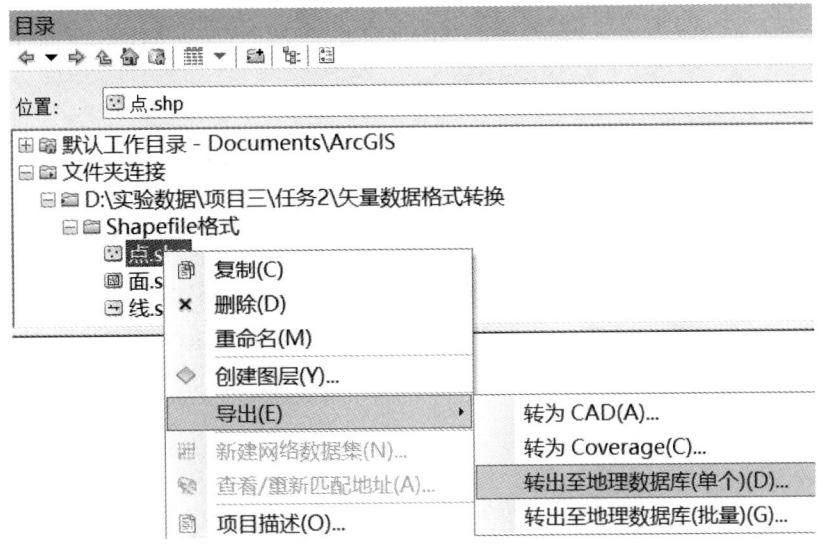

图 3-2-33　Shapefile 文件导出至地理数据库

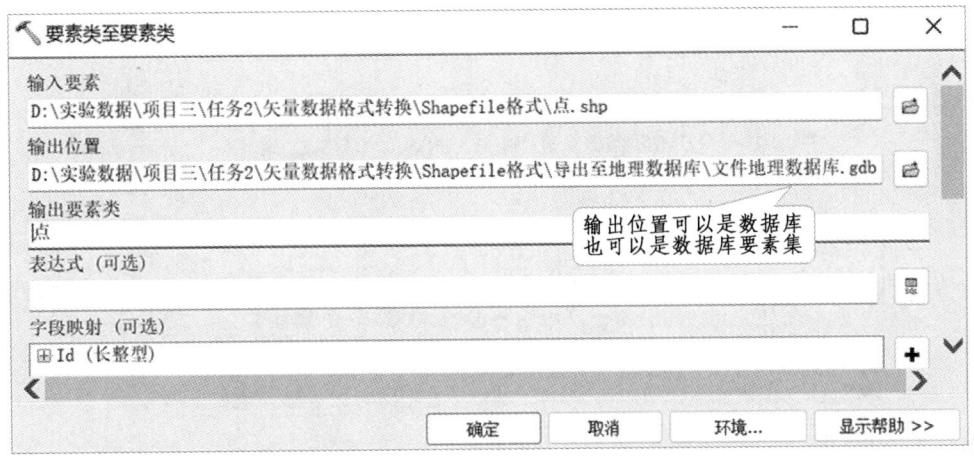

图 3-2-34　单个 Shapefile 导出至地理数据库

2. 多个 Shapefile 文件导出

首先将工作目录面板切换至"目录树和内容"面板，然后选中"Shapefile 格式"文件夹，在内容面板区同时框选"线.shp""面.shp"右键选择"导出"→"转出至地理数据库（批量）"，打开导出窗口，如图 3-2-35（a）所示。在导出窗口中输入如图 3-2-35（b）所示参数完成数据格式转换。

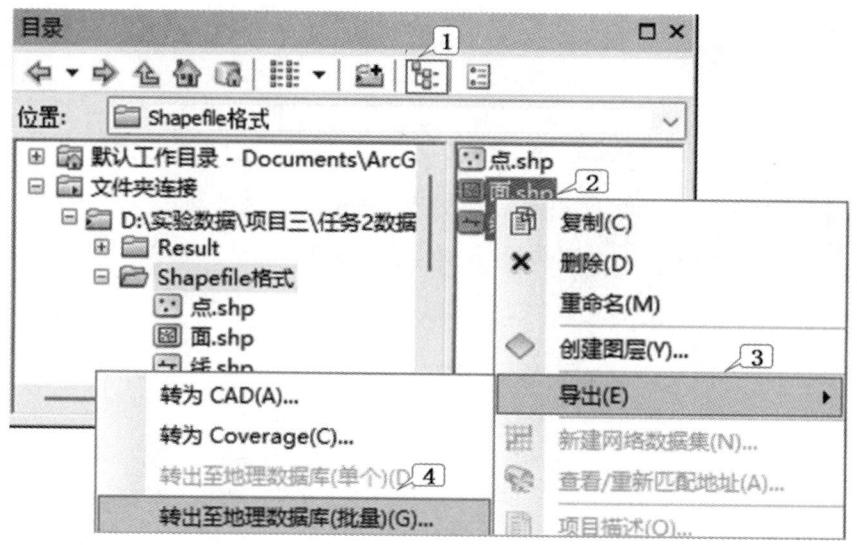

（a）多个 Shapefile 导出至数据库

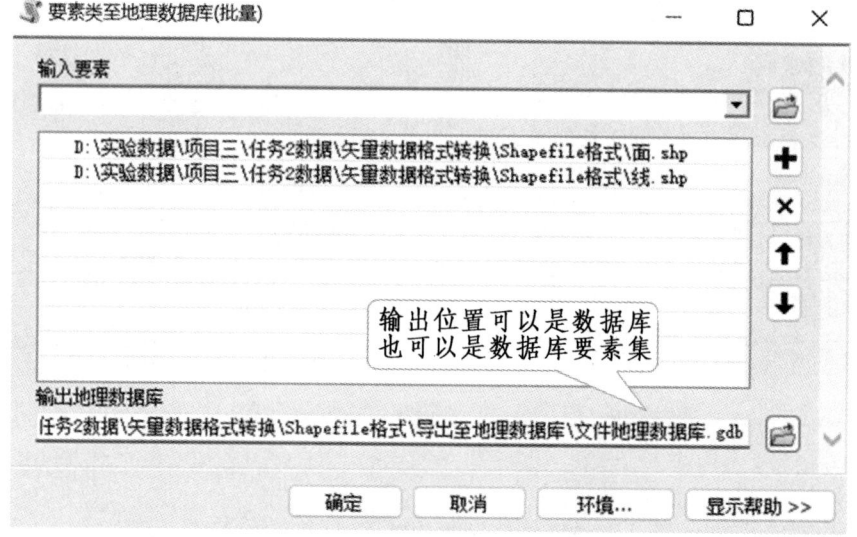

（b）Shapefile 批量导出至地理数据库

图 3-2-35　Shapefile 导出至数据库

（二）地理数据库导入 Shapefile 文件

Shapefile 转为地理数据库格式，还可以通过现有数据库导入 shapefile 文件的方式完成数据格式的转换。

在目录窗口选中现有地理数据库右键选择"导入"→"要素类（单个）"或"要素类（多个）"可实现单个或批量的 Shapefile 格式转数据库格式，如图 3-2-36 所示。

三、地理数据库转 Shapefile 格式

地理数据库转 Shapefile 格式同样可以批量导出，也可以单个导出，如图 3-2-37 和图 3.2.5-38 所示。

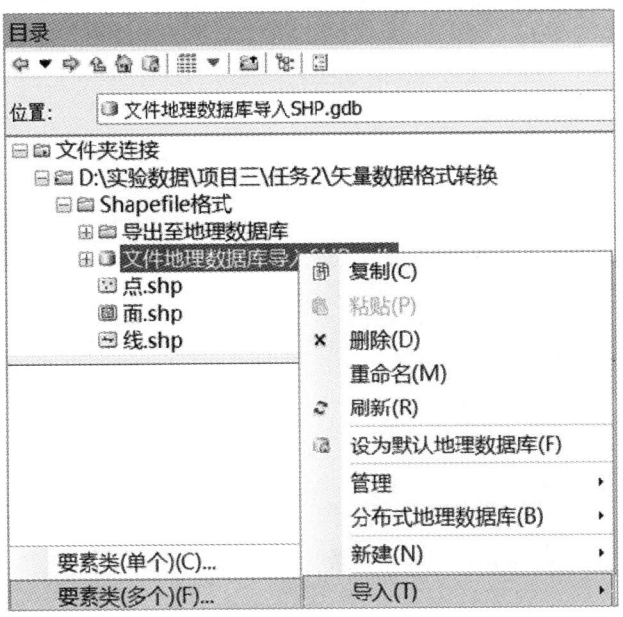

图 3-2-36　地理数据库导入 Shapefile 文件

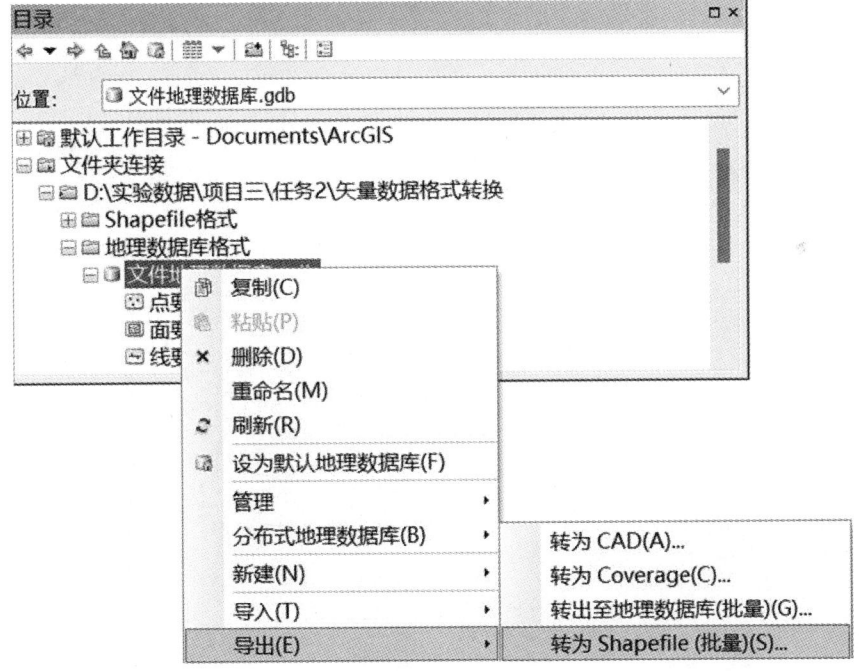

图 3-2-37　地理数据库转 Shapefile（批量）

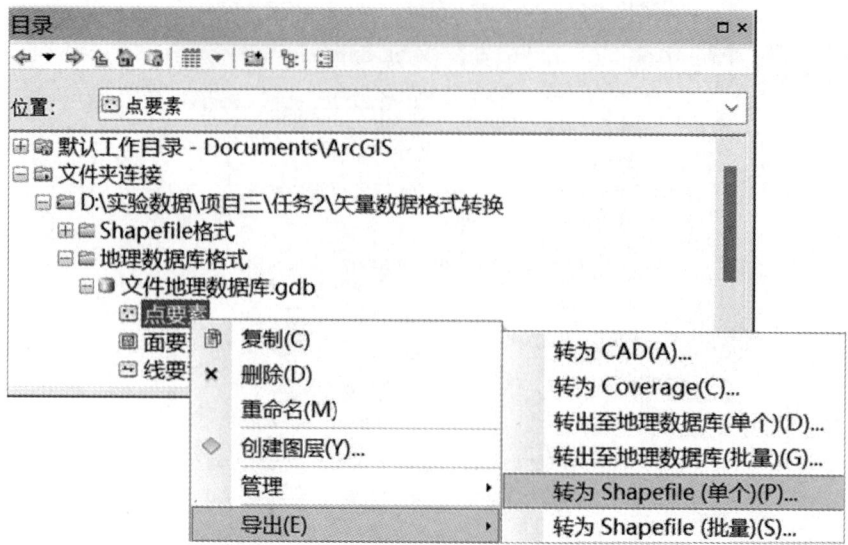

图 3-2-38　地理数据库转 Shapefile（单个）

技能点四　空间数据基本编辑

【技能目标】

（1）掌握点、线、面要素的创建。
（2）熟悉点、线、面要素的基本编辑。

【操作流程】

空间数据基本编辑操作流程，如图 3-2-39 所示。

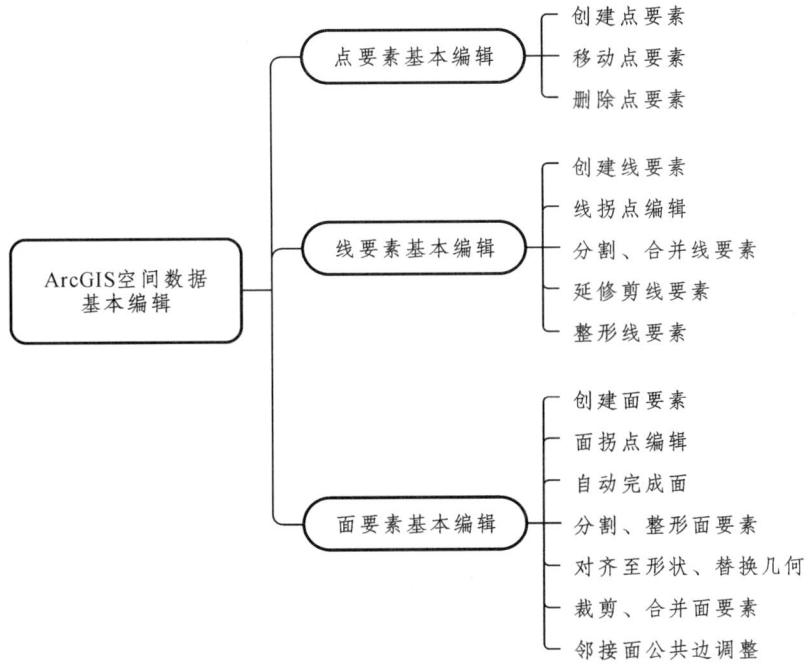

图 3-2-39　空间数据基本编辑操作流程

【操作数据】

实验数据\项目三\任务 2\空间数据编辑

【操作步骤】

一、加载数据

打开 ArcMap，连接工作目录，加载"data.gdb"。

二、启动编辑

加载"编辑器"工具条点击"编辑器"→"开始编辑"，如图 3-2-40 所示。

图 3-2-40　编辑器工具条

三、点要素编辑

（一）创建点要素

首先在编辑器工具条中单击"创建要素"，然后在图层中选择"点"，接着在构造工具中选择"点"，最后在数据视图窗口单击创建点要素，如图 3-2-41 所示。

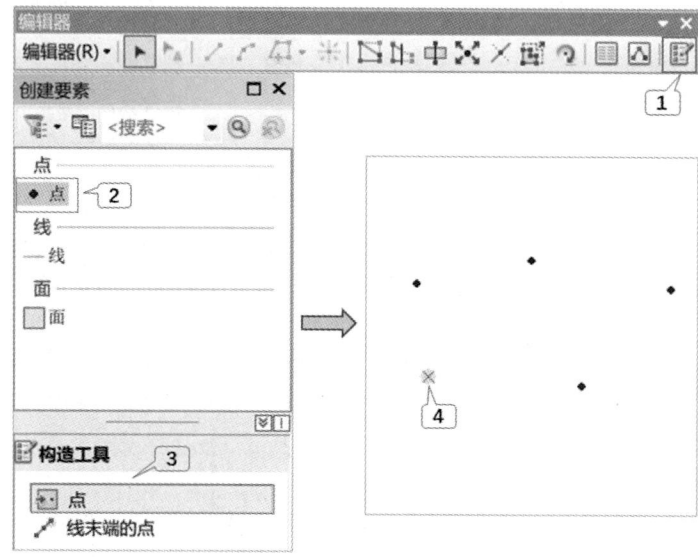

图 3-2-41　创建点

（二）移动点

单击"编辑工具"然后选择要素点，即可移动点至新位置，如图 3-2-42 所示。

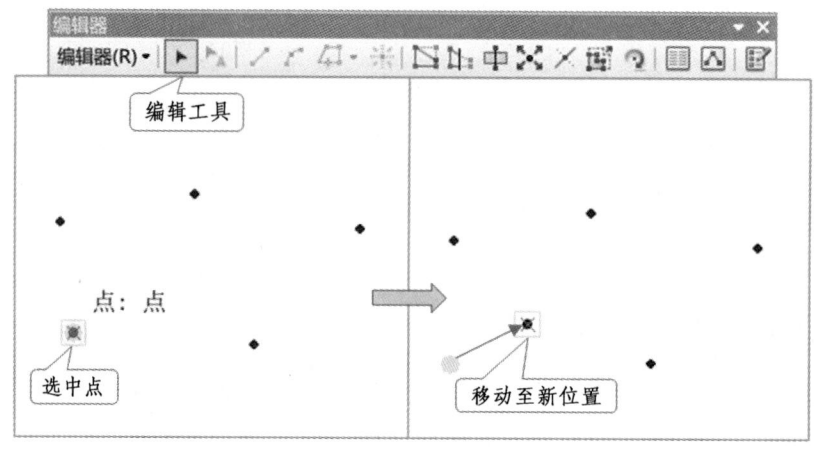

图 3-2-42　移动点

（三）删除点

单击"编辑工具"然后选择点，按"Delete"即可删除点。

（四）保存编辑

首先在编辑器工具条中单击"编辑器"，然后选择"保存编辑内容"，即可完成保存编辑，如图 3-2-43 所示。

图 3-2-43　保存编辑

四、线要素编辑

（一）创建线要素

线要素的创建方法与点要素相同。

首先在编辑器工具条中单击"创建要素"，然后在图层中选择"线"，接着在构造工具中选择"线"，最后在数据视图窗口单击绘制线要素拐点，双击完成线要素绘制，如图 3-2-44 所示。

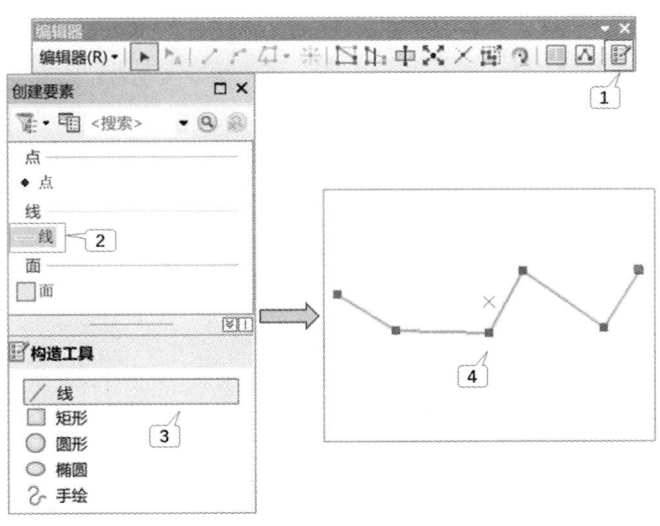

图 3-2-44　创建线要素

（二）线要素拐点编辑

线的编辑同样需要使用编辑器工具条中的"编辑工具" 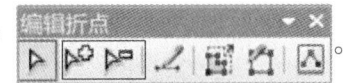。

单击"编辑工具"，然后"双击"要编辑的线，移动线上的拐点以修改线的轮廓。同时可在线上插入拐点，选中拐点右键可删除拐点，如图 3-2-45 所示。也可以使用"编辑折点"工具插入折点、删除折点。

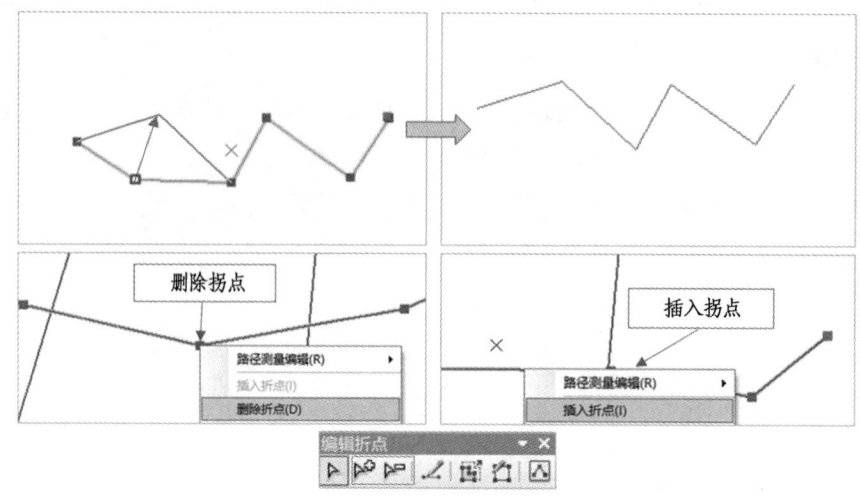

图 3-2-45　线要素拐点编辑

（三）分割线

编辑器工具条单击"分割工具"然后在线上单击，即可完成线的分割，如图 3-2-46 所示。

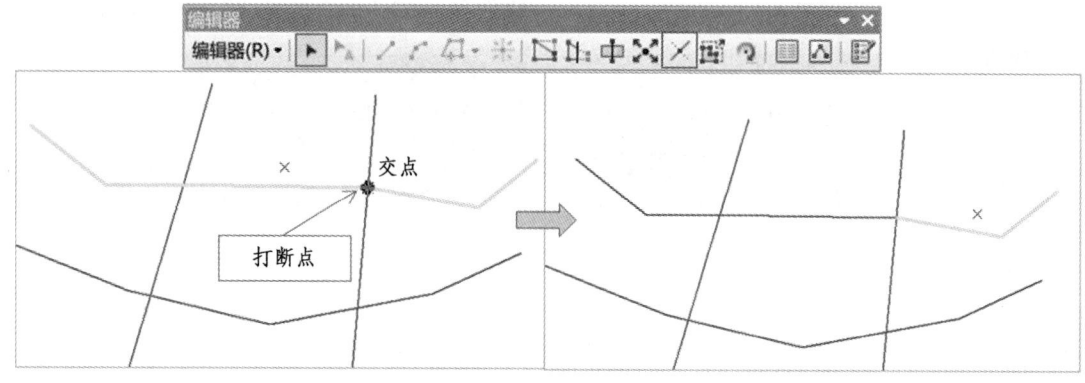

图 3-2-46　任意点分割线

（四）整形线

选中线单击编辑器工具条的"整形要素工具"，注意整形部分的起点和终点要与原线段相交，如图 3-2-47 所示。

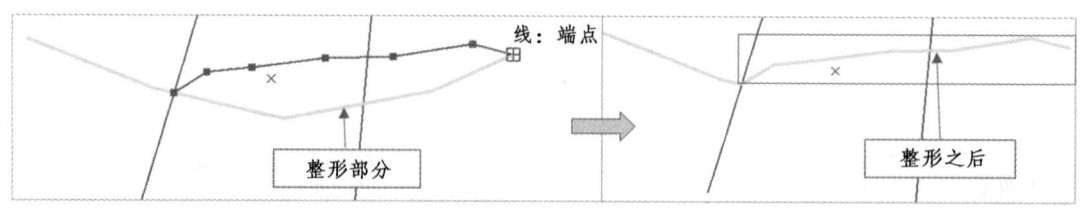

图 3-2-47　整形线

（五）延伸线

工具栏空白处右键选择"高级编辑"工具。

然后选中线要延伸到的线，再选择"延伸工具"，单击要延伸的线，如图 3-2-48 所示。

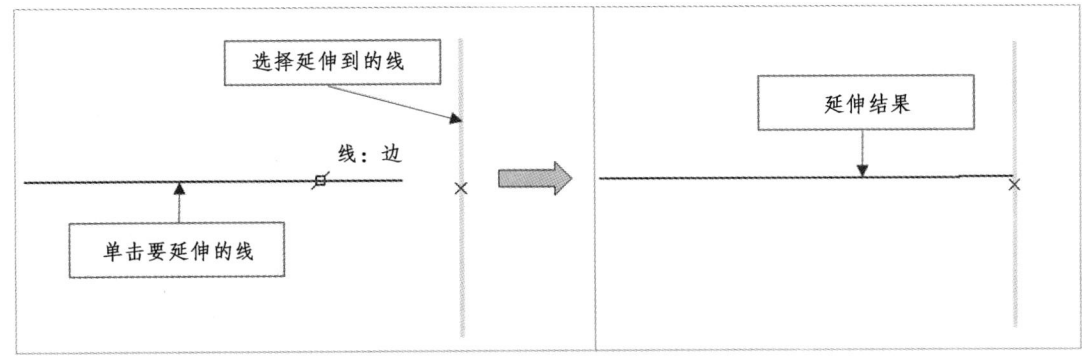

图 3-2-48　延伸线

（六）裁剪线

首先选择"修剪线"，然后使用"修剪工具"单击要修剪的线段，如图 3-2-49 所示。

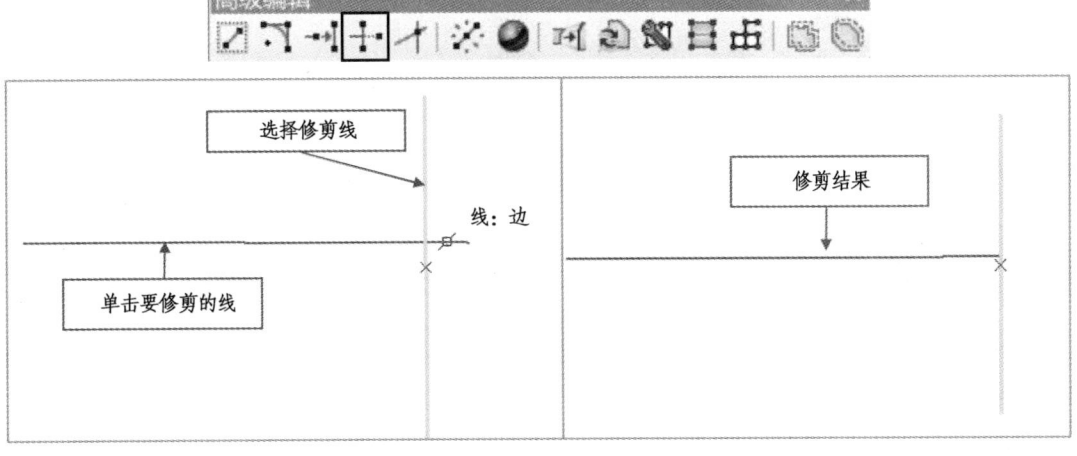

图 3-2-49　修剪线

（七）合并线

合并线可以将两条或多条连接的线合并成一条线。

选择需要合并的线单击"编辑器"选择"合并"，然后选择合并后保留的属性，如图 3-2-50 所示。

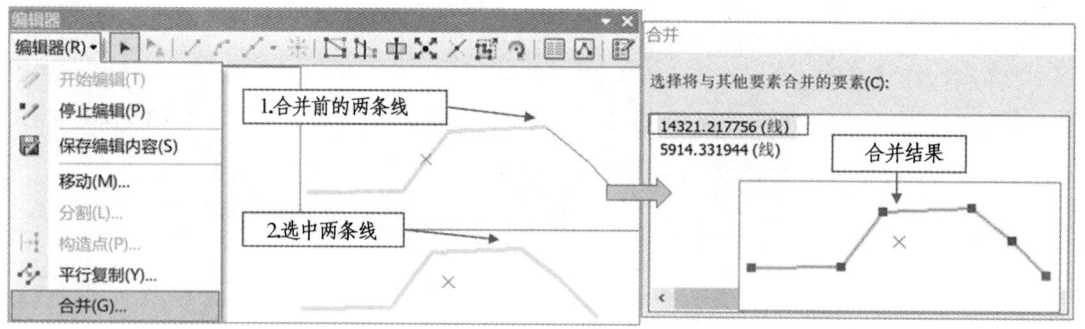

图 3-2-50　合并线

(八) 线缓冲

选择要缓冲的线，单击编辑器选择"缓冲区"，如图 3-2-51 所示。

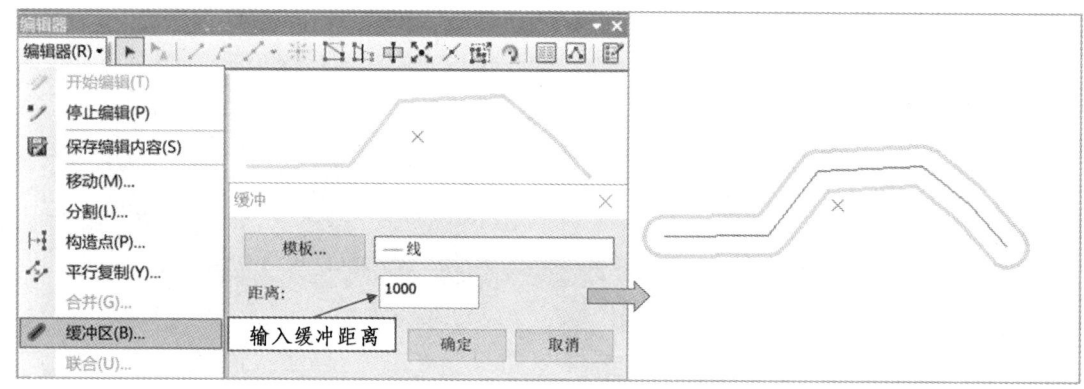

图 3-2-51　线缓冲

五、面要素编辑

(一) 创建面要素

编辑器单击"创建要素"，选择"面"图层，在构造工具选择"面"，然后在视图窗口单击创建面要素边界，双击完成，如图 3-2-52 所示。

(二) 面拐点编辑

面的拐点编辑及面移动方法与线相同，如图 3-2-53 所示。

(三) 分割面、整形面

选中要分割的面，单击"裁剪面工具"，绘制分割线双击完成面分割，如图 3-2-54 所示。

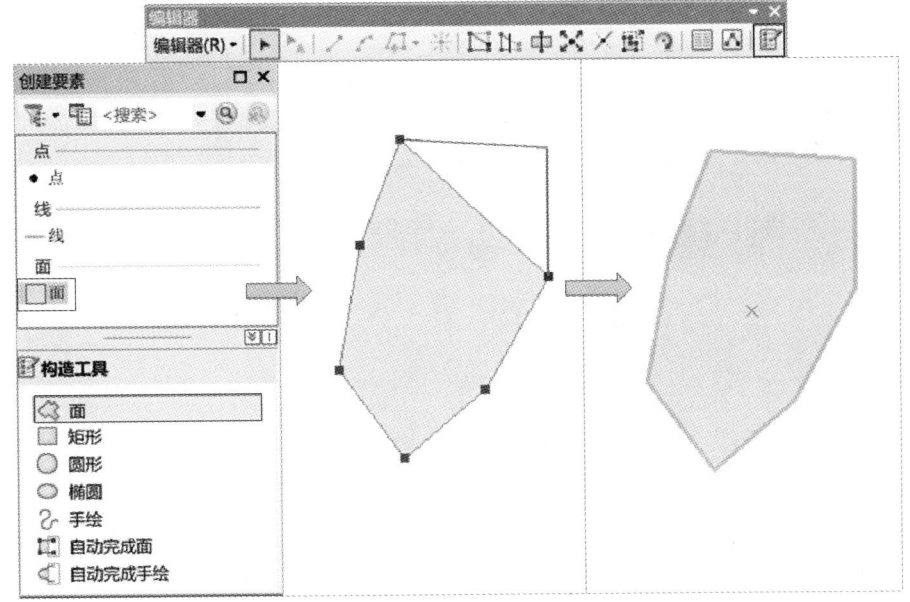

图 3-2-52　创建面要素

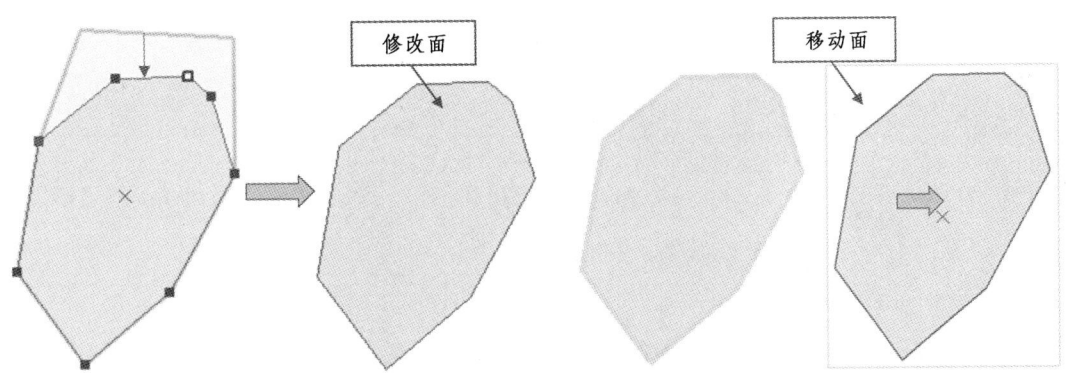

图 3-2-53　编辑面边界拐点及移动面

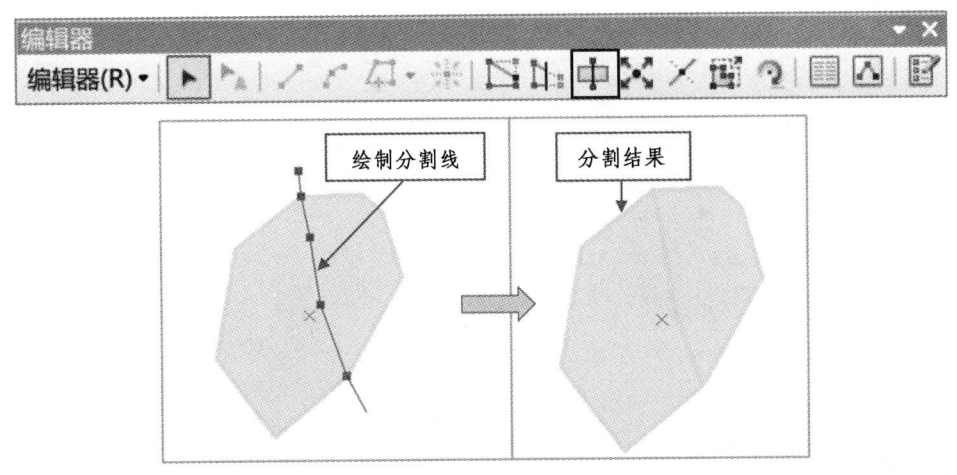

图 3-2-54　分割面

选中要整形的面,单击"整形要素工具",绘制整形线双击完成面整形,如图 3-2-55 所示。

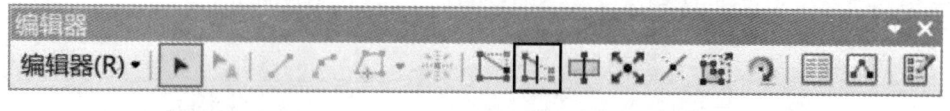

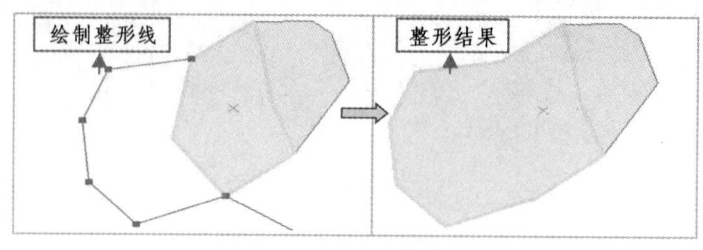

图 3-2-55 整形面

(四)自动完成面

绘制邻接面时可使用"自动完成面"构造工具完成邻接面的绘制,如图 3-2-56 所示。

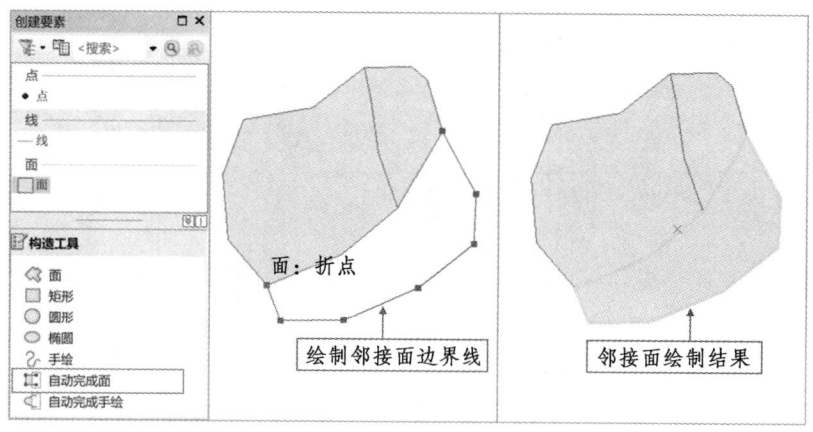

图 3-2-56 自动完成面绘制邻接多边形

(五)裁剪、合并面

当两个面有重叠时,可使用"裁剪"工具,去除重叠部分,如图 3-2-57 所示。

将两个以上相邻面合并成单个面,可使用"合并"工具。

选择需要合并的面,单击编辑器选择"合并",然后选择合并后保留的属性,如图 3-2-58 所示。

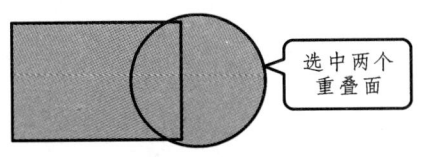

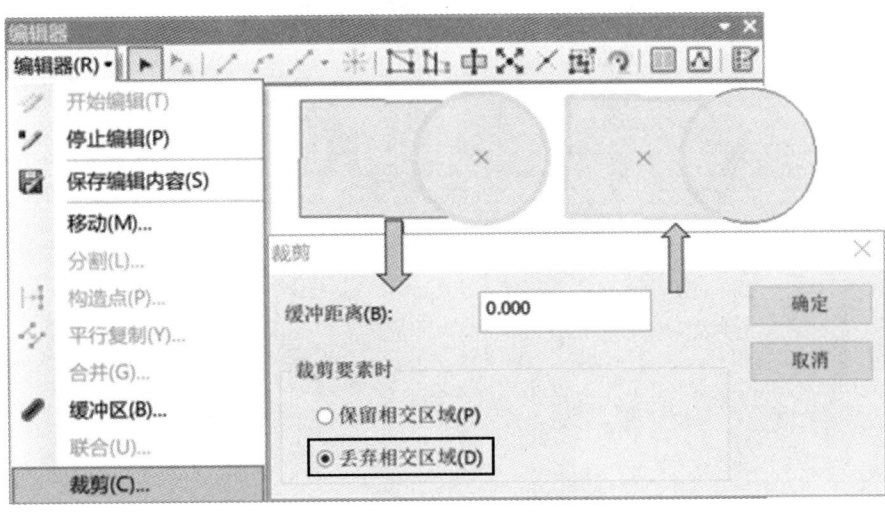

图 3-2-57　重叠面的裁剪

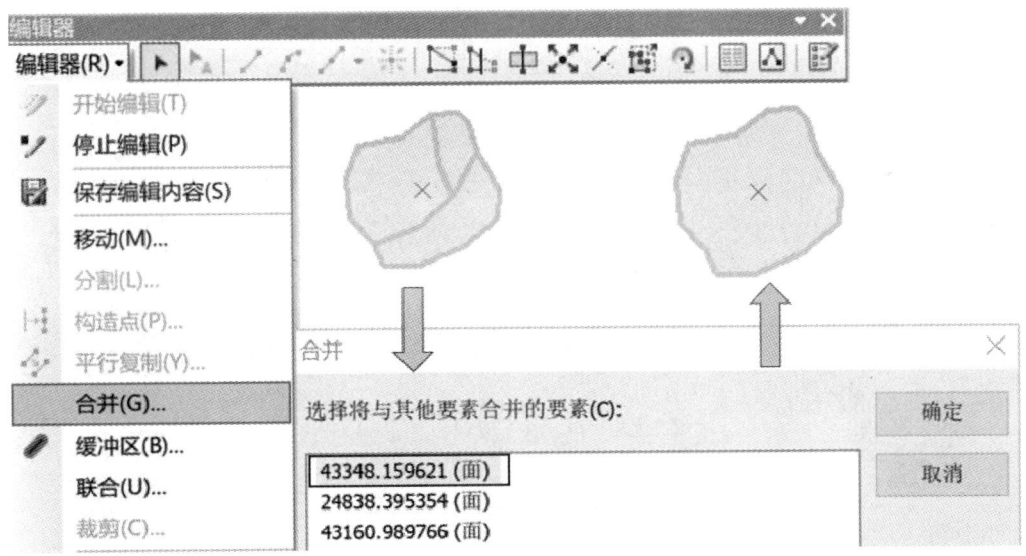

图 3-2-58　合并相邻面

(六) 邻接面公共边调整

调整两个邻接面的公共边需要使用"拓扑"工具，如图 3-2-59 所示。

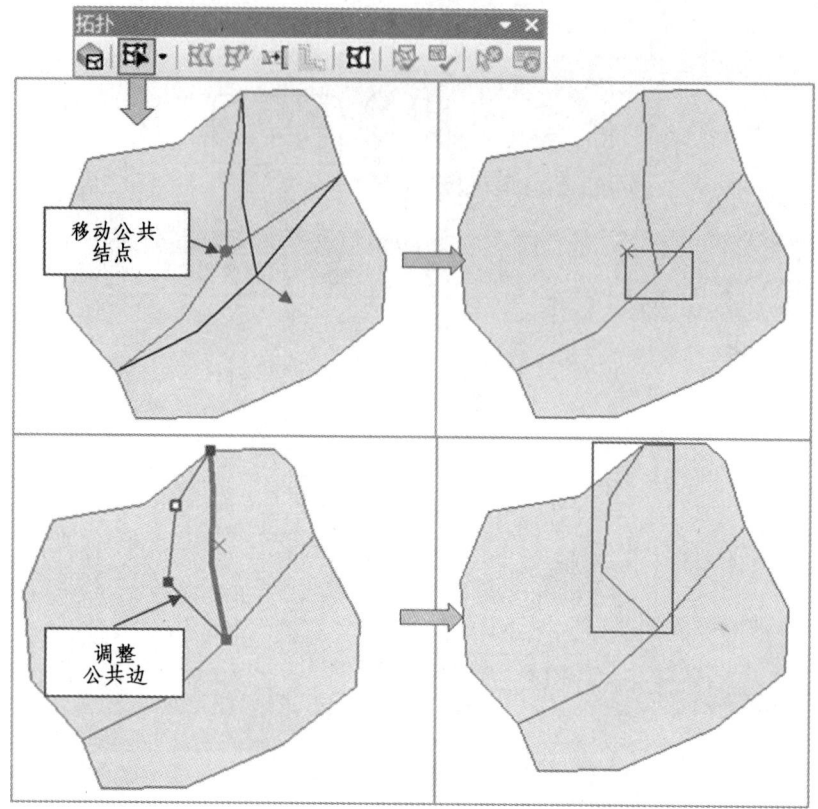

图 3-2-59 邻接面公共结点、公共边调整

技能点五　空间数据其他编辑

【技能目标】

（1）熟悉要素的基本编辑。
（2）熟悉同一要素类及不同要素类间要素的复制操作。
（3）熟悉要素的旋转操作。
（4）熟练要素的缩放操作。

【操作流程】

空间数据其他编辑操作流程，如图 3-2-60 所示。

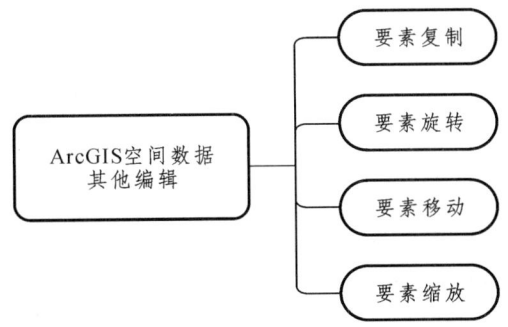

图 3-2-60　空间数据其他编辑操作流程

【操作数据】

实验数据\项目三\任务 2\空间数据编辑\其他编辑数据。

【操作步骤】

一、加载数据

连接工作目录，加载数据"data.gdb"。

二、操作分析

通过编辑器实现在不同图层及同一图层内对要素进行复制，同时对要素进行旋转、缩放等操作。

通过对要素进行复制操作，将待编辑房屋数据"NewBuildings"要素复制至"SimpleBuildings"要素类，并通过旋转、移动、缩放等操作将新复制的房屋要素移动到"SimpleParcels"的目标范围内，并实现每一房屋均与一条水管"Water"连接，如图 3-2-61 所示。

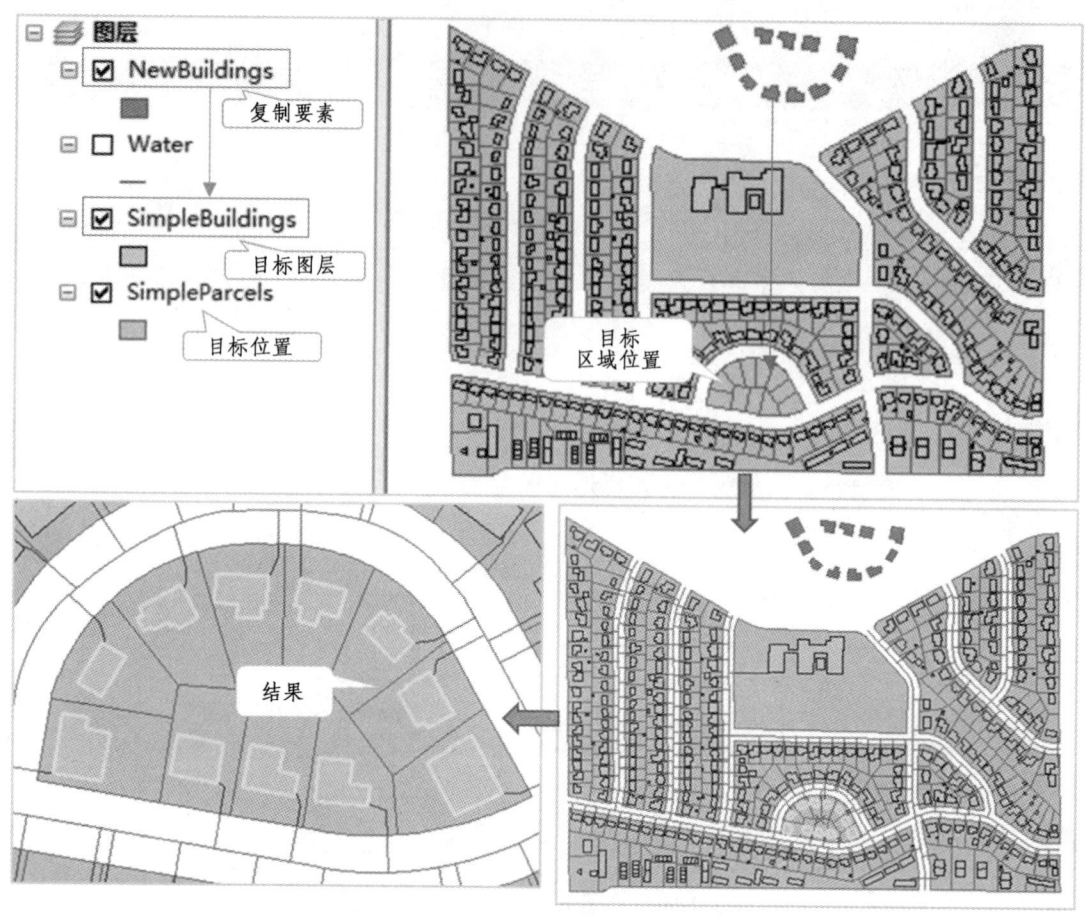

图 3-2-61 操作数据展示

三、复制要素

(一) 启动编辑

"编辑器"工具条,单击"编辑器",选择"开始编辑"。

(二) 复制要素

复制"NewBuildings"图层中的所有要素至"SimpleBuildings"图层中。

使用"编辑工具"选择"NewBuildings"图层中的所有要素,然后右键选择"复制",接着右键选择"粘贴",在弹出的对话框中选择"SimpleBuildings",如图 3-2-62 所示。

四、旋转要素

在"SimpleBuildings"图层中选中复制的"NewBuildings"的所有要素,单击编辑器工具条中的"旋转工具",然后按快捷键"A"键,并输入旋转角度(180),回车确定,如图 3-2-63 所示。

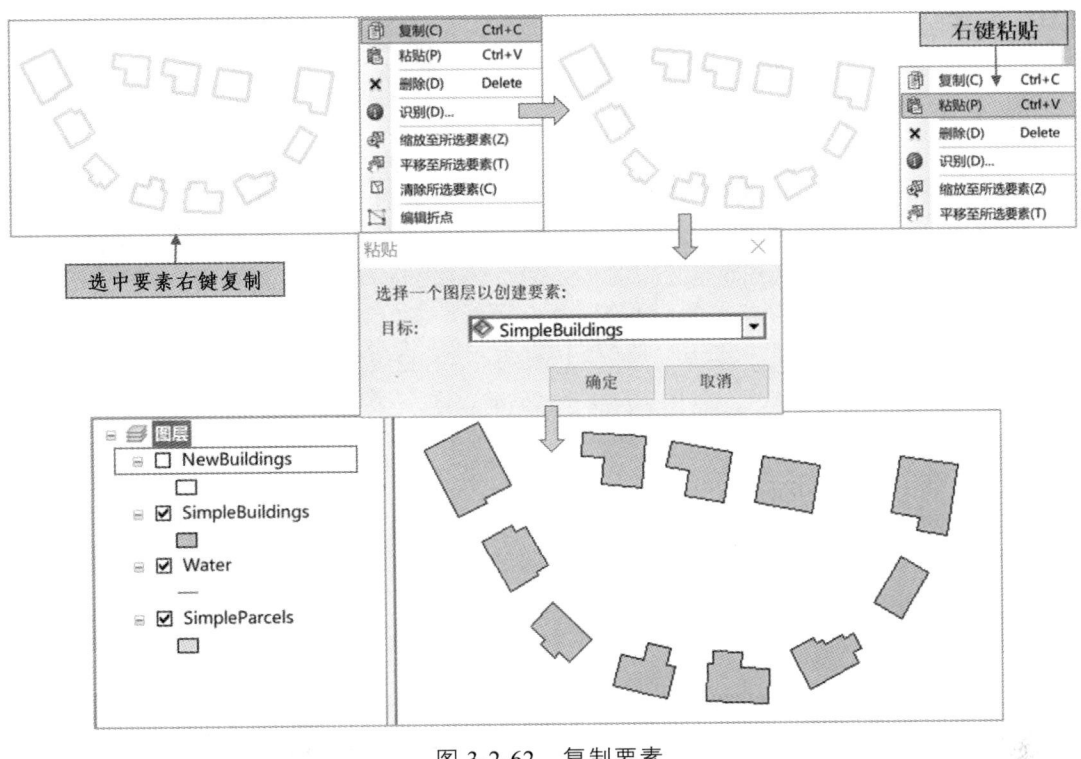

图 3-2-62 复制要素

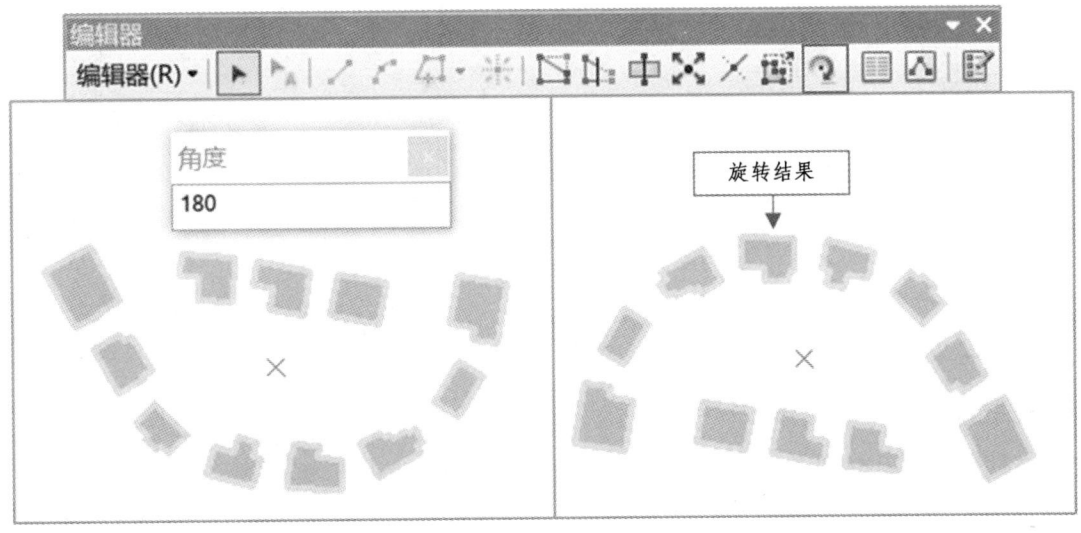

图 3-2-63 旋转要素

五、移动要素，精确捕捉

(一) 移动要素锚点

选中旋转后的要素单击"编辑器"中的"旋转工具"对准锚点，将锚点移动至左下角要素的折点处，如图 3-2-64 所示。

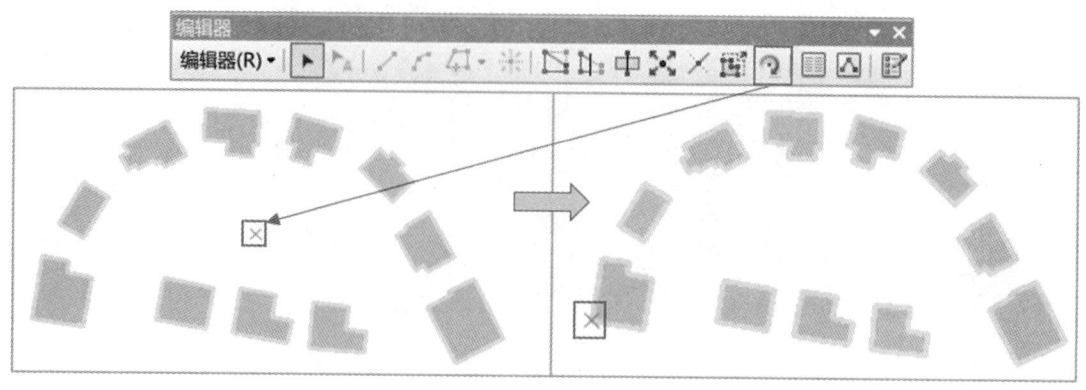

图 3-2-64 移动要素锚点

（二）移动要素

将选中要素移动至目标区域，并捕捉到管线的端点，如图 3-2-65 所示。

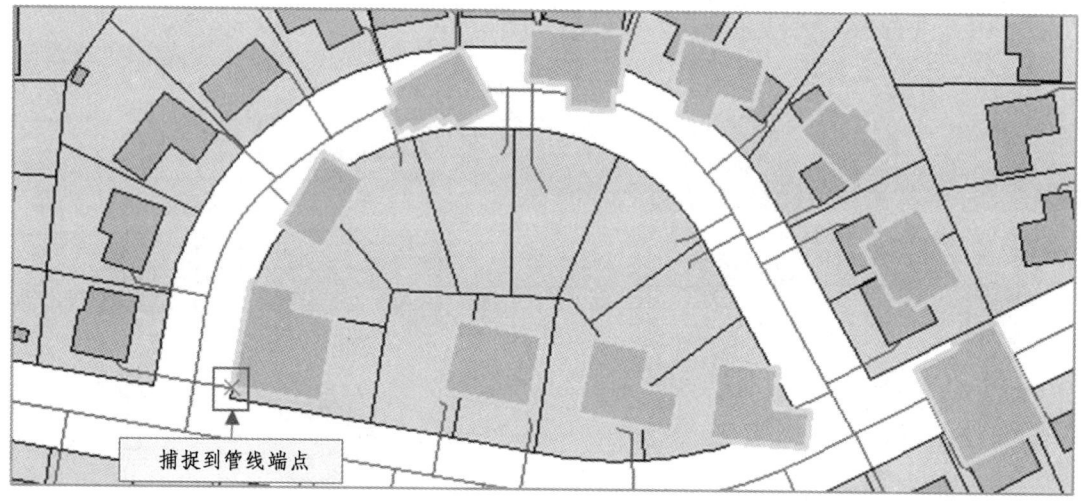

图 3-2-65 移动要素捕捉到管线端点

六、缩放要素

（一）加载"比例工具"

菜单选择"自定义"，定位到"自定义模式"，选择"命令"列表项，在"类别"项中选择"编辑器"，然后将"比例"工具拖至编辑器工具条或任意工具条空白处，如图 3-2-66 所示。

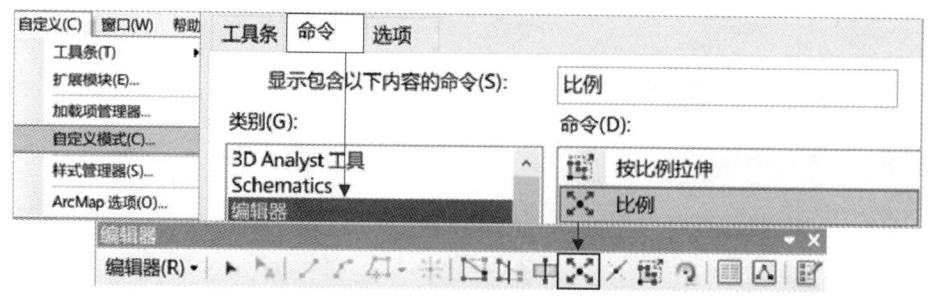

图 3-2-66 添加"比例"缩放工具

（二）缩放要素

单击"比例工具"将选中要素缩放至目标区域，如图 3-2-67 所示。

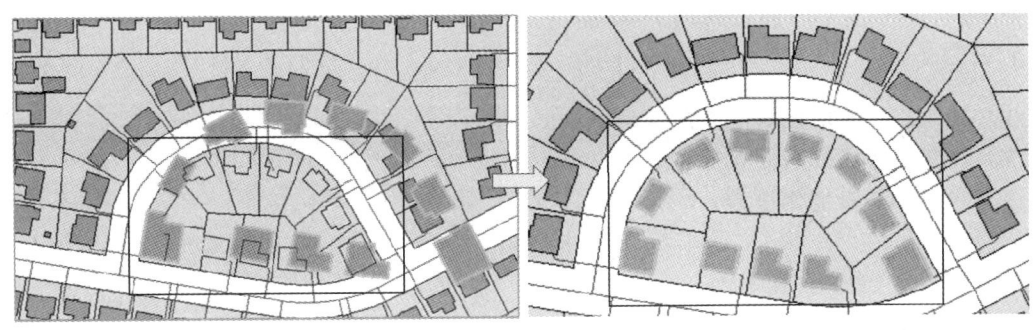

图 3-2-67　缩放要素

七、延伸、裁剪要素

使用高级编辑工具条中的延伸、裁剪工具对要素进行延伸和裁剪操作，使所有水管均与房屋连接，如图 3-2-68 和图 3-2-69 所示。

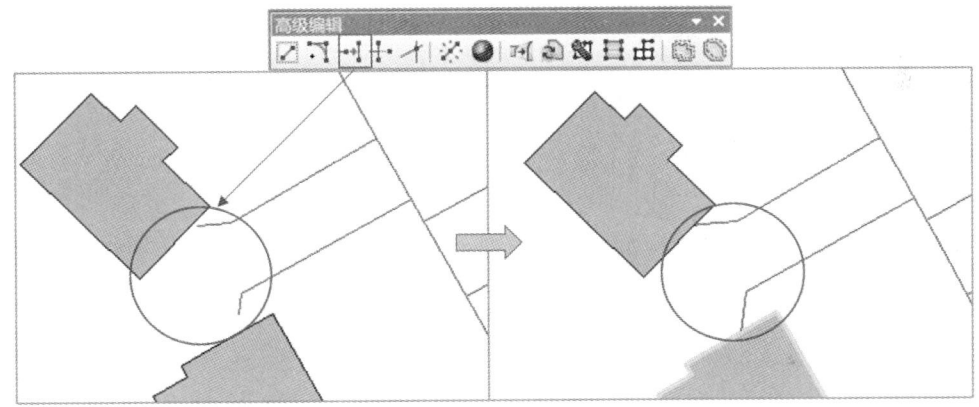

图 3-2-68　延伸管线

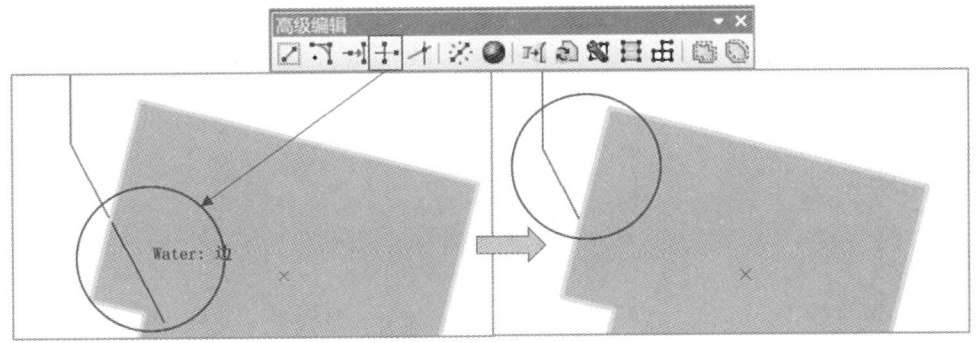

图 3-2-69　裁剪管线

八、保存编辑

使用编辑器工具条中"保存编辑内容"，将上述过程的所有编辑进行保存，并停止编辑。

技能点六　要素矢量化

【技能目标】

（1）熟练配准矢量化底图。
（2）熟练创建 GIS 矢量数据。
（3）掌握要素矢量化过程。

【操作流程】

要素矢量化操作流程，如图 3-2-70 所示。

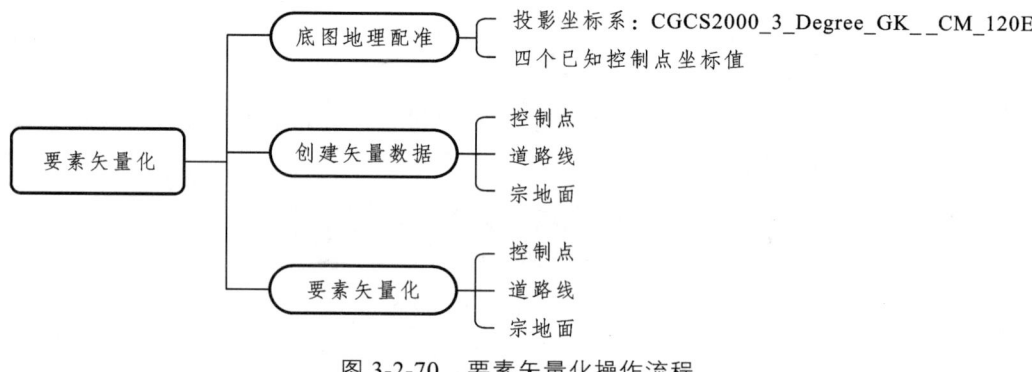

图 3-2-70　要素矢量化操作流程

【操作数据】

实验数据\项目三\任务 2\要素矢量化。

【操作步骤】

一、加载数据

连接工作目录，加载矢量化底图"矢量化底图.tif"。对底图中的数据进行矢量化，采集底图中的控制点、道路线和宗地面数据。

二、底图地理配准

依据底图上标定的 4 个控制点坐标（见图 3-2-71），对底图进行地理配准。

（一）设置坐标系

通过菜单"视图"→"数据框属性"→"坐标系"，设置坐标系为"投影坐标系"（CGCS2000_3_Degree_GK_CM_120E）。

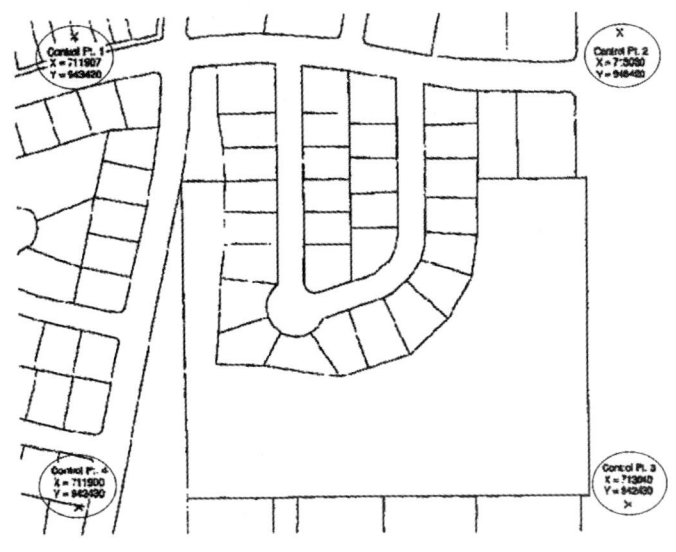

图 3-2-71 控制点示意图

(二) 添加控制点

添加"地理配准"工具条，添加控制点，如图 3-2-72 所示。

图 3-2-72 添加控制点

(三) 检查控制点残差

查看链接表，检查控制点残差是否合格。

(四) 校正输出

校正输出，设置重采样类型为最邻近，设置输出位置和输出名称，如图 3-2-73 所示。

图 3-2-73 校正输出

（五）加载配准好的底图

新建空白地图，打开校正结果"矢量化底图配准.tif"。

三、创建矢量数据

创建"文件地理数据库"，然后创建"要素数据集"，最后在数据集下创建控制点、道路线和宗地面要素类，如图 3-2-74 所示。

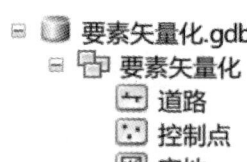

图 3-2-74 创建矢量数据

四、矢量化

（1）矢量化控制点，如图 3-2-75 所示。

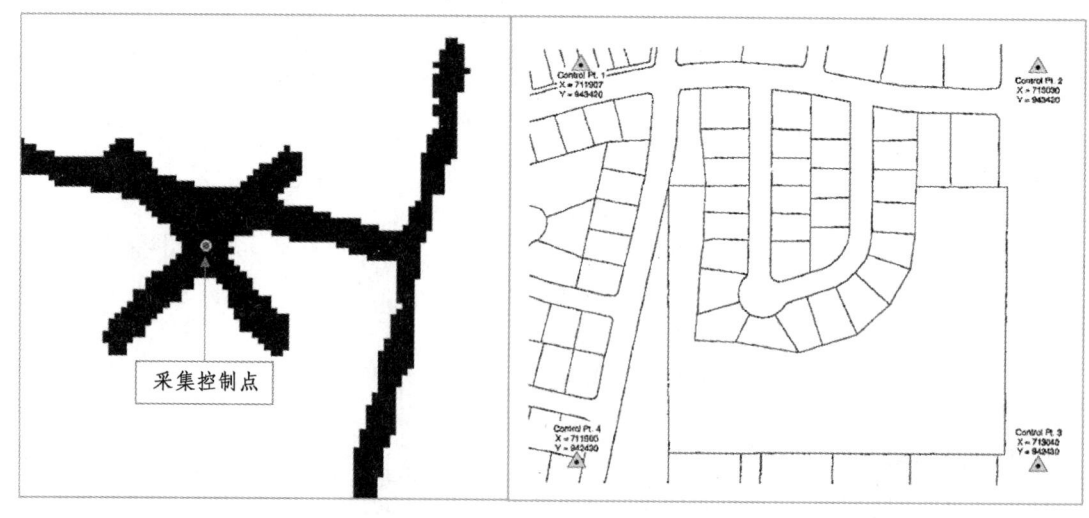

图 3-2-75 矢量化"控制点"

（2）矢量化道路，道路矢量化选择道路的中心线，结果如图 3-2-76 所示。

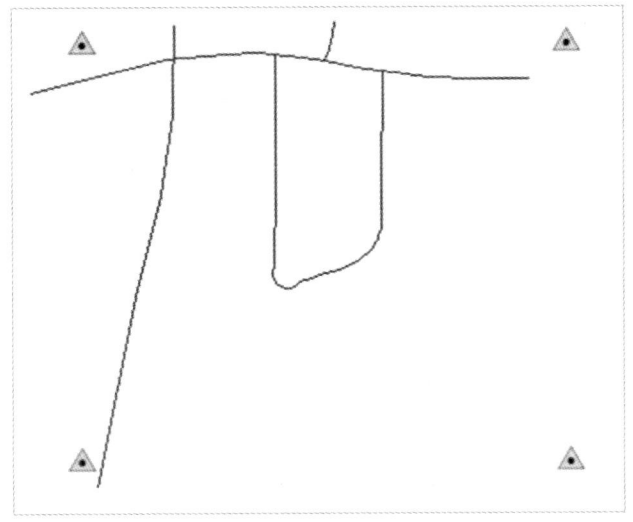

图 3-2-76　矢量化"道路"中心线

（3）矢量化宗地（多种方法结合）。

方法 1：画面，使用追踪、分割及自动完成面工具。

方法 2：画线，由线构面，使用构造面工具等，宗地矢量化结果如图 3-2-77 所示。

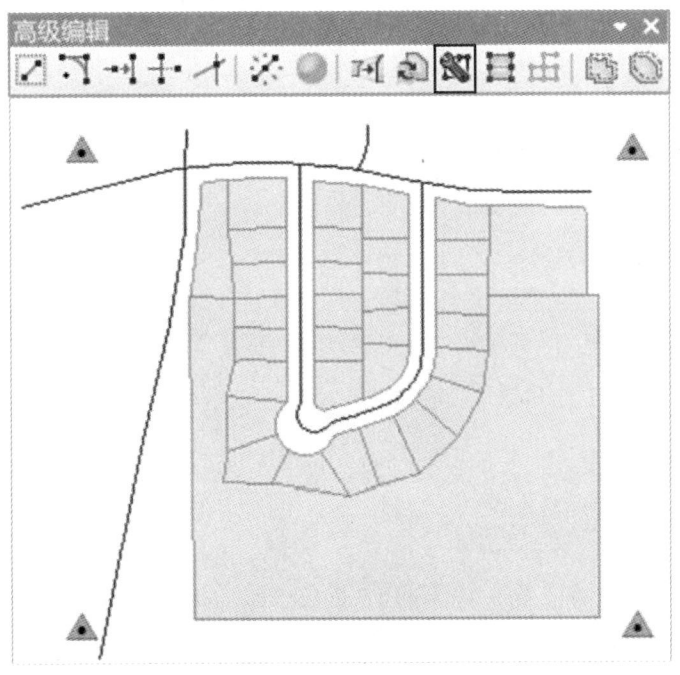

图 3-2-77　矢量化宗地

技能点七　属性数据编辑

【技能目标】

（1）熟练掌握添加属性字段的方法。
（2）掌握单要素属性字段的编辑方法。
（3）掌握多要素属性字段的编辑方法。

【操作流程】

属性数据编辑操作流程，如图 3-2-78 所示。

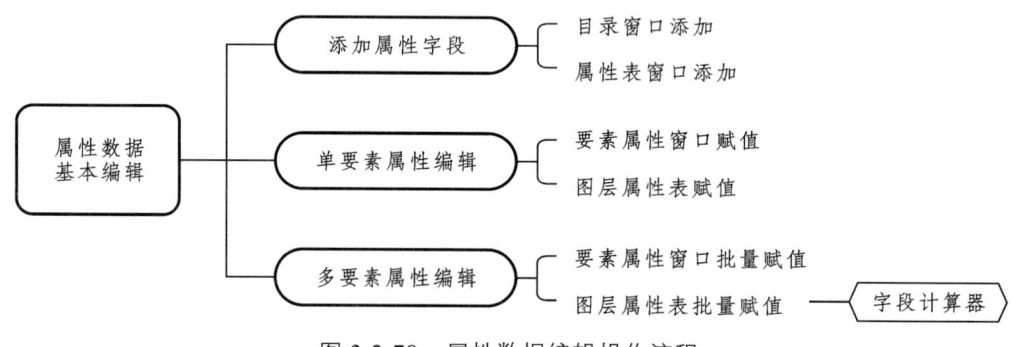

图 3-2-78　属性数据编辑操作流程

【操作数据】

实验数据\项目三\任务 2\属性基本编辑。

【操作步骤】

一、连接工作目录

打开 ArcMap，连接工作目录，加载数据。

二、添加字段

（一）"检录报到点"数据添加"点名"字段

在目录窗口，单击"属性基本编辑.gdb"选中"检录报到点"，右键选择"属性"，在"要素类属性"窗口添加"点名"字段，并设置数据类型及字段属性，如图 3-2-79 所示。

（二）"道路"数据添加"路名"字段

用相同的方法为"道路"数据添加"路名"字段，如图 3-2-80 所示。

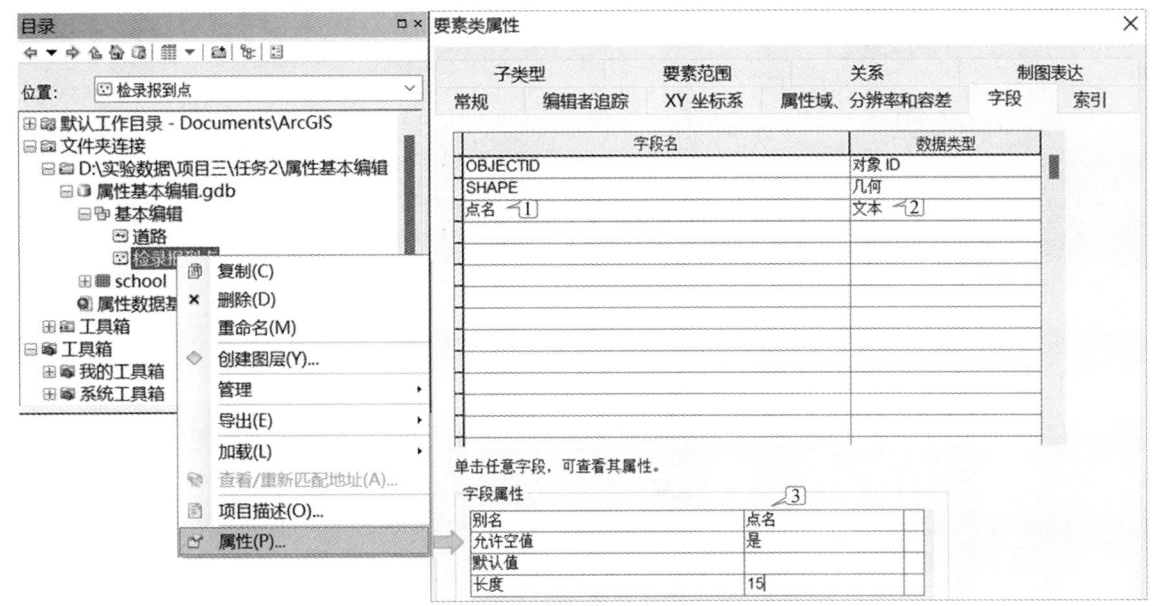

图 3-2-79 "检录报到点"添加"点名"字段

图 3-2-80 "道路"添加"路名"字段

三、加载数据

加载"属性基本编辑.gdb"数据库中的所有数据,如图 3-2-81 所示。

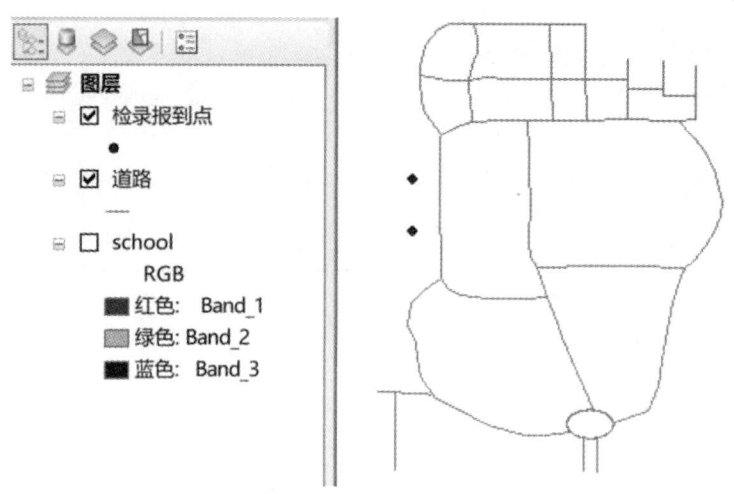

图 3-2-81　加载"属性基本编辑.gdb"数据

四、开启编辑

加载"编辑器"工具条，开始编辑。

五、单要素属性编辑

依据底图"school"为各检录口和报道点录入相应点名。

（一）属性窗口录入属性

1. 选中"编辑工具"

在编辑器工具条单击"编辑工具"，如图 3-2-82 所示。

图 3-2-82　选择"编辑工具"

2. 选中要素录入属性

依据底图选中"A 检录口"要素，然后右键选择"属性"，在弹出的属性窗口录入点名："A 检录口"，如图 3-2-83 所示。

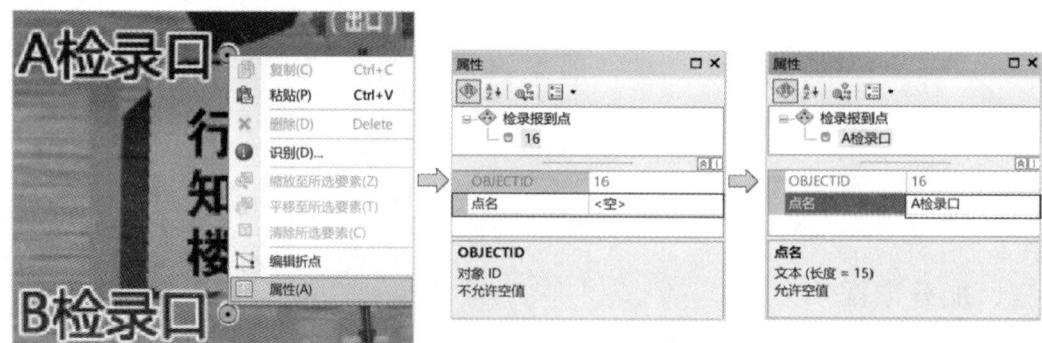

图 3-2-83　属性窗口录入字段属性

（二）属性表中录入属性

在图层窗口选中"检录报到点"图层右键打开属性表，然后选中要素，输入相应点名，如图 3-2-84 所示。

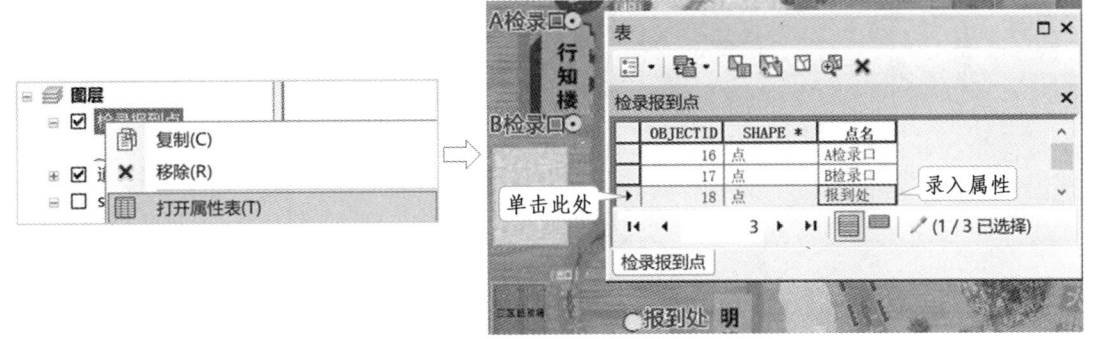

图 3-2-84　属性表窗口录入属性

六、多要素批量录入相同值

选中宿舍区小路录入相同的路名"宿舍小路"。

（一）属性窗口

同时选中多条宿舍区小路右键打开属性窗口，在属性窗口中单击"道路"图层，最后在路名字段输入"宿舍小路"，如图 3-2-85 所示。

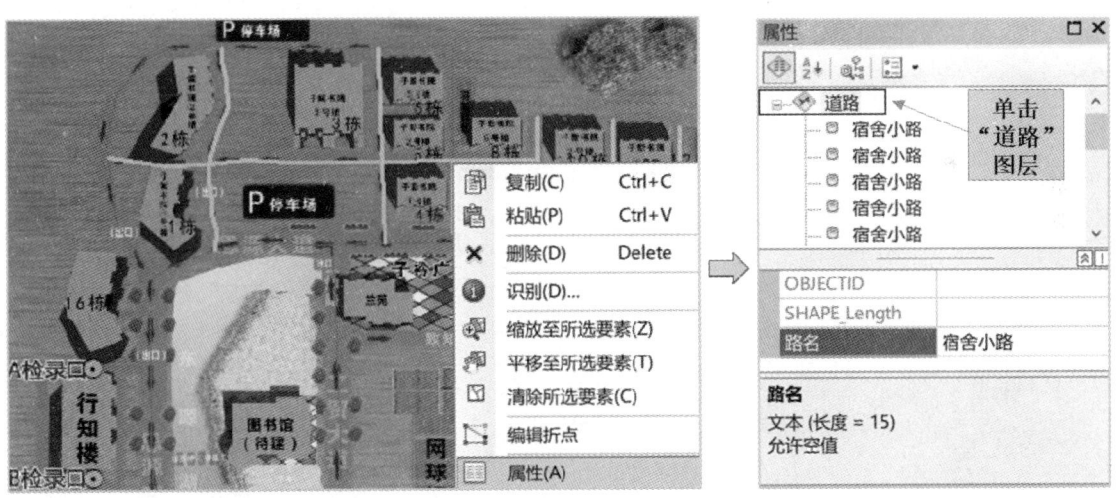

图 3-2-85　属性窗口批量录入相同属性值

（二）属性表窗口

1. 打开字段计算器

在"道路"图层中依据底图选中所有"思源大道"要素，然后右键打开属性表，在属性表窗口显示"所选记录"，在"路名"字段右键打开"字段计算器"，如图 3-2-86 所示。

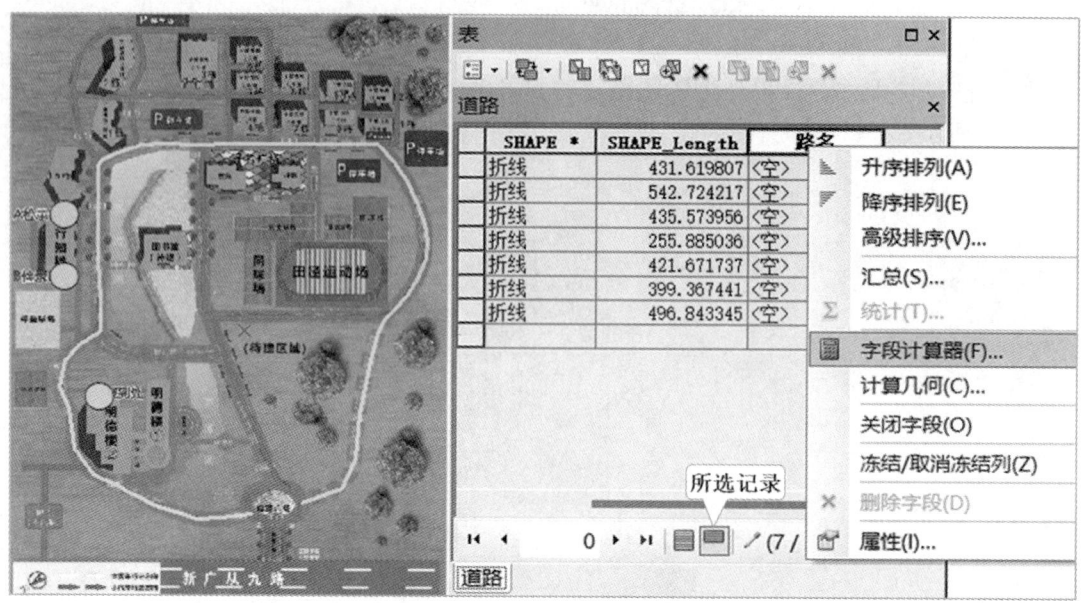

图 3-2-86　打开字段计算器

2. 计算字段值

选择"VB 脚本"或"Python",在代码区输入"思源大道"。

此处注意双引号为英文双引号,"VB 脚本"必须使用双引号,"Python"也可以使用英文单引号。本例使用"VB 脚本",如图 3-2-87 所示。

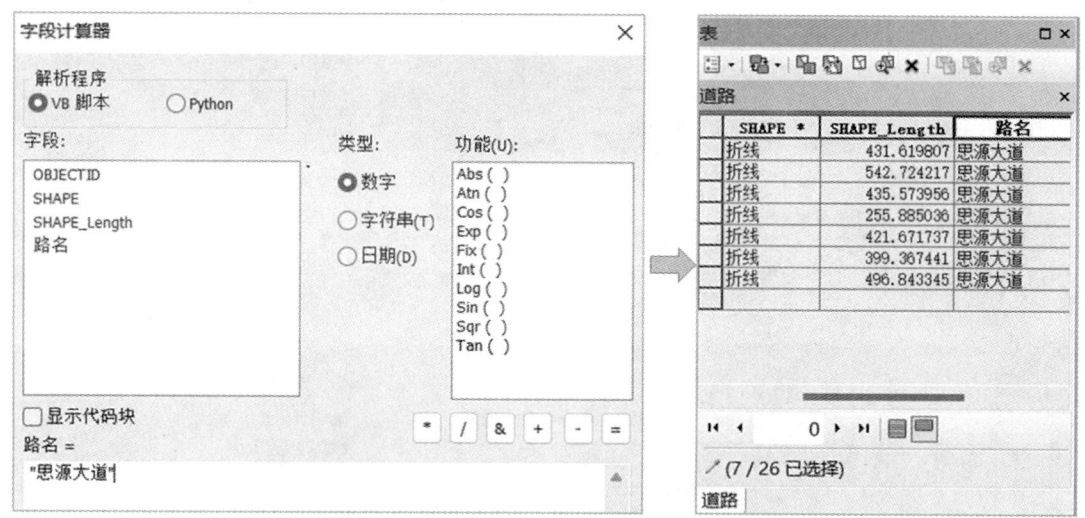

图 3-2-87　计算字段值

技能点八 属性连接

【技能目标】

(1) 熟悉基于共同属性的属性连接方法。

(2) 理解基于空间位置的属性连接方法。

【操作流程】

属性连接操作流程，如图 3-2-88 所示。

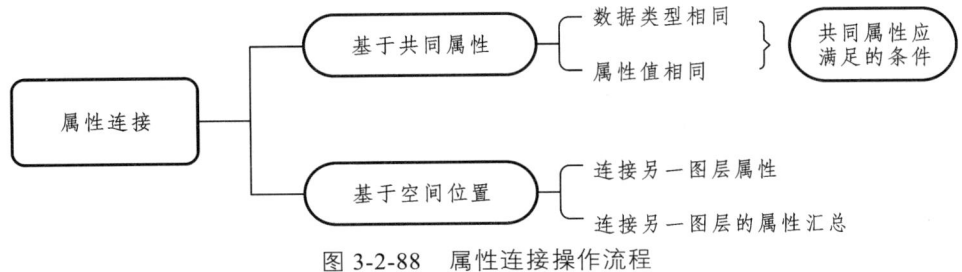

图 3-2-88 属性连接操作流程

【操作数据】

实验数据\项目三\任务 2\属性连接。

【连接目录】

打开 ArcMap，连接工作目录。

【操作步骤】

一、基于共同属性的属性连接

（一）连接数据

加载位于工作目录"基于共同属性"文件夹下的"属性连接.mxd"，如图 3-2-89 所示。

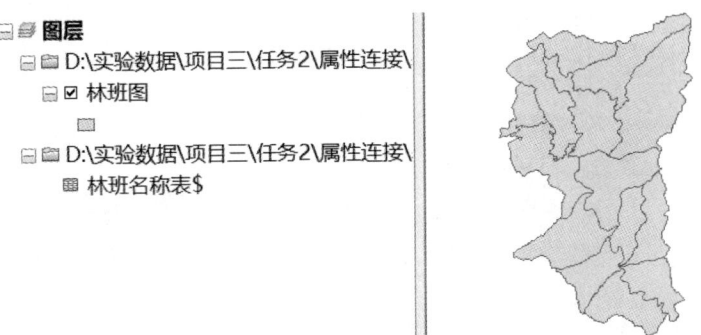

图 3-2-89 "属性连接"数据

（二）属性连接

将"林班名称表"中所有信息追加到"林班图"的属性中，完成矢量数据基于共同属性的属性字段追加。

属性连接需要满足的条件是："林班图"与"林班名称表"中有数据类型和字段值相同的共同属性。

此处的共同属性是："林班图"中的"ID"字段与"林班名称表"中的"ID"字段，如图3-2-90所示。

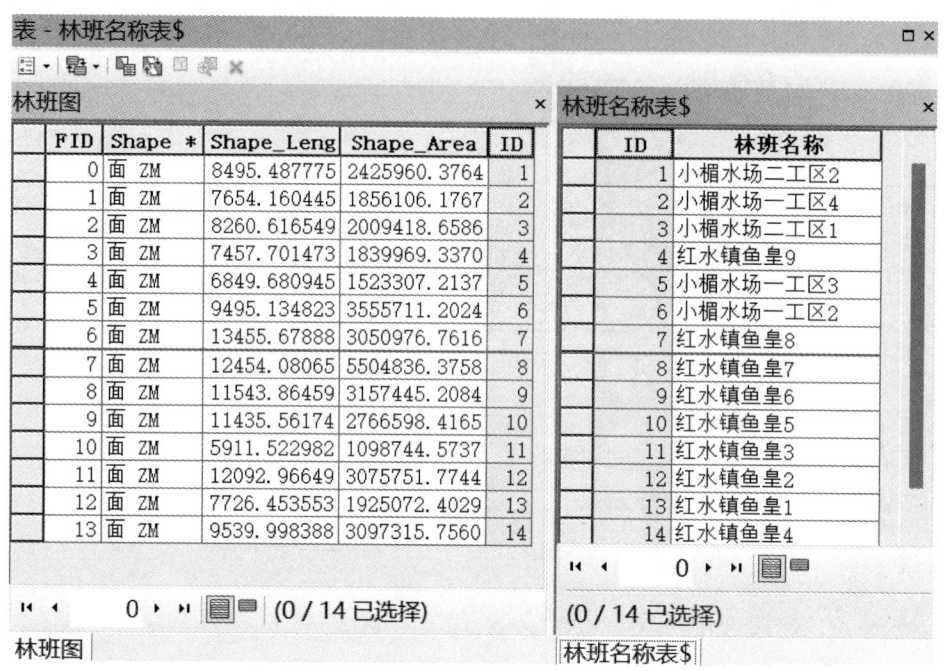

图 3-2-90 "属性连接"的共同属性

1. 属性连接操作

在图层窗口选中"林班图"右键，选择"连接和关联"→"连接"（见图 3-2-91），在"连接数据"窗口中（见图 3-2-92）设置参数即可，连接结果如图 3-2-93 所示。

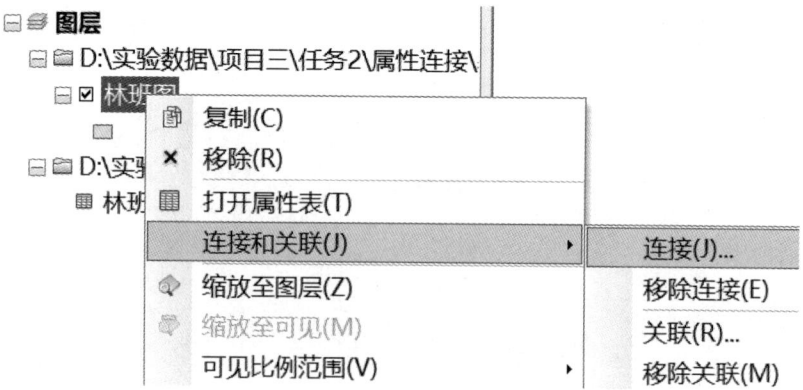

图 3-2-91 打开属性连接窗口

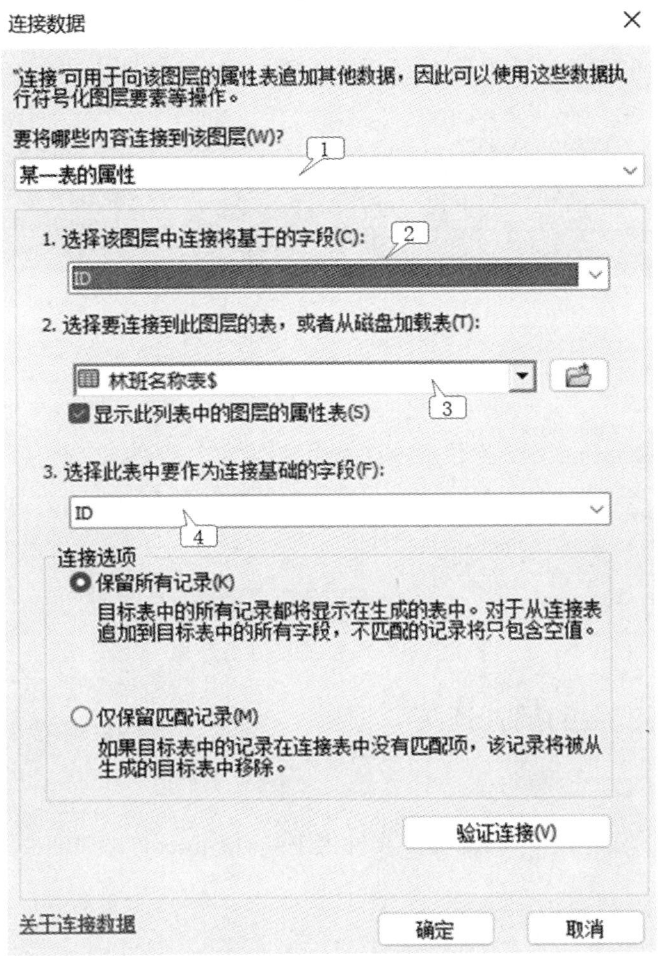

图 3-2-92　属性连接设置

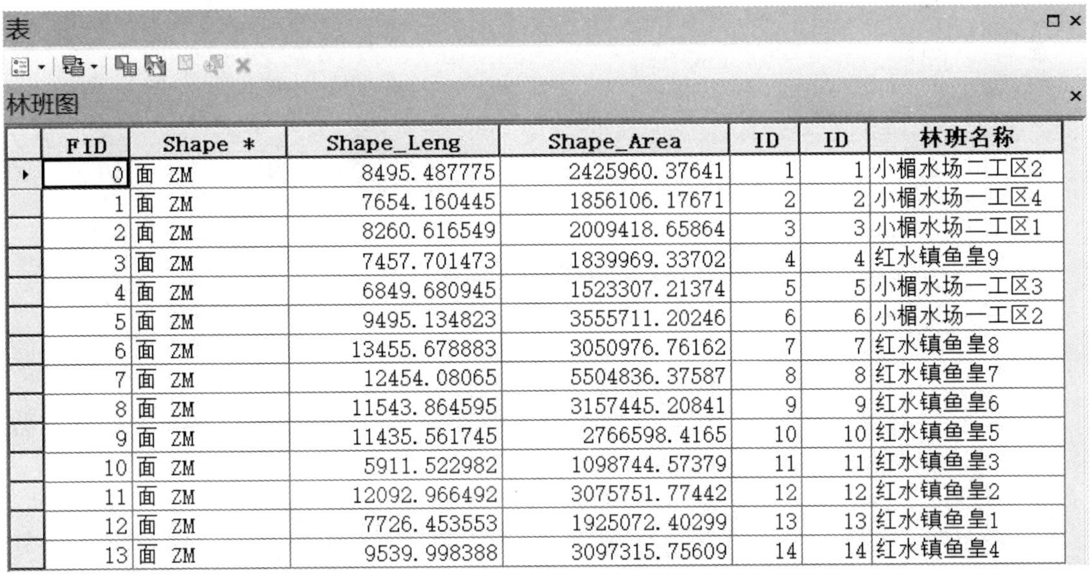

FID	Shape *	Shape_Leng	Shape_Area	ID	ID	林班名称
0	面 ZM	8495.487775	2425960.37641	1	1	小榄水场二工区2
1	面 ZM	7654.160445	1856106.17671	2	2	小榄水场一工区4
2	面 ZM	8260.616549	2009418.65864	3	3	小榄水场二工区1
3	面 ZM	7457.701473	1839969.33702	4	4	红水镇鱼皇9
4	面 ZM	6849.680945	1523307.21374	5	5	小榄水场一工区3
5	面 ZM	9495.134823	3555711.20246	6	6	小榄水场一工区2
6	面 ZM	13455.678883	3050976.76162	7	7	红水镇鱼皇8
7	面 ZM	12454.08065	5504836.37587	8	8	红水镇鱼皇7
8	面 ZM	11543.864595	3157445.20841	9	9	红水镇鱼皇6
9	面 ZM	11435.561745	2766598.4165	10	10	红水镇鱼皇5
10	面 ZM	5911.522982	1098744.57379	11	11	红水镇鱼皇3
11	面 ZM	12092.966492	3075751.77442	12	12	红水镇鱼皇2
12	面 ZM	7726.453553	1925072.40299	13	13	红水镇鱼皇1
13	面 ZM	9539.998388	3097315.75609	14	14	红水镇鱼皇4

图 3-2-93　属性连接结果

2. 导出数据

属性连接之后一定要进行数据导出，否则会丢失追加的属性字段信息，如图 3-2-94 所示。

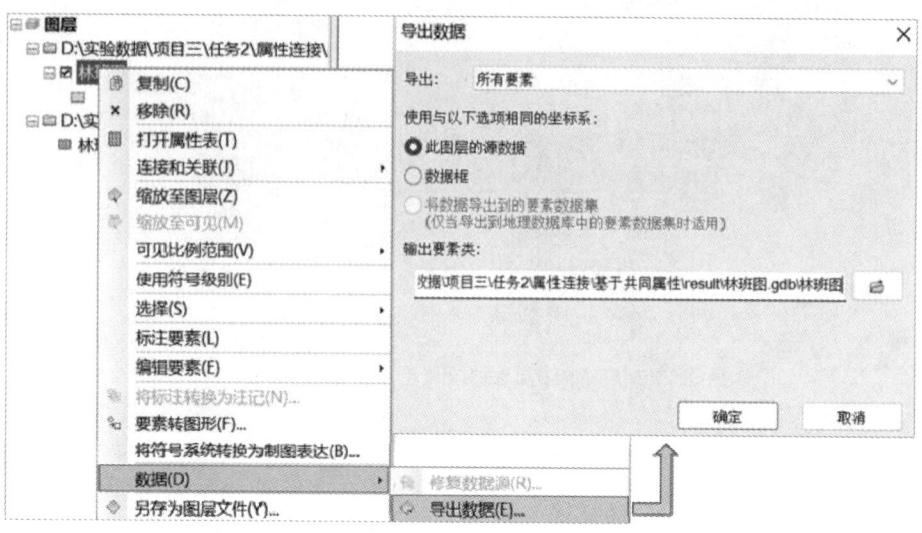

图 3-2-94　属性连接导出数据

二、基于空间位置的属性连接

（一）连接数据

加载位于工作目录"基于空间位置"文件夹下"社区.mxd"，如图 3-2-95 所示。

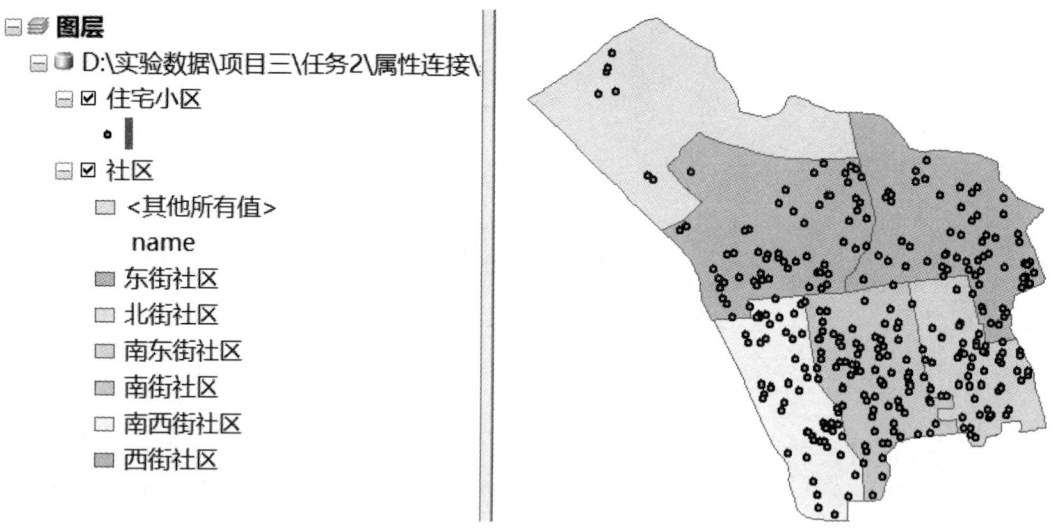

图 3-2-95　连接数据

（二）基于空间位置的属性连接

基于点与面的空间位置关系，将"社区"中的属性信息追加到"住宅小区"点属性中，以获取每个住宅小区所属的社区信息，如图 3-2-96 所示。

图 3-2-96 "基于空间位置"连接数据

1. 属性连接

选择"住宅小区"图层，右键，选择"连接和关联"→"连接"，打开"连接数据"对话框，按图 3-2-97 设置参数，即可获得每个住宅小区的所属社区信息，并生成一个新的点图层，如图 3-2-98 所示。

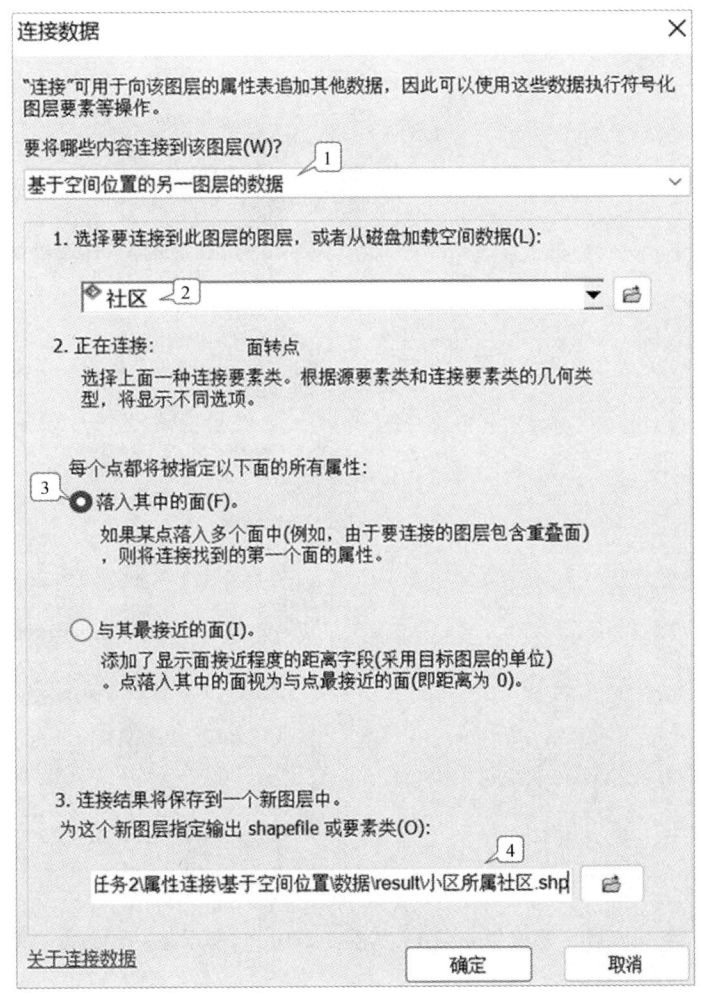

图 3-2-97 "基于空间位置"连接数据参数设置

图 3-2-98 "基于空间位置"连接数据结果

2. 属性汇总

通过空间位置连接，还可以获取属性汇总信息。按图 3-2-99 汇总各社区中的住宅小区数量，参数设置如图 3-2-100 所示，结果如图 3-2-101 所示。

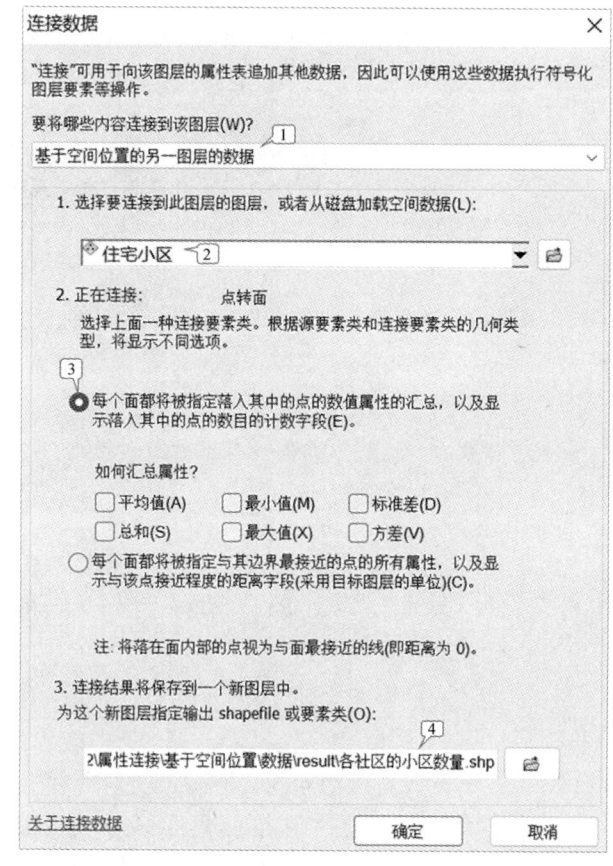

图 3-2-99 "基于空间位置"的属性汇总　　图 3-2-100 基于空间位置汇总各社区内的小区数量

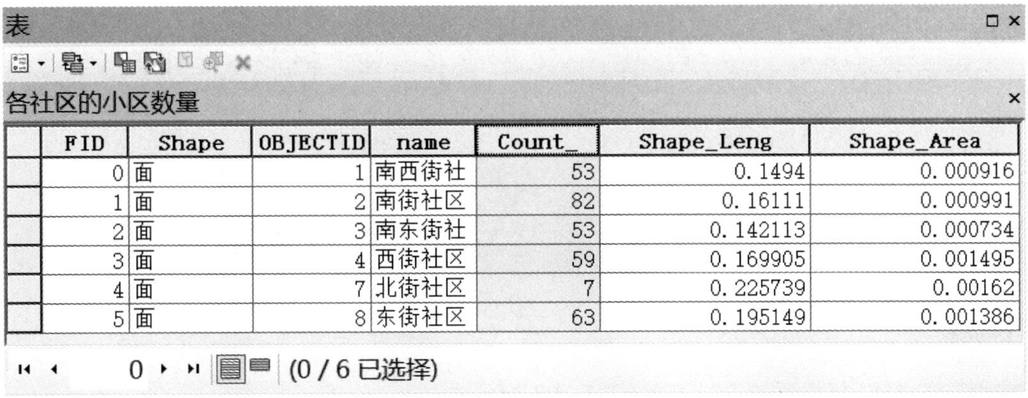

FID	Shape	OBJECTID	name	Count_	Shape_Leng	Shape_Area
0	面	1	南西街社	53	0.1494	0.000916
1	面	2	南街社区	82	0.16111	0.000991
2	面	3	南东街社	53	0.142113	0.000734
3	面	4	西街社区	59	0.169905	0.001495
4	面	7	北街社区	7	0.225739	0.00162
5	面	8	东街社区	63	0.195149	0.001386

图 3-2-101　属性汇总结果

技能点九　属性计算与汇总

【技能目标】

（1）掌握属性字段计算的方法。
（2）掌握属性汇总的方法。

【操作流程】

属性计算与汇总操作流程，如图 3-2-102 所示。

```
                ┌── 属性计算 ──── 字段计算器
属性计算与汇总 ──┼── 属性连接 ──── 基于共同属性
                └── 属性汇总 ──── 图层属性表 ──── 汇总
```

图 3-2-102　属性计算与汇总操作流程

【操作数据】

实验数据\项目三\任务 2\属性计算与汇总。

通过对 Landuse 数据进行属性字段计算、属性连接及属性汇总完成各类土地利用数据的面积汇总（单位：公顷），如图 3-2-103 所示。

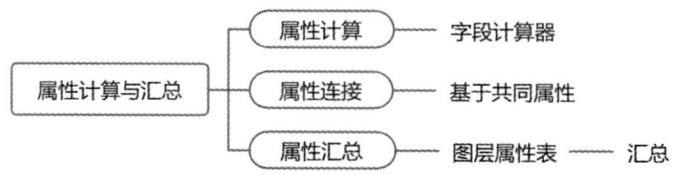

土地类型				代码	汇总面积（公顷）
一类用地名称	一类用地代码	二类用地名称	二类用地代码		
耕地	1	水田	11		
		旱地	12		
		小计		1	
林地	2	有林地	21		
		灌木林地	22		
		疏林地	23		
		其它林地	24		
		小计		2	
草地	3	高覆盖度草地	31		
		中覆盖度草地	32		
		低覆盖度草地	33		
		小计		3	

图 3-2-103　"属性计算与汇总"数据

【操作步骤】

一、连接工作目录

连接工作目录，加载"Landuse"数据。

二、属性字段计算

（一）土地利用数据符号化

在图层窗口双击"Landuse"图层，打开图层属性对话框，选择"符号系统"列表项，然后设置"类别"→"唯一值"→"值字段"（LandUse_ID）→"添加所有值"→选择"色带"，设置如图 3-2-104 所示，符号化结果如图 3-2-105 所示。

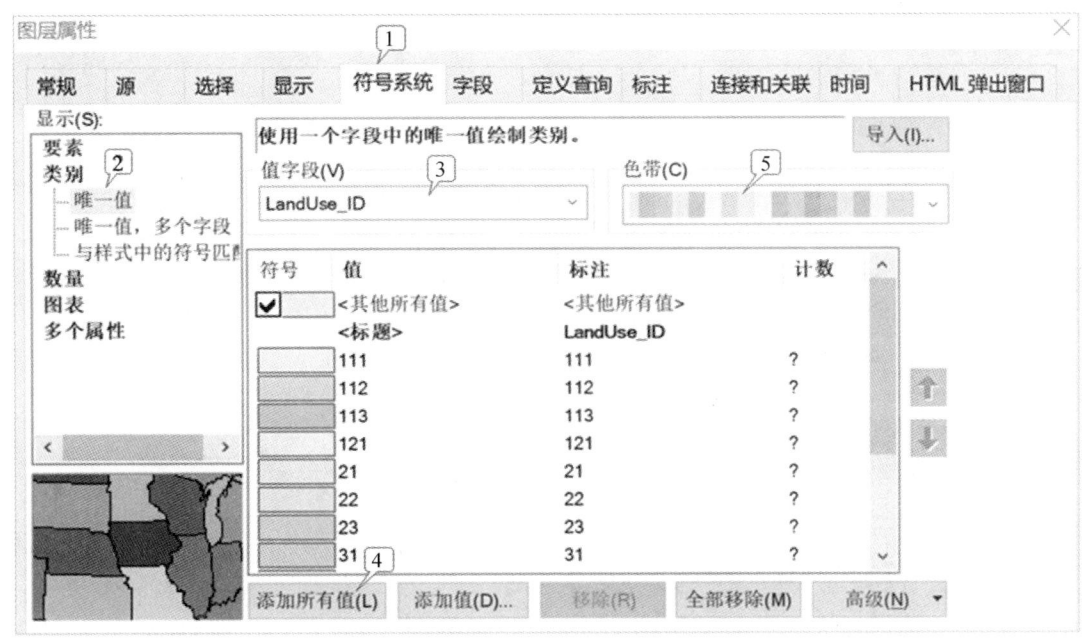

图 3-2-104 "Landuse"数据符号化

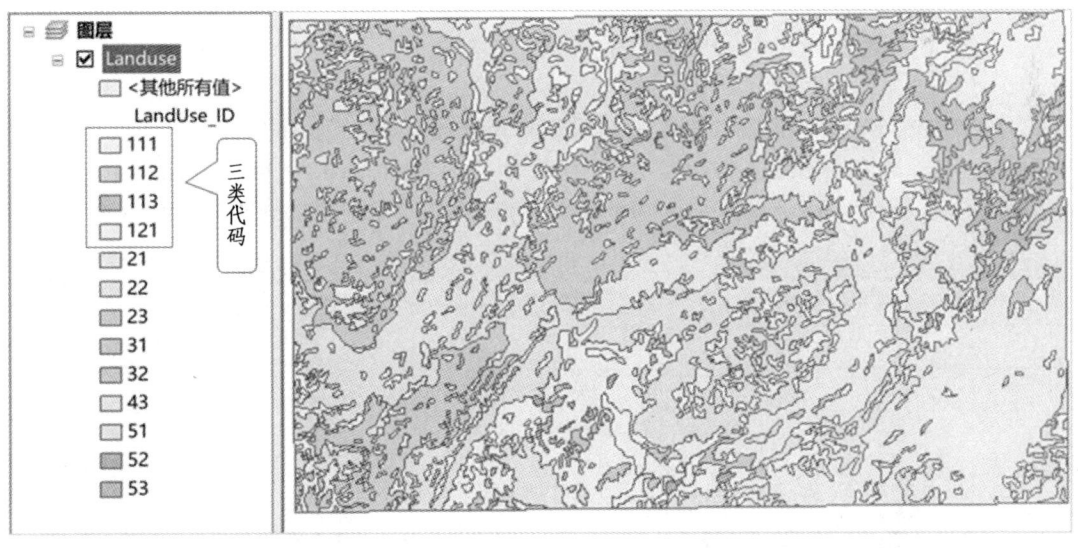

图 3-2-105 "Landuse"数据符号化结果

（二）土地利用代码计算

对土地利用数据中的土地利用代码进行整理，生成一类用地代码和二类用地代码。通过提取"LandUse_ID"字段中的第一个字符生成一类用地代码，提取"LandUse_ID"字段中的前两个字符生成二类用地代码。

（1）添加一类用地代码（YLBM）和二类用地代码（ELBM）字段。

为"Landuse"添加两个字段 YLBM（一类用地代码）和 ELBM（二类用地代码）。其中 YLBM 字段类型为文本，长度为 1；ELBM 字段类型为文本，长度为 2，如图 3-2-106 所示。

图 3-2-106　添加一类用地代码和二类用地代码

（2）计算一类用地代码（YLBM）。

打开属性表，选中字段"YLBM"，右键选择"字段计算器"，在弹出的"字段计算器"对话框中进行字段计算，如图 3-2-107 所示。此处使用"Python"的字符串函数（":"切片）进行字符提取，如图 3-2-108 所示。也可以使用 VB 脚本的字符串函数 left（），如图 3-2-109 所示。

图 3-2-107　打开字段计算器窗口

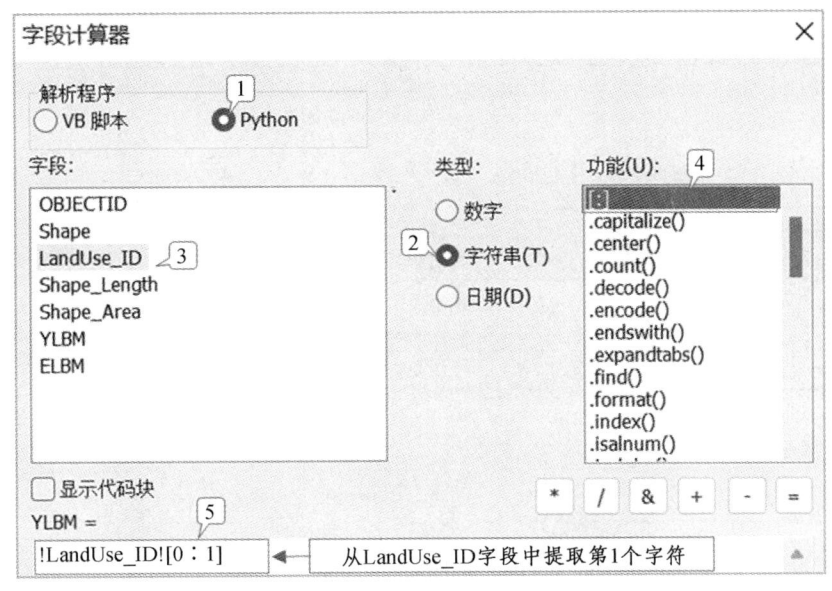

图 3-2-108 计算一类用地代码（YLBM）的值——Python

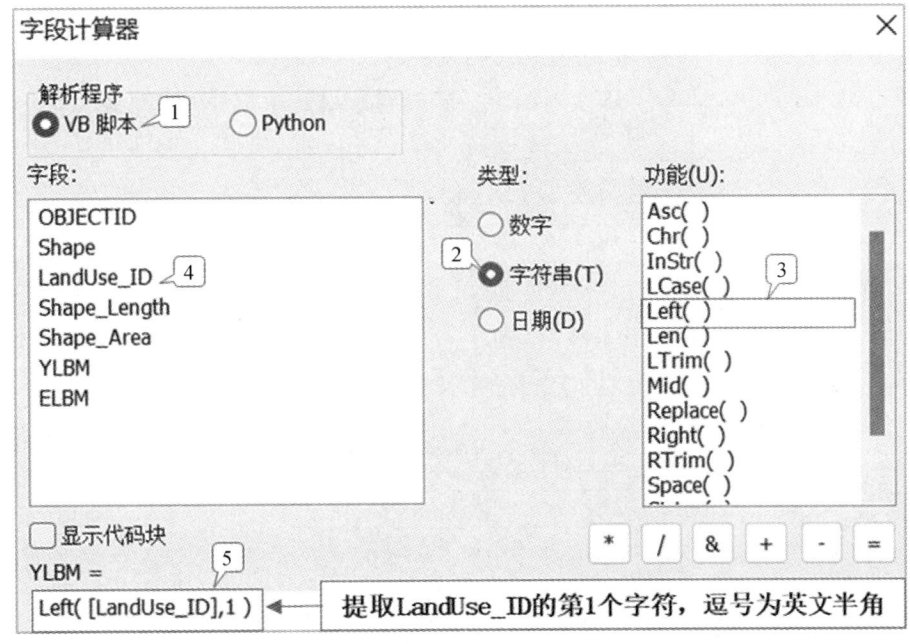

图 3-2-109 计算一类用地代码（YLBM）的值——VB 脚本

（3）计算二类用地代码（ELBM）值。

打开属性表，选中字段"ELBM"，右键选择"字段计算器"，在弹出的"字段计算器"对话框中进行字段计算，二类用地代码的计算方法与一类用地代码相同，不同的是提取"LandUse_ID"字段中的前两个字符。

Python 解析程序的代码为：ELBM= !LandUse_ID![0：2]；

VB 解析程序的代码为：ELBM= Left（[LandUse_ID]，2）。

（4）土地利用代码计算结果，如图 3-2-110 所示。

Landuse						
OBJECTID *	Shape *	LandUse_ID	YLBM	ELBM	Shape_Length	Shape_Area
1	面	23	2	23	4279.555805	463416.671874
2	面	112	1	11	11806.446124	1003317.691407
3	面	23	2	23	899.786213	34366.316406
4	面	21	2	21	2107.876149	149261.490235
5	面	122	1	12	477993.914541	57777275.20508
6	面	112	1	11	3129.83853	237155.103515
7	面	23	2	23	685.090996	32329.732422
8	面	23	2	23	2370.945073	143390.498047
9	面	32	3	32	7585.216306	759597.082031
10	面	23	2	23	3478.939697	346724.447267
11	面	112	1	11	3006.801	169669.835939
12	面	23	2	23	1186.066526	41479.84375
13	面	112	1	11	1087.738304	45978.767579
14	面	112	1	11	34080.081157	2972151.740237
15	面	112	1	11	24646.906991	1659318.353515
16	面	122	1	12	1232.153576	66835.039062
17	面	112	1	11	1212.76805	46812.667969
18	面	23	2	23	1694.190941	114933.921875

(0 / 3507 已选择)

图 3-2-110 土地利用代码计算结果

三、属性连接

基于共同属性"用地代码"将"用地代码及名称.xls"数据中的"一类用地名称"和"二类用地名称"追加到"Landuse"数据属性中,并将属性连接结果导出为"landuse_result",如图 3-2-111 所示。

Landuse_result										
OBJECTID *	Shape *	LandUse_ID	YLBM	ELBM	一类用地代码	二类用地代码	一类用地名称	二类用地名称	Shape_Length	Shape_Area
1	面	23	2	23	2	23	林地	疏林地	4279.555805	463416.671874
2	面	112	1	11	1	11	耕地	水田	11806.446124	1003317.691407
3	面	23	2	23	2	23	林地	疏林地	899.786213	34366.316406
4	面	21	2	21	2	21	林地	有林地	2107.876149	149261.490235
5	面	122	1	12	1	12	耕地	旱地	477993.914541	57777275.20508
6	面	112	1	11	1	11	耕地	水田	3129.83853	237155.103515
7	面	23	2	23	2	23	林地	疏林地	685.090996	32329.732422
8	面	23	2	23	2	23	林地	疏林地	2370.945073	143390.498047
9	面	32	3	32	3	32	草地	中覆盖度草地	7585.216306	759597.082031
10	面	23	2	23	2	23	林地	疏林地	3478.939697	346724.447267
11	面	112	1	11	1	11	耕地	水田	3006.801	169669.835939
12	面	23	2	23	2	23	林地	疏林地	1186.066526	41479.84375
13	面	112	1	11	1	11	耕地	水田	1087.738304	45978.767579
14	面	112	1	11	1	11	耕地	水田	34080.081157	2972151.740237
15	面	112	1	11	1	11	耕地	水田	24646.906991	1659318.353515
16	面	122	1	12	1	12	耕地	旱地	1232.153576	66835.039062
17	面	112	1	11	1	11	耕地	水田	1212.76805	46812.667969
18	面	23	2	23	2	23	林地	疏林地	1694.190941	114933.921875

(0 / 3507 已选择)

图 3-2-111 属性连接结果

四、属性汇总

(一) 面积单位换算

汇总一类用地的总面积和二类用地总面积,在汇总面积之前先对面积进行单位换算,生成以公顷为单位的面积。首先添加"面积"字段,数据类型:双精度,然后使用"字段计算器"进行"面积"换算。如图 3-2-112 和图 3-2-113 所示。

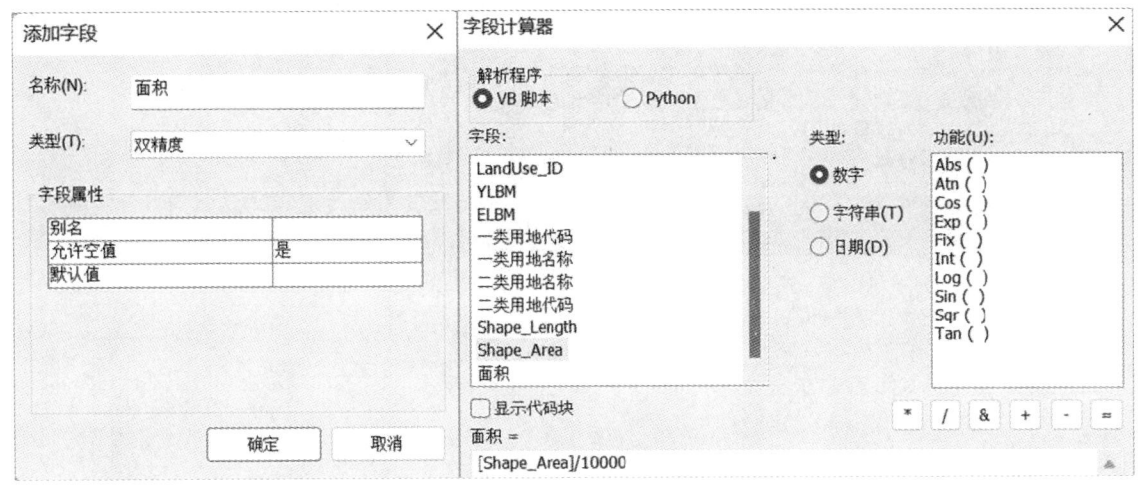

图 3-2-112　面积换算

图 3-2-113　面积换算结果

（二）用地面积汇总

1. 一类用地面积汇总

打开"landuse_result"属性表，选中"一类用地代码"右键→"汇总"，打开汇总窗口，在汇总统计信息中勾选"一类用地名称""第一个"，"面积""总和"，如图 3-2-114 所示。

2. 二类用地面积汇总

打开"landuse_result"属性表，选中"二类用地代码"右键→"汇总"，打开汇总窗口，在汇总统计信息中勾选"二类用地名称"："第一个"，"面积"："总和"，如图 3-2-115 所示。

3. 用地面积汇总结果

一类用地和二类用地面积汇总结果如图 3-2-116 所示。

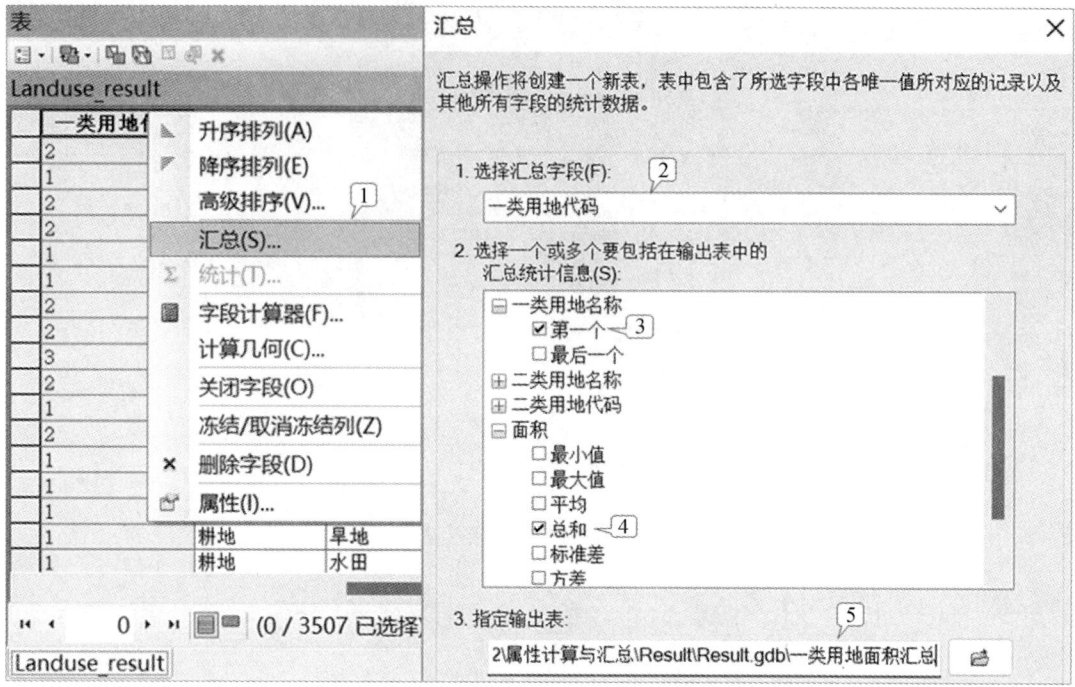

图 3-2-114　一类用地面积汇总

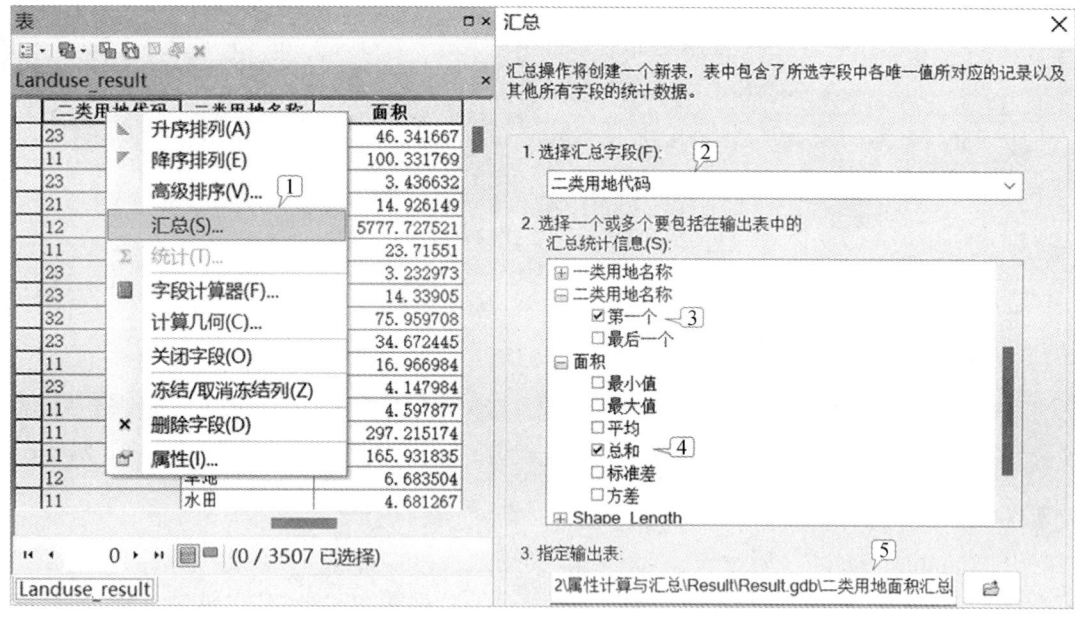

图 3-2-115　二类用地面积汇总

一类用地面积汇总			
OBJECTID *	一类用地代码	First_一	Sum_面积
1	1	耕地	85497.795701
2	2	林地	163716.785807
3	3	草地	10573.595943
4	4	水域	436.53022
5	5	居民工矿用	742.312748

二类用地面积汇总			
OBJECTID	二类用地代码	First_二类用地名称	Sum_面积
1	11	水田	16457.43234
2	12	旱地	69040.363361
3	21	有林地	90885.674087
4	22	灌木林地	41699.80757
5	23	疏林地	31050.326948
6	24	其它林地	80.977203
7	31	高覆盖度草地	169.15214
8	32	中覆盖度草地	10395.32425
9	33	低覆盖度草地	9.119553
10	42	湖泊	8.914034
11	43	水库坑塘	427.616186
12	51	城镇	463.51065
13	52	村庄	236.043085
14	53	其它	42.759013

图 3-2-116　用地面积汇总结果

任务三　地物的相对关系表达

知识点一　地物间的相对关系

地物间的相对关系也称为空间关系，是指空间数据的位置关系，包括拓扑空间关系，顺序空间关系和度量空间关系。

由于拓扑空间关系对 GIS 查询和分析具有重要意义，在 GIS 中，空间关系一般指拓扑空间关系，也称拓扑关系。

地理对象的拓扑关系，主要有以下三种：

相邻：指对象之间是否在某一边界重合，如行政区划图中的省、县数据。

重合：指确认对象之间是否在某一局部互相覆盖，如巴士线路和道路之间的关系。

连通：连通关系可以确认通达度、获得路径等。

一、建立拓扑的意义

数据是 GIS 的核心，GIS 数据质量对于评定 GIS 的算法、减少 GIS 设计和开发的盲目性、GIS 系统的无缝统计查询、空间分析都具有重要的意义。

在现实生活中，由于数据源的多源性，数据格式多样性，数据生产、数据转换、数据处理标准的不一致性等原因都造成数据的质量无法满足现实的需要。

例如，GIS 在国土应用当中，最常见的是获得一个宗地（面状要素）所包括的界址线（线状要素）、界址点（点状要素），如果数据质量不严格就不能获得正确的结果。这就需要进行数据检查，拓扑检查无疑是最有效、最快捷、最简便的一种检查方式。

以 ArcGIS 拓扑为例，在数据集当中建立适当的拓扑规则（如点必须在多边形的边界上，线与多边形边界重叠等），进行拓扑检查，就能标记出有悖于该拓扑规则的拓扑错误，便于用户修改，进而达到标准的数据质量。

拓扑最基本的用途是保证数据质量，提高空间查询、统计分析的正确性和效率，进而为相关行业提供真实有效的指导，同时也使地理数据库能更真实地反映地理要素。

二、拓扑检查

拓扑检查主要指数据在入库前的拓扑检查和入库后的拓扑检查。

（一）入库前的拓扑检查

入库前的拓扑检查主要作用是保证数据质量（防患于未然），规范标准化，减少大数据量的数据库，本地文件的检查效率高，适合于国家级库建设、省级库建设。

（二）入库后的拓扑检查

入库后的拓扑检查的作用是对数据库的数据质量进行实时检查，提高了编辑数据的质量，适合于县级及以下数据库建设，特别是数据编辑、空间分析等功能使用频繁。

技能点一　ArcGIS 中的拓扑

【技能目标】

（1）理解 ArcGIS 中构建拓扑的数据格式。

（2）熟悉 ArcGIS 中拓扑的构成。

【操作流程】

ArcGIS 中的拓扑操作流程，如图 3-3-1 所示。

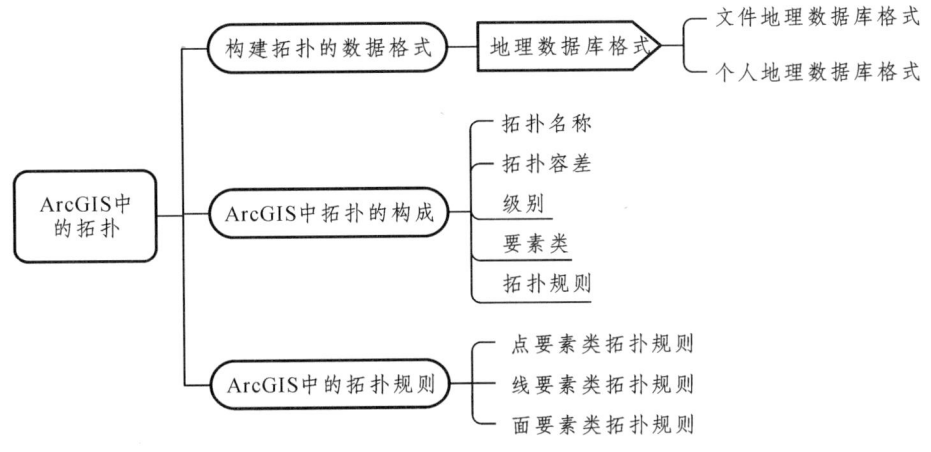

图 3-3-1　ArcGIS 中的拓扑操作流程

一、构建拓扑的数据格式

（一）地理数据库格式

ArcGIS 中的矢量数据有地理数据库格式和 Shapefile 格式，其中 Shapefile 格式不能构建拓扑，只有地理数据库格式可以构建拓扑，如图 3-3-2 所示，文件地理数据库和个人地理数据库均可以构建拓扑。因此，如果 Shapefile 格式的数据需要构建拓扑，需要先将其导入地理数据库中。

图 3-3-2　ArcGIS 中构建拓扑的矢量数据格式

（二）数据要构建拓扑必须要在要素数据集中

ArcGIS 中的拓扑是在同一个要素集下的要素类之间的拓扑关系的集合。所以要参与一个拓扑的所有要素类，必须在同一个要素数据集内。一个要素数据集中可以有多个拓扑，但每个要素类最多只能参与一个拓扑。

二、拓扑的构成

ArcGIS 中的拓扑由拓扑名称、拓扑容差、级别、要素类、拓扑规则构成。

（一）拓扑名称

拓扑名称不能重复，也就是说一个数据集只能存在唯一的拓扑名称。该名称不能以数字开头，不能存在类似@、#等的无效字符。

（二）拓扑容差

拓扑容差是边界与节点只要在该范围内，就默认它们为无缝连接，如图3-3-3所示。默认的容差值为数据集的 XY 容差，拓扑容差不能小于数据集的 XY 容差，包括 Z 容差。

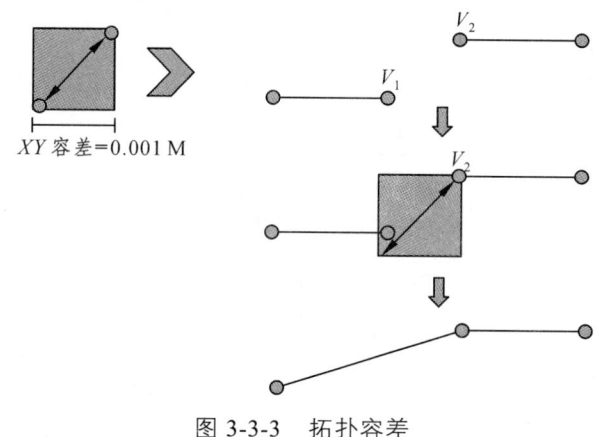

图 3-3-3　拓扑容差

（三）要素类

要素类必须选择在同一数据集下的要素类，一个要素数据集中可以有多个拓扑，但每个要素类最多只能参与一个拓扑。一个拓扑可以引用同一个要素数据集中的一个或多个要素类。

（四）级　别

在拓扑验证的过程中，有自动捕捉的过程，要素会移动。在 ArcGIS 拓扑关系中每一个要素类是根据 Rank 值的大小来控制移动程度的，如图3-3-4所示。Rank 等级越高的要素移动程度越小。

ArcGIS10 提供的 Rank 范围在 1~50，Rank 值等于 1 的为最高等级，包括 Zrank。

（五）拓扑规则

拓扑规则定义地理数据库中一个给定要素类或两个不同要素类之间所许可的要素关系指令。通俗称 ArcGIS 定义了不同图形类型要素的空间关系。

拓扑规则可以定义在要素类的不同要素之间，也可以定义在两个或多个要素类之间。

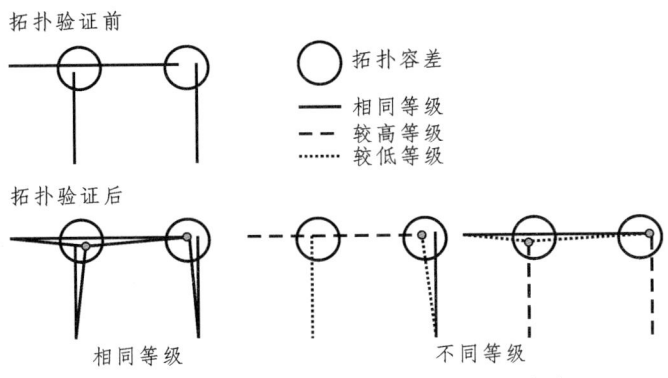

图 3-3-4　不同级别的线要素节点的移动程度会不同

（六）验证拓扑

根据建立拓扑时设置的要素类、要素类级别，按设置好的拓扑规则进行检验，如果目标数据存在与拓扑规则相悖的情况，即标记显示拓扑错误。

拓扑检验时，凡是与拓扑规则相悖的会标记为拓扑错误，但是有些错误可以根据实际情况判定为特殊情况，可以不受定义的拓扑关系规则的约束，不再将其视为错误，把该类型的错误标记为例外（异常）。

三、拓扑规则

（一）点要素类拓扑规则

点要素类的拓扑规则包括：必须与其他要素类重合；必须不相交、必须被其他要素的端点覆盖；点必须被线覆盖；必须完全位于面内；必须被其他要素的边界覆盖，如图 3-3-5 所示。

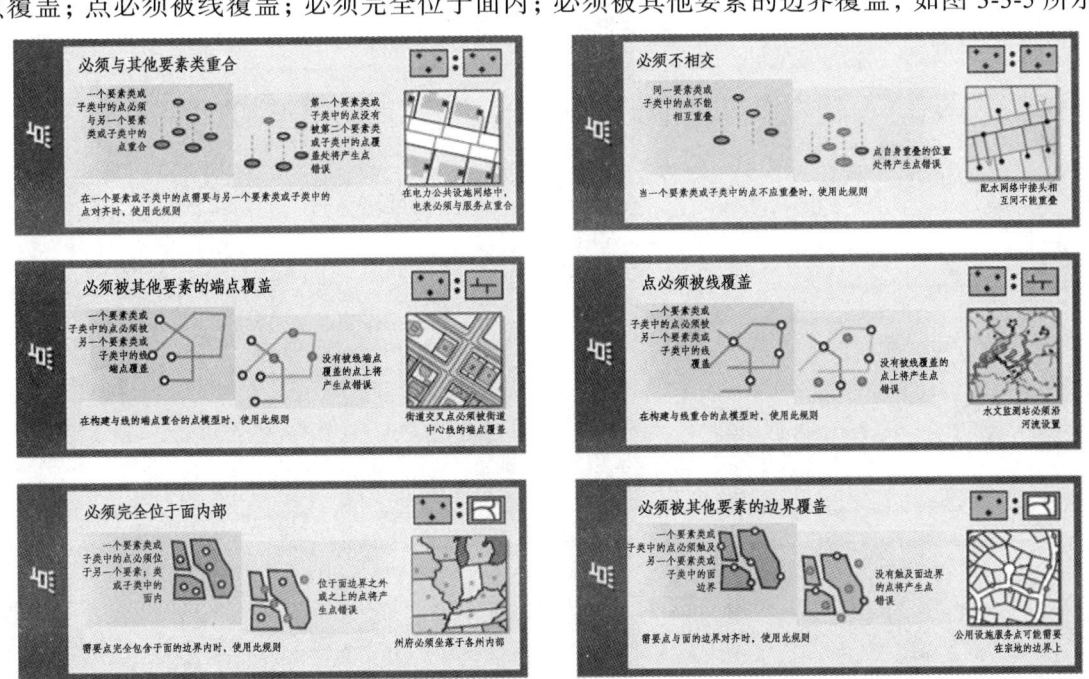

图 3-3-5　点要素类拓扑规则

（二）线要素类的拓扑规则

线要素类的拓扑规则如图 3-3-6 所示。

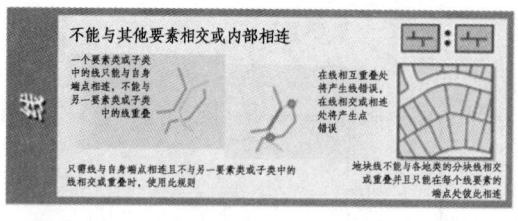
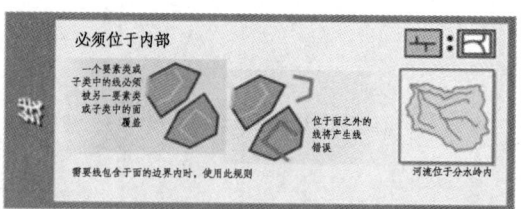
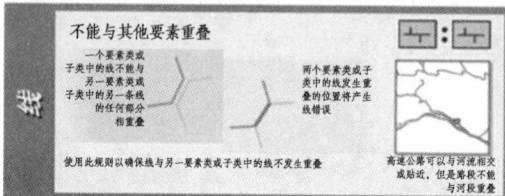
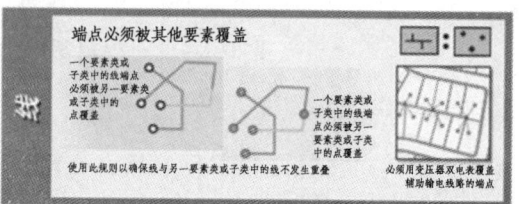
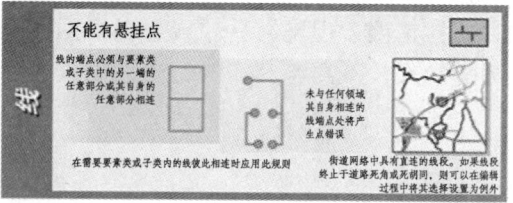
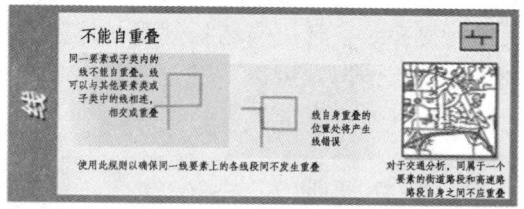
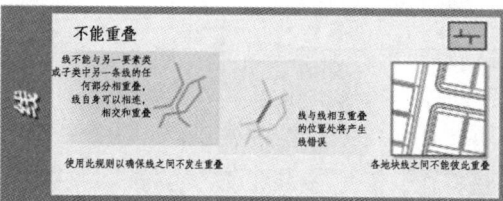
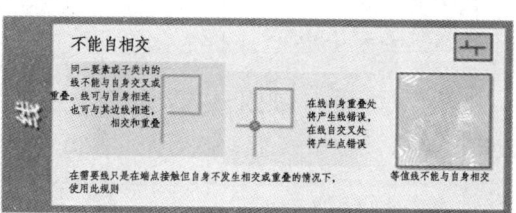
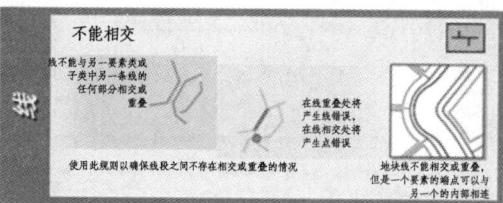
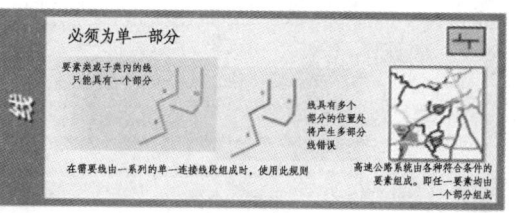
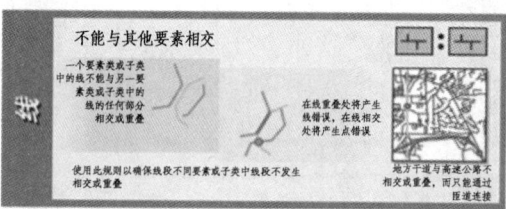
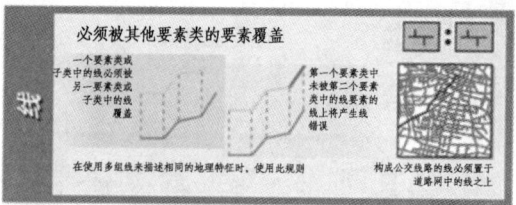
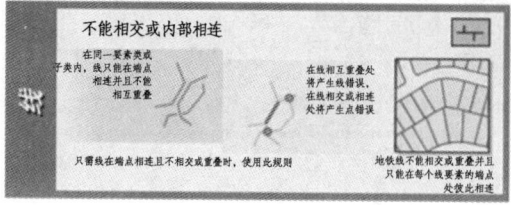
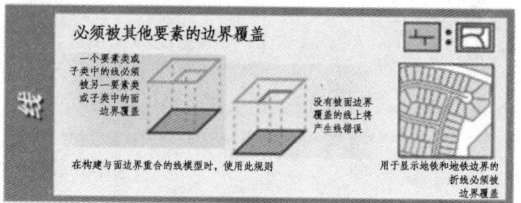

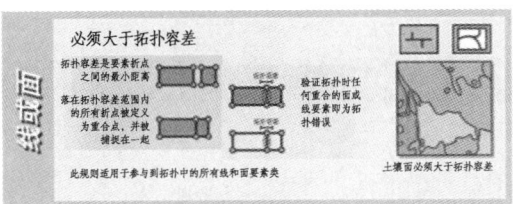
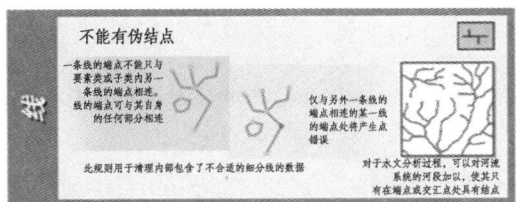

图 3-3-6 线要素类的拓扑规则

（三）面要素类的拓扑规则

面要素类的拓扑规则如图 3-3-7 所示。

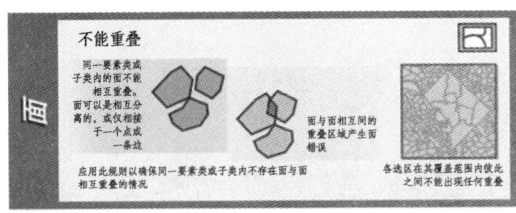
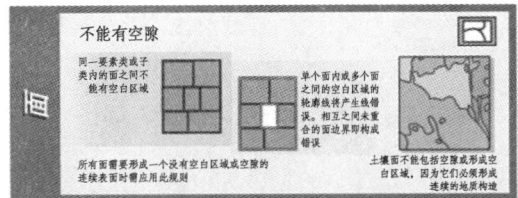

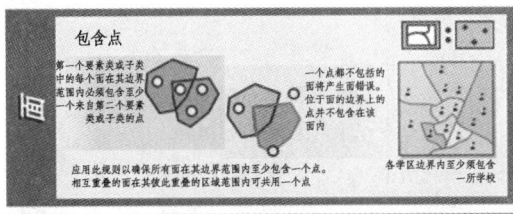
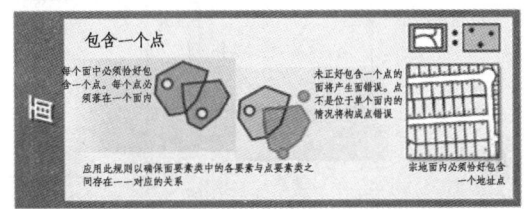

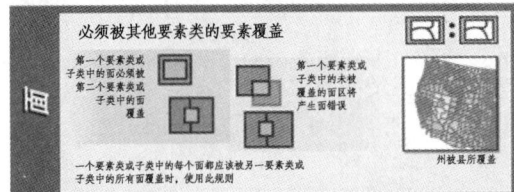
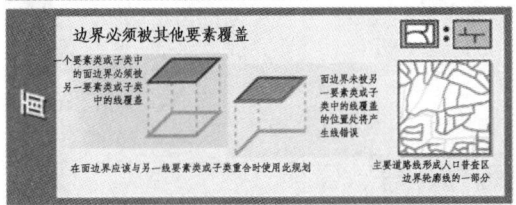

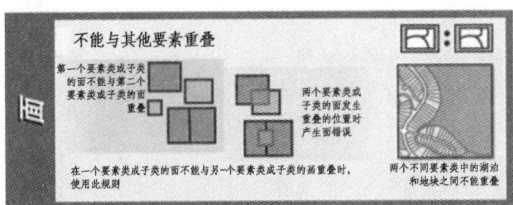
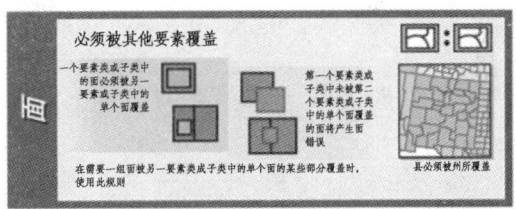

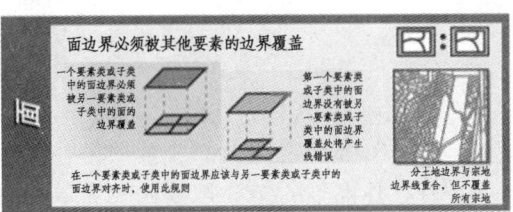
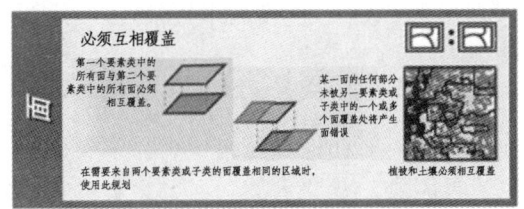

图 3-3-7 面要素类的拓扑规则

技能点二　拓扑的构建与编辑

【技能目标】

（1）理解 ArcGIS 中构建拓扑的数据格式。
（2）熟悉 ArcGIS 中拓扑的构成。
（3）了解 ArcGIS 地理数据库拓扑规则。
（4）掌握 ArcGIS 中拓扑的构建及编辑。

【操作流程】

拓扑的构建与编辑操作流程，如图 3-3-8 所示。

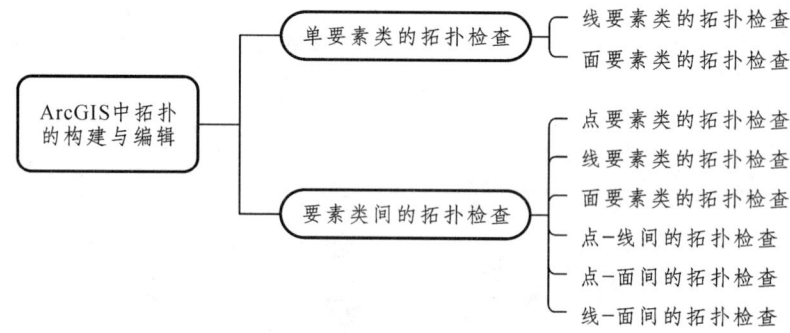

图 3-3-8　拓扑的构建与编辑操作流程

【操作数据】

实验数据\项目三\任务 3。

【操作步骤】

一、连接工作目录

打开 ArcMap，连接工作目录。

二、单要素类拓扑的构建与编辑

单要素类拓扑检查是指单个要素类的拓扑检查，检查单个要素类内部要素的拓扑问题，包括点要素类、线要素类和面要素类的拓扑检查。单个点要素类的拓扑规则比较简单，只有一项"必须不相交"，用于检查点要素类内是否有重复的点要素。故此处重点讲述"线要素类和面要素类的拓扑检查"，关于"点要素类的拓扑检查"详见"要素类间的拓扑检查"中"点要素类拓扑检查"。

（一）线要素类的拓扑检查

加载工作目录下"线要素类拓扑检查"文件夹中的LotLines.shp道路线数据。通过构建拓扑，检查当前道路数据是否有断线、自相交、自重叠及重复绘制等线要素拓扑问题，并进行错误修复。

1. 拓扑数据准备

当前需要拓扑检查的道路数据为Shapefile格式，需要将数据导入至地理数据库的要素数据集中。

第1步：创建文件地理数据库，命名为"线要素类拓扑检查"。
第2步：新建要素数据集，命名为"拓扑检查"，坐标系与"LotLines.shp"坐标系一致；
第3步：将"LotLines.shp"导入到要素数据集中，如图3-3-9所示。

图3-3-9 拓扑数据准备

2. 创建拓扑

1）拓扑参数设置

在目录窗口中，选中要素数据集"LotLines"右键，然后选中"新建"选择"拓扑"，输入"拓扑名称"，设置"拓扑容差"，勾选"参与到拓扑的要素类"，"级别等级"默认，如图3-3-10所示。

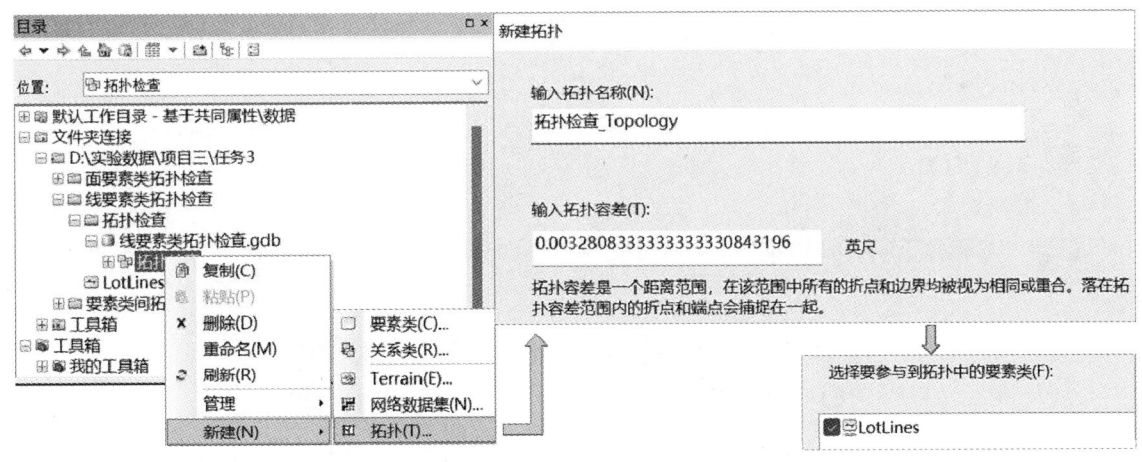

图3-3-10 新建拓扑

2）添加规则

选择"添加规则"，添加相应的线要素类拓扑规则，然后构建拓扑并验证，生成拓扑，如图3-3-11所示。

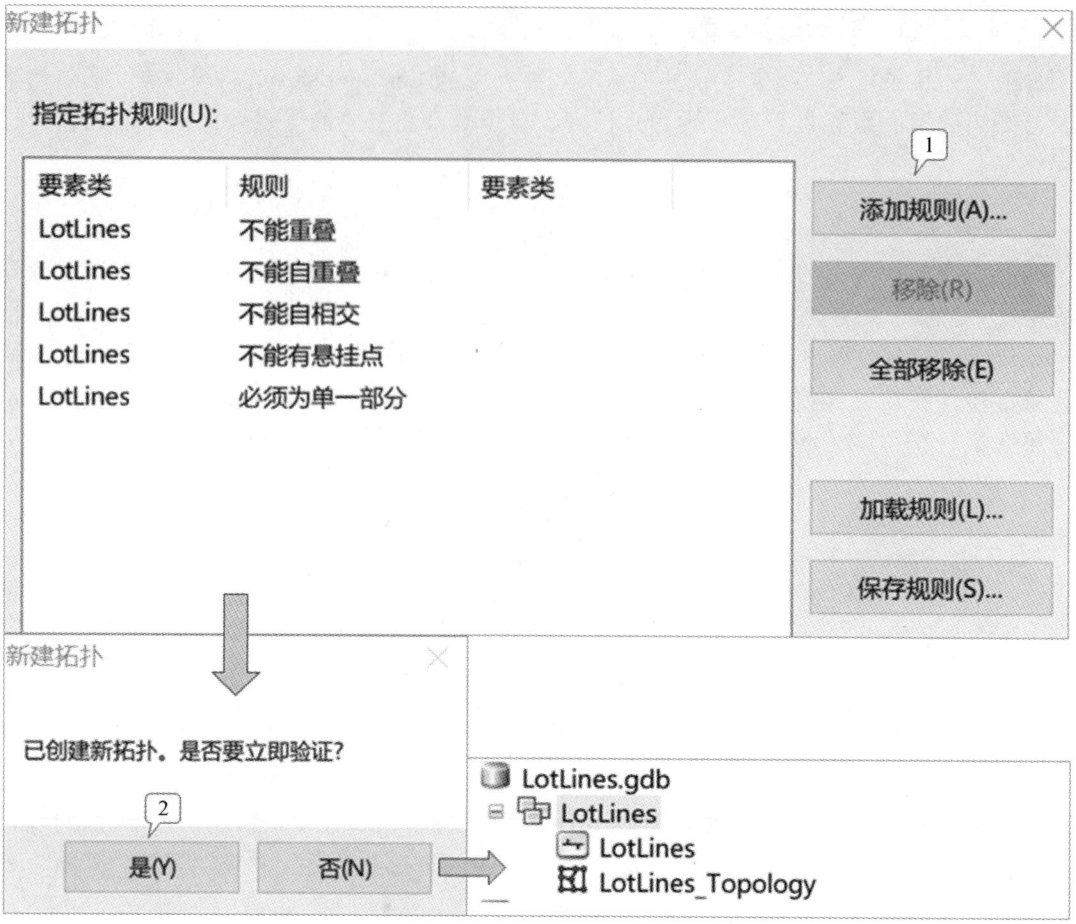

图 3-3-11 添加规则，验证拓扑

3）打开拓扑

在目录窗口，选中拓扑"拓扑检查_Topology"，将其拖至地图窗口，在弹出窗口中选择"是"，将参与拓扑的要素类一起添加。

4）拓扑编辑

启动"编辑器"→"开始编辑"→加载"拓扑"工具条，打开"错误检查器"，如图 3-3-12 所示。

图 3-3-12 添加拓扑工具条，打开错误检查器

（1）搜索拓扑错误。

在"错误检查器"窗口，点击"立即搜索"，搜索拓扑错误，如图 3-3-13 所示。

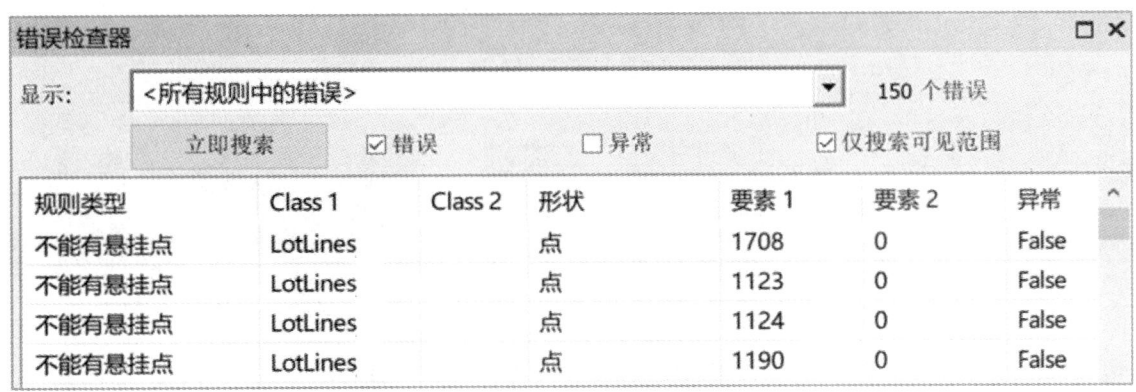

图 3-3-13 搜索拓扑错误

（2）修复拓扑错误。

在修复拓扑错误过程中可以修改单个拓扑错误，也可同时选中多项同类拓扑错误批量进行修改。

① 捕捉修复悬挂点。

在错误检查器窗口搜索"不能有悬挂点"，然后选中所有错误右键，选择"捕捉"，设置"捕捉容差""1"，如图 3-3-14 所示。

反复多次进行捕捉，输入不同的捕捉容差"2""5""10"，进行悬挂点修复，直至不能再修改错误为止。

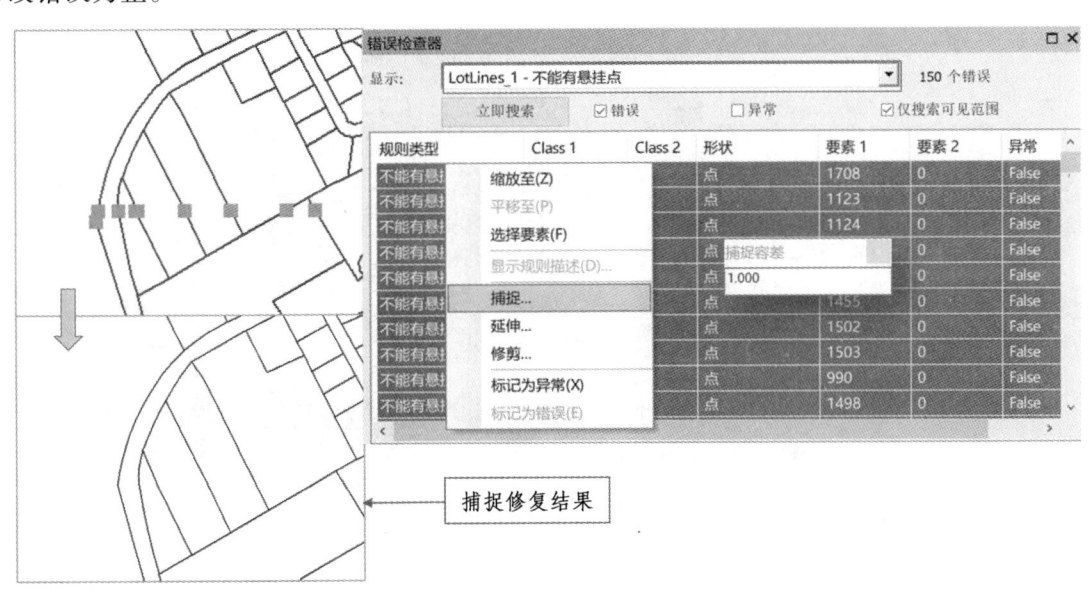

图 3-3-14 捕捉修复悬挂点

② 延伸修复悬挂点。

选中剩余的"不能有悬挂点"错误右键，选择"延伸"，设置"最大距离""5"，如图 3-3-15 所示。

反复多次进行延伸，输入不同的距离"10""20"进行悬挂点修复，直至不能再修改错误为止。

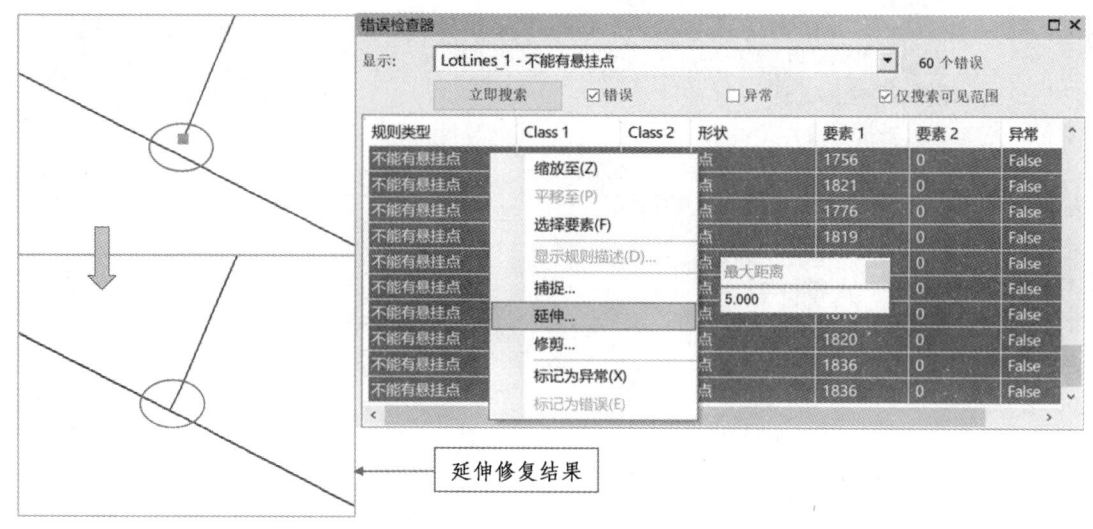

图 3-3-15　延伸修复悬挂点

③ 修剪修复悬挂点。

选中剩余的"不能有悬挂点"错误右键，选择"修剪"，设置"最大距离""5"，如图 3-3-16 所示。

反复多次进行修剪，输入不同的距离"10""20"进行悬挂点修复，直至不能再修改错误为止。

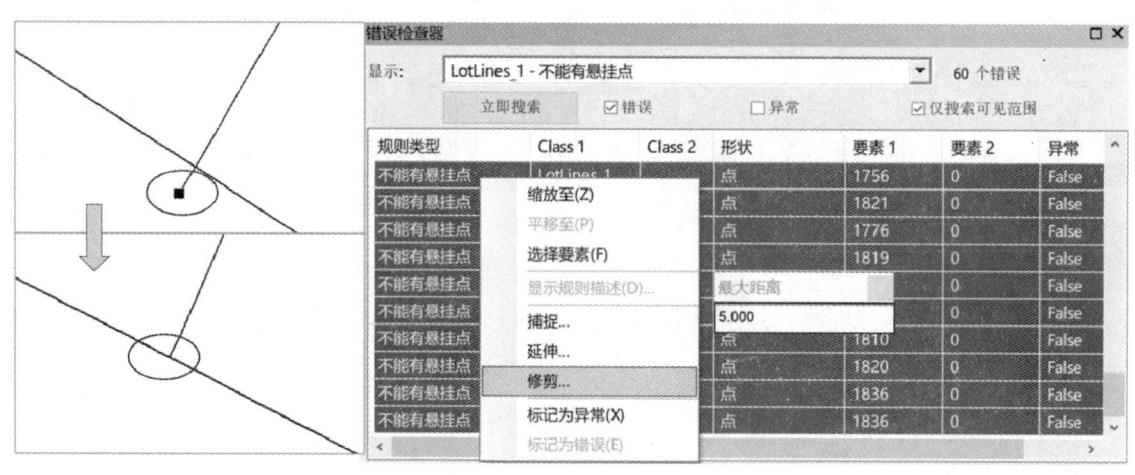

图 3-3-16　用修剪修复悬挂点

④ 异常处理。

部分线末端的悬挂点属于正常现象，需要进行异常排除，将其标记为异常，如图 3-3-17 所示。

（二）面要素类拓扑检查

加载工作目录下"面要素类拓扑检查"文件夹中的 dltb.shp 地类图斑数据。通过构建拓扑，检查地类图斑要素类中面要素是否有空隙，是否有重叠面等问题，并进行修复。

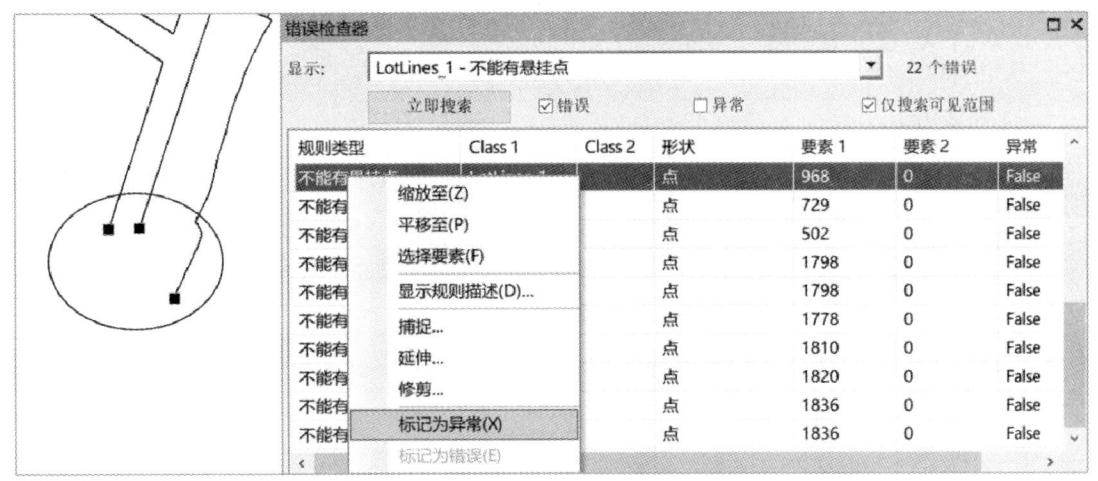

图 3-3-17 标记异常

1. 拓扑数据准备

地类图斑数据同样为 Shapefile 格式,需要将数据导入至地理数据库的要素数据集中,方法与"线数据拓扑检查"数据准备一样,结果如图 3-3-18 所示。

2. 创建拓扑

1)拓扑参数设置

方法同"线要素类拓扑检查",此处不再赘述。

图 3-3-18 "DLTB"拓扑准备

2)添加规则

选择"添加规则",添加相应的面要素类拓扑规则,然后构建拓扑并验证,生成拓扑,如图 3-3-19 所示。

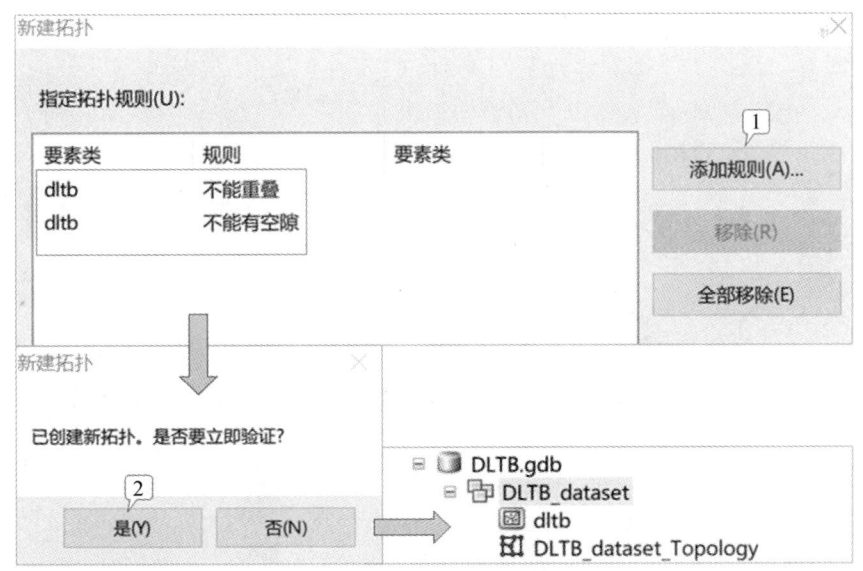

图 3-3-19 添加面要素类拓扑规则并验证

3) 打开拓扑

在目录窗口，选中拓扑"DLTB_dataset_Topology"，将其拖至地图窗口，在弹出窗口中选择"是"，将参与拓扑的要素类一起添加。

4) 拓扑编辑

启动"编辑器"→"开始编辑"→加载"拓扑"工具条，打开"错误检查器"。

（1）搜索拓扑错误。

（2）合并完全重叠面。

搜索错误"不能重叠"，选中一项错误右键，选择"缩放至"，然后选择"合并"，一一处理所有完全重叠面，如图3-3-20所示。

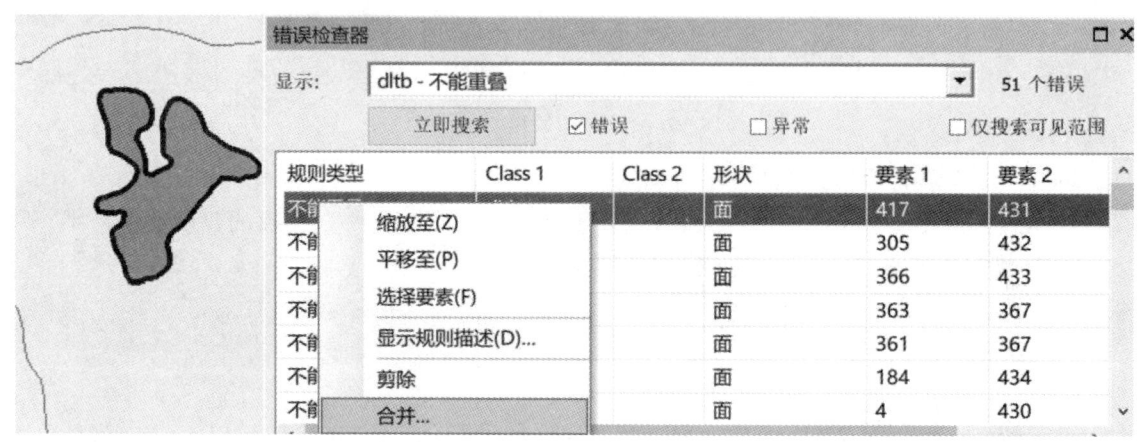

图 3-3-20　合并重叠面

（3）不完全重叠处理。

对于不完全重叠的面，需要根据具体情况进行处理，可采用对齐边工具进行修复。

（4）修复空隙面。

① 创建要素，合并至邻接面，修复空隙面。

搜索错误"不能有空隙"，选中一项错误右键，选择"缩放至"，然后选择"创建要素"，然后同时选中创建面和邻接面，合并至大面。如图3-3-21和图3-3-22所示。

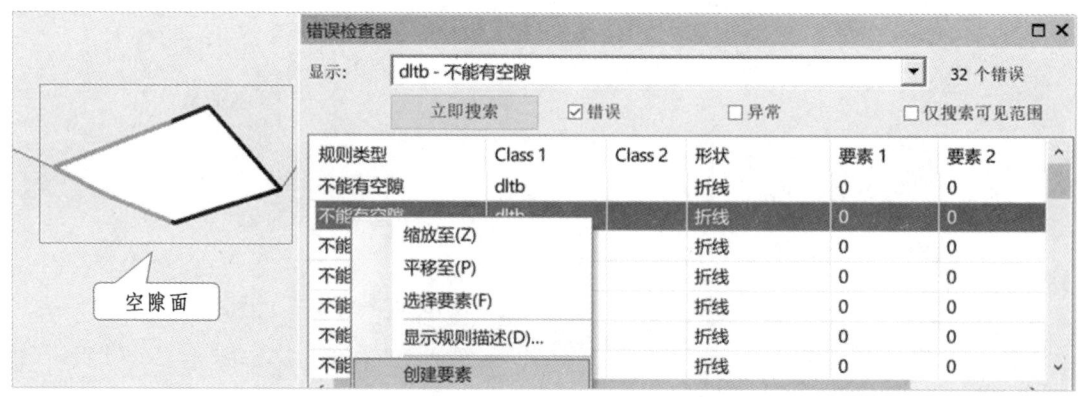

图 3-3-21　修复空隙面-创建要素

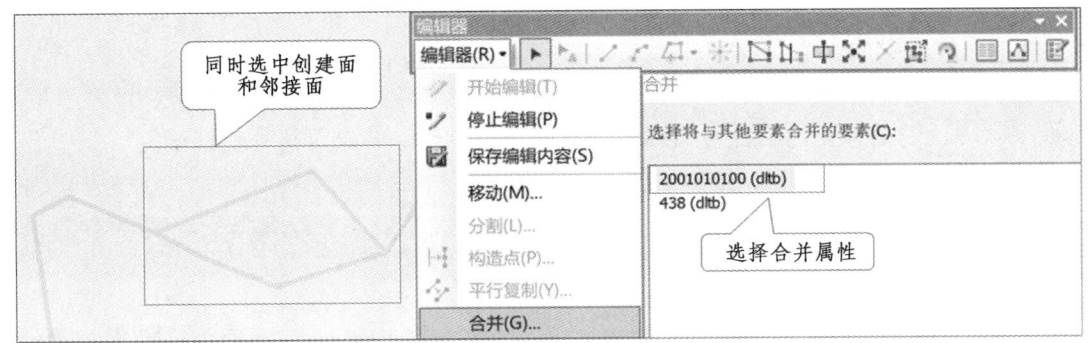

图 3-3-22 修复空隙面-合并至邻接面

② 使用对齐边工具，修复空隙面。

使用拓扑工具条中的"对齐边"工具来修复空隙面，如图 3-3-23 所示。

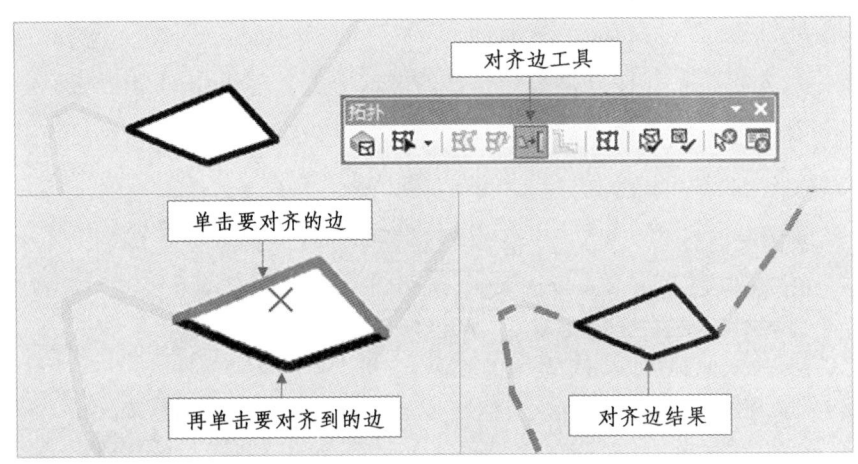

图 3-3-23 "对齐边"工具修复空隙面

（5）排除异常。

将地类图斑的范围外框标记为异常，如图 3-3-24 所示。

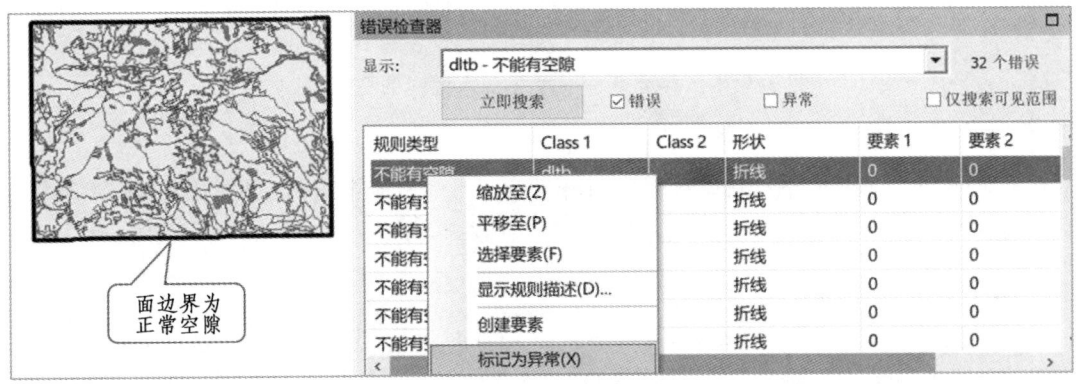

图 3-3-24 标记异常

三、要素类间的拓扑检查

通过构建拓扑检查界址点、界址线、宗地面数据单个数据图层的拓扑问题，以及界址点、界址线及宗地间的关系表达是否与实际地物之间关系相符，并进行拓扑错误修复。

（一）加载数据

加载工作目录下"要素类间的拓扑检查"文件夹中所有数据。

（二）拓扑数据准备

将需要构建拓扑的 Shapefile 格式数据导入至地理数据库数据集中，如图 3-3-25 所示。

图 3-3-25　拓扑数据准备

（三）创建拓扑

1. 拓扑参数设置

方法同线、面要素类拓扑检查，参与拓扑的图层全选，等级相同为 1 级。

2. 添加规则

添加拓扑规则，如图 3-3-26 所示，构建拓扑并验证，生成拓扑。

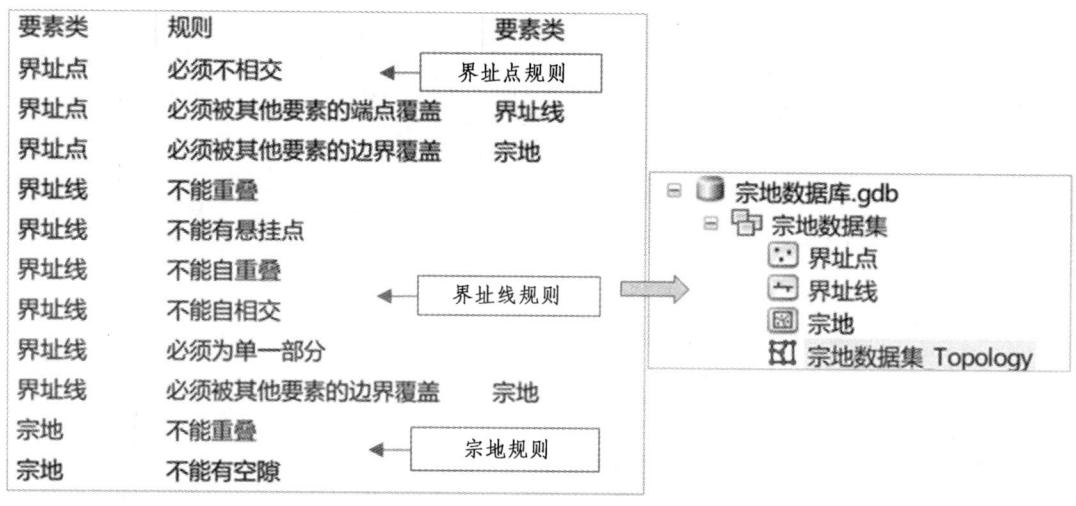

图 3-3-26　界址点、界址线、宗地间的拓扑构建

3. 打开拓扑

在目录窗口，选中拓扑"宗地数据集_Topology"，将其拖至地图窗口，在弹出窗口中选择"是"，将参与拓扑的所有要素类一起添加。

4. 拓扑编辑

启动"编辑器"，选择"开始编辑"，加载"拓扑"工具条，打开"错误检查器"，一一搜索错误，然后一一修复拓扑错误。此处的修复方法与线、面拓扑修复相同，不再赘述。

项目四　GIS 数据转换与处理

 学习目标

知识目标

（1）理解 GIS 数据格式转换的原理。
（2）理解坐标数据转点、线、面要素。
（3）理解 GIS 数据结构转换。
（4）理解矢量数据的裁剪原理。
（5）理解矢量数据的分割原理。
（6）理解矢量数据的合并原理。
（7）掌握矢量数据的融合原理。
（8）掌握栅格数据的裁剪原理。
（9）理解栅格数据的镶嵌原理。

技能目标

（1）掌握 GIS 数据的格式转换。
（2）熟练掌握坐标数据转点、线、面要素方法。
（3）掌握数据类型及结构转换。
（4）熟练掌握矢量数据的裁剪及批处理方法。
（5）熟练掌握矢量数据的分割及批处理方法。
（6）熟练掌握矢量数据的提取。
（7）熟练掌握矢量数据的合并方法。
（8）掌握矢量数据的融合方法。
（9）熟练掌握栅格数据的裁剪方法。
（10）熟练掌握栅格数据的镶嵌方法。

素养目标

（1）培养勇于探究、科学严谨的求知精神。
（2）培养全面思考、细致入微、精益求精的工作精神。
（3）培养具有团队协作精神和职业信仰的新时代地理工匠。

任务一　GIS 数据转换

知识点一　GIS 数据转换

GIS 数据是 GIS 系统的重要组成部分，整个 GIS 系统都是围绕 GIS 数据展开的。原始数据往往不修改在数据结构、数据组织、数据表达等方面与实际需求不一致而需要进行转换与处理。数据转换的类型主要有数据格式转换（CAD 数据转换、坐标数据转换）、要素类型转换和数据结构转换三种，如图 4-1-1 所示。

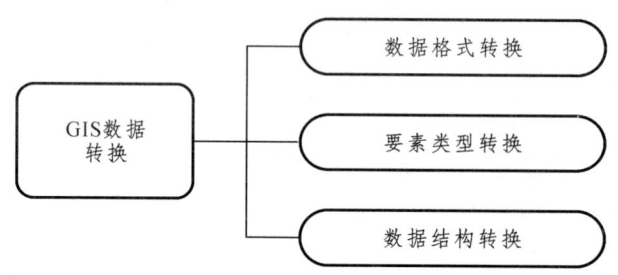

图 4-1-1　GIS 数据转换类型

一、数据格式转换

在 GIS 中，数据格式转换主要是指非 GIS 软件数据格式与 GIS 软件数据格式之间的转换（如常见的 CAD 数据、坐标数据转为 GIS 数据格式），以及不同 GIS 软件数据格式之间的转换（如 SuperMap 数据格式与 ArcGIS 数据格式之间的转换），如图 4-1-2 所示。此处以非 GIS 软件数据格式与 GIS 软件数据格式之间的转换为例进行讲解。

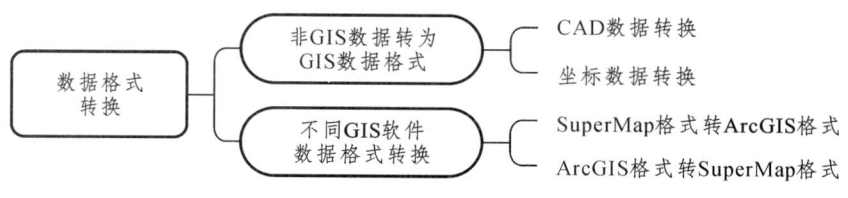

图 4-1-2　GIS 数据格式转换

（一）CAD 数据格式转换

CAD 数据转换可以分为两种类型：一种是 CAD 数据转换为 GIS 软件所使用的数据格式，另一种是 GIS 软件所使用的数据格式转换为 CAD 数据格式，如图 4-1-3 所示。

图 4-1-3　CAD 数据转换

（二）坐标数据转换

矢量数据中的点，具有相同属性点的轨迹的线，线包围的有界连续的具有相同属性值的面，其基本构成单元都是坐标点。坐标点可以表示点，点连接起来为线，线闭合的区域就为面。

空间数据采集回来的大量点数据，投影坐标 *XYZ* 或地理坐标经纬度，需要转成空间数据中的点、线、面。

二、要素类型转换

GIS 中的要素类型转换就是空间数据点、线、面几何类型之间的转换。具体可以分转为点要素、转为线要素、转为面要素三种。

（一）转为点要素

将要素的几何中点转为点要素或将要素的折点转点要素，如图 4-1-4 所示。

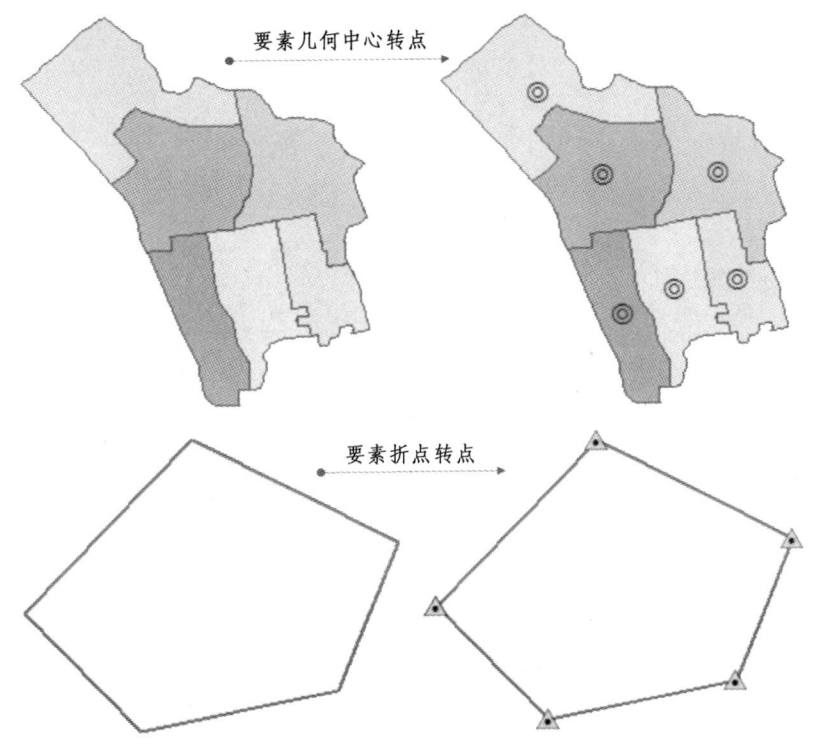

图 4-1-4　转为点要素

（二）转为线要素

将面的边界线转为线要素，如图 4-1-5 所示。

（三）转为面要素

将闭合线转为面要素，如图 4-1-6 所示。

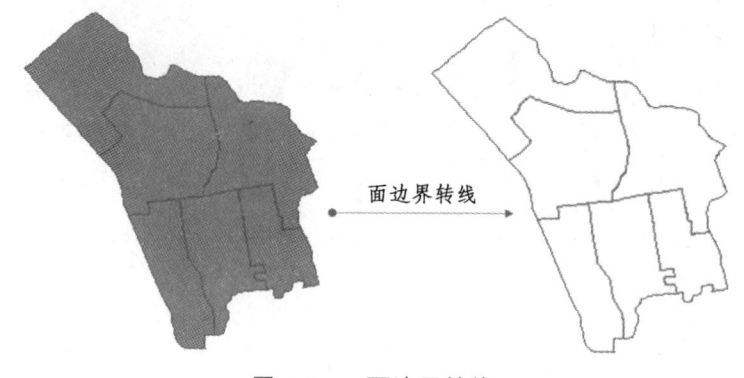

图 4-1-5 面边界转线

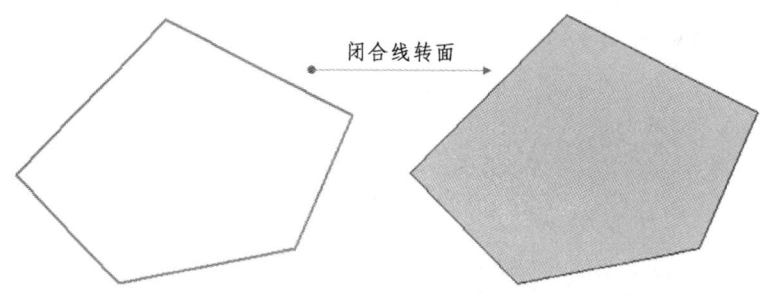

图 4-1-6 闭合线转面

三、数据结构转换

GIS 的空间数据结构主要有矢量结构和栅格结构。数据结构转换就是指栅格数据结构和矢量数据结构之间的转换。

在 GIS 中栅格数据与矢量数据各具特点与适用性，为了在一个系统中可以兼容这两种数据，以利于进一步的分析处理，常常需要实现两种数据结构之间的转换。

（一）矢量数据转栅格数据

许多空间数据如行政边界、道路交通、土地利用等数据都是以矢量的方式存在计算机中，表现为点、线、多边形数据。然而，矢量数据直接用于多种数据的复合分析等处理将比较复杂，而利用栅格数据进行处理则容易得多。此外如土地覆盖数据多从遥感图像中获得，以栅格数据存储，因此矢量数据与它们进行叠置分析就需要将其从矢量数据转为栅格数据。

（二）栅格数据转矢量数据

栅格数据转为矢量数据的主要目的有：一将栅格数据分析的结果以矢量数据输出存储；二是基于数据压缩的需要，通常将面状栅格数据转换为矢量数据表示的多边形边界。

栅格数据可以转换为三种矢量数据要素类型，分别为点状、线状和面状的矢量数据。

技能点一　CAD 数据转换

【技能目标】

（1）熟练掌握 CAD 数据转换成 ArcGIS 中的 Shapefile。
（2）熟练掌握 CAD 数据转换成 ArcGIS 中的地理数据库格式。

【操作流程】

CAD 数据格式转换操作流程，如图 4-1-7 所示。

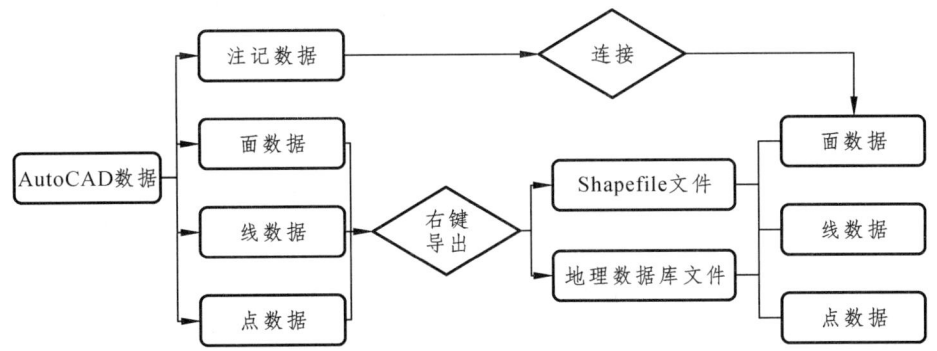

图 4-1-7　CAD 数据格式转换操作流程

【操作数据】

实验数据\项目四\任务 1\CAD 数据转换\林班图.dwg

【操作步骤】

一、将 CAD 数据转换为 Shapefile 或地理数据库格式

（一）显示 CAD 数据

在 ArcMap 中显示 CAD 数据，如图 4-1-8 所示。

（二）CAD 线转换为 shape file 格式线数据

在图层中选中要转换的 CAD 线，右键→"数据"→"导出数据"→"Shapefile 格式"，如图 4-1-9 ~ 图 4-1-11 所示。

（三）CAD 线转换为地理数据库格式线数据

在图层中选中要转换的 CAD 线，右键→"数据"→"导出数据"→"地理数据库格式"，如图 4-1-12 和图 4-1-13 所示。

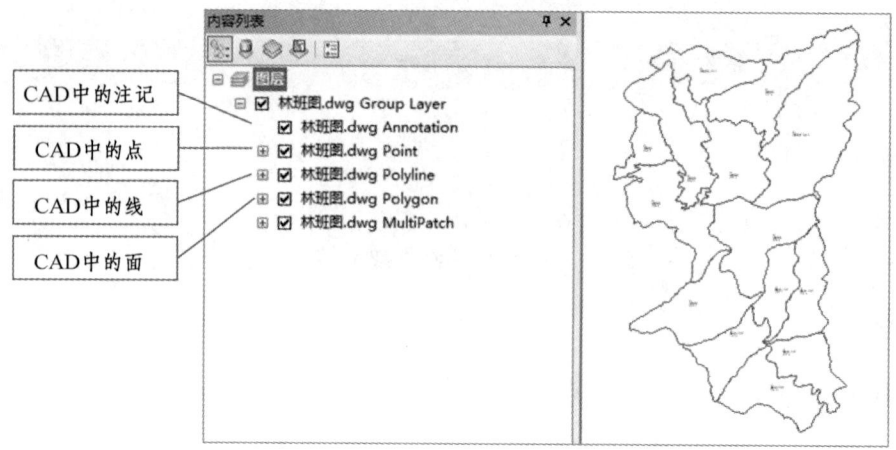

图 4-1-8　ArcMap 中显示 CAD 数据

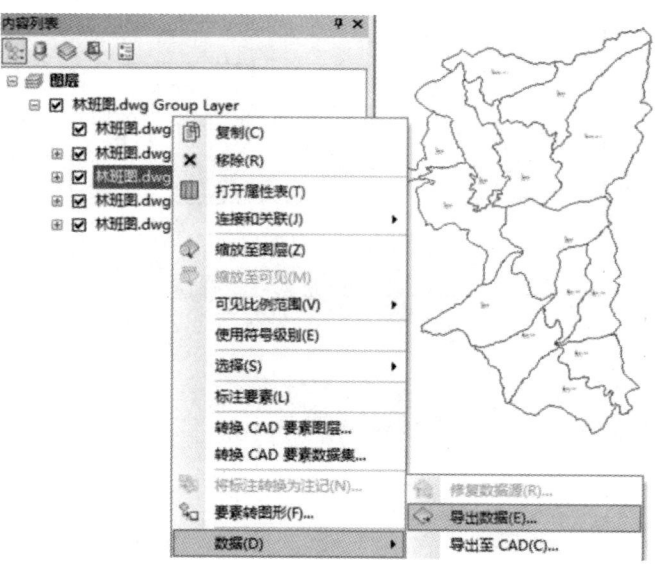

图 4-1-9　导出 CAD 线数据

图 4-1-10　CAD 线转换为 Shapefile 线数据

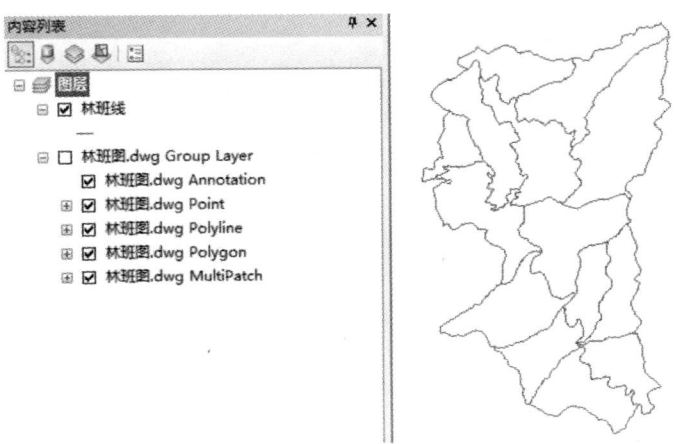

图 4-1-11　CAD 线导出为 shapefile 线结果

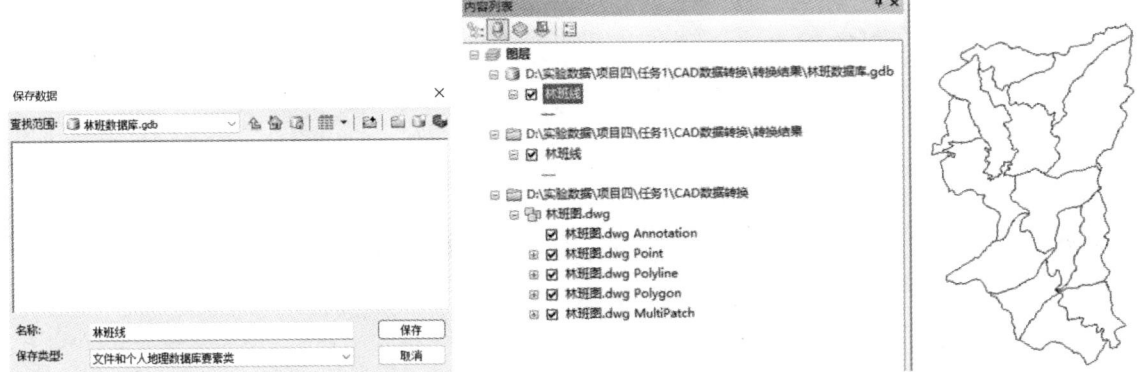

图 4-1-12　CAD 线转换为地理数据库要素类　　图 4-1-13　CAD 线转换为地理数据库要素类结果

（四）CAD 面转换为 shapefile 或地理数据库格式面数据

CAD 面数据转换方法类似，也可转换为 shapefile 或地理数据库格式面数据，结果如图 4-1-14 所示。

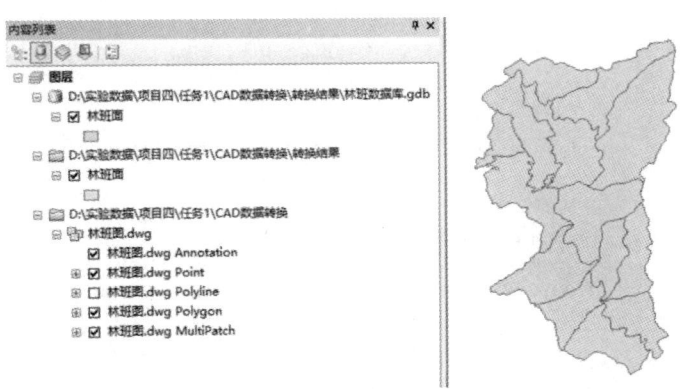

图 4-1-14　CAD 面转换结果

（五）CAD 注记数据转换

将 CAD 注记数据转换为面数据的属性，选中导出的林班面图层，右键→"连接和关联"

→"连接",如图 4-1-15～图 4-1-17 所示。

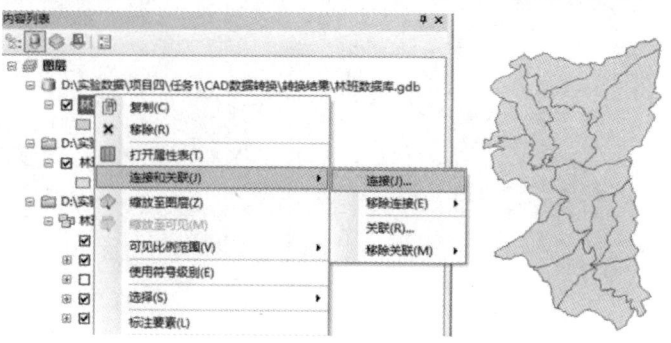

图 4-1-15　CAD 注记转换为面数据属性

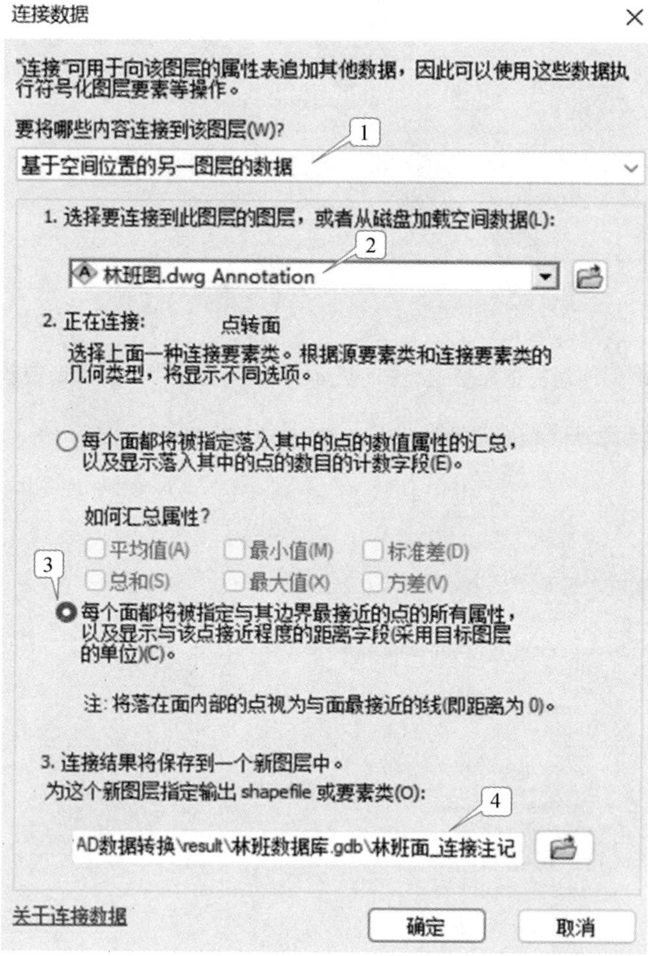

图 4-1-16　基于空间位置连接注记

林班面_连接注记

Annotat	Annota	Annotation_RefName	Style	Text	距	Shape_Length	Shape_Area
0	7	小楣水场二工区2-241.8	Standard	小 楣水场二工区 2-241	0	8495.487775	2425960.376405
0	7	小楣水场一工区4-247.4	Standard	小 楣水场一工区 4-247	0	7654.160445	1856106.176712
0	7	小楣水场二工区1-183.6	Standard	小 楣水场二工区 1-183	0	7457.701473	1839969.337023
0	7	红山镇鱼皇9-310.3	Standard	红 山镇鱼皇 9-310.3	0	9539.998388	3097315.756091
0	7	小楣水场一工区3-152.3	Standard	小 楣水场一工区 3-152	0	6849.680945	1523307.213736
0	7	小楣水场一工区2-201.4	Standard	小 楣水场一工区 2-201	0	8260.616549	2009418.658639
0	7	红山镇鱼皇8-358.5	Standard	红 山镇鱼皇 8-358.5	0	9495.134823	3555711.202464
0	7	红山镇鱼皇7-354.8	Standard	红 山镇鱼皇 7-354.8	0	13455.678883	3050976.761619
0	7	红山镇鱼皇6-307.6	Standard	红 山镇鱼皇 6-307.6	0	12092.966492	3075751.774417
0	7	红山镇鱼皇5-294.9	Standard	红 山镇鱼皇 5-294.9	0	11435.561744	2766598.416501
0	7	红山镇鱼皇3-546.9	Standard	红 山镇鱼皇3-546.9	0	12454.08065	5504836.375875
0	7	红山镇鱼皇2-317.4	Standard	红 山镇鱼皇 2-317.4	0	11543.864595	3157445.208407
0	7	红山镇鱼皇1-237.2	Standard	红 山镇鱼皇1-237.2	0	7726.453553	1925072.402991
0	7	红山镇鱼皇4-109.9	Standard	红 山镇鱼皇 4-109.9	0	5911.522982	1098744.573795

0 (0 / 14 已选择)

林班面_连接注记

图 4-1-17　CAD 注记转换为面数据属性结果

将 CAD 数据格式转换成 ArcGIS 中的 Shapefile 或地理数据库格式，需要注意注记转属性时的对应关系。

二、想一想

如何将 ArcGIS 中的 Shapefile 或地理数据库格式转为 CAD 数据格式？

技能点二　坐标数据转换

【技能目标】

（1）熟练掌握坐标数据转为点要素。
（2）熟练掌握坐标数据转为线要素。
（3）熟练掌握坐标数据转为面要素。

【操作流程】

坐标数据转要素操作流程，如图4-1-18所示。

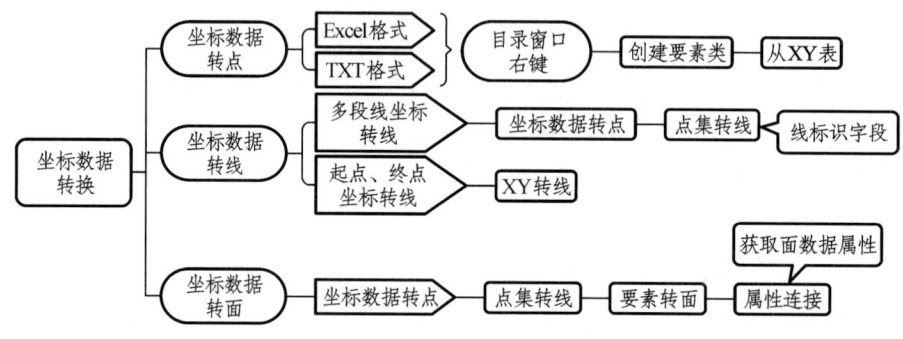

图4-1-18　坐标数据转要素操作流程

【操作数据】

实验数据\项目四\任务1\坐标数据转换。

【操作步骤】

一、坐标数据转点

坐标数据格式可以是 TXT、Excel、CSV 等多种文件格式，需要包含有 X、Y、Z 坐标信息（Z 信息可以没有），X、Y 坐标值可以是投影坐标坐标值，也可以是地理坐标坐标值，如图 4-1-19 所示，坐标系明细如图 4-1-20 所示。坐标数据转点可在目录窗口完成，如图 4-1-21 所示。

（一）Excel 点坐标转点

目录窗口中打开"坐标数据转点"文件夹，选中 Excel 点坐标"右键"→"创建要素类"→"从 XY 表"，将坐标数据显示成点，如图 4-1-22 ~ 图 4-1-24 所示。

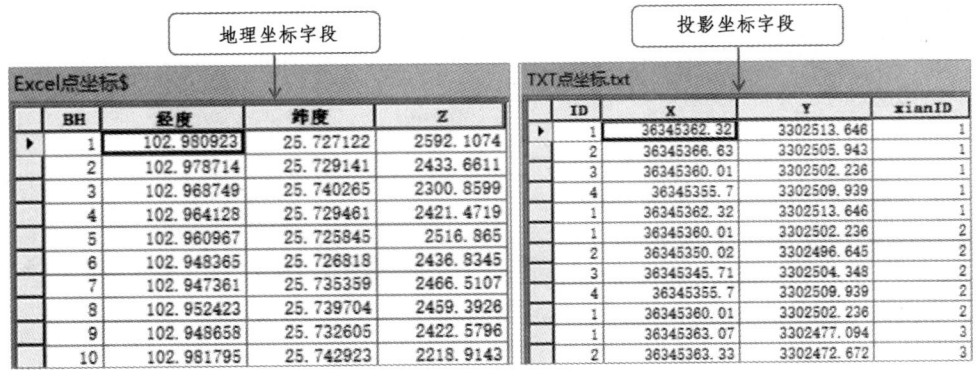

图 4-1-19 点数据坐标信息

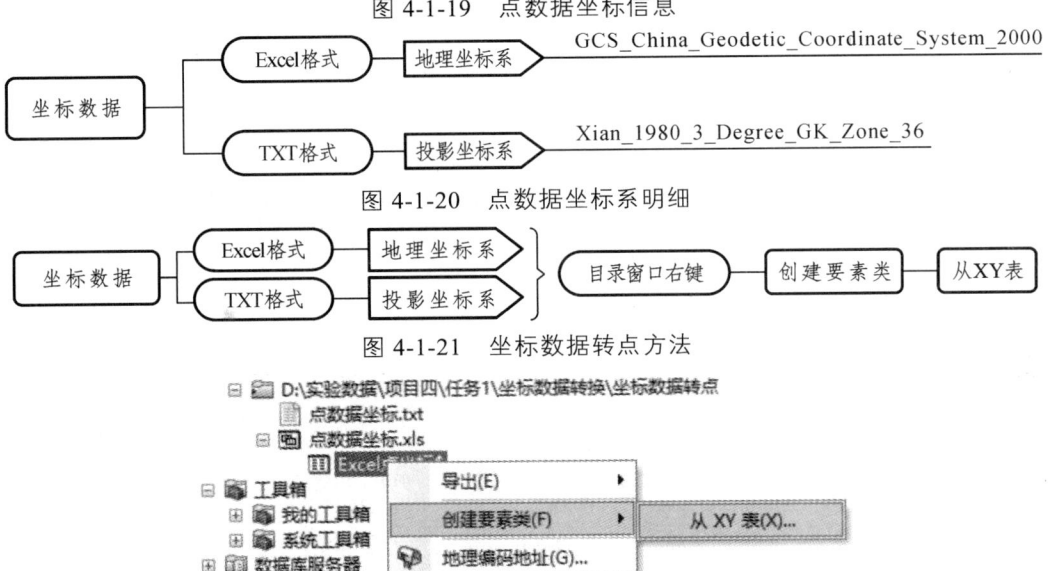

图 4-1-20 点数据坐标系明细

图 4-1-21 坐标数据转点方法

图 4-1-22 Excel 点坐标转点

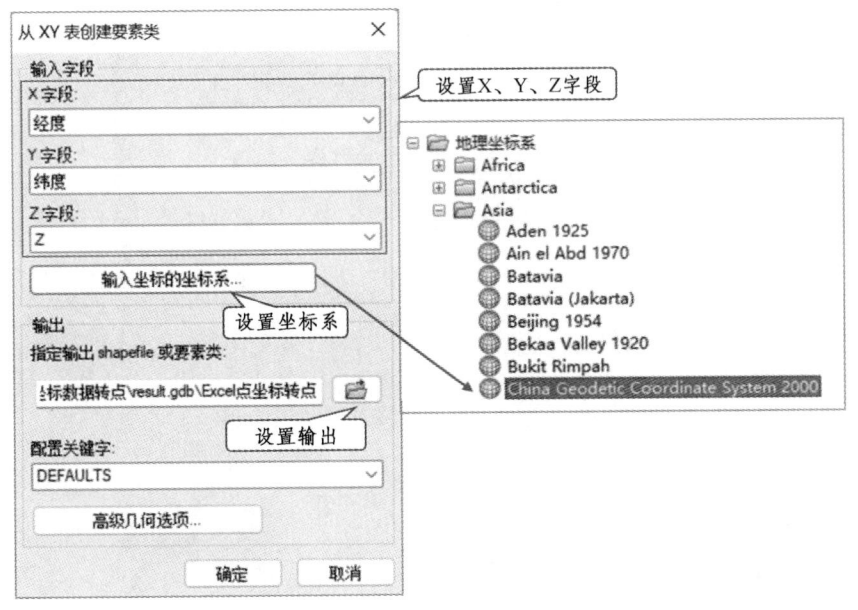

图 4-1-23 Excel 点坐标转点参数设置

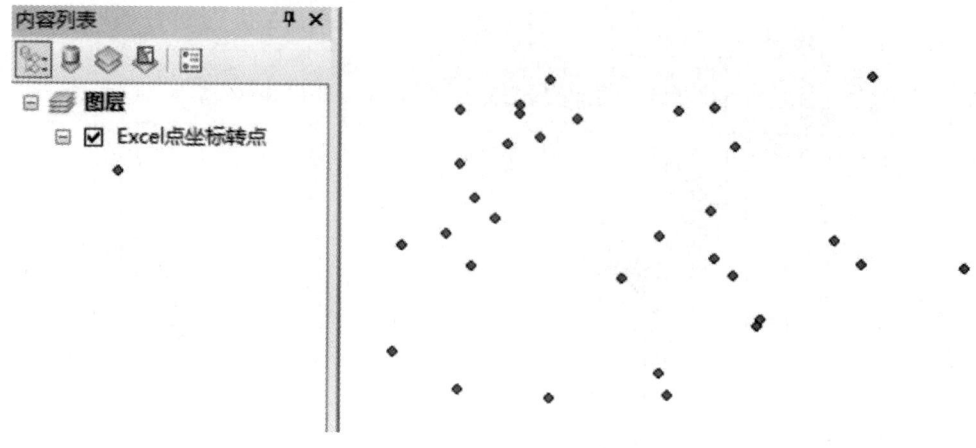

图 4-1-24　Excel 点坐标转点结果

（二）TXT 点坐标转点

TXT 点坐标转点方法与 Excel 点坐标转点相似，参数设置如图 4-1-25 和图 4-1-26 所示。

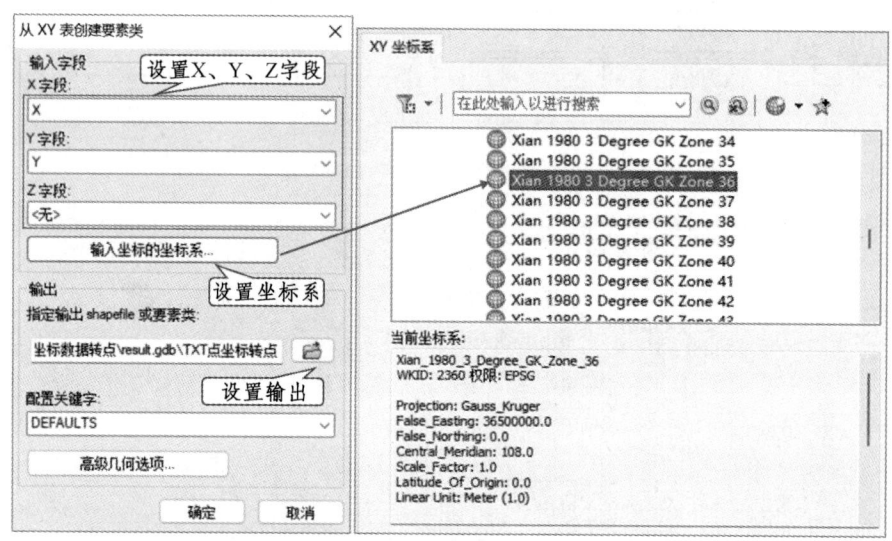

图 4-1-25　TXT 点坐标转点参数设置

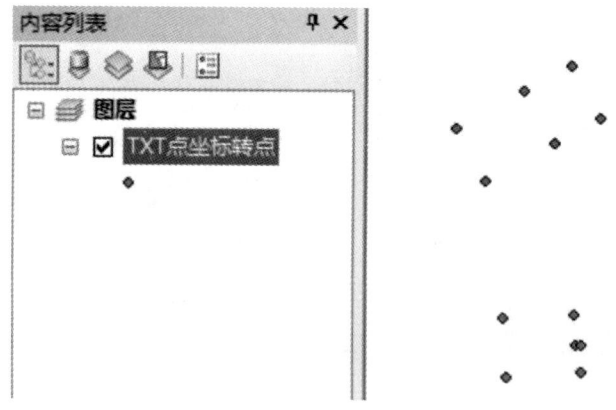

图 4-1-26　TXT 点坐标转点结果

二、坐标数据转线

坐标数据转线可以通过标识线属性的多段线坐标转线，也可以由起点、终点坐标创建有向线，如图 4-1-27 所示。

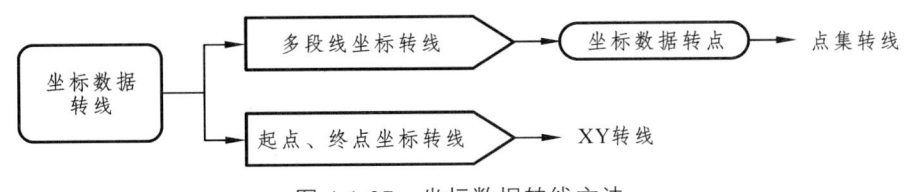

图 4-1-27 坐标数据转线方法

（一）多段线坐标转线

多段线坐标转线需要在坐标中有标识线的属性字段，本例中线的标识字段为"xianID"，如图 4-1-28 所示。多段线坐标转线需要先由线转点，再由点集转线，如图 4-1-29 所示，其中转点方法与坐标数据转点一致，此处不再赘述，重点展示"点集转线"。点集转线可通过工具箱中"数据管理工具"→"要素"→"点集转线"来实现，如图 4-1-30 所示。转线结果如图 4-1-31 所示。

多段线坐标$								
ID	X	Y	xianID	户主	人口	地址	申请面积	备注
1	36345362.322	3302513.646	1	刘冬梅	<空>	<空>	<空>	<空>
2	36345366.633	3302505.943	1	刘冬梅	<空>	<空>	<空>	<空>
3	36345360.01	3302502.236	1	刘冬梅	<空>	<空>	<空>	<空>
4	36345355.699	3302509.939	1	刘冬梅	<空>	<空>	<空>	<空>
1	36345362.322	3302513.646	1	刘冬梅	<空>	<空>	<空>	<空>
1	36345360.01	3302502.236	2	唐大玉	<空>	<空>	<空>	<空>
2	36345350.019	3302496.645	2	唐大玉	<空>	<空>	<空>	<空>
3	36345345.708	3302504.348	2	唐大玉	<空>	<空>	<空>	<空>
4	36345355.699	3302509.939	2	唐大玉	<空>	<空>	<空>	<空>
1	36345360.01	3302502.236	2	唐大玉	<空>	<空>	<空>	<空>
1	36345363.067	3302477.094	3	刘琼	<空>	<空>	<空>	<空>
2	36345363.329	3302472.672	3	刘琼	<空>	<空>	<空>	<空>
3	36345363.918	3302472.707	3	刘琼	<空>	<空>	<空>	<空>
4	36345364.16	3302468.614	3	刘琼	<空>	<空>	<空>	<空>
5	36345353.1	3302467.959	3	刘琼	<空>	<空>	<空>	<空>
6	36345352.596	3302476.474	3	刘琼	<空>	<空>	<空>	<空>
1	36345363.067	3302477.094	3	刘琼	<空>	<空>	<空>	<空>

图 4-1-28 多段线坐标转线中标识线的属性字段

图 4-1-29 多段线坐标转线操作流程

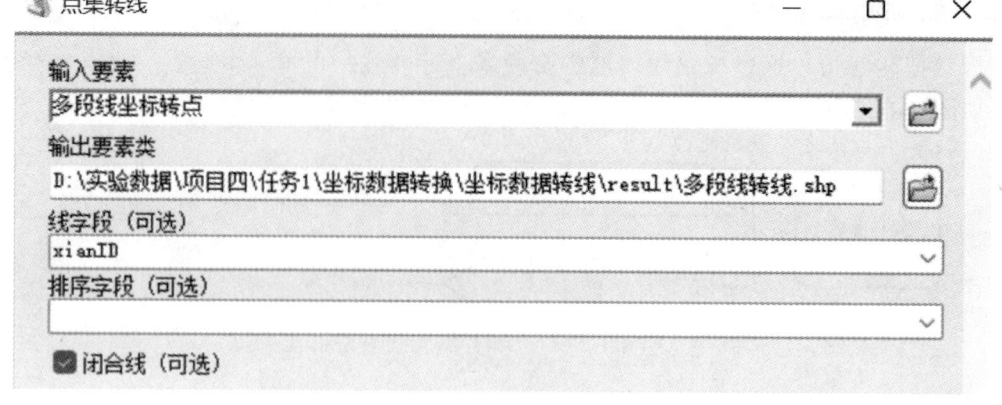

图 4-1-30　点集转线

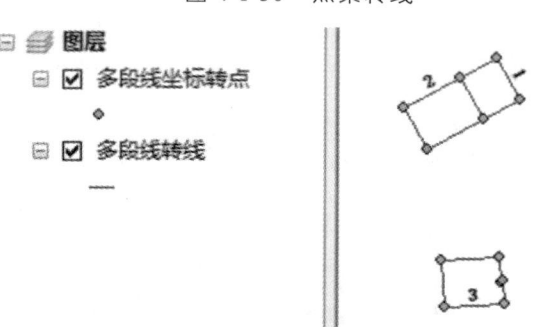

图 4-1-31　多段线转线结果

（二）起点、终点坐标转线

坐标转线还可以根据线的起点、终点坐标生成有向线。本例中根据出发、到达机场的坐标数据生成机场航线数据，数据如图 4-1-32 所示。

OID	航空公司	出发城	目的地	机型	起点_X	起点_Y	终点_X	终点_Y
0	新加坡航空公司	北京首都国际机	新加坡樟宜机场	772	116.584556	40.080111	103.987458	1.355717
1	新加坡航空公司	上海浦东国际机	新加坡樟宜机场	BQV	121.792367	31.142797	103.987458	1.355717
2	德国汉莎航空公	上海浦东国际机	慕尼黑慕尼黑机场	346	121.792367	31.142797	11.786086	48.353783
3	中国国际航空	成都双流国际机	曼谷素旺那普国际机场	JET	103.947086	30.578528	100.749262	13.688707
4	新加坡胜安航空	重庆江北国际机	新加坡樟宜机场	BQV	106.641014	29.719372	103.987458	1.355717
5	德国汉莎航空公	广州新白云国际	法兰克福法兰克福机场	346	113.298786	23.392436	8.543125	50.026421
6	韩亚航空公司	重庆江北国际机	首尔仁川国际机场	321	106.641014	29.719372	126.450517	37.469075
7	法国航空公司	广州新白云国际	巴黎巴黎戴高乐机场	772	113.298786	23.392436	2.55	49.012779
8	中国南方航空(集	广州新白云国际	巴黎巴黎戴高乐机场	77B	113.298786	23.392436	2.55	49.012779
9	中国国际航空公	北京首都国际机	圣保罗瓜鲁柳斯国际机场	330	116.584556	40.080111	-46.482432	-23.427999
10	韩亚航空公司	广州新白云国际	首尔仁川国际机场	321	113.298786	23.392436	126.450517	37.469075
11	中国国际航空公	上海浦东国际机	米兰米兰马尔彭萨机场	340	121.792367	31.142797	8.728111	45.630606
12	中国国际航空公	上海浦东国际机	法兰克福法兰克福机场	330	116.584556	40.080111	8.543125	50.026421
13	海南航空公司	北京首都国际机	布达佩斯布达佩斯机场	767	116.584556	40.080111	19.255592	47.436933
14	海南航空公司	北京首都国际机	布鲁塞尔布鲁塞尔机场	330	116.584556	40.080111	4.484444	50.901389
15	俄罗斯西伯利亚	北京首都国际机	伊尔库茨克伊尔库茨克机场	TU5	116.584556	40.080111	104.394794	52.267186
16	空中世界乌克兰	上海浦东国际机	基辅鲍里斯波尔机场	763	121.792367	31.142797	30.894722	50.345
17	阿联酋国际航空	上海浦东国际机	迪拜迪拜机场	BQV	121.792367	31.142797	55.364278	25.254997
18	空中世界乌克兰	北京首都国际机	基辅鲍里斯波尔机场	763	116.584556	40.080111	30.894722	50.345
19	俄罗斯西伯利亚	北京首都国际机	新西伯利亚新西伯利亚机场	319	116.584556	40.080111	82.624961	55.022586
20	阿联酋国际航空	北京首都国际机	迪拜迪拜机场	343	116.584556	40.080111	55.364278	25.254997
21	俄罗斯新航空公司	北京首都国际机	真斯科耶诺梅杰沃机场	763	116.584556	40.080111	37.414589	55.972642

图 4-1-32　机场航线坐标数据

由起点、终点坐标转线需要使用"XY转线"工具，航线坐标数据的坐标系信息、生成方法及参数设置如图 4-1-33 和图 4-1-34 所示，结果如图 4-1-35 所示。

图 4-1-33　航线坐标数据坐标系及转线方法

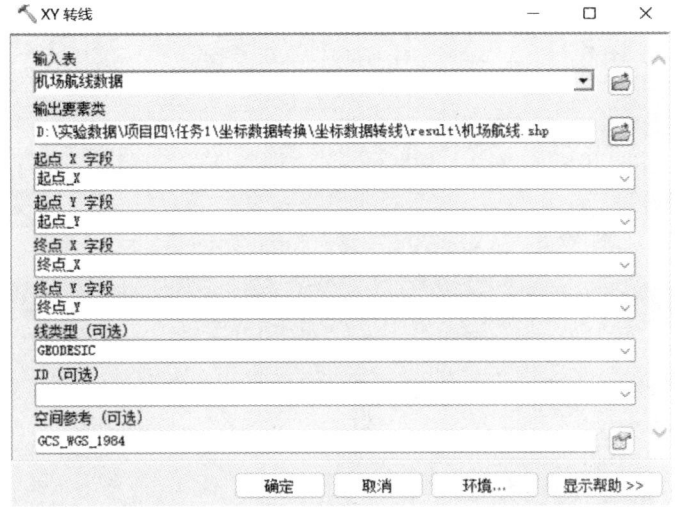

图 4-1-34　航线坐标数据 XY 转线参数设置

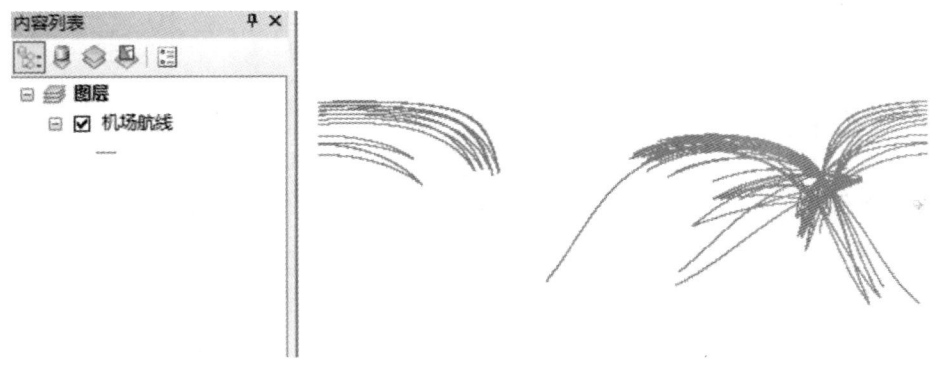

图 4-1-35　机场航线结果

三、坐标数据转面

坐标数据转面首先由坐标数据转点，根据坐标数据中线的标识属性进行点集转线，再由点集转线结果进行要素转面，最后完成属性的连接，操作流程如图 4-1-36 所示。本例重点展示要素转面及属性连接部分。

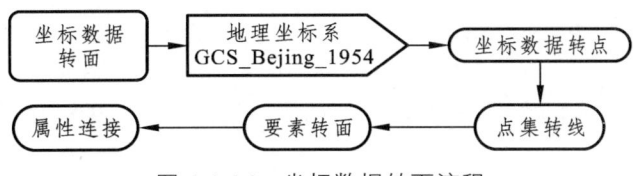

图 4-1-36　坐标数据转面流程

本例展示由地块采集点坐标生成地类图斑面，地块采集点坐标数据的坐标系为 GCS_Beijing_1954，线的标识属性字段是 landuse 或编号，如图 4-1-37 所示。坐标数据转面流程如图 4-1-38 所示，属性连接及参数设置如图 4-1-39 和图 4-1-40 所示，生成的地类图斑面如图 4-1-41 所示。

图 4-1-37　地面采集点坐标数据

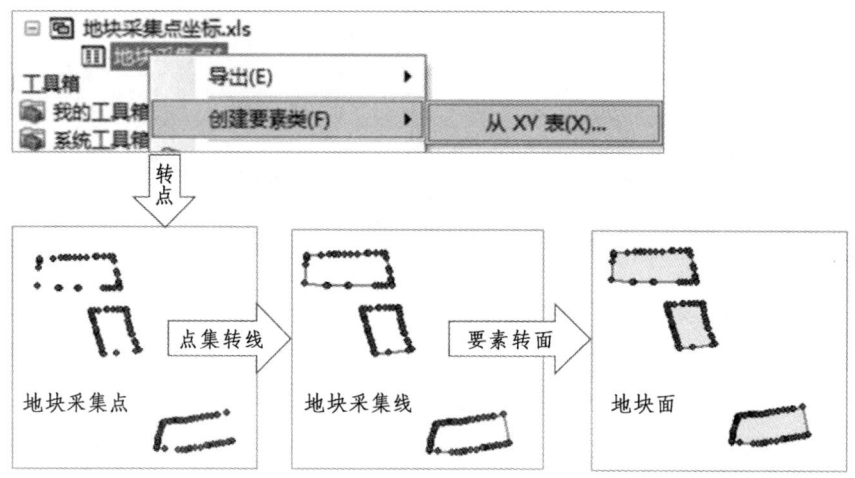

图 4-1-38　地面采集点坐标转面

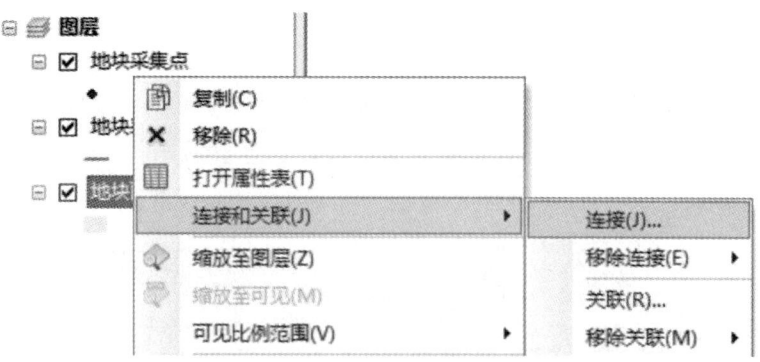

图 4-1-39　地块面属性连接

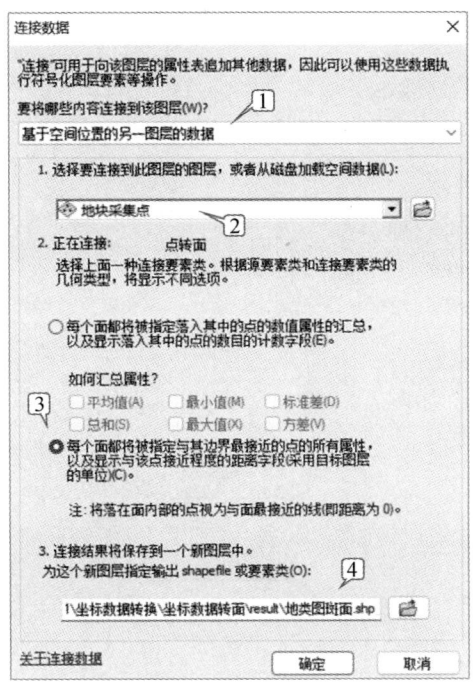

图 4-1-40 地块面属性连接参数设置

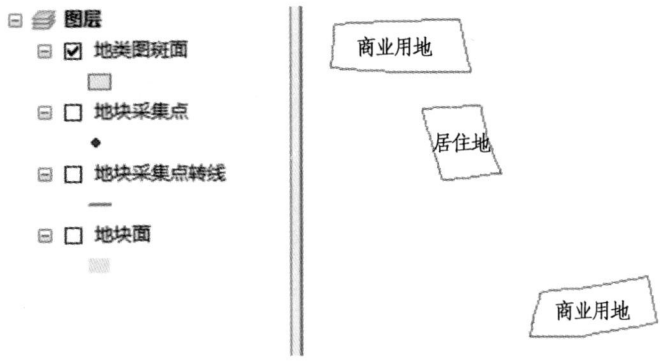

图 4-1-41 地类图斑面

四、想一想

由坐标数据转面之后,面要素如何来获取原坐标数据的属性?

技能点三　要素类型转换

【技能目标】

（1）理解要素类型转换的原理。

（2）掌握点、线、面要素类型之间的转换。

【操作流程】

要素类型转换操作流程，如图 4-1-42 所示。

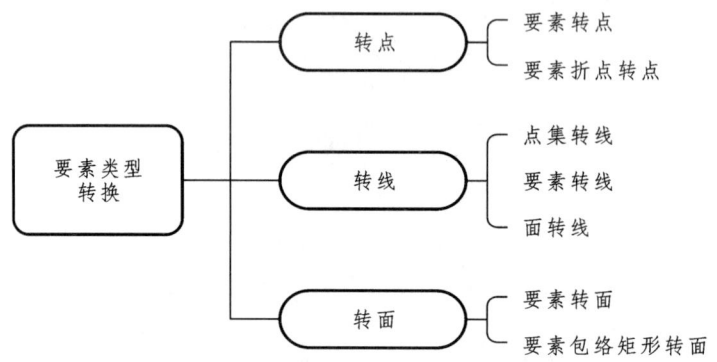

图 4-1-42　要素类型转换操作流程

【操作数据】

实验数据\项目四\任务 1\要素类型转换。

【操作步骤】

一、要素类型转换——转点

（一）要素转点

要素转点是将要素的几何中心转成点要素，加载数据"面转点.shp"，使用"要素转点"工具来完成，如图 4-1-43 所示。

（二）要素折点转点

要素折点转点是将要素的折点转成点要素，加载数据"线转点.shp"，使用"要素折点转点"工具来完成，如图 4-1-44 所示。

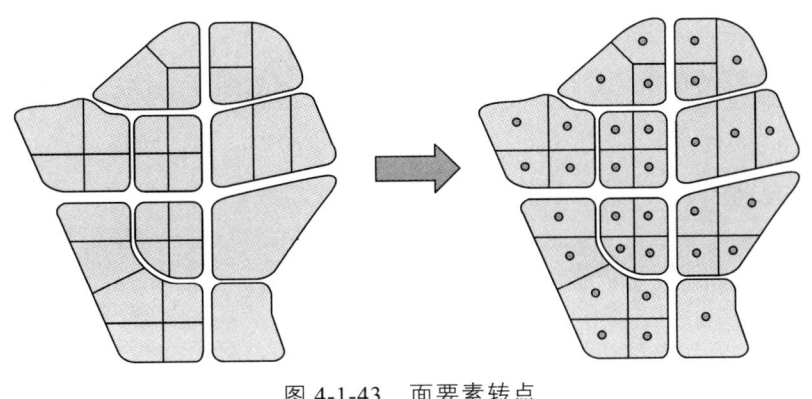

图 4-1-43 面要素转点

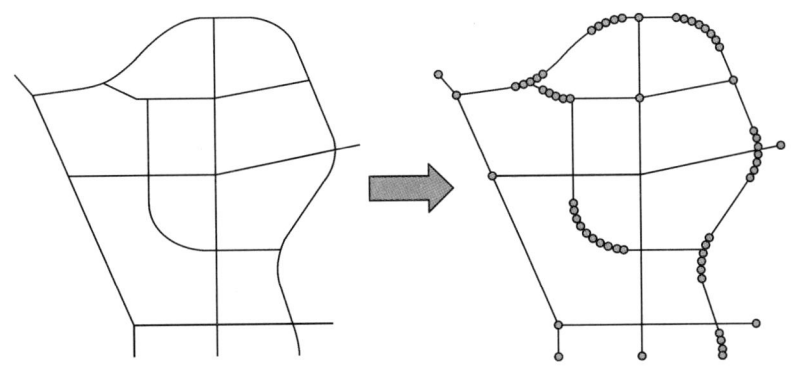

图 4-1-44 线要素折点转点

二、要素类型转换——转线

(一) 点集转线

基于点集根据线标识字段创建线要素。

加载"点集转线.shp"数据，本例基于线标识字段"编号"，使用"点集转线"工具来完成点集转线，如图 4-1-45 所示。

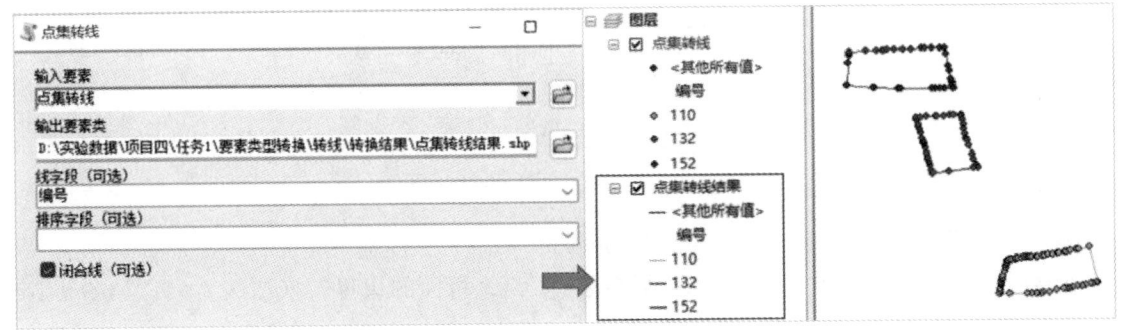

图 4-1-45 点集转线

(二) 要素转线

要素转线可将面边界转换为线，分割线、面或在两要素的相交处对两要素进行分割，如图 4-1-46 所示。

加载"要素转线.shp"数据，使用"要素转线"工具，将相交线要素打断，通常在创建路网数据集时需要将路网在相交处打断，则可使用此工具，如图 4-1-47 所示。

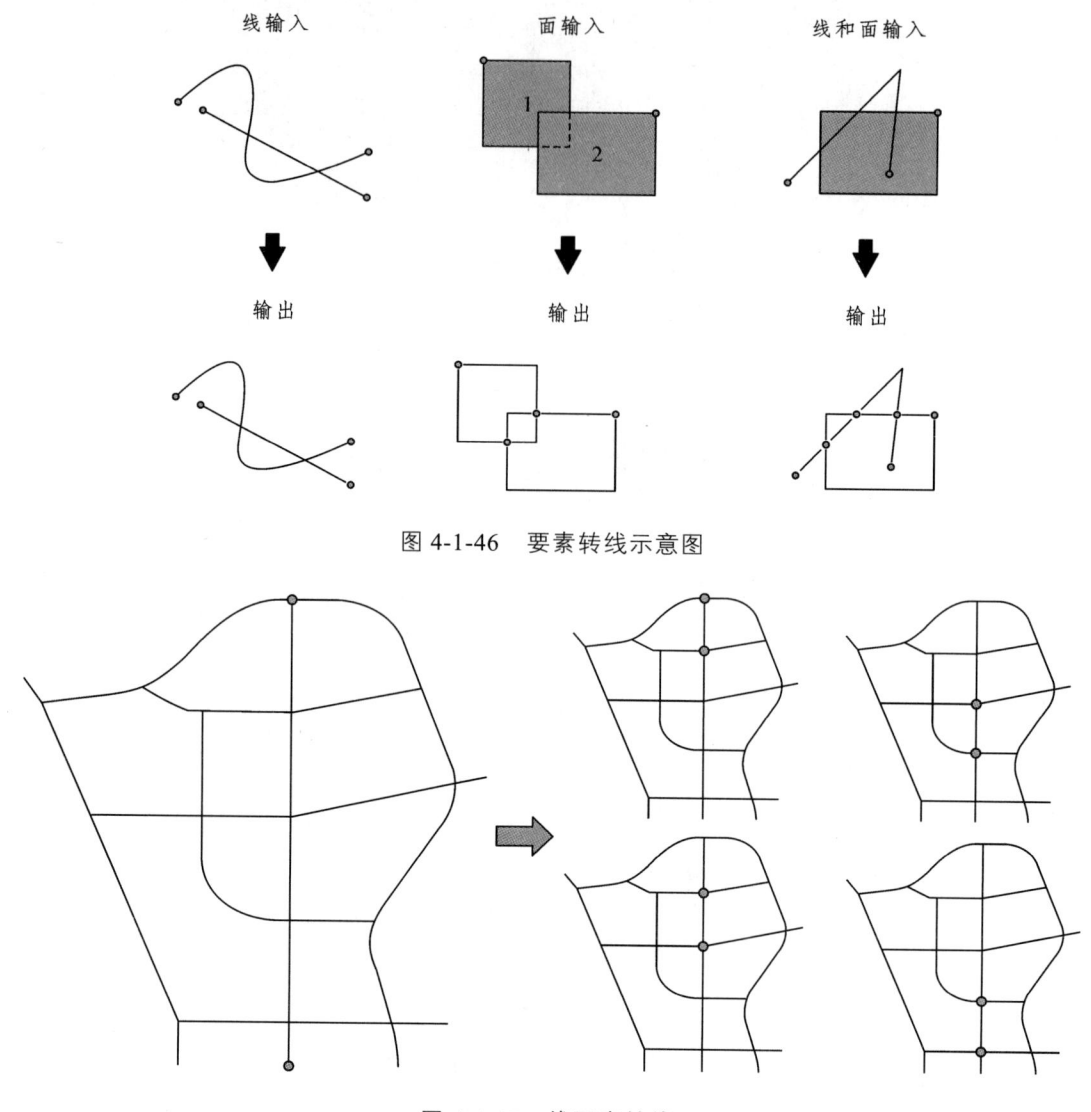

图 4-1-46　要素转线示意图

图 4-1-47　线要素转线

（三）面转线

由面的边界转换线要素，如图 4-1-48 所示。

加载"面转线.shp"数据，使用"面转线"工具，将面的边界转换成线要素，如图 4-1-49 所示。

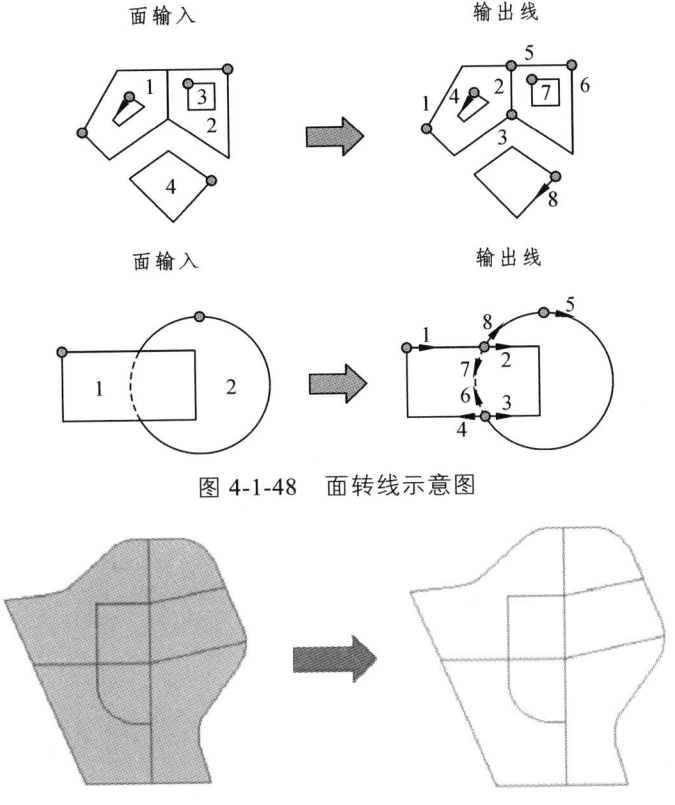

图 4-1-48 面转线示意图

图 4-1-49 面边界转线

三、要素类型转换——转面

(一) 要素转面

要素转面可由封闭线要素转面、由封闭面要素转面或由线或面的封闭区域转面，如图 4-1-50 所示。

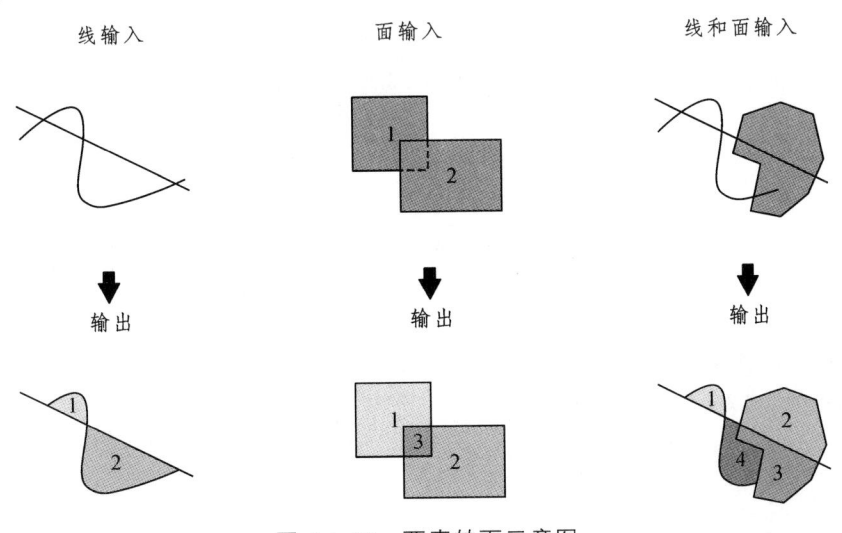

图 4-1-50 要素转面示意图

加载"面转线.shp"数据,使用"要素转面"工具,将封闭的线要素转面,如图 4-1-51 所示。

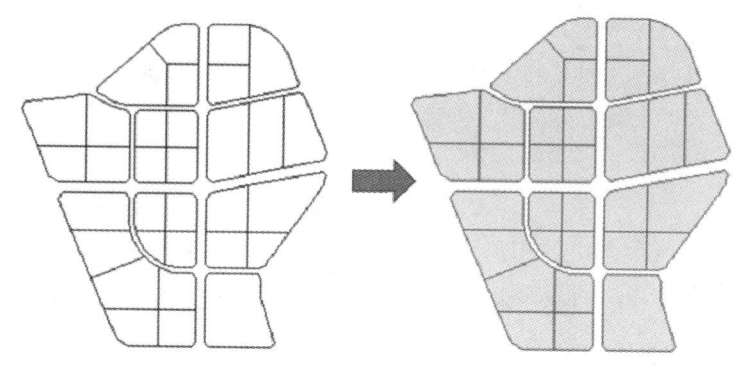

图 4-1-51　要素转面示意图

(二)要素包络矩形转面

创建一个包含面的要素类,每个面表示一个输入要素的包络矩形,如图 4-1-52 所示。

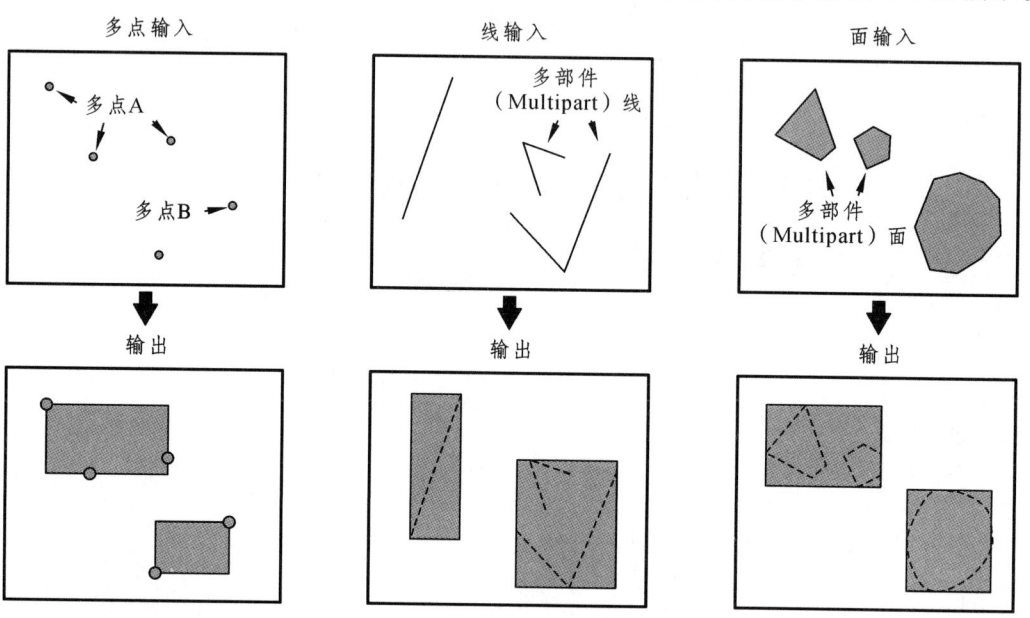

图 4-1-52　要素包络矩形转面示意图

技能点四 数据结构转换

【技能目标】

（1）理解 GIS 中的矢量数据结构和栅格数据结构。
（2）掌握矢量数据与栅格数据结构之间的转换。

【操作流程】

数据结构转换操作流程，如图 4-1-53 所示。

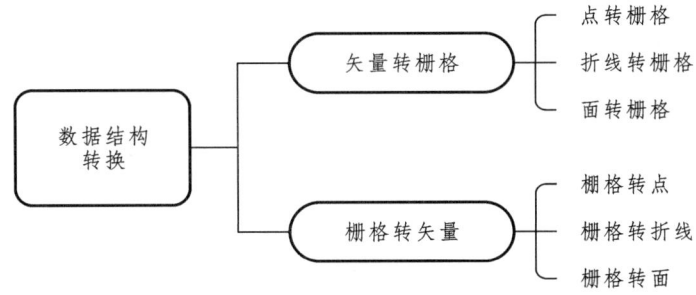

图 4-1-53 数据结构转换操作流程

【操作数据】

实验数据\项目四\任务 1\数据结构转换。

【操作步骤】

一、矢量转栅格

由矢量数据转为栅格数据，使用工具箱"转换工具"下的"转为栅格"工具，如图 4-1-54 所示。

图 4-1-54 转为栅格工具

- 183 -

（一）点转栅格

加载数据"点转栅格.shp"，将矢量点转为栅格点，使用"点转栅格"工具，结果如图 4-1-55 所示。

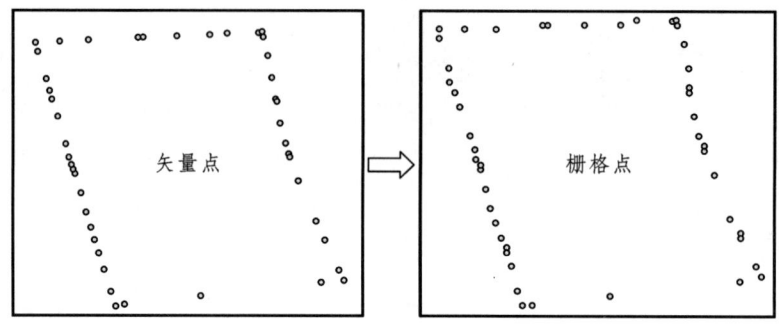

图 4-1-55 点转栅格

（二）线转栅格

加载数据"线转栅格.shp"，将矢量线转为栅格线，使用"折线转栅格"工具，结果如图 4-1-56 所示。

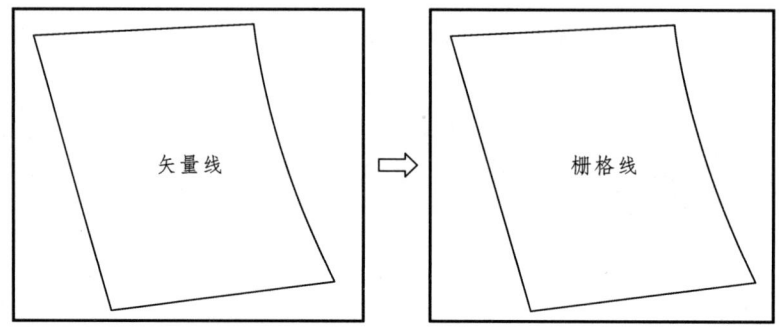

图 4-1-56 折线转栅格

（三）面转栅格

加载数据"面转栅格.shp"，将矢量面转为栅格面，使用"面转栅格"工具，结果如图 4-1-57 所示。

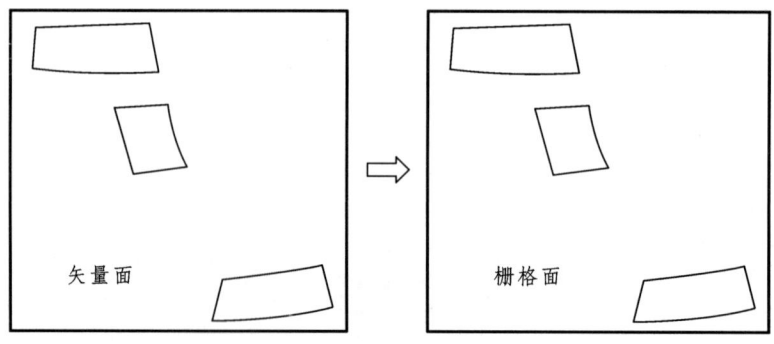

图 4-1-57 面转栅格

二、栅格转矢量

由栅格数据转为矢量数据，使用工具箱"转换工具"下的"由栅格转出"工具，如图 4-1-58 所示，可以实现栅格转点、栅格转折线及栅格转面。

图 4-1-58　由栅格转出工具

此处演示栅格面转为矢量面。加载数据"parcelnew.tif"栅格，将栅格面转为矢量面，使用"栅格转面"工具，结果如图 4-1-59 所示。

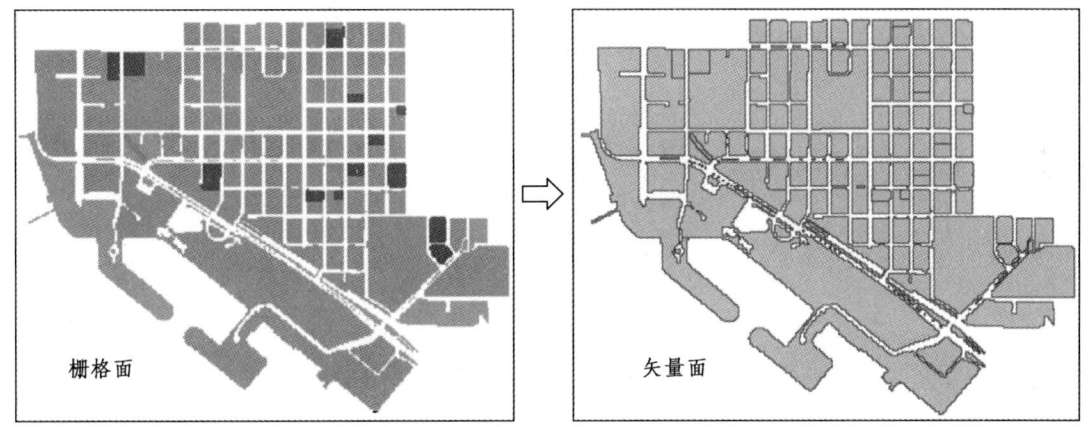

图 4-1-59　栅格转面

任务二 GIS 数据处理

知识点一 数据的裁剪与拼接

一、矢量数据的裁剪

提取与裁剪数据相重叠的输入数据。通常通过裁剪处理来提取原输入数据中研究区域或感兴趣区域的部分。裁剪的数据可以是点、线和面,具体取决于输入数据的类型,输出数据将包含输入数据的所有属性,如图 4-2-1 所示。

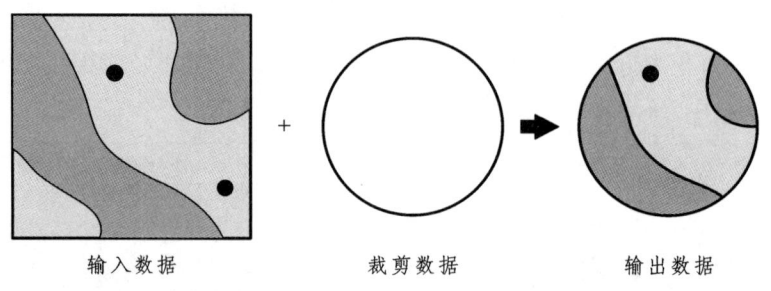

图 4-2-1 矢量数据裁剪

二、矢量数据的分割

数据分割会创建一个由多个输出数据构成的数据子集。"分割字段"的唯一值生成输出数据集的名称,它们保存在目标工作空间中。分割数据必须是面,分割字段数据类型必须是字符,如图 4-2-2 所示。

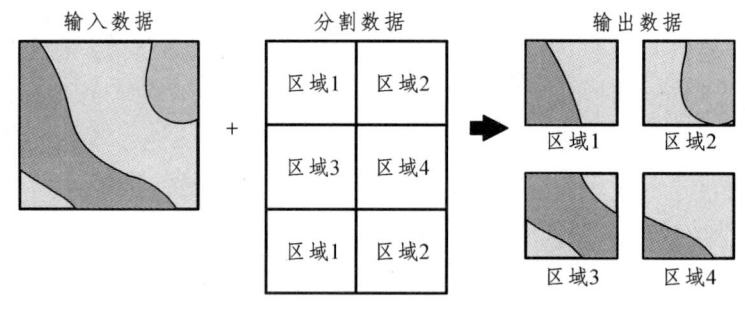

图 4-2-2 矢量数据分割

三、矢量数据的拼接

(一)合 并

将数据类型相同的多个输入数据集合并为新的单个输出数据集,可以合并点、线或面或表格数据,如图 4-2-3 合并两个面数据。

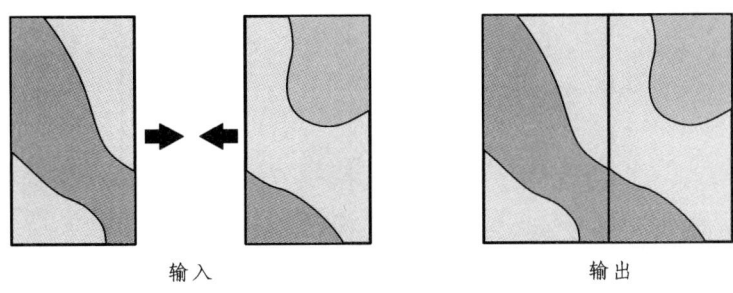

图 4-2-3　面数据合并

（二）追　加

使用"追加"工具可将多个输入数据集追加到现有目标数据集。输入数据集可以是点、线、面要素类、表、栅格、栅格目录、注记要素类或尺寸要素类，如图 4-2-4 追加线数据。

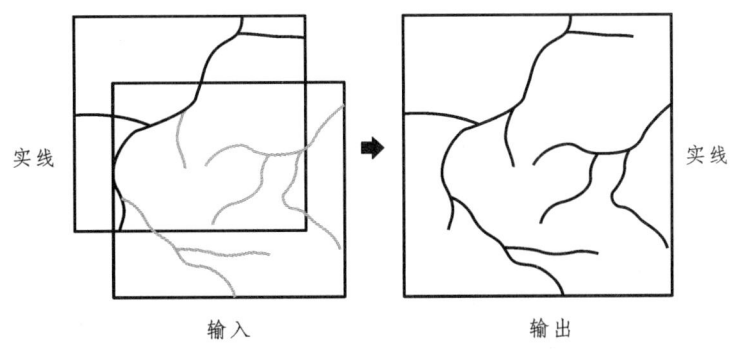

图 4-2-4　追加线数据

四、矢量数据的融合

基于指定属性，将属性值相同的相邻面、线或区域进行合并，如图 4-2-5 和图 4-2-6 所示。

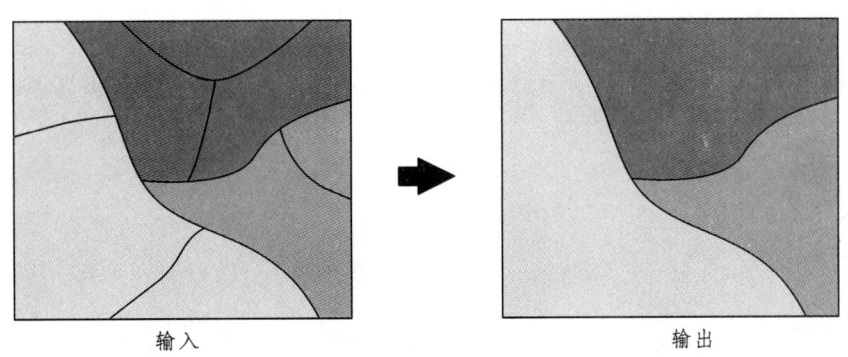

图 4-2-5　面数据融合

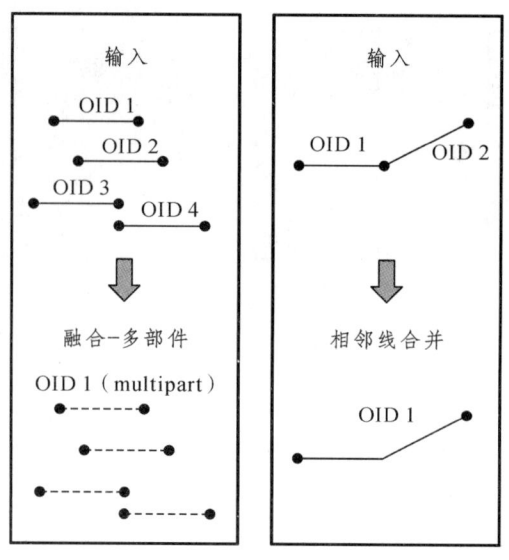

图 4-2-6 线数据融合

五、栅格数据的镶嵌

将多个栅格数据集镶嵌到一个新的栅格数据集中，或将多个输入栅格镶嵌到现有栅格数据集，如图 4-2-7 所示。

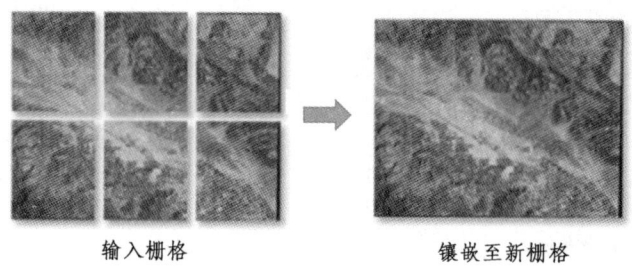

图 4-2-7 栅格数据镶嵌

六、栅格数据的裁剪

栅格数据的裁剪是指裁剪掉栅格数据集的一部分，提取研究区域或感兴趣区域，可进行规则或不规则裁剪，如图 4-2-8 所示。

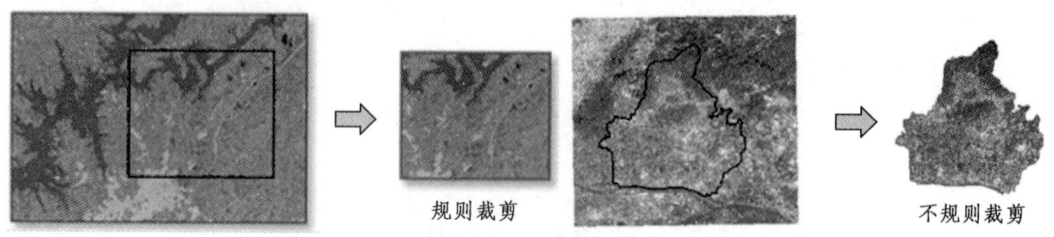

图 4-2-8 栅格数据裁剪

技能点一　矢量数据裁剪

【技能目标】

（1）熟练掌握矢量数据的裁剪方法。
（2）熟练进行矢量数据的裁剪。

【技能流程】

矢量数据裁剪操作流程，如图 4-2-9 所示。

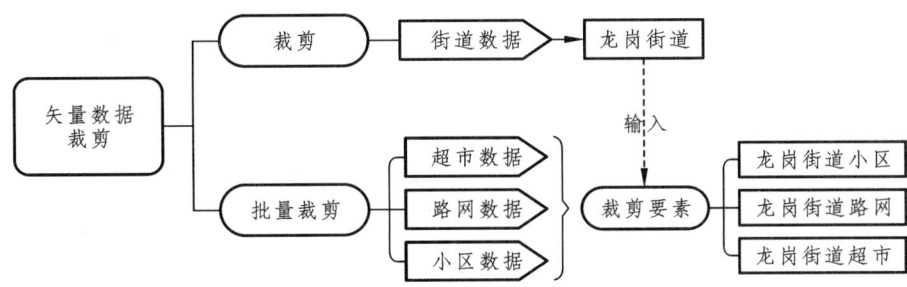

图 4-2-9　矢量数据裁剪操作流程

【操作数据】

实验数据\项目四\任务 2\矢量数据处理\数据裁剪。

【操作步骤】

一、裁　剪

裁剪"街道"数据生成"龙岗街道"数据。

（一）选择数据

选择"街道"数据中的"龙岗街道"，如图 4-2-10 所示。

（二）裁剪"龙岗街道"

（1）打开"裁剪"工具。通过"菜单"→"地理处理"→"裁剪"工具，如图 4-2-11 所示。
（2）裁剪"龙岗街道"，参数设置如图 4-2-12 所示，裁剪结果如图 4-2-13 所示。

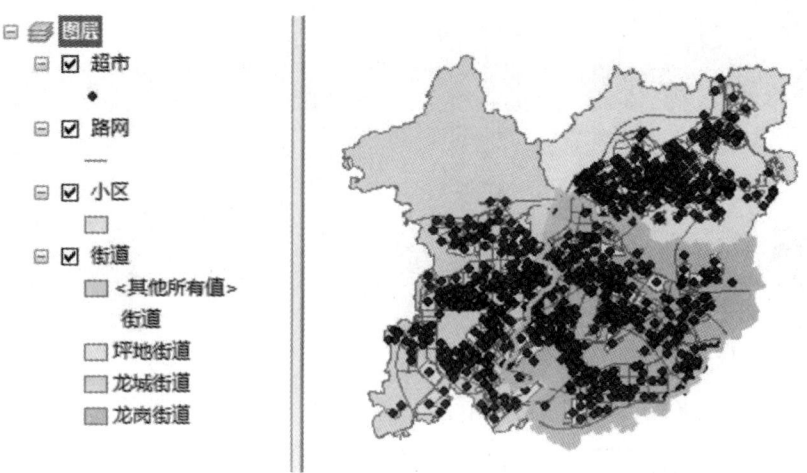

图 4-2-10 选择"龙岗街道"

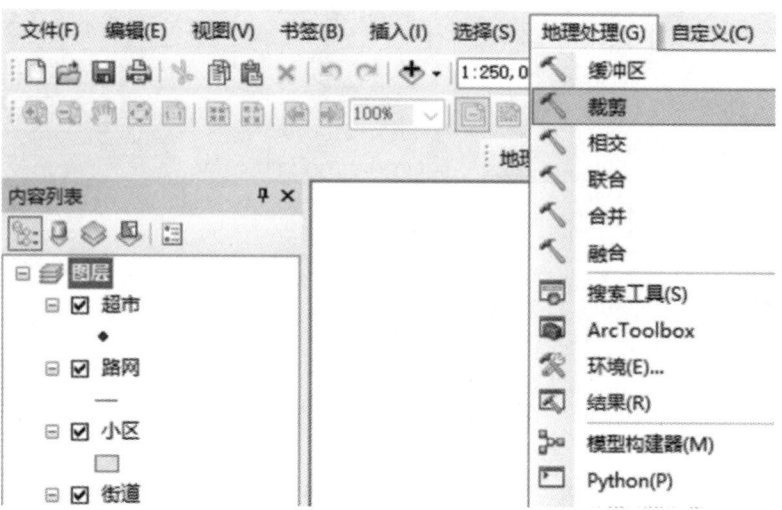

图 4-2-11 "裁剪"工具

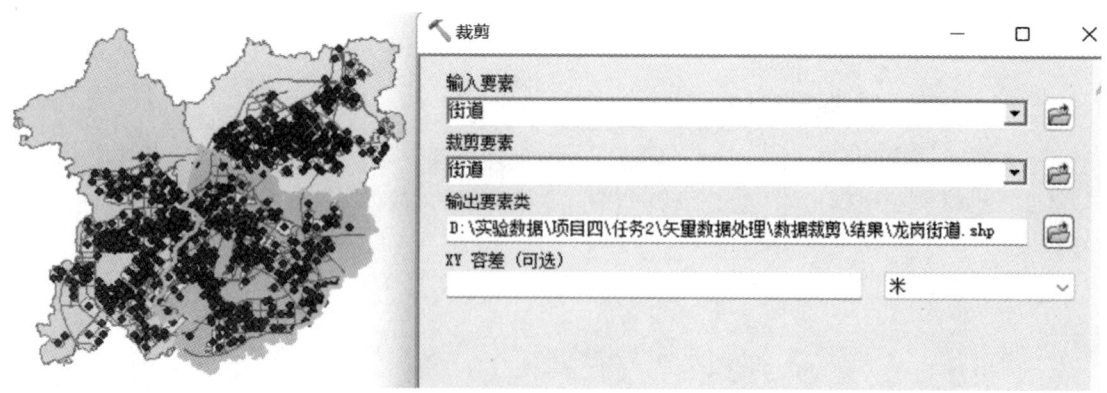

图 4-2-12 裁剪"龙岗街道"

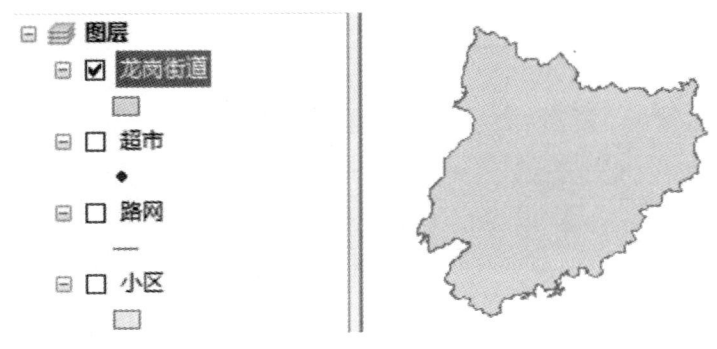

图 4-2-13 "龙岗街道"面

二、批量裁剪

以"龙岗街道"为裁剪要素,批量裁剪"超市、路网、小区"数据,生成"龙岗街道"的"超市、路网、小区"数据。

(一)打开"裁剪批处理"工具

在"工具箱"→"分析工具"→"提取分析"→"裁剪",右键打开"裁剪批处理"工具,如图 4-2-14 所示。

图 4-2-14 "裁剪批处理"工具

(二)批量裁剪

(1)设置"输入要素""裁剪要素"和"环境",如图 4-2-15 和图 4-7-16 所示。
(2)设置"输出要素类"批量裁剪,如图 4-2-17 所示。
(3)批量裁剪结果如图 4-2-18 所示。

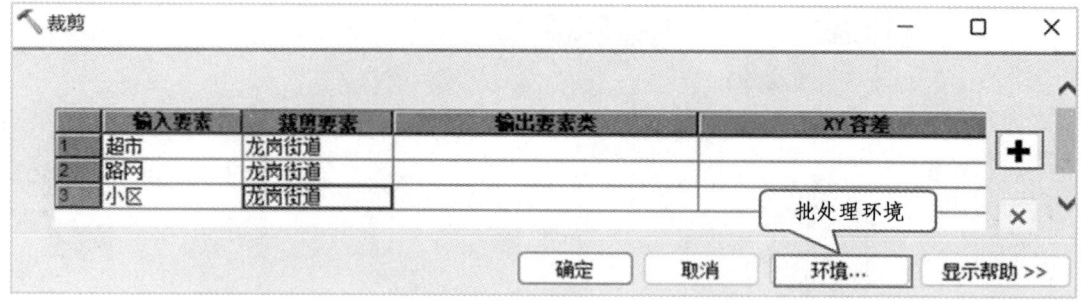

图 4-2-15　设置输入要素、裁剪要素

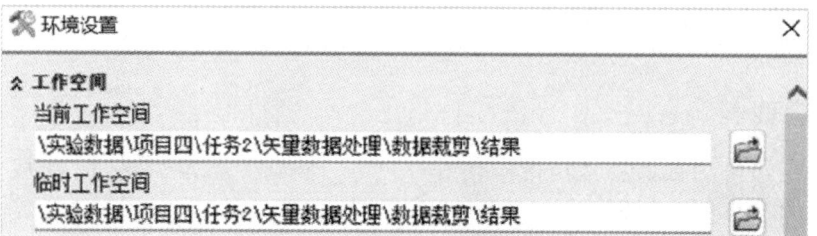

图 4-2-16　设置批处理环境

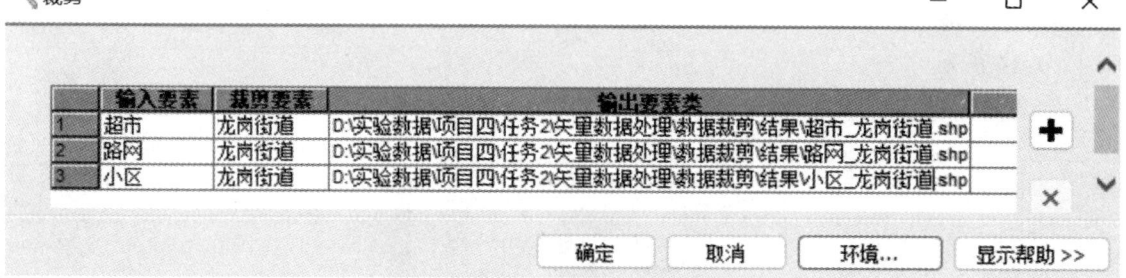

图 4-2-17　设置输出要素类

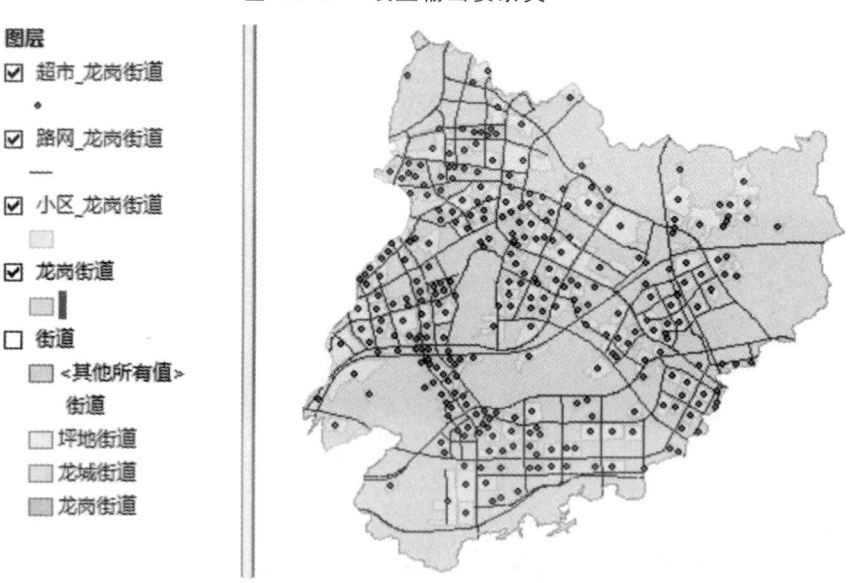

图 4-2-18　批量裁剪结果

技能点二 矢量数据分割

【技能目标】

（1）熟练掌握矢量数据的分割方法。
（2）熟练进行矢量数据的分割。

【技能流程】

矢量数据分割操作流程，如图 4-2-19 所示。

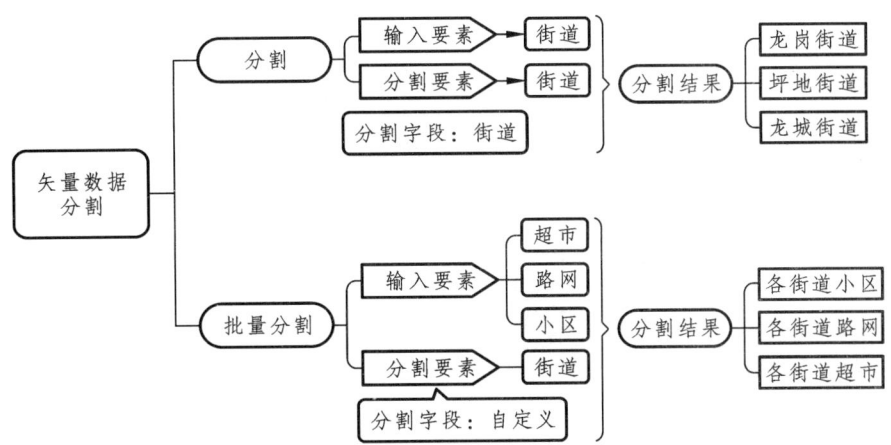

图 4-2-19 矢量数据分割操作流程

【操作数据】

实验数据\项目四\任务 2\矢量数据处理\数据分割。

【操作步骤】

一、分　割

分割"街道"数据生成各街道数据。
（1）打开"分割"工具，设置参数，如图 4-2-20 所示。
（2）分割街道，结果如图 4-2-21 所示。

二、批量分割

批量分割生成各街道的超市、路网、小区数据。

（一）添加批量分割字段

打开"街道"数据属性表，分别添加"超市分割名""路网分割名""小区分割名"字段，数据类型均为"文本"，长度为"10"，如图 4-2-22 所示。

（二）自定义批量分割字段值

使用"字段计算器"，分别设置"超市分割名""路网分割名"和"小区分割名"字段值，如图 4-2-23 所示。计算结果如图 4-2-24 所示。

（三）批量分割

如图 4-2-25（a）所示打开"分割批处理"窗口，进行参数设置。

（四）批量分割结果

批量分割生成各街道的超市、路网和小区数据，如图 4-2-25（b）所示。

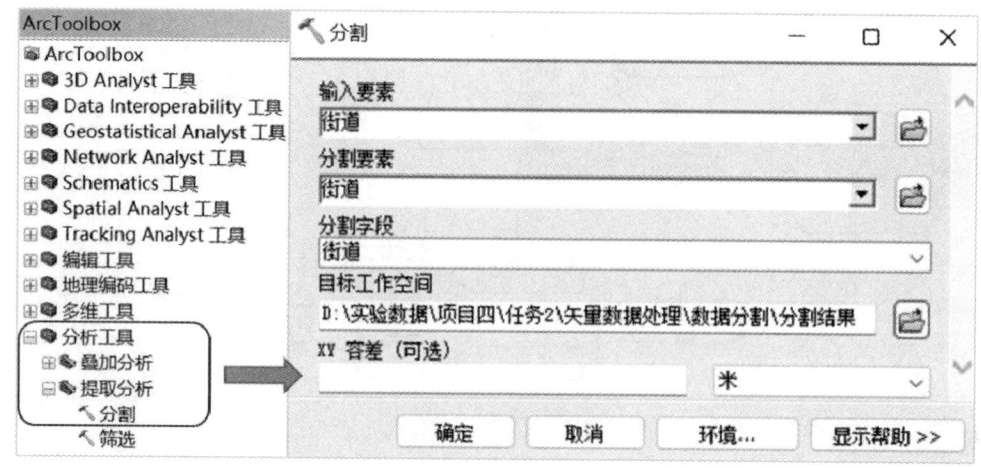

图 4-2-20　分割工具及分割"街道"参数设置

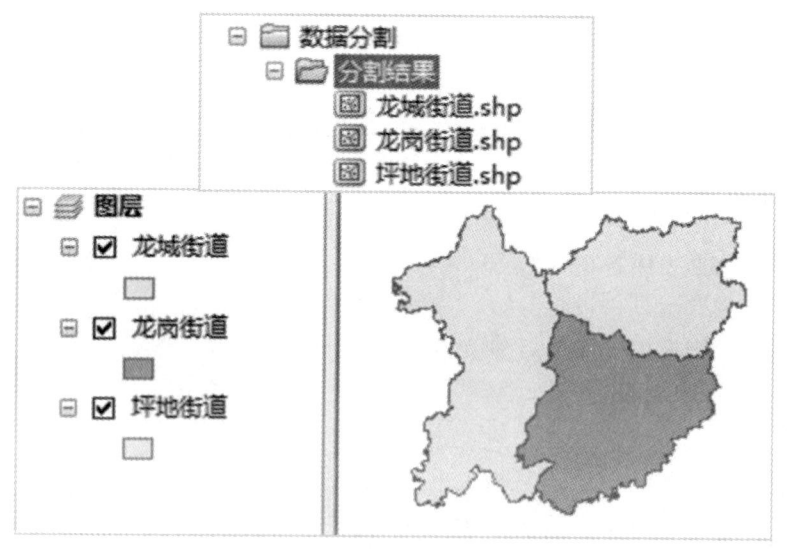

图 4-2-21　分割后的各街道数据

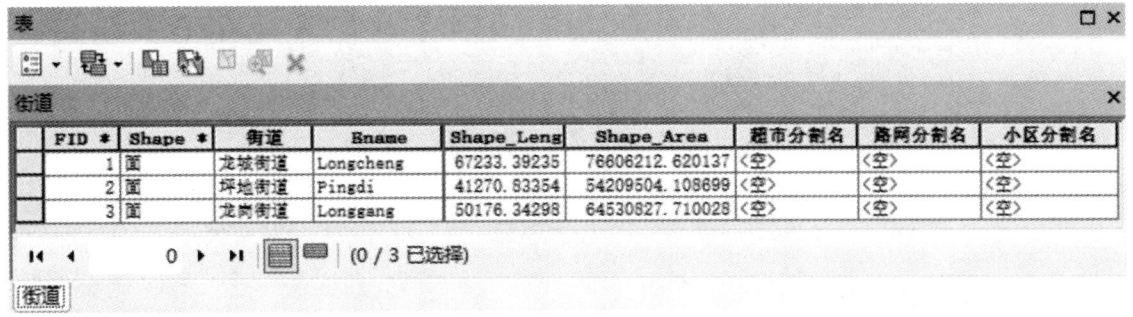

图 4-2-22　添加批量分割字段

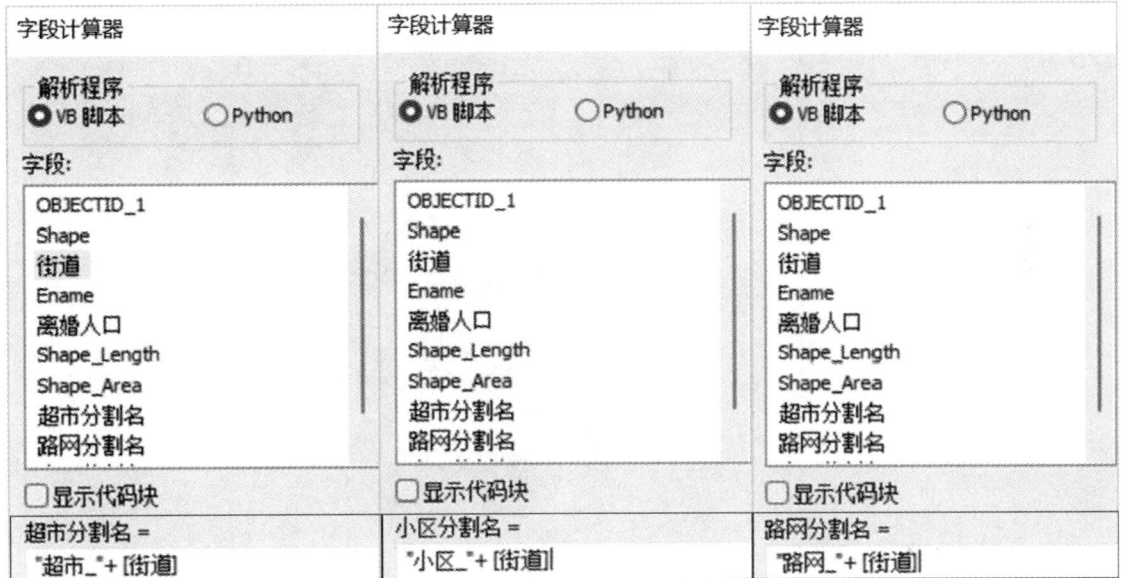

图 4-2-23　自定义批量分割字段值

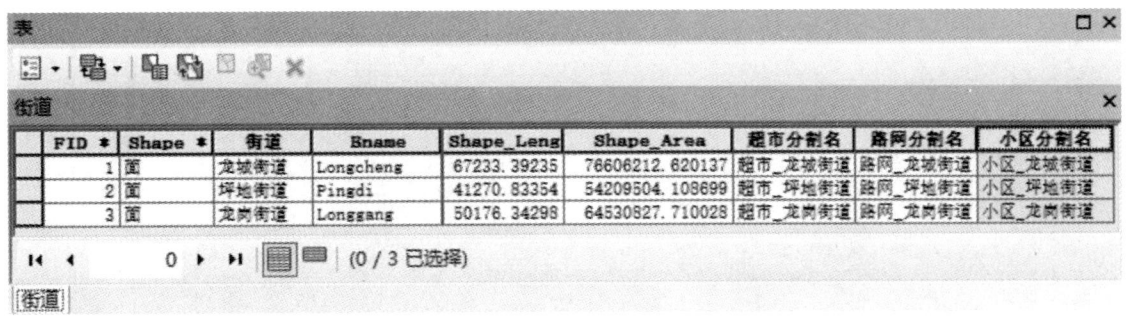

图 4-2-24　自定义批量分割字段值结果

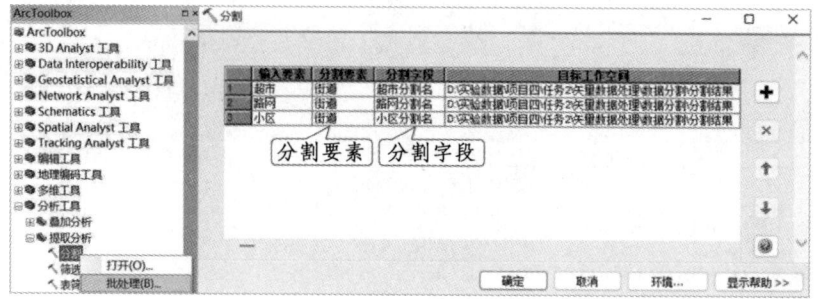

（a）参数设置

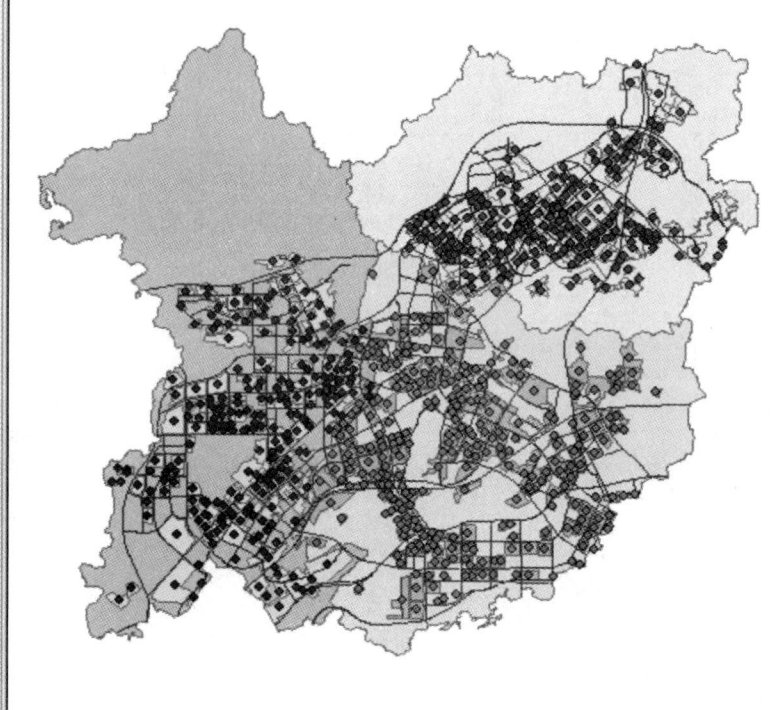

（b）分割批处理

图 4-2-25　分割批处理结果

技能点三　矢量数据合并

【技能目标】

（1）熟练掌握点数据的合并。
（2）熟练掌握线数据的合并。
（3）熟练掌握面数据的合并。

【操作流程】

矢量数据合并操作流程，如图 4-2-26 所示。

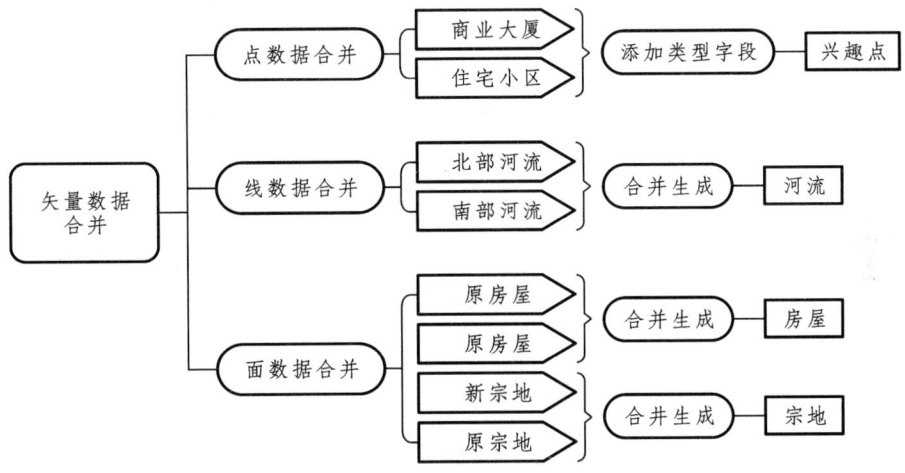

图 4-2-26　矢量数据合并操作流程

【操作数据】

实验数据\项目四\任务 2\矢量数据处理\数据合并。

【操作步骤】

一、点数据合并

将"商业大厦"和"住宅小区"数据合并成"兴趣点"数据。

（一）添加"类型"字段

为"商业大厦"和"住宅小区"添加"类型"字段，以"兴趣点"类型。

分别为"商业大厦"和"住宅小区"添加"类型"字段，数据类型为"文本"，长度为"20"，使用"字段计算器"分别为"商业大厦""住宅小区"类型赋值，如图 4-2-27 所示，结果如图 4-2-28 所示。

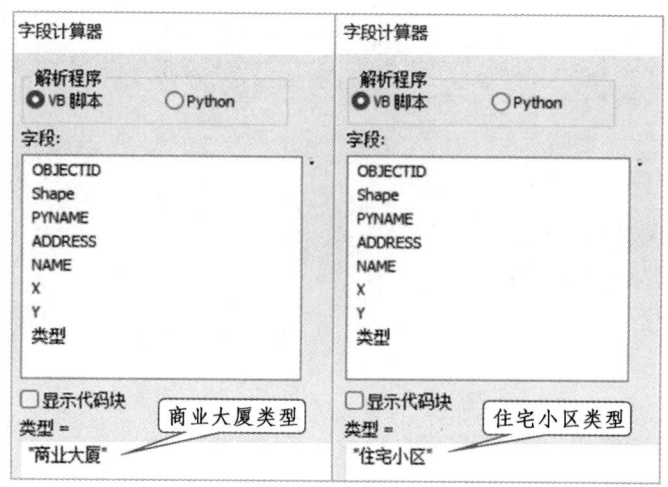

图 4-2-27 为"商业大厦""住宅小区"的"类型"赋值

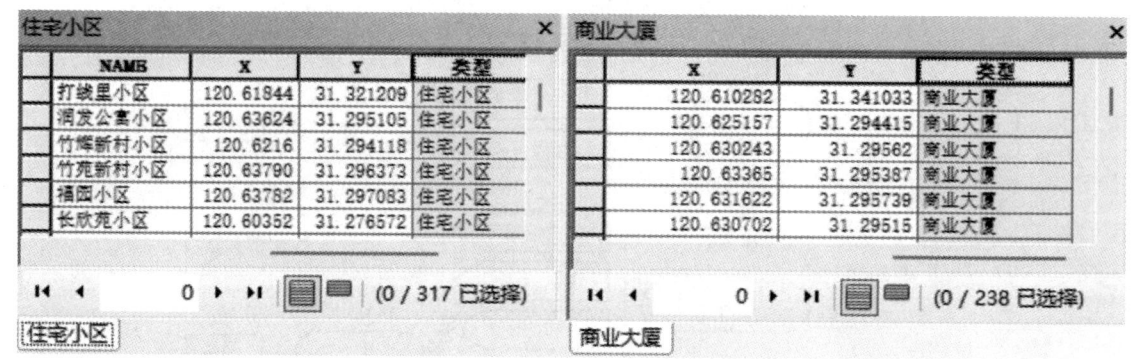

图 4-2-28 "类型"赋值结果

（二）数据合并

将"商业大厦"和"住宅小区"合并，生成"兴趣点"，如图 4-2-29 所示，结果如图 4-2-30 所示。

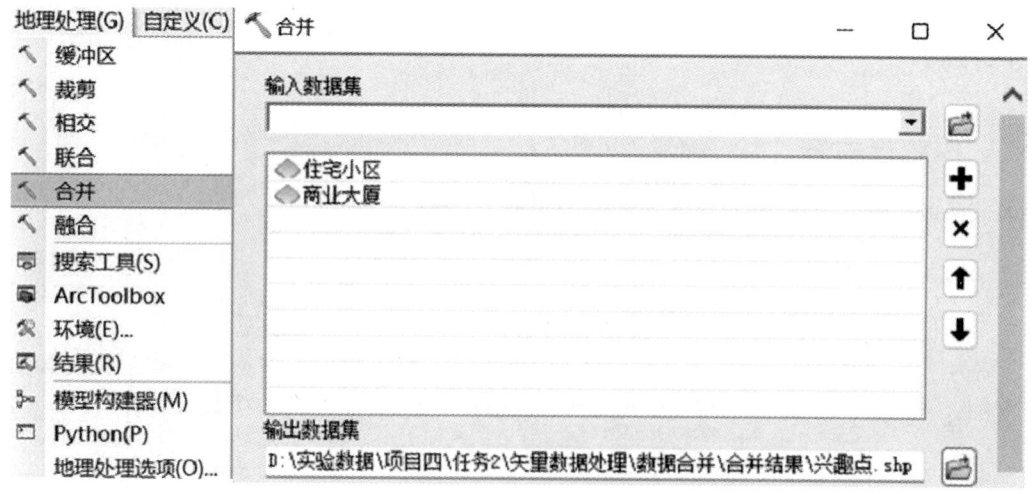

图 4-2-29 合并生成"兴趣点"

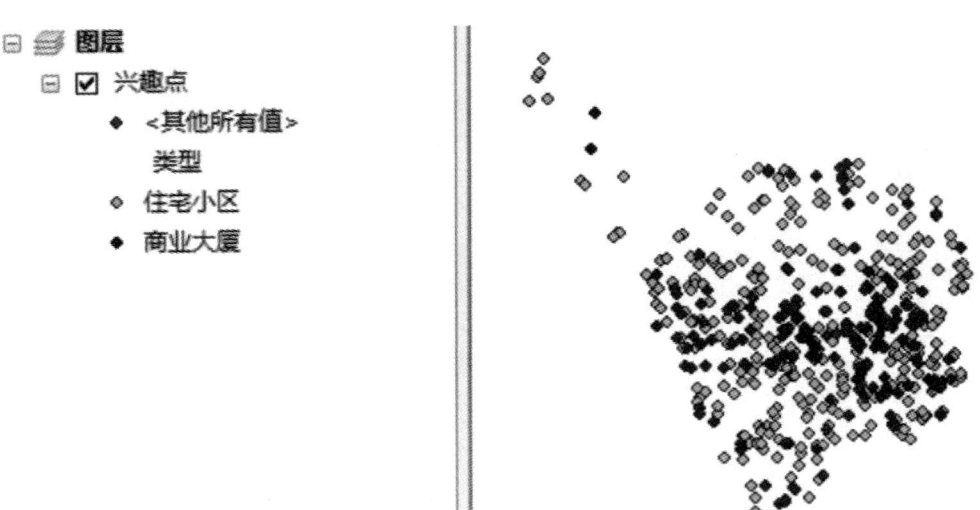

图 4-2-30 合并生成的"兴趣点"结果

二、线数据合并

将"北部河流"和"南部河流"合并,生成"河流",如图 4-2-31 所示。

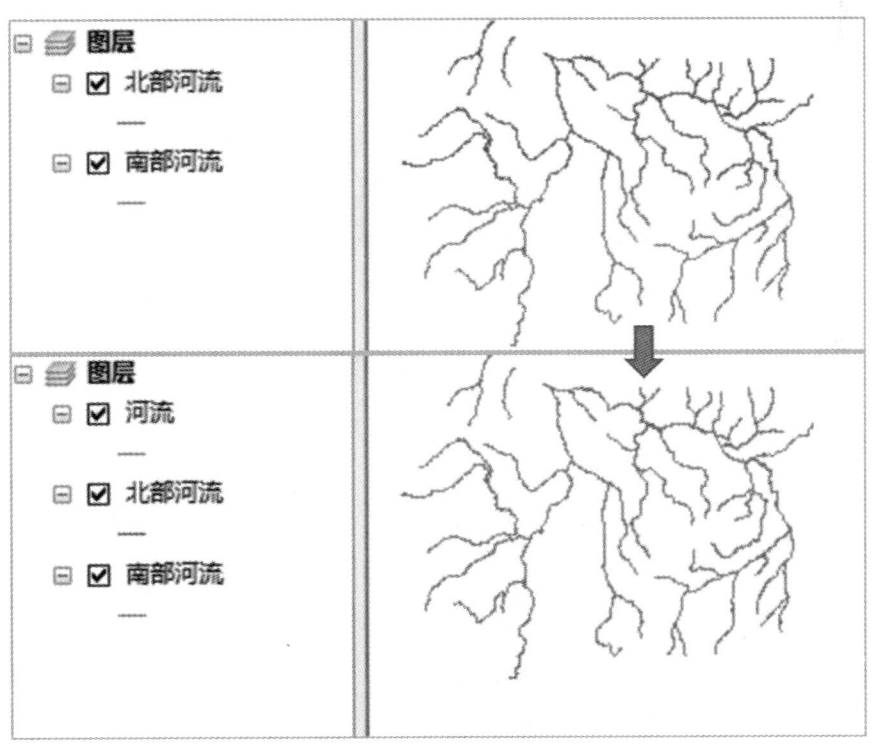

图 4-2-31 河流数据合并

三、面数据合并

使用"合并批处理",完成数据"房屋""宗地"合并,如图 4-2-32 和图 4-2-33 所示。

- 199 -

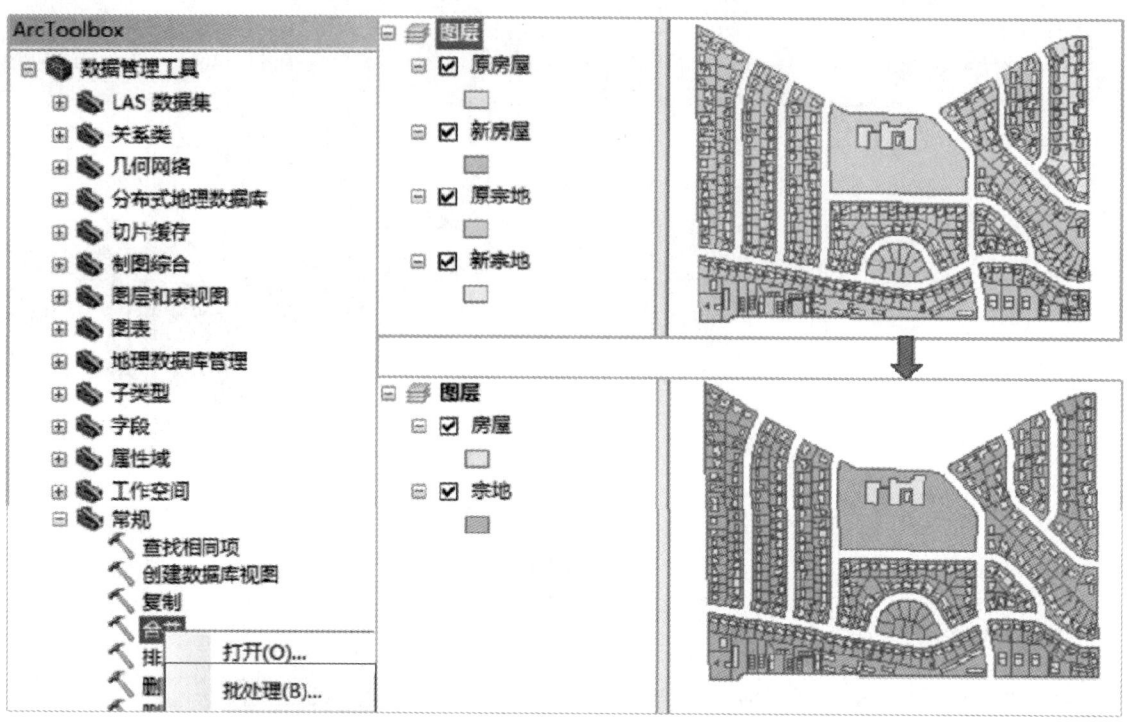

图 4-2-32　批处理合并"房屋""宗地"数据

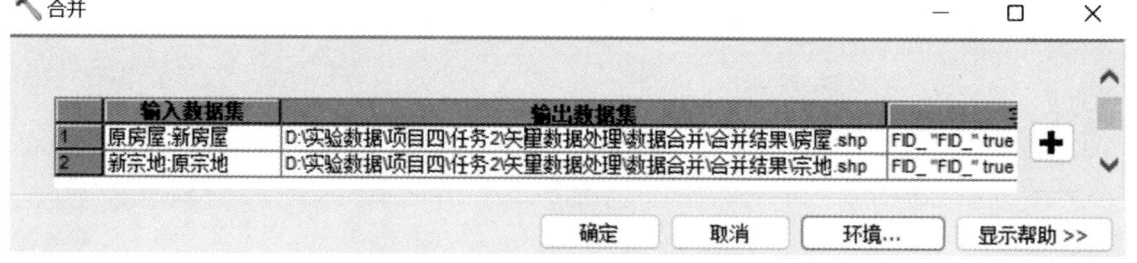

图 4-2-33　合并批处理参数设置

技能点四 矢量数据融合

【技能目标】

（1）熟练掌握点数据的合并。
（2）熟练掌握线数据的合并。
（3）熟练掌握面数据的合并。

【操作流程】

矢量数据融合操作流程，如图 4-2-34 所示。

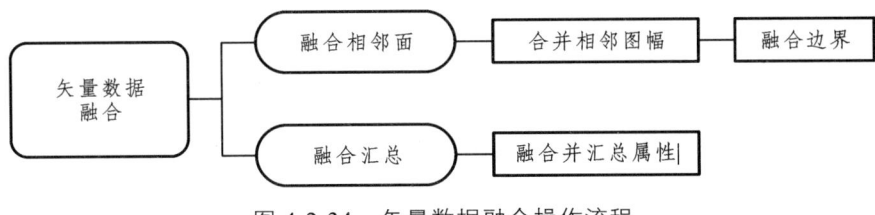

图 4-2-34 矢量数据融合操作流程

【操作数据】

实验数据\项目四\任务 2\矢量数据处理\数据融合。

【操作步骤】

一、相邻图幅合并，融合相邻面

将相邻的 4 块图幅数据进行合并，融合相邻面，生成城镇数据，如图 4-2-35 所示。

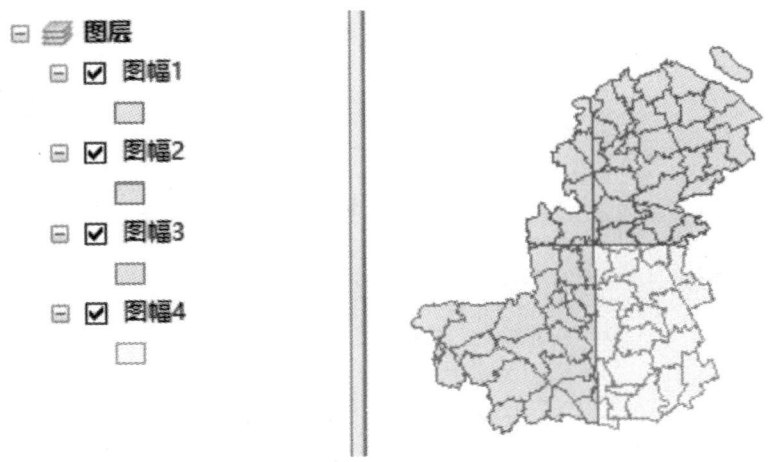

图 4-2-35 相邻的 4 块图幅数据

（一）相邻图幅合并

将相邻的 4 块图幅数据，使用"合并"工具，合并成一个新数据："图幅合并"，如图 4-2-36 所示。

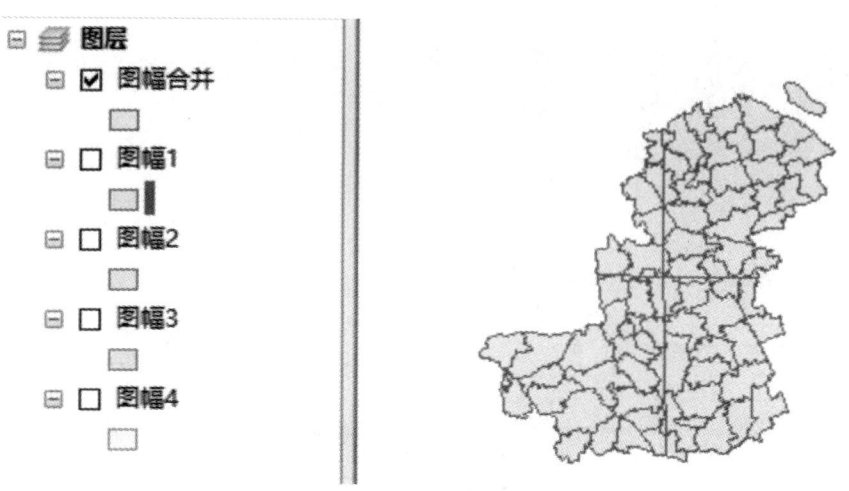

图 4-2-36　相邻图幅合并结果

（二）融　合

将"图幅合并"结果进行融合，生成"城镇"数据。

使用"地理处理"→"融合"工具，设置参数如图 4-2-37 所示，融合结果如图 4-2-38 所示、属性表如图 4-2-39 所示。

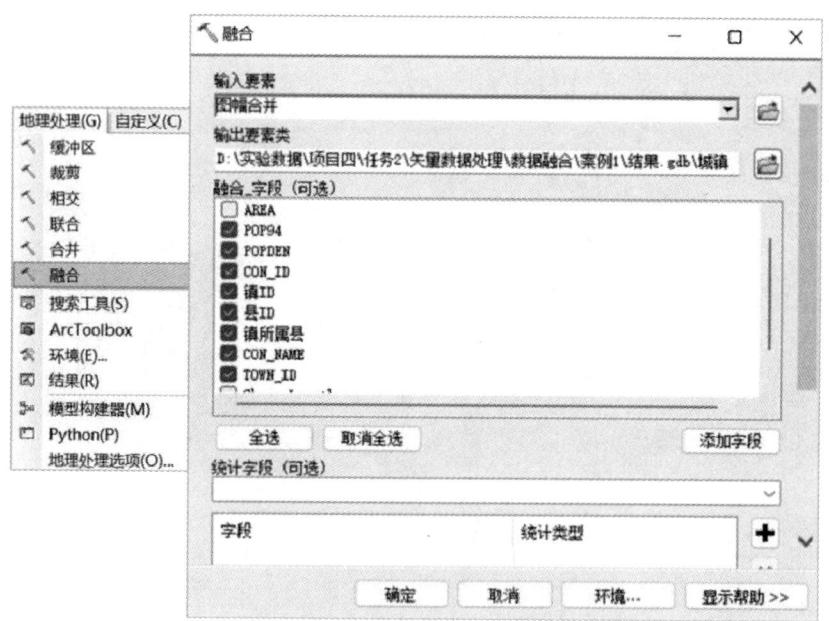

图 4-2-37　融合工具及融合参数设置

图 4-2-38 融合结果——"城镇"

图 4-2-39 融合结果——"城镇"属性表

二、融合相邻面，汇总属性

对"城镇"数据进行融合生成"县级行政区"，并汇总人口数据，结果如图 4-2-40 所示，参数设置如图 4-2-41 所示。

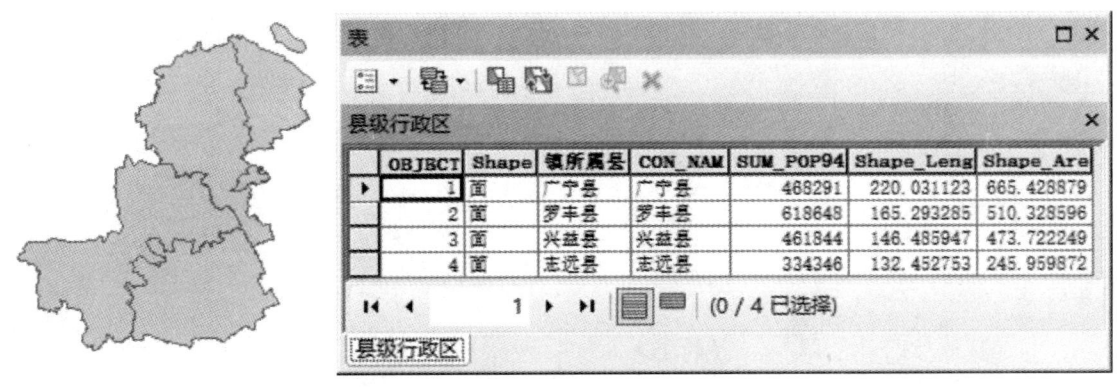

图 4-2-40 融合生成"县级行政区"

图 4-2-41 融合"县级行政区"参数设置

技能点五　栅格数据镶嵌

【技能目标】

（1）理解栅格数据的镶嵌方法。
（2）熟练掌握栅格数据的镶嵌。

【操作流程】

栅格数据镶嵌操作流程，如图 4-2-42 所示。

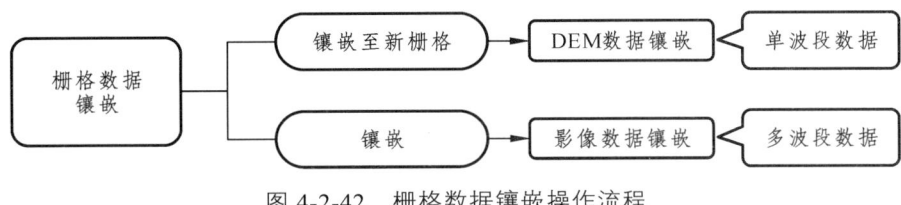

图 4-2-42　栅格数据镶嵌操作流程

【操作数据】

实验数据\项目四\任务 2\栅格数据处理\栅格数据镶嵌。

【操作步骤】

一、DEM 数据镶嵌

将相邻图幅的 DEM 数据进行镶嵌，如图 4-2-43 所示。

图 4-2-43　四幅 DEM 数据

（一）打开"镶嵌至新栅格"工具

"镶嵌至新栅格"可将多个栅格数据集镶嵌到一个新的栅格数据集中，工具如图 4-2-44 所示。

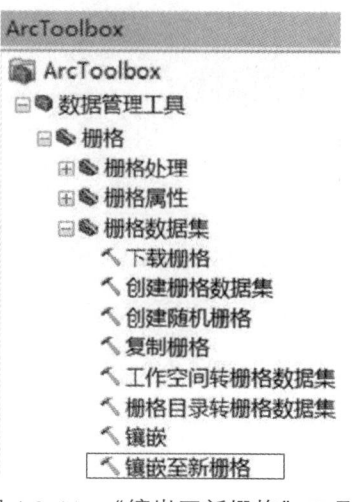

图 4-2-44 "镶嵌至新栅格"工具

（二）DEM 数据镶嵌

将四幅 DEM 镶嵌至一个新的 DEM 栅格数据集中，合成一幅 DEM，参数设置如图 4-2-45 所示。

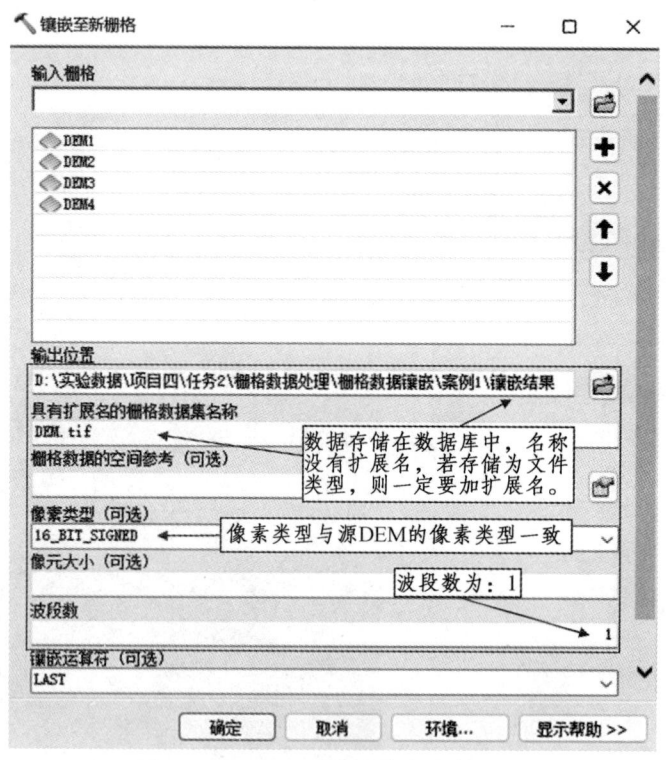

图 4-2-45 DEM 数据镶嵌参数设置

镶嵌中新栅格的像素类型和波段参数设置依据源数据的波段数、像素类型和要素深度确定，源 DEM 的像素类型、像素深度如图 4-2-46 所示。输出栅格若存储为文件类型则输出名称为：文件名加扩展名（扩展名为图片类型格式：.img，.tif，.jpg 等）。DEM 镶嵌结果如图 4-2-47 所示。

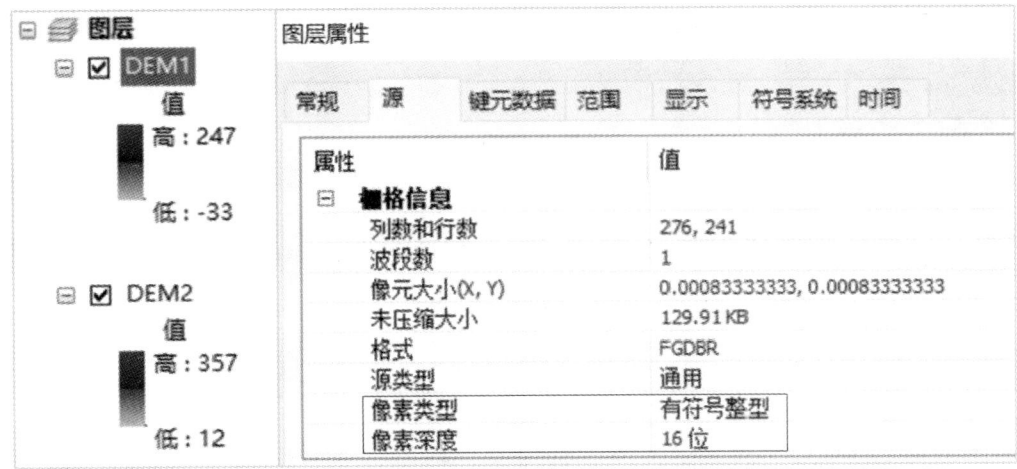

图 4-2-46　源 DEM 的像素类型、像素深度

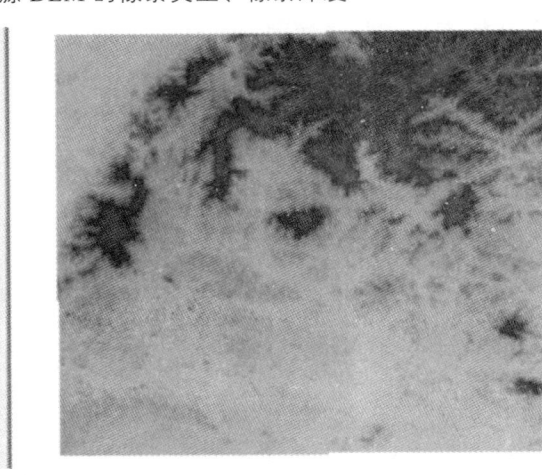

图 4-2-47　DEM 镶嵌结果

二、影像数据镶嵌

将相邻图幅的影像数据进行镶嵌，如图 4-2-48 所示。

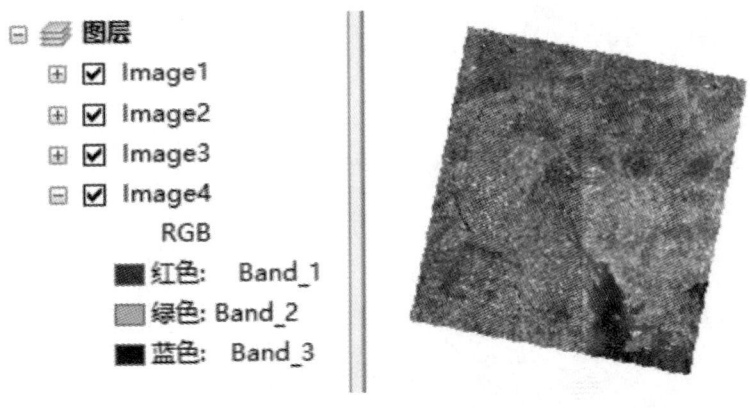

图 4-2-48　四幅影像数据

(一)复制 Image1 影像数据至"镶嵌结果"数据库

复制 Image1 影像数据至"镶嵌结果"数据库,如图 4-2-49 所示。

图 4-2-9　复制 Image1 影像数据至"镶嵌结果"数据库

(二)打开"镶嵌"工具

"镶嵌"工具可将多个栅格数据集镶嵌到一个现有栅格数据集中,将 Image2、Image3、Image4 三幅影像数据镶嵌至当前"镶嵌结果"数据库中的 Image1 中,如图 4-2-50 所示。镶嵌结果如图 4-2-51 所示。

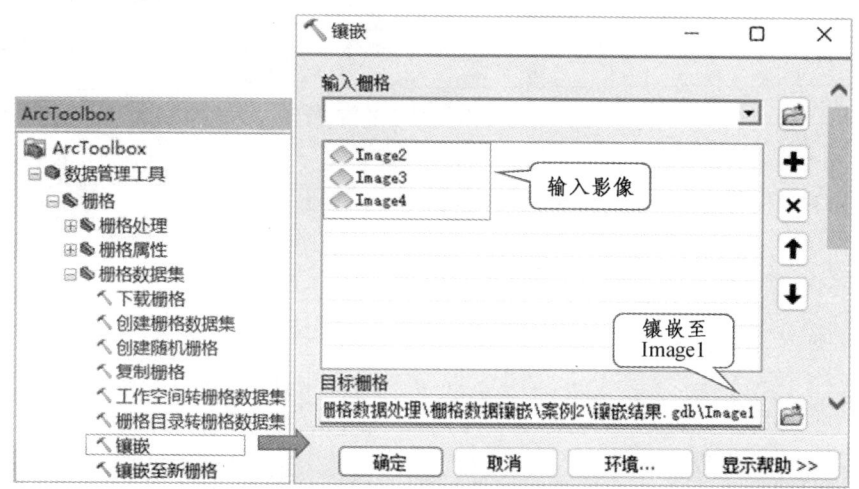

图 4-2-50　影像镶嵌参数设置

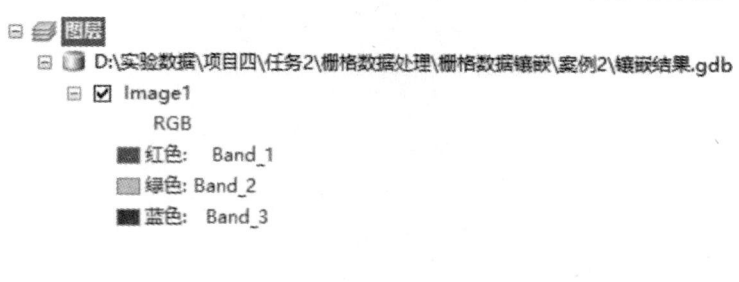
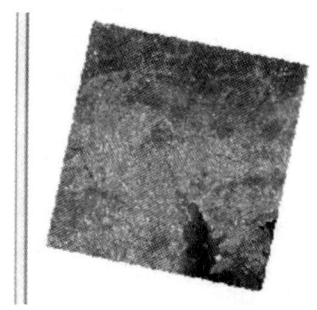

图 4-2-51　影像镶嵌结果

技能点六　栅格数据裁剪

【技能目标】

（1）熟练掌握栅格数据的裁剪方法。
（2）熟练掌握栅格数据的规则裁剪。
（3）熟练掌握栅格数据的不规则裁剪。

【操作流程】

栅格数据裁剪操作流程，如图 4-2-52 所示。

图 4-2-52　栅格数据裁剪操作流程

【操作数据】

实验数据\项目四\任务 2\栅格数据处理\栅格数据裁剪。

【操作步骤】

一、规则裁剪

依据研究范围的最小外接矩形裁剪 DEM 数据，图 4-2-53 中白方框即为研究区域的最小外接矩形。

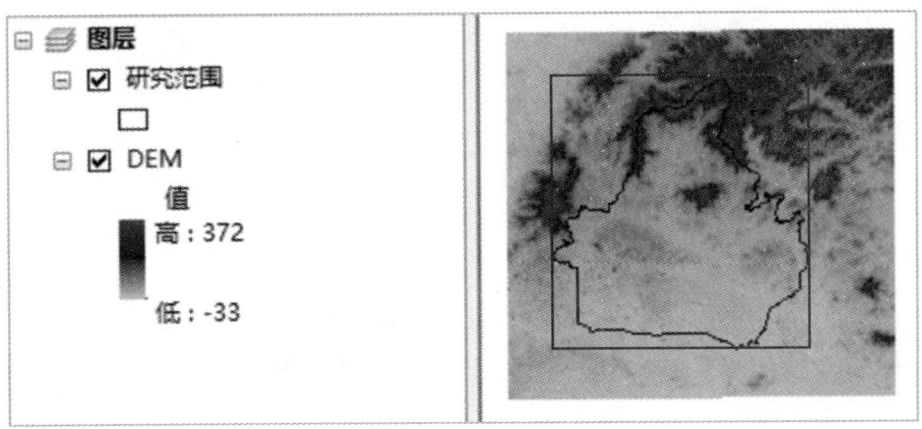

图 4-2-53　DEM 数据及规则裁剪范围

使用栅格"裁剪"工具，按图 4-2-54 所示进行裁剪，裁剪结果如图 4-2-55 所示。

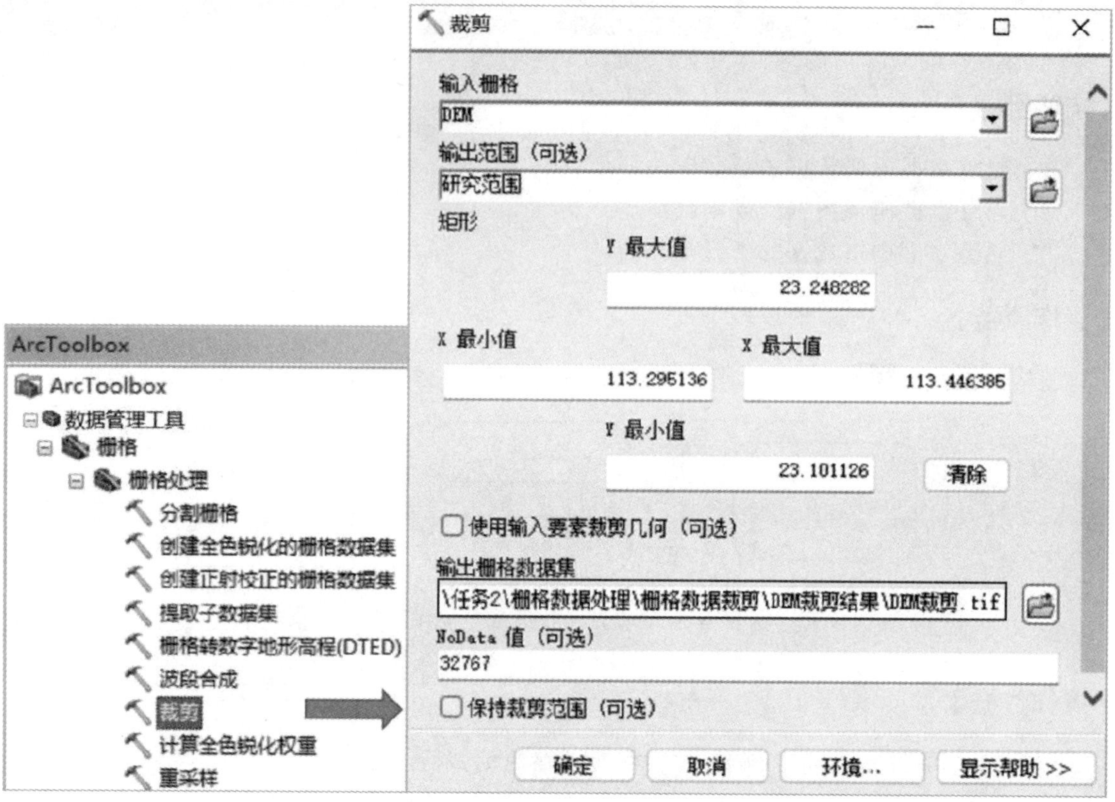

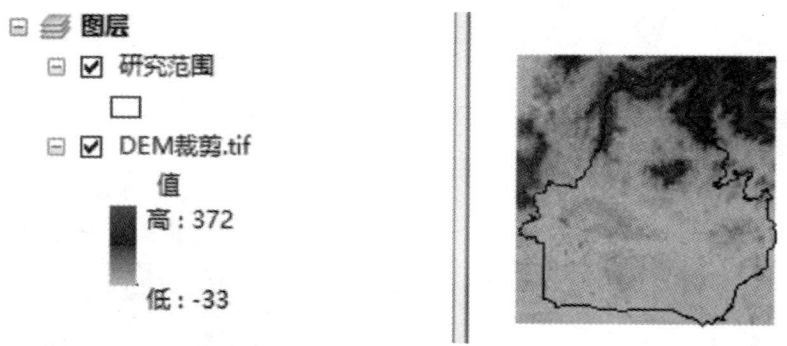

图 4-2-54　栅格裁剪工具及 DEM 数据规则裁剪

图 4-2-55　DEM 数据规则裁剪结果

二、不规则裁剪

栅格数据的不规则裁剪，即指定的多边形按区域裁剪栅格，可通过"裁剪"工具（见图 4-2-56），或采用"按掩膜提取"工具，按指定多边形区域完成栅格裁剪，如图 4-2-57 所示。

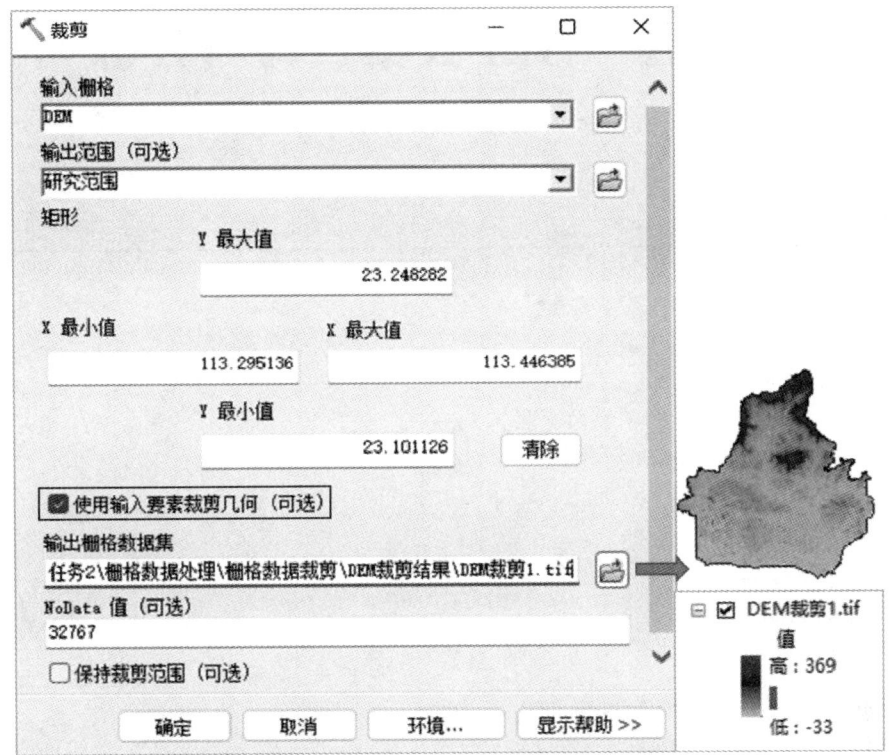

图 4-2-56 "裁剪"工具不规则裁剪栅格数据

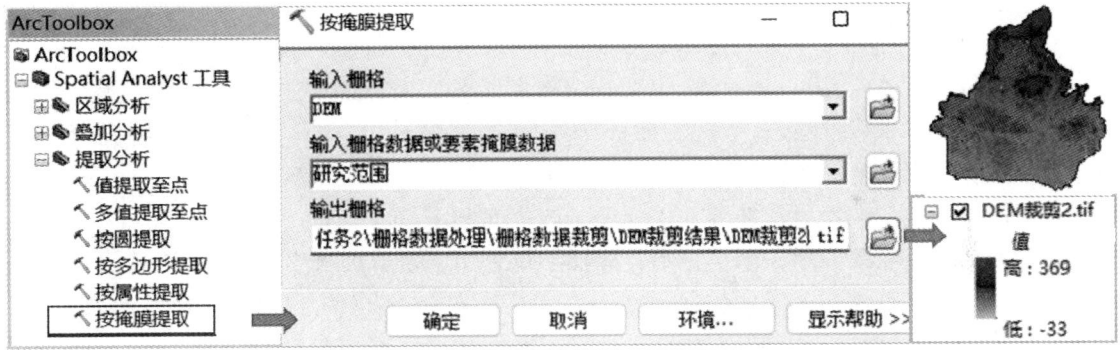

图 4-2-57 "按掩膜提取"工具不规则裁剪栅格

项目五　GIS 数据查询与分析

 学习目标

知识目标

（1）了解 GIS 数据属性查询方法。
（2）了解 GIS 数据空间查询方法。
（3）理解缓冲区分析方法原理。
（4）理解叠加分析方法原理。

技能目标

（1）熟练掌握属性查询和空间查询。
（2）熟练掌握缓冲区的创建。
（3）能够灵活运用叠加分析。
（4）掌握统计分析方法。

素养目标

（1）培养遇到问题勇于探究，科学严谨的工作作风。
（2）保持敏锐的洞察力，能够发现问题、解决问题。
（3）做到理论联系实际，踏实肯干，能够学以致用，培养终身学习能力。

任务一 GIS 数据查询

知识点一 空间数据查询

数据查询是 GIS 中的一项重要功能,也是基础功能。在使用 GIS 数据时,经常需要从已有的数据中查询出部分满足特定条件的数据。

空间数据查询是从空间数据中,找出所有满足属性约束条件和空间约束条件的地理对象。查询通常从要素类或数据表中提取要素或记录,并分离出它们以便进一步应用。常见应用有:

(1)选择感兴趣的要素:查询可用于搜索数据表,查找哪些要素满足特定标准。
(2)探索空间图案样式:从选定的要素创建地图,并检查其空间分布。
(3)为进一步分析而分离要素。
(4)探索空间关系。
(5)建立栅格查询

空间数据查询一般分为基于属性的属性查询和基于空间关系的空间查询。

一、属性查询

基于属性表中的字段指定某个特定条件,然后选择满足该条件的记录。属性查询与空间位置无关。

(一)简单属性查询

通过属性表简单选择一条或多条满足某条件的记录,如图 5-1-1 所示。

图 5-1-1 简单属性查询

(二)SQL 查询

数据量比较大的时候,经常会用到 SQL 查询语句构建查询,图 5-1-2 所示为 ArcGIS 中的 SQL 查询。

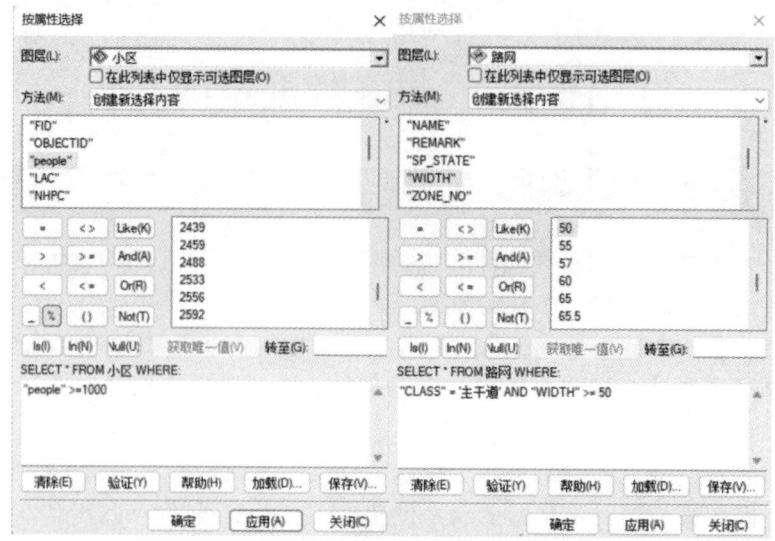

图 5-1-2　ArcGIS 中的 SQL 查询

二、空间查询

空间查询是 GIS 独有的一种功能强大的工具，是基于空间关系进行数据查询。空间查询基于两个图层和一个空间条件（见图 5-1-3 ArcGIS 中的空间关系），通过几何对象之间的空间位置关系构建查询条件，从已有的数据中查询出满足过滤条件的对象。

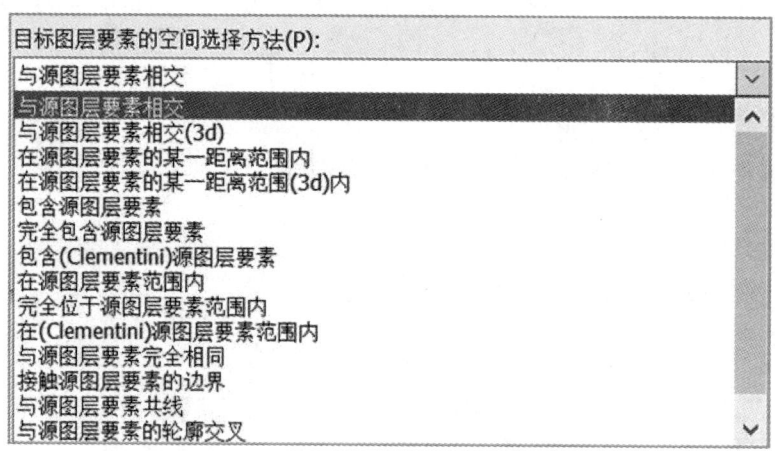

图 5-1-3　ArcGIS 中图层间的空间关系

空间条件主要有相交、包含、邻近三种空间关系。

（一）相交空间关系

返回与源对象完全或部分重叠的对象，如图 5-1-4 所示。

（二）包含空间关系

检测一个对象是否包含另一个对象，如图 5-1-5 所示。

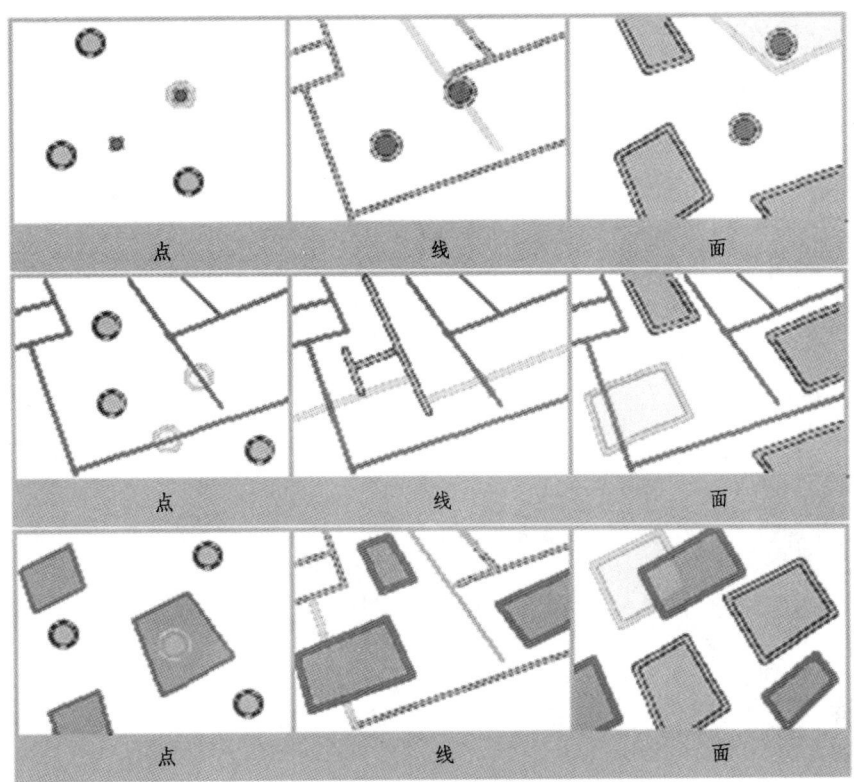

图 5-1-4　相交空间关系

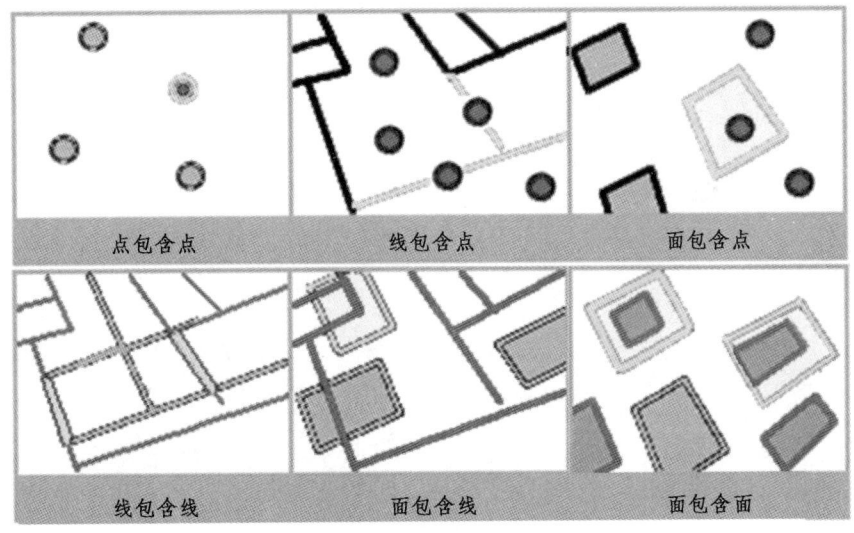

图 5-1-5　包含空间关系

(三) 邻近空间关系

使用源数据周围的缓冲距离创建缓冲区，并且返回所有与缓冲区相交的要素，如图 5-1-6 所示。

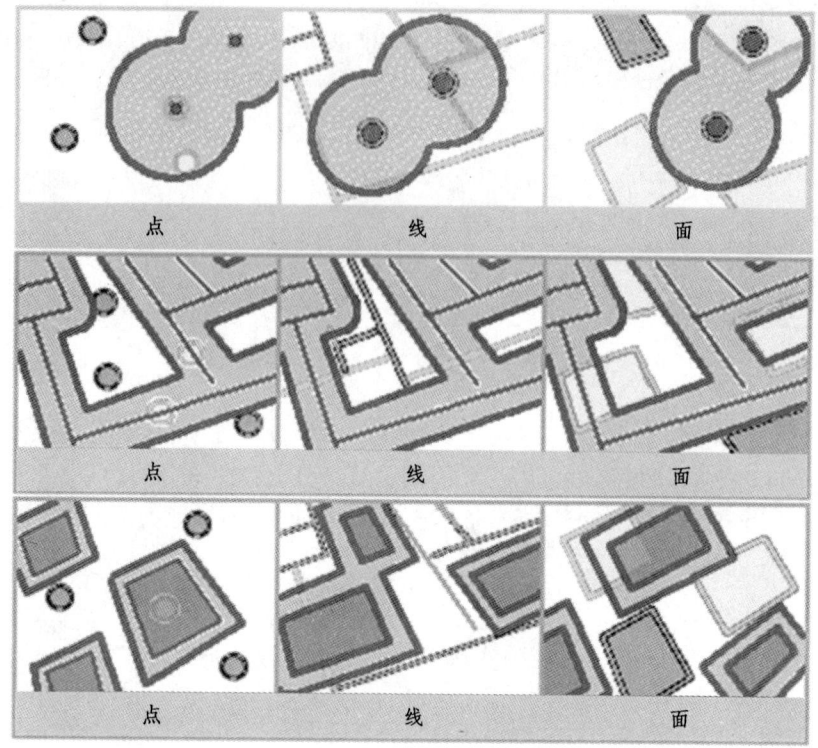

图 5-1-6 邻近空间关系

技能点一 属性查询

【技能目标】

（1）理解数据的属性查询方法。
（2）熟练掌握数据的属性查询。

【操作数据】

实验数据\项目五\任务 1\属性查询。

【操作流程】

属性查询操作流程，如图 5-1-7 所示。

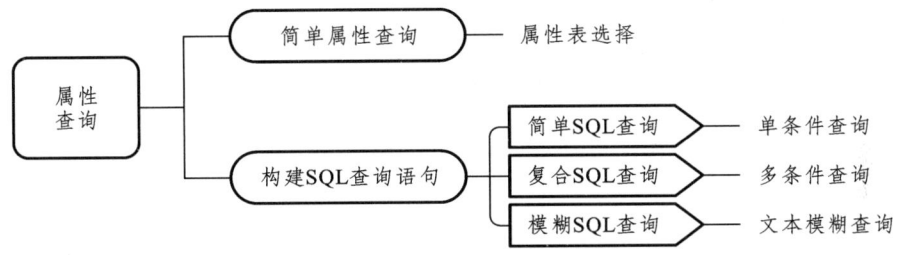

图 5-1-7　属性查询操作流程

【操作步骤】

一、简单属性查询

（一）在属性表中查询一条记录

【任务 1】查询"街道"图层中的（龙岗街道）。

打开"街道"图层属性表，选择记录"龙岗街道"，如图 5-1-8 所示。

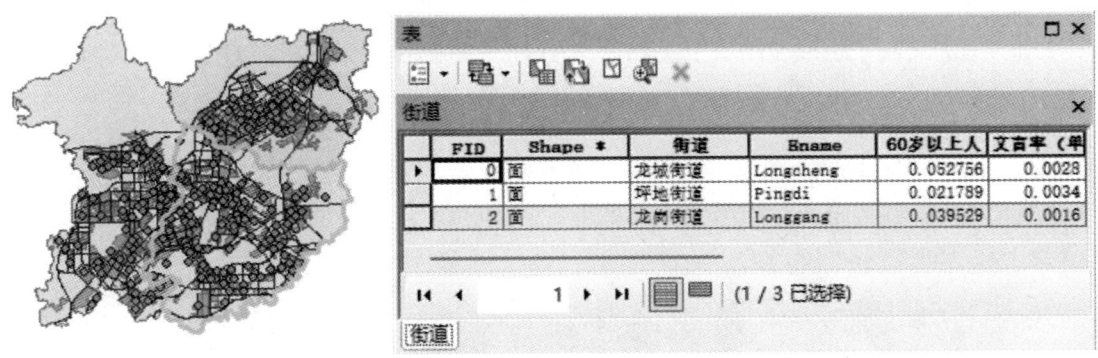

图 5-1-8　属性表查询"龙岗街道"

（二）属性表中查询多条记录

【任务 2】查询"路网"图层中的所有（主干道）。

打开"路网"图层属性表，双击"CLASS"字段进行排序，选中"主干道"的第一条记录，按住 Shift 键同时选中"主干道"最后一条记录，即可同时选中多条属性值相同的记录，图 5-1-9 中共选中 463 条主干道。

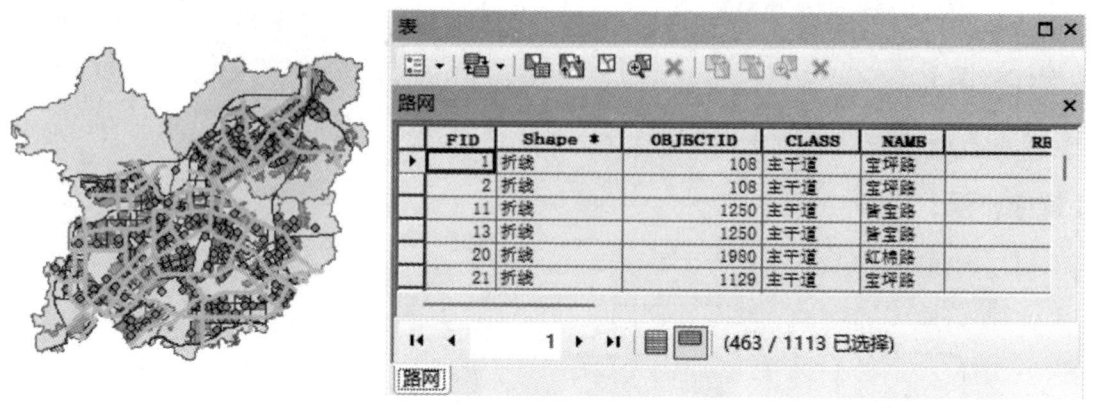

图 5-1-9　属性表查询所有"主干道"

二、构建 SQL 查询语句

通过菜单"选择"下的"按属性选择"来构建基于属性的 SQL 查询语句，如图 5-1-10 所示。

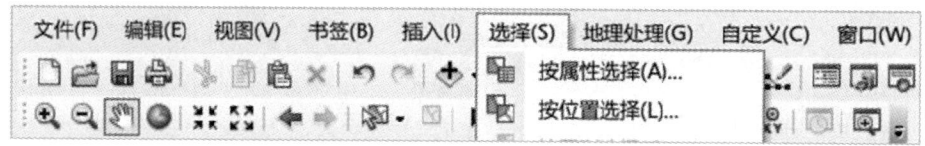

图 5-1-10　"按属性选择"查询工具

（一）简单 SQL 查询

【任务 1】查询"超市"图层中的（大型超市），如图 5-1-11 所示。

【任务 2】查询"路网"图层中（宽度不小于 50 m）的所有道路，如图 5-1-12 所示。

（二）复合 SQL 查询

复合 SQL 查询通过使用逻辑运算符将多个简单查询语句连接起来构成复合条件进行查询。

【任务 1】查询"路网"图层中（宽度不小于 50 m，并且类型是高速公路）的所有道路，如图 5-1-13 所示。

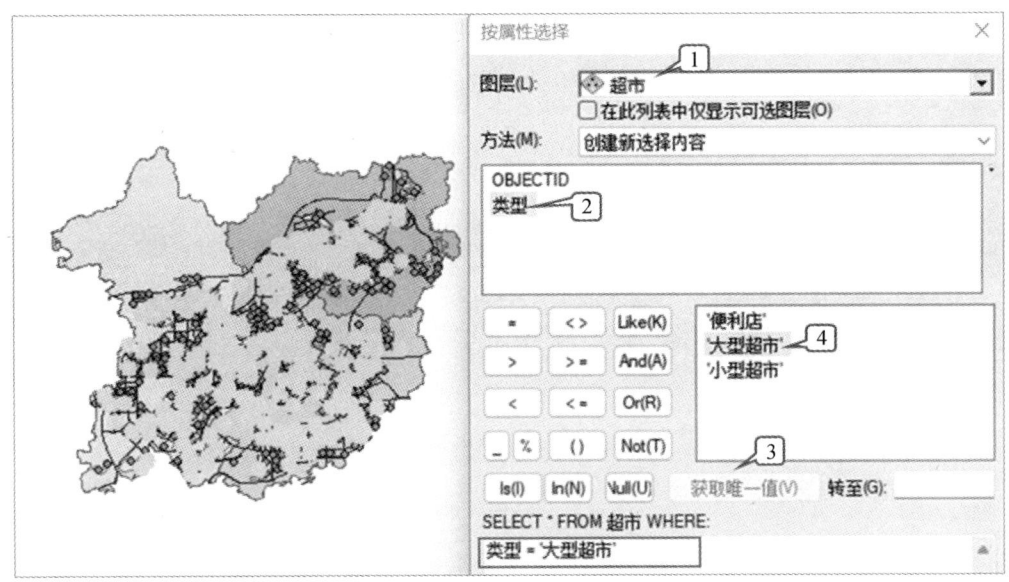

图 5-1-11　查询所有"大型超市"

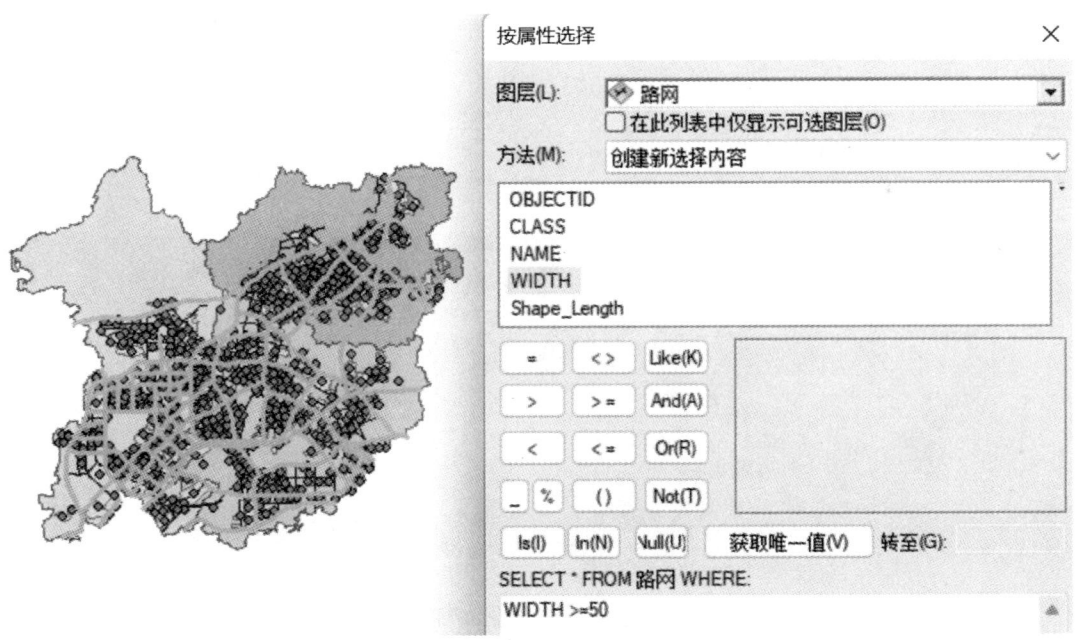

图 5-1-12　查询宽度不小于 50 m 的所有道路

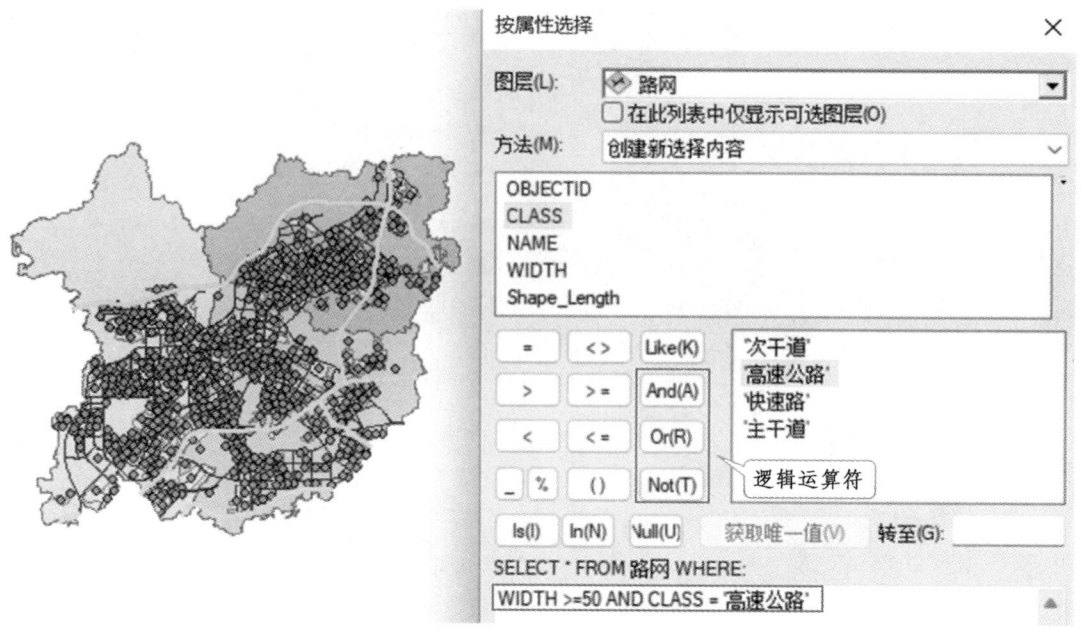

图 5-1-13 查询宽度不小于 50 m 的所有高速公路

【任务 2】查询"路网"图层中（宽度不小于 50 m 或类型是主干道）的所有道路，如图 5-1-14 所示。

图 5-1-14 查询宽度不小于 50 m 或是主干道的所有道路

（三）模糊 SQL 查询

对于文本属性，通常需要构建模糊查询条件，通过使用"Like"运算符及通配符"_"和"%"构成模糊查询条件，其中"%"表示 0~N 个字符，"_"表示 1 个字符。

【任务 1】查询"路网"图层中(路网名称以"龙"字开头)的所有道路,如图 5-1-15 所示。

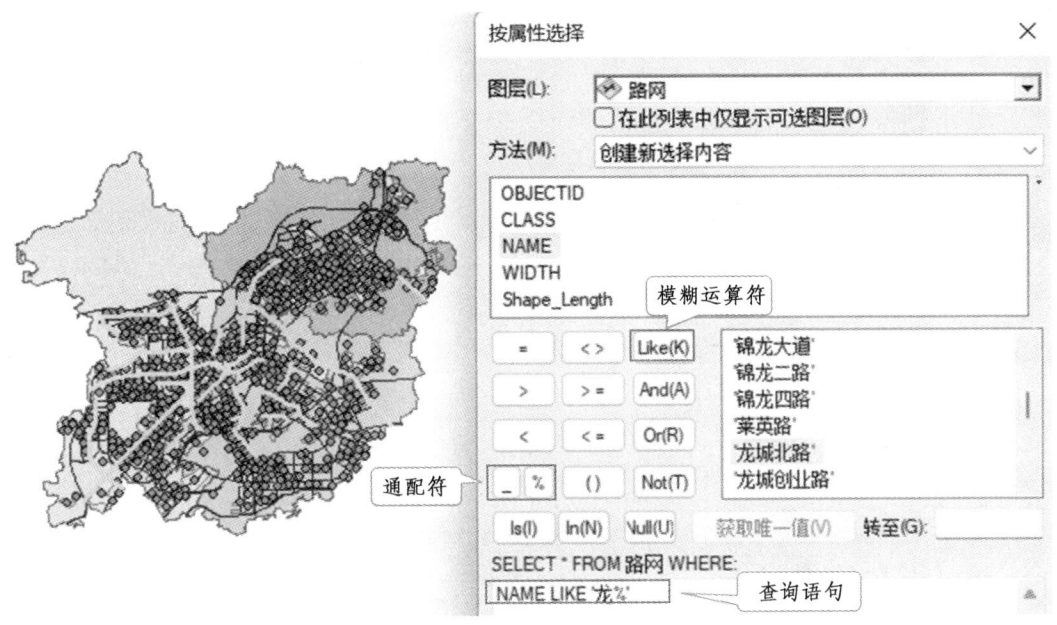

图 5-1-15 查询路网名称以"龙"字开头的所有道路

【任务 2】查询"路网"图层中(路网名称以"西路"结尾,并且路名是 4 个字)的所有道路,如图 5-1-16 所示。

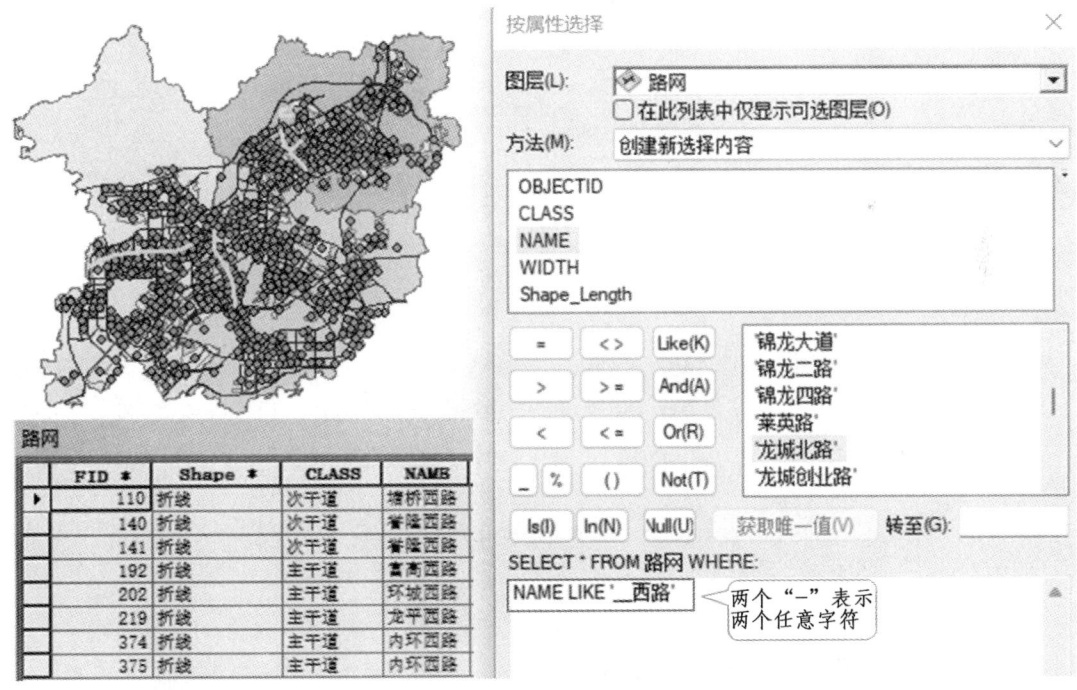

图 5-1-16 查询路网名称以"西路"结尾且路名是 4 个字的所有道路

技能点二　空间查询

【技能目标】

（1）理解数据的空间查询方法。

（2）熟练掌握数据的空间查询。

【操作数据】

实验数据\项目五\任务 1\空间查询。

【操作流程】

空间查询操作流程，如图 5-1-17 所示。

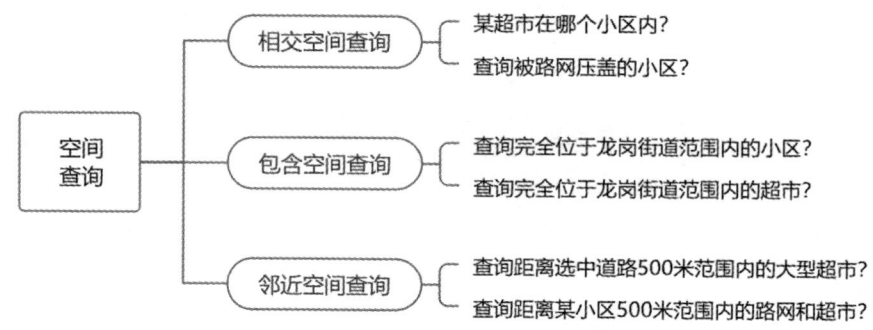

图 5-1-17　空间查询操作流程

【操作步骤】

空间查询通过"选择"菜单下的"按位置选择"来构建基于空间关系的查询，如图 5-1-18 所示。

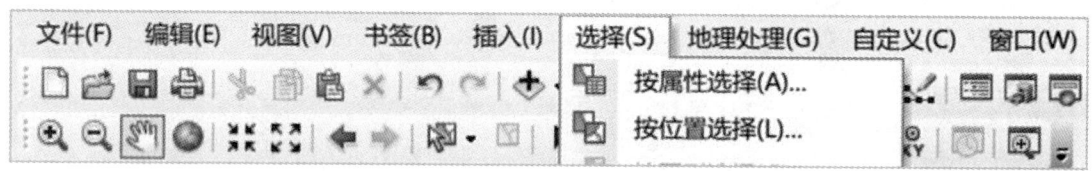

图 5-1-18　"按位置选择"查询工具

一、相交空间查询

【任务 1】查询某超市在哪个小区内。

首先在"大型超市"图层中随机选择 3 个超市，查询这 3 个超市在哪些小区内，如图 5-1-19 所示。

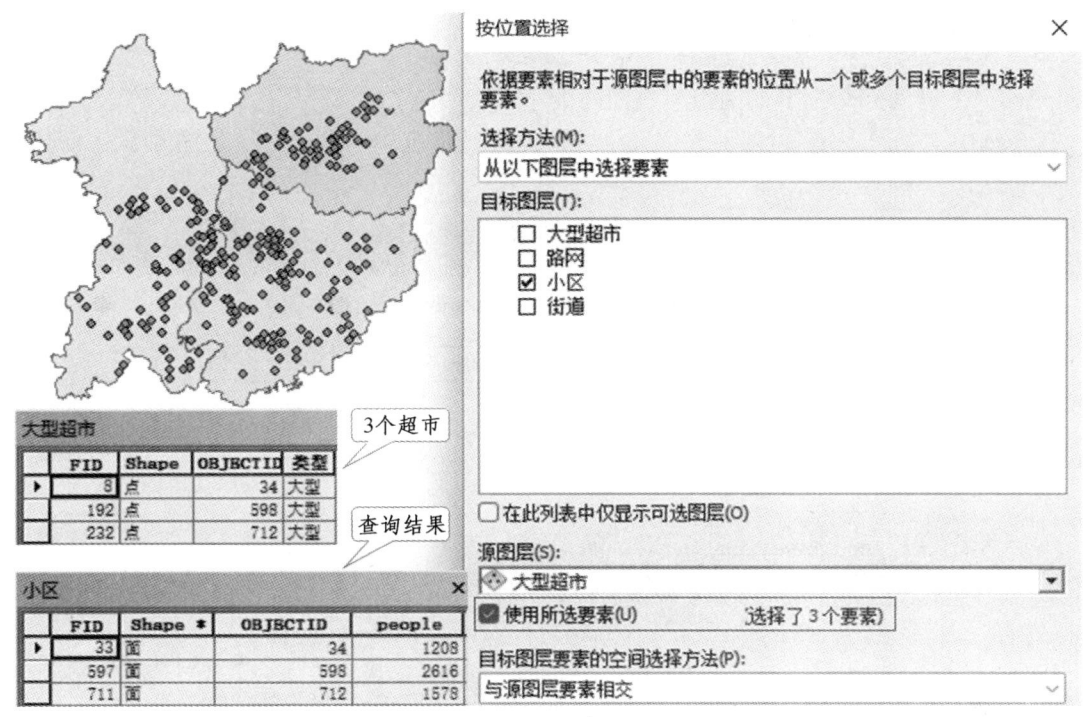

图 5-1-19　查询超市所在的小区

【任务 2】查询被路网压盖的小区，如图 5-1-20 所示。

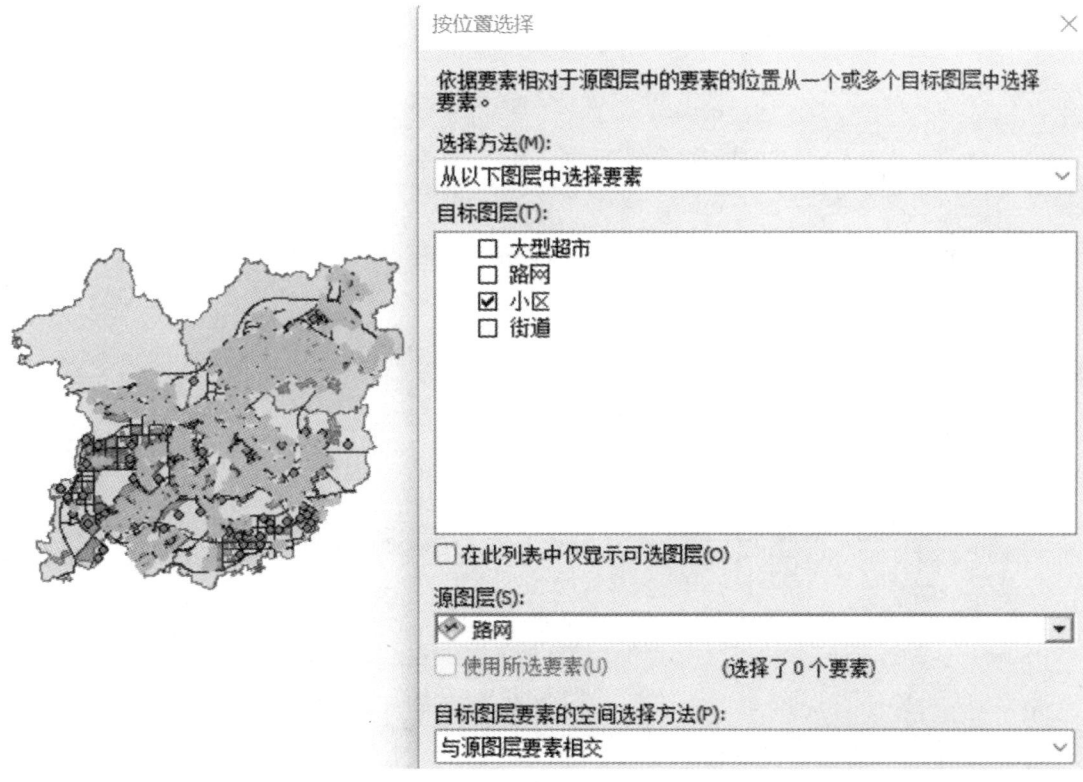

图 5-1-20　查询被路网压盖的小区

二、包含空间查询

【任务1】 查询完全位于龙岗街道范围内的小区。

首先选中"龙岗街道",然后查询完全位于龙岗街道范围内的小区,如图 5-1-21 所示。

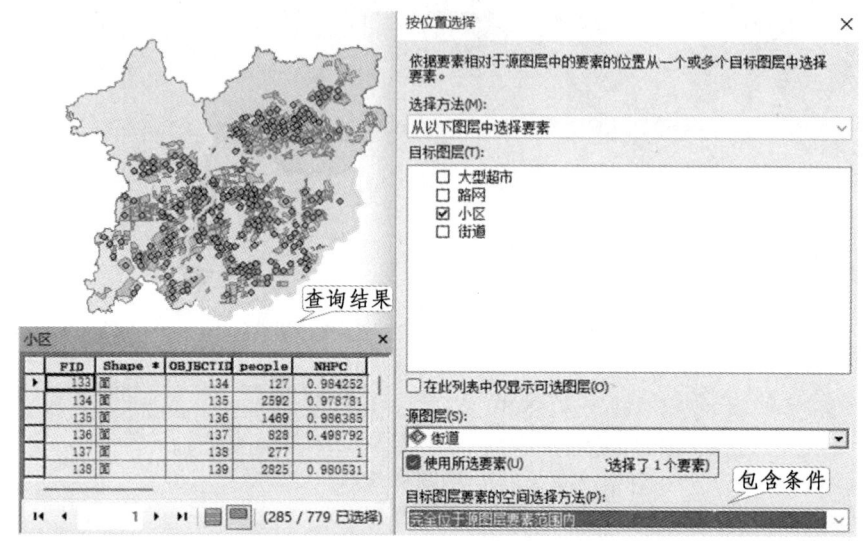

图 5-1-21　查询完全位于龙岗街道范围内的小区

【任务2】 查询完全位于龙岗街道范围内的大型超市,如图 5-1-22 所示。

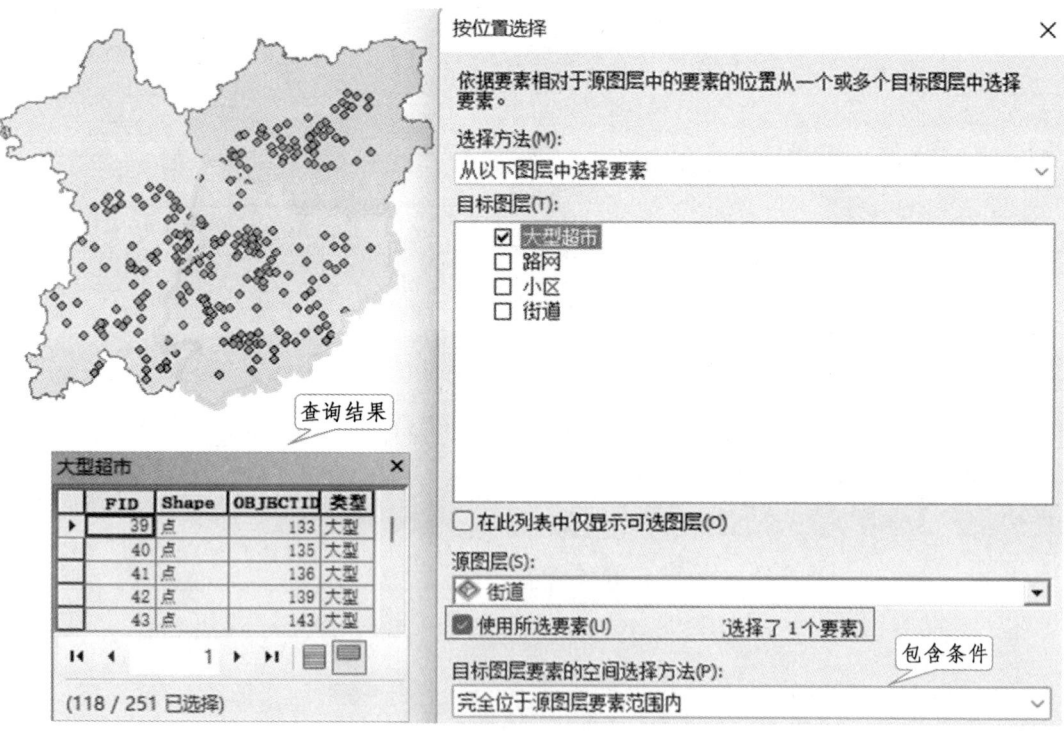

图 5-1-22　查询完全位于龙岗街道范围内的大型超市

三、邻近空间查询

【任务1】查询距离选中道路 500 m 范围内的大型超市，如图 5-1-23 所示。

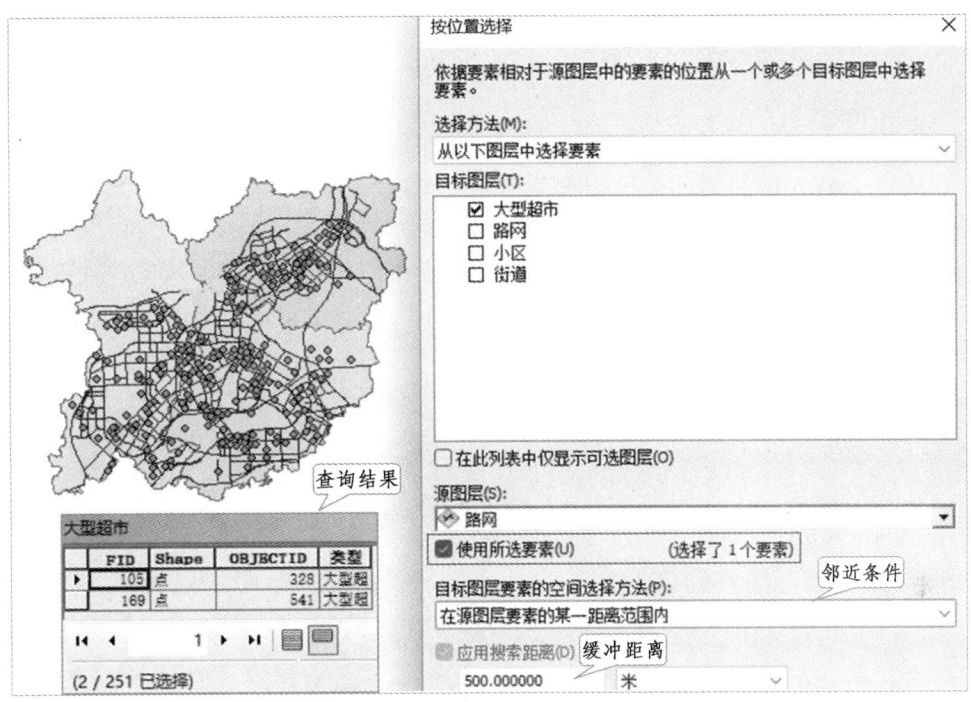

图 5-1-23　查询距离选中道路 500 m 范围内的大型超市

【任务2】查询距离某小区 500 m 范围内的道路和大型超市，如图 5-1-24 所示。

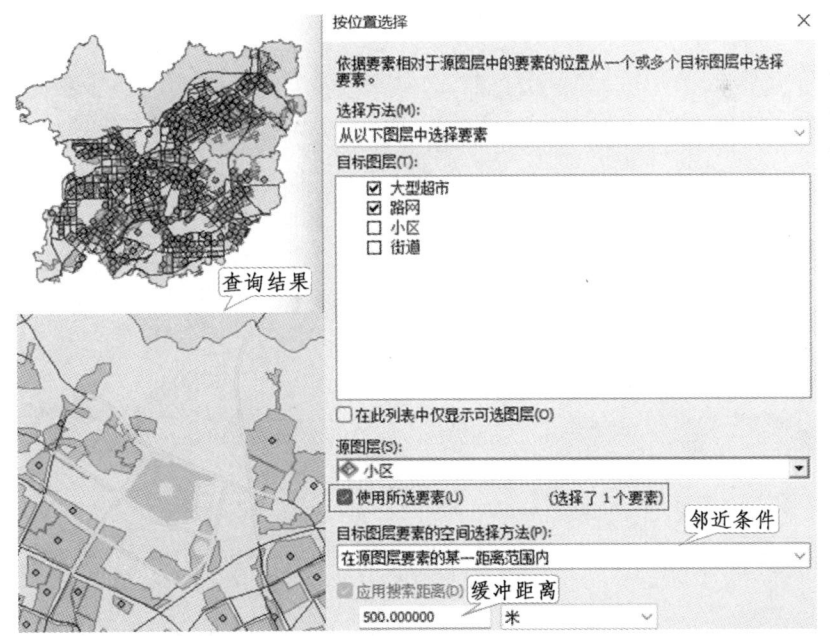

图 5-1-24　查询距离某小区 500 m 范围内的道路和大型超市

任务二　GIS 数据分析

知识点一　空间数据分析

一、缓冲区分析

缓冲区是指地理空间目标的一种影响范围或服务范围。缓冲区分析是 GIS 重要的空间分析功能之一，它在交通、林业、资源管理、城市规划中有着广泛的应用。例如，湖泊和河流周围的保护区的定界、汽车服务区的选择、居民区远离街道网络的缓冲区的建立等。

缓冲区分析是指根据分析对象的点、线、面实体，自动建立它们周围一定距离的带状区，用以识别这些实体对邻近对象的辐射范围或影响度。缓冲区是一些新的多边形，不包含原来的点、线、面，其大小由所指定的缓冲区半径控制，如图 5-2-1 所示。

 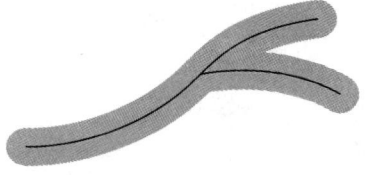 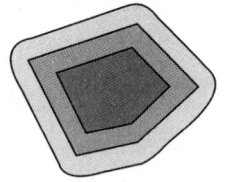

图 5-2-1　点、线、面的缓冲区

（一）缓冲区的不同形式

1. 点数据缓冲区

点数据缓冲区如图 5-2-2 所示。

 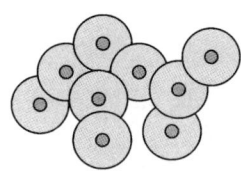 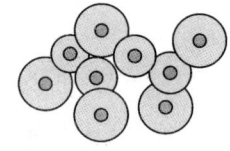

图 5-2-2　点缓冲区的不同形式

2. 线数据缓冲区

线数据缓冲区如图 5-2-3 所示。

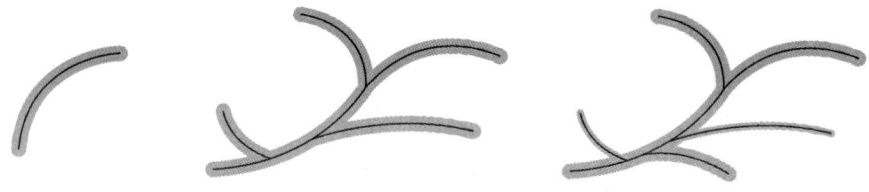

图 5-2-3　线缓冲区的不同形式

3. 面数据缓冲区

面数据缓冲区如图 5-2-4 所示。

图 5-2-4 面缓冲区的不同形式

（二）缓冲区重叠处理

1. 单个对象缓冲区重叠处理

单个对象缓冲区重叠处理如图 5-2-5 所示。

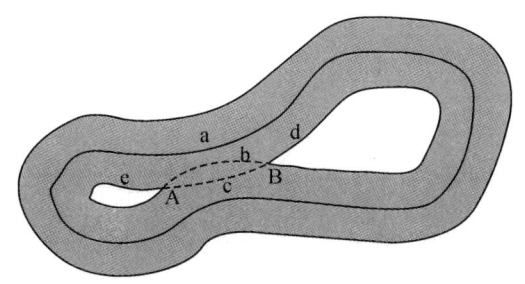

图 5-2-5 单个对象缓冲区重叠处理

2. 多个对象缓冲区重叠处理

多个对象缓冲区重叠处理如图 5-2-6 所示。

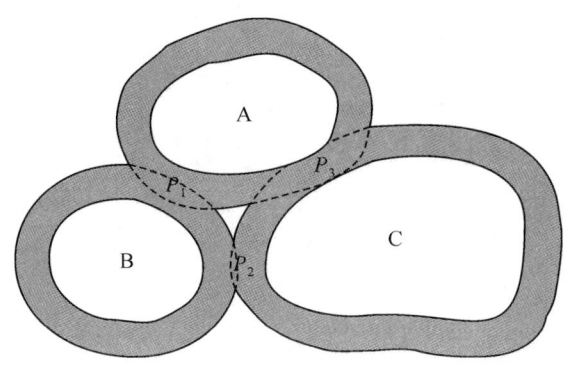

图 5-2-6 多个对象缓冲区重叠处理

二、叠加分析

叠加分析是 GIS 中的一项非常重要的空间分析功能。它是指在统一空间参考系统下，对同一区域的两组及两组以上的数据进行的一系列集合运算，产生新数据（新的空间图形或空间位置上的新属性）的过程。

叠加分析的目标是分析在空间位置上有一定关联的空间对象的空间特征和专属属性之间的相互关系。

叠加分析不仅仅产生了新的空间关系，还可以产生新的属性特征关系，能够发现多层数据间的相互差异、联系和变化等特征，如图 5-2-7 所示。

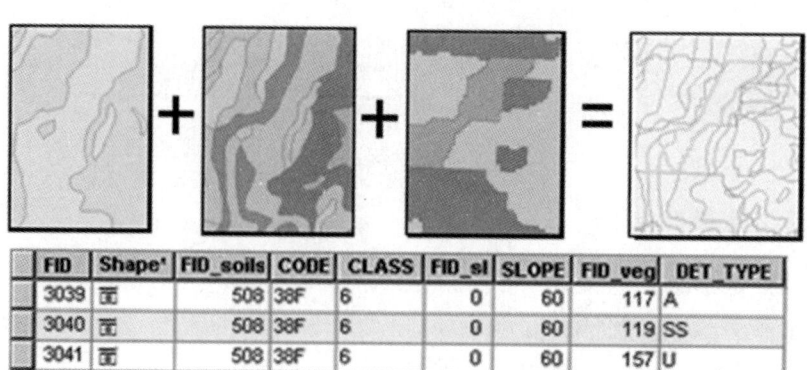

图 5-2-7 叠加分析

基于 GIS 数据结构，叠加分析分为基于矢量数据的叠加分析和基于栅格数据的叠加分析两大类，如图 5-2-8 所示，本书中主要讨论矢量数据叠加分析。

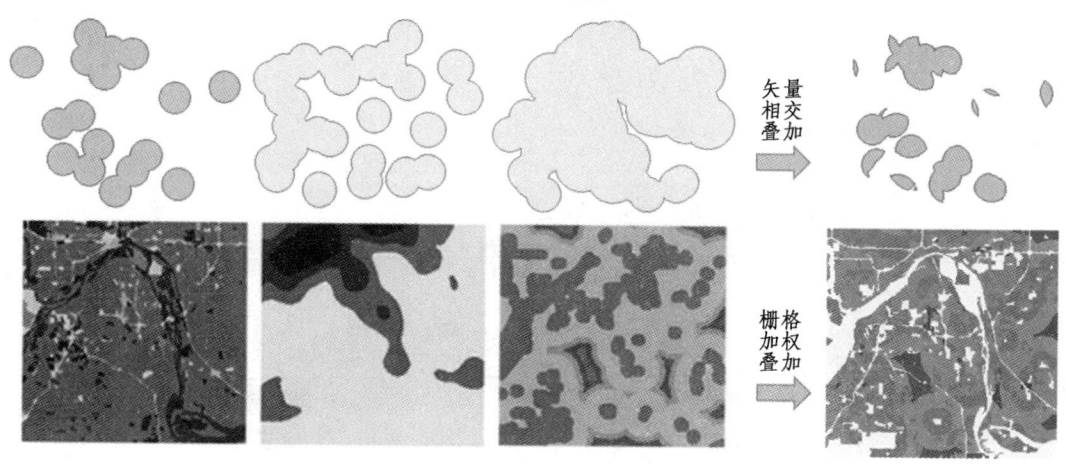

图 5-2-8 矢量数据叠加和栅格数据叠加

矢量数据叠加分析是指不同图层之间叠加，通常有点与面叠加、线与面叠加、面与面叠加，进而分析不同图层之间的空间关系。

（一）点与面叠加

通过点与面叠加，可以判断点与面的包含关系，并进行属性信息处理。叠加不直接产生新数据，但会生成一个点数据。图 5-2-9 通过小区点与社区面叠加可以生成一个新的小区数据，并在小区属性数据中追加了小区所在的社区信息。

（二）线与面叠加

通过线与面叠加，判断线是否落在多边形内，计算过程通常是计算线与多边形的交点。只要相交，就产生一个结点，将原线打断成一条条弧段，并将原线和多边形的属性信息一起赋给新弧段。叠加会生成一个新的数据。如图 5-2-10 所示，可以判断地铁与区域间的空间关系。

 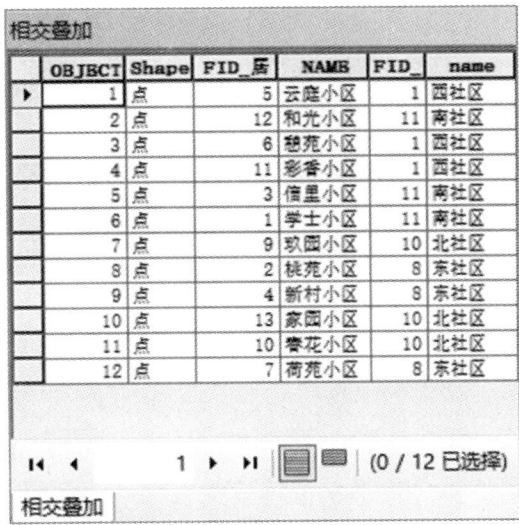

图 5-2-9　小区点与社区面叠加

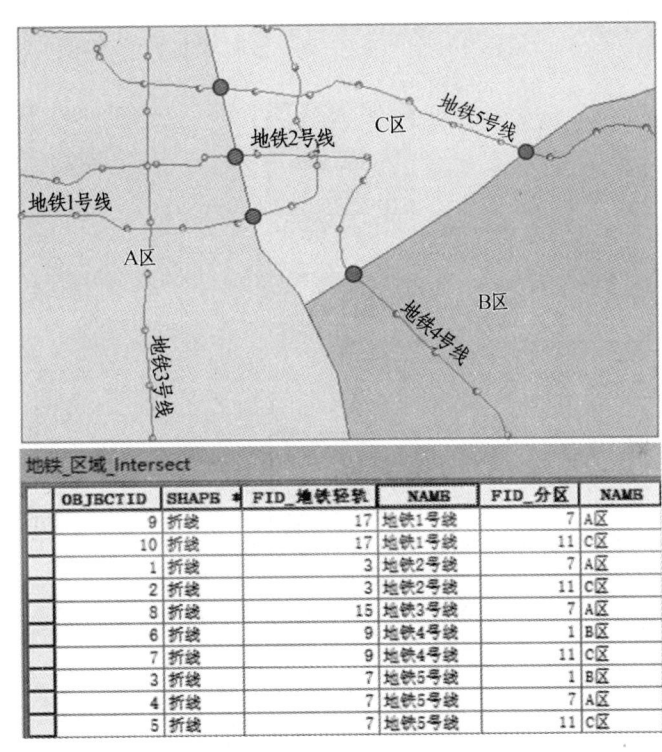

图 5-2-10　地铁线与区域面相交叠加

（三）面与面叠加

多边形叠加是将两个或多个多边形图层进行叠加产生一个新多边形图层的操作，其结果将原来多边形要素分割成新要素，新要素综合了原来两层或多层的属性。叠加会生成一个新的数据。

面的叠加分析常用的有相交、联合、标识、交集取反、更新、擦除等工具进行空间分析，如图 5-2-11 所示。

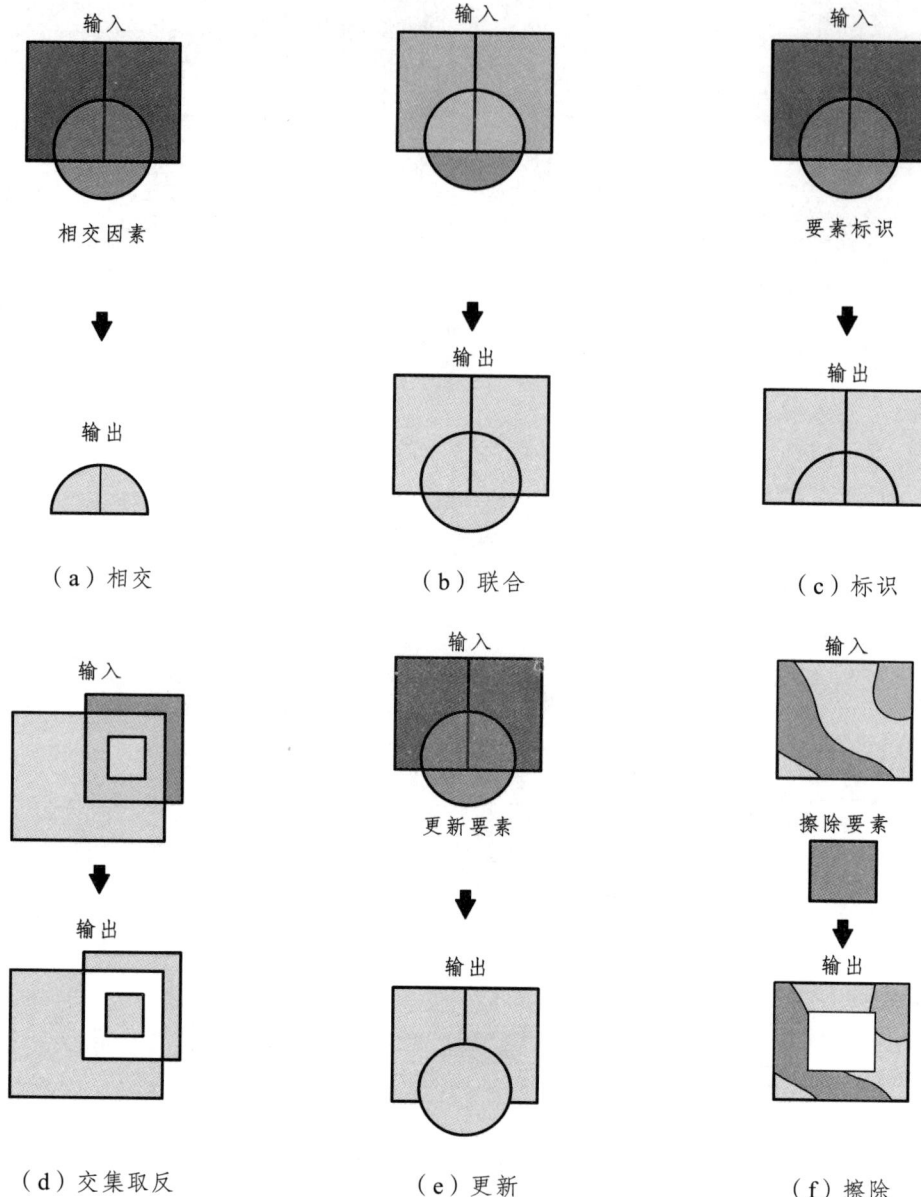

图 5-2-11 叠加分析工具

技能点一　创建缓冲区

【技能目标】

（1）熟练使用缓冲区向导创建缓冲区。
（2）熟练使用工具箱中缓冲区工具创建缓冲区。

【操作流程】

创建缓冲区操作流程，如图 5-2-12 所示。

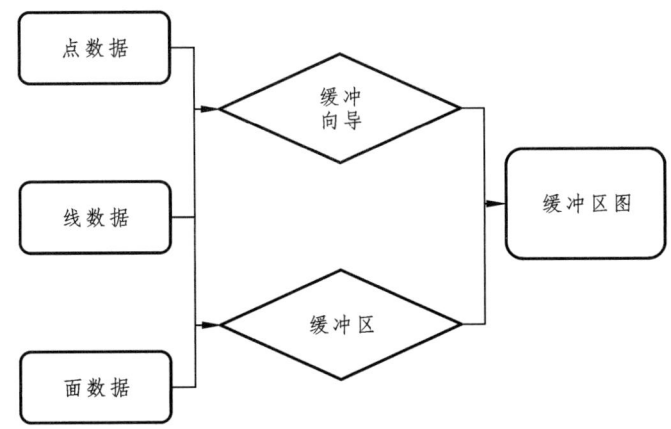

图 5-2-12　创建缓冲区操作流程

【操作数据】

实验数据\项目五\任务 2\创建缓冲区。

【操作步骤】

一、使用缓冲区向导创建缓冲区

通过菜单"自定义"→"自定义模式"→"命令"→"工具"→"缓冲区向导"（见图 5-2-13），选中缓冲区向导按住鼠标左键将其拖放至工具栏中某个工具条的空白区域，如图 5-2-14 所示。

（一）点缓冲区创建

1. 点缓冲区创建——以指定距离来创建缓冲区
（1）"超市"数据缓冲区的创建，如图 5-2-15 所示。

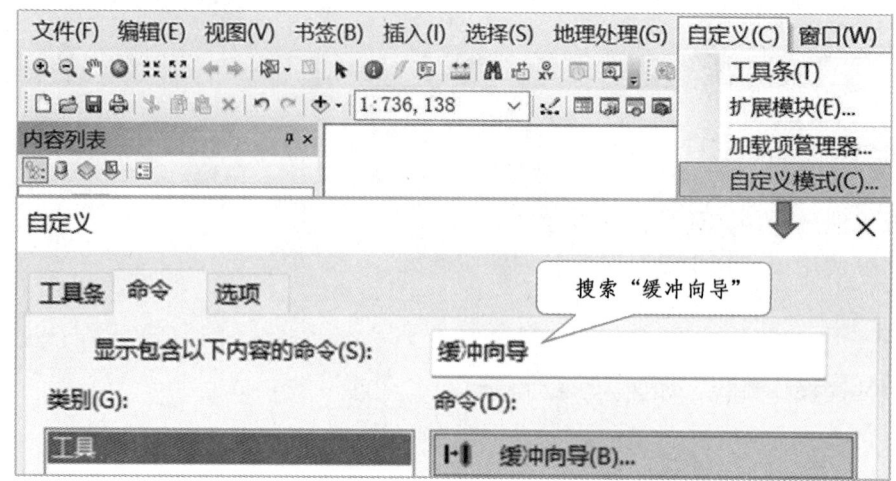

图 5-2-13 调用缓冲区向导步骤 1

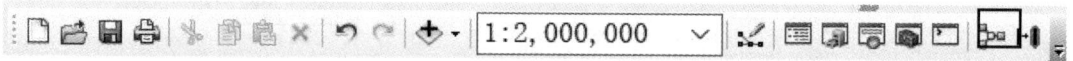

图 5-2-14 调用缓冲区向导步骤 2

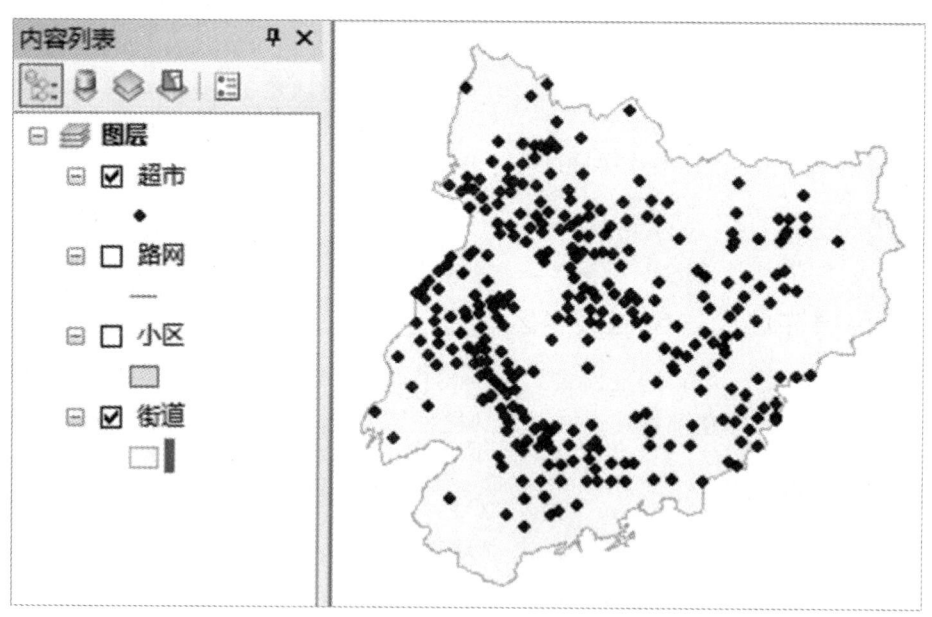

图 5-2-15 超市数据

（2）单击工具栏"缓冲向导"→选择"超市"，如图 5-2-16 所示。

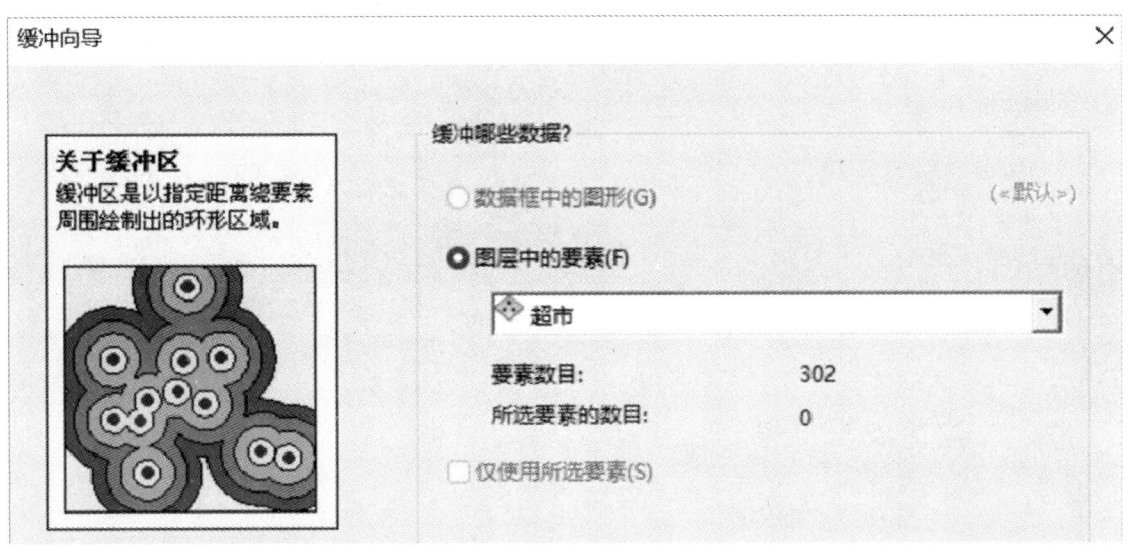

图 5-2-16 "超市"数据创建缓冲区

(3)输入指定距离 200,单位为米,如图 5-2-17 所示。

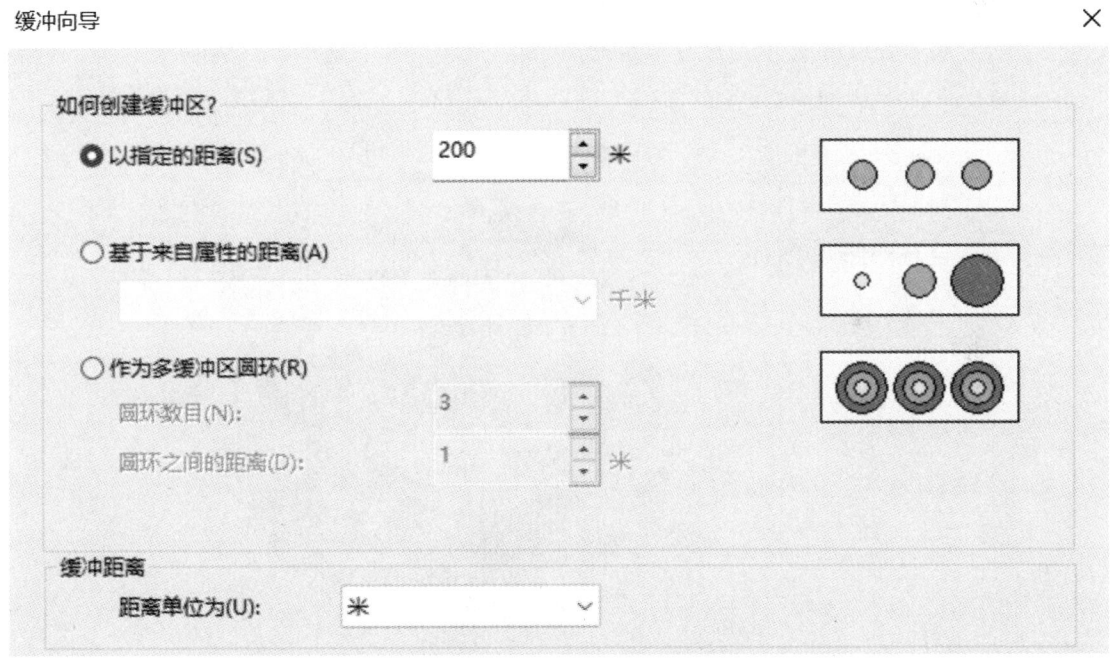

图 5-2-17 设置缓冲距离 200 m

(4)设置输出类型(是否融合),保存缓冲区文件,如图 5-2-18 所示。

缓冲向导

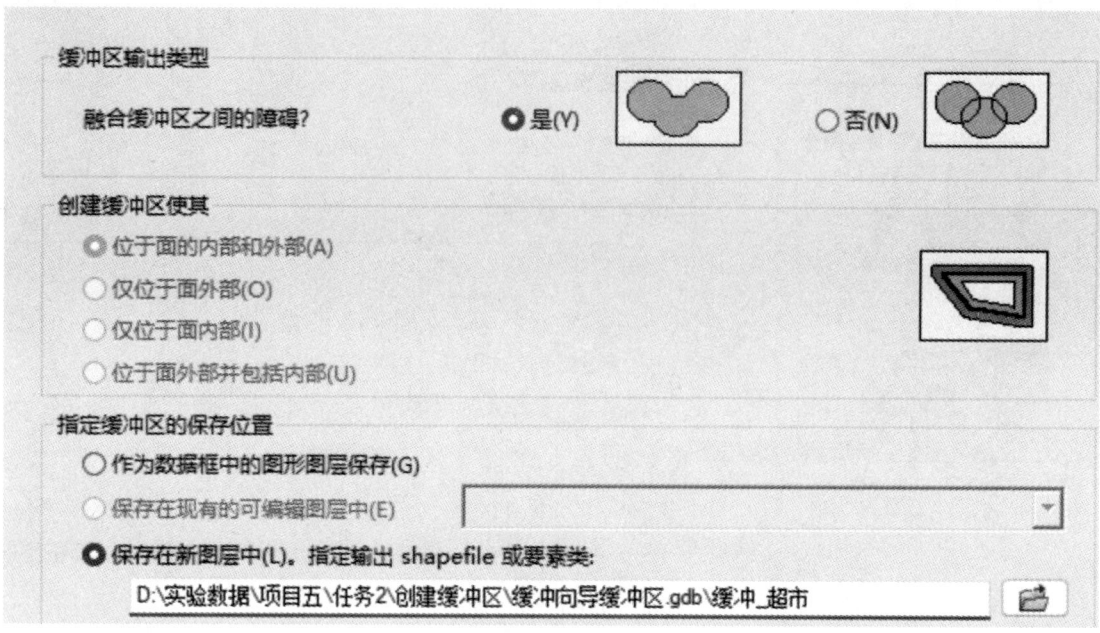

图 5-2-18 设置融合类型并保存缓冲区文件

（5）所有超市 200 m 缓冲区如图 5-2-19 所示。

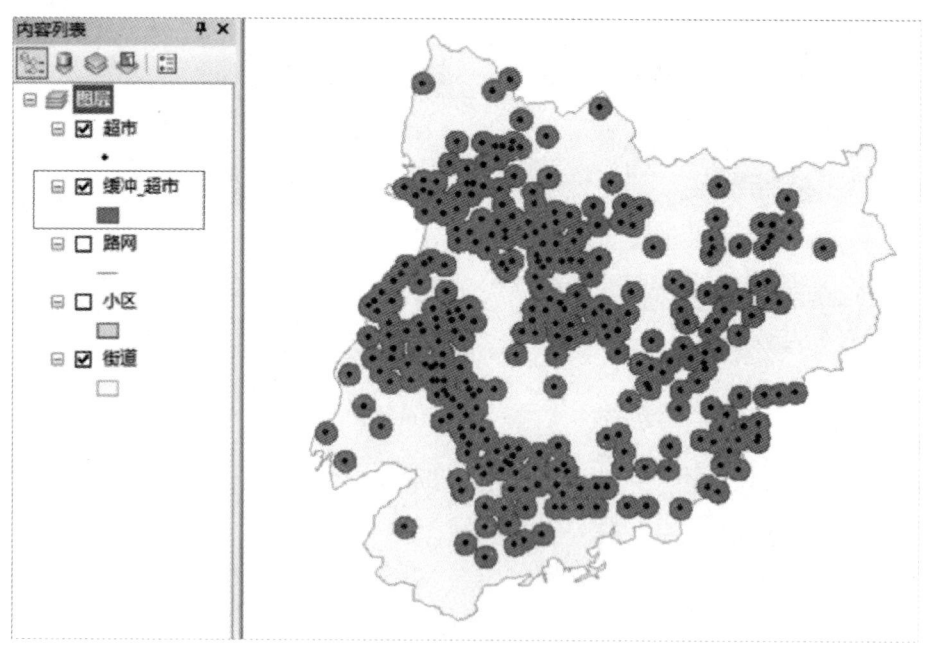

图 5-2-19 超市 200 m 缓冲区

2. 点缓冲区创建——变距缓冲区（基于属性字段的变距缓冲区）

根据"超市"的属性字段"服务范围"来创建变距缓冲区（见图 5-2-20），变距缓冲区创建结果如图 5-2-21 所示。

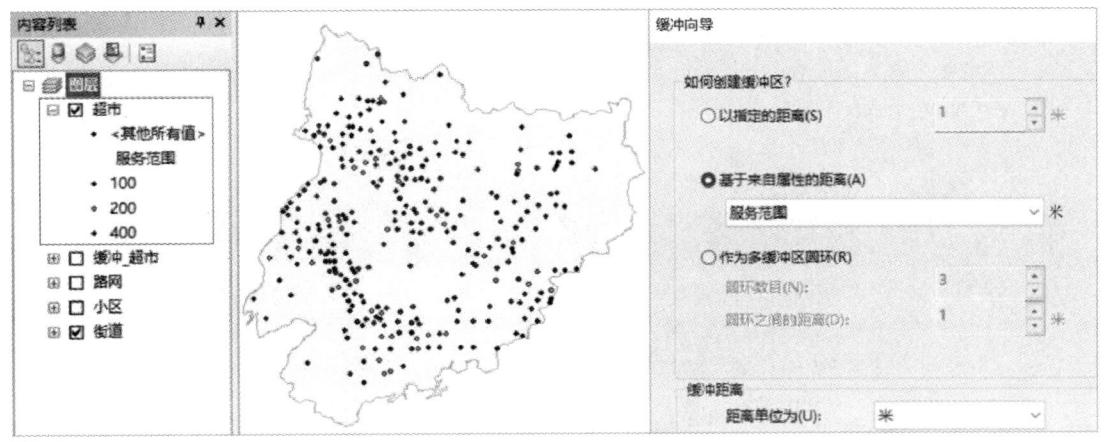

图 5-2-20　创建超市变距缓冲区

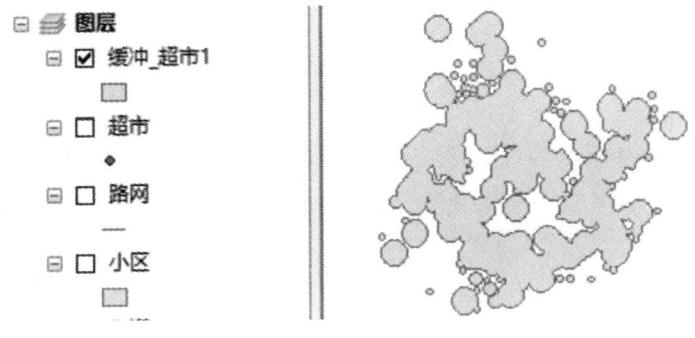

图 5-2-21　超市变距缓冲区

3. 点缓冲区创建——多环缓冲区

以两个超市的多环缓冲区为例：选择两个超市→多缓冲区圆环，如图 5-2-22～图 5-2-24 所示。

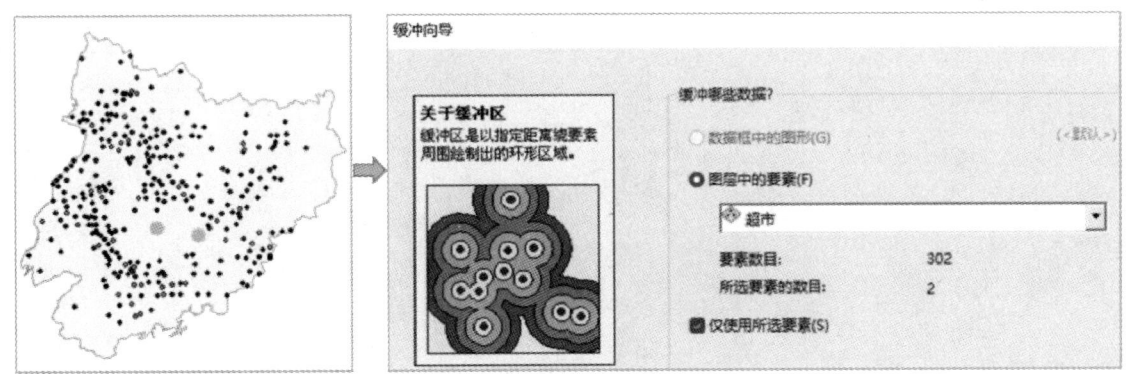

图 5-2-22　选择超市创建多环缓冲区

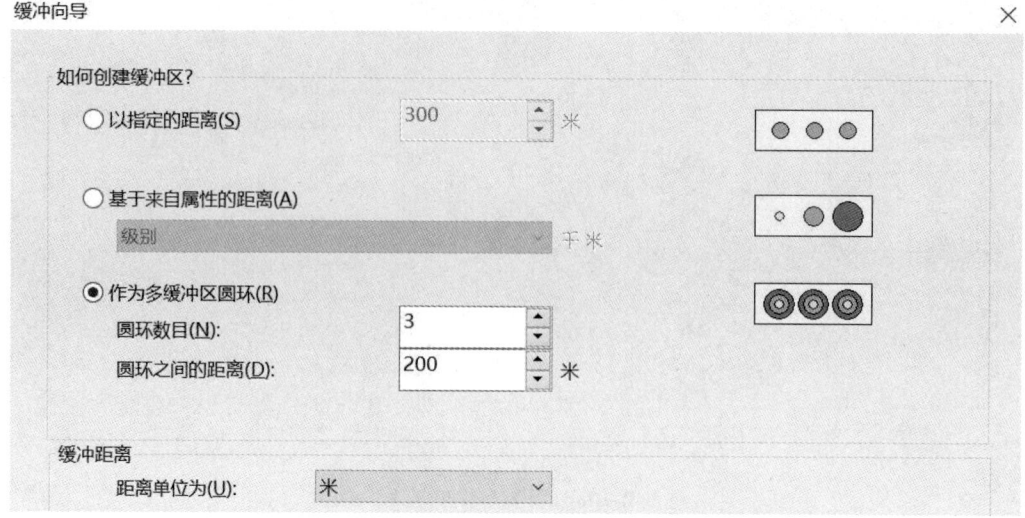

图 5-2-23　设置圆环数量和圆环之间的距离

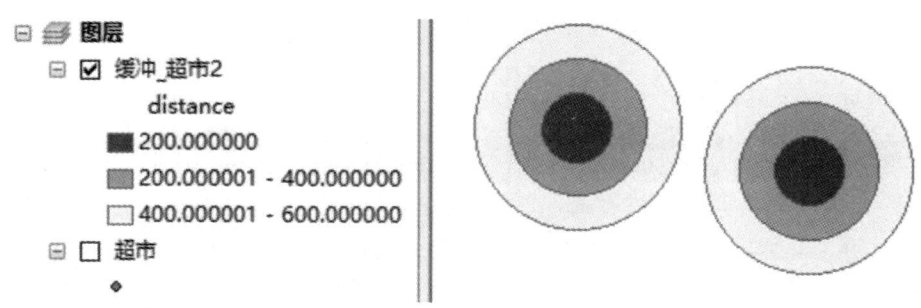

图 5-2-24　超市多环缓冲区

（二）线缓冲区创建

与点缓冲区相同，线缓冲区同样有指定距离、变距及多环三种缓冲区类型。不同的是线缓冲区有单侧、双侧之分，但在缓冲区向导中线的缓冲区只有一种（双侧圆角缓冲区）。

（1）创建路网指定距离缓冲区，结果如图 5-2-25 所示。

图 5-2-25　路网指定距离缓冲区

（2）依据路网宽度创建变距缓冲区，如图 5-2-26 所示。

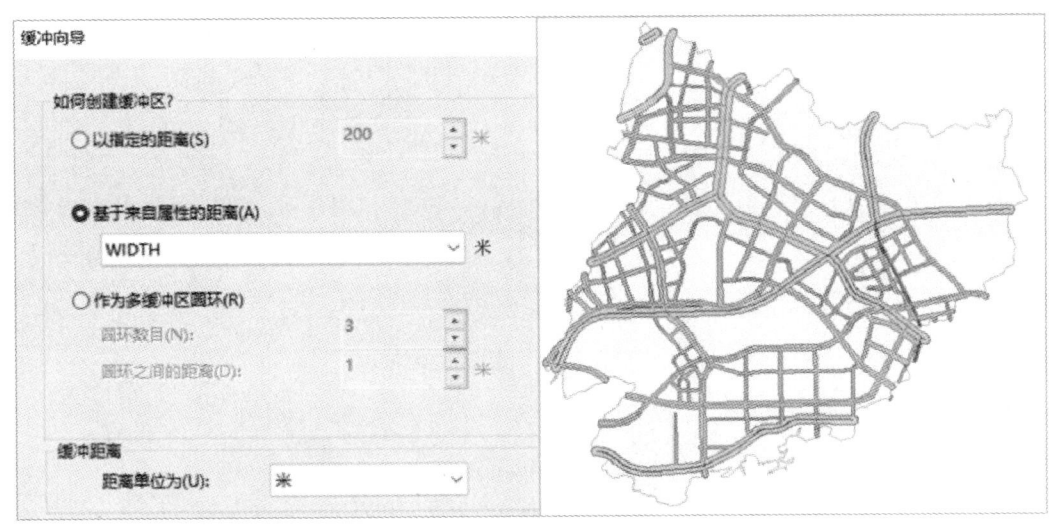

图 5-2-26　路网变距缓冲区

（三）面缓冲区创建

与点、线缓冲区相同，面缓冲区同样有指定距离、变距及多环缓冲区三种缓冲区类型。不同的是面缓冲区有面的内部、外部、内部和外部及外部包含面等多种不同形式，如图 5-2-27 和图 5-2-28 所示。

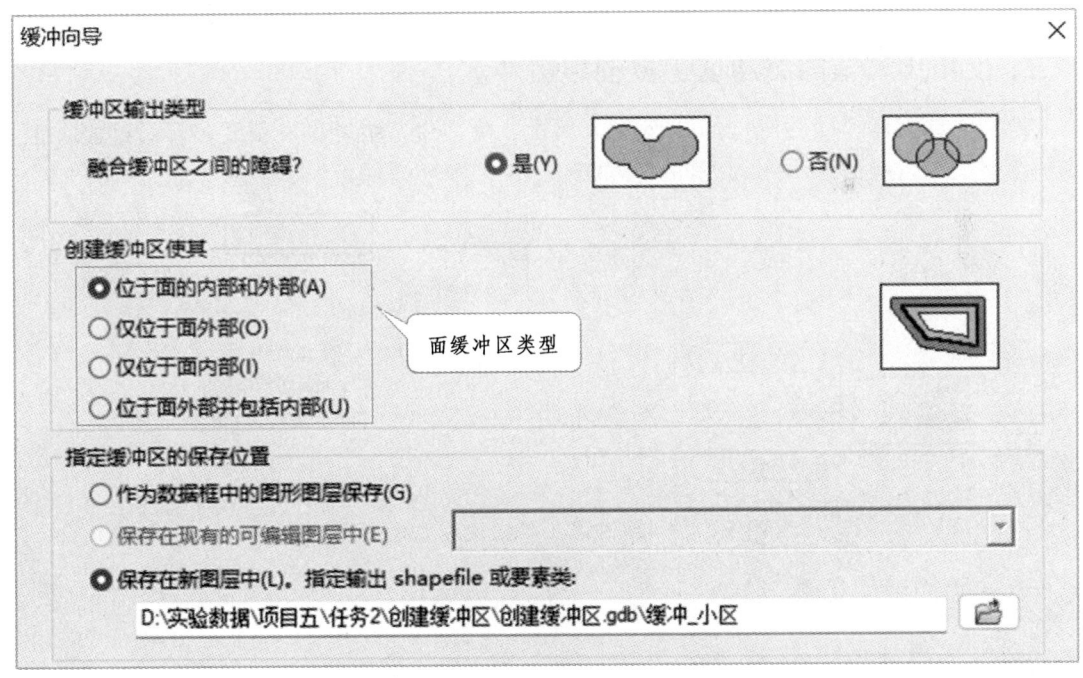

图 5-5-27　面的缓冲区类型

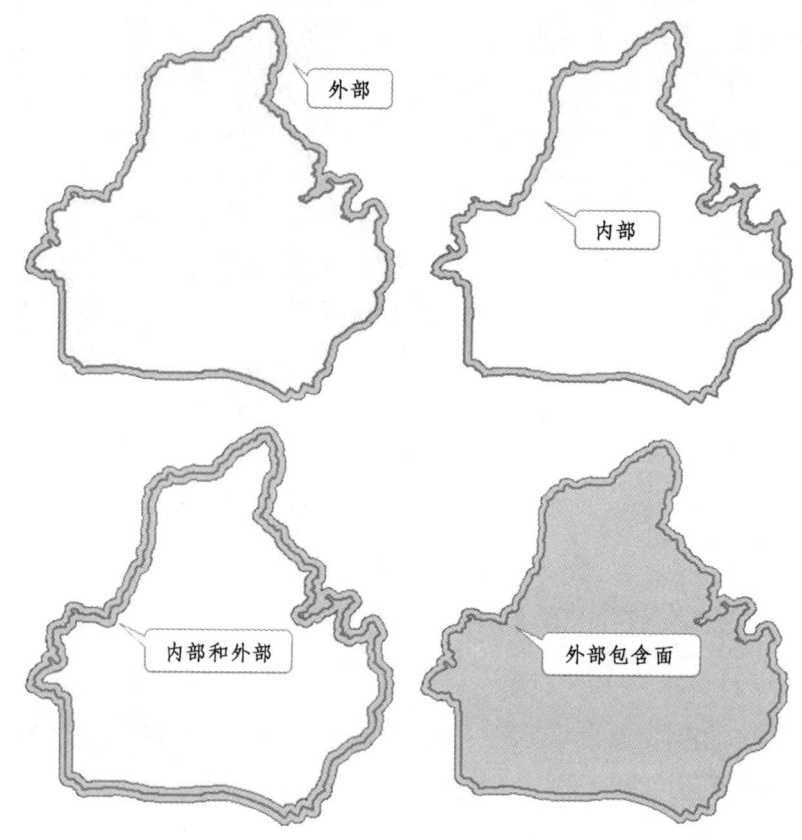

图 5-2-28 面的缓冲区结果

二、使用工具箱的缓冲区工具创建缓冲区

工具箱工具创建缓冲区流程如图 5-2-29 所示，可使用"缓冲区"及"多环缓冲区"工具。此处重点演示与缓冲向导不同的线的"缓冲区"和"多环缓冲区"工具。

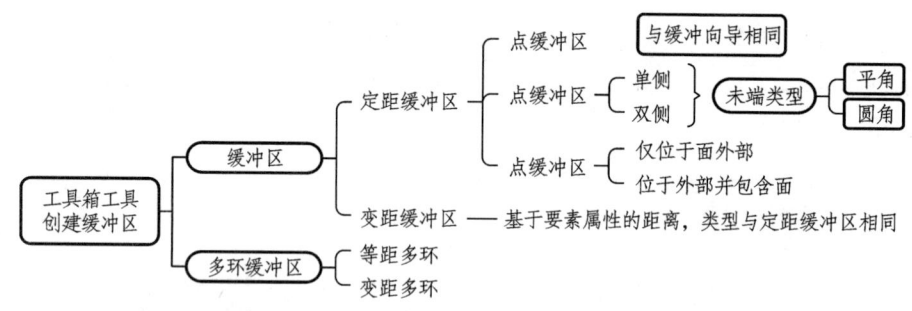

图 5-2-29 缓冲区工具创建缓冲区流程

（一）"缓冲区"工具

1. 打开"缓冲区"工具

打开图 5-2-30 "地理处理"菜单下的"缓冲区"工具。

图 5-2-30 "地理处理"菜单下的"缓冲区"工具

2. 创建缓冲区

1）创建线缓冲区

以创建路网缓冲区为例，缓冲区工具中线的缓冲区测类型有双侧和单侧之分，末端类型有圆角和平角之分，如图 5-2-31 和图 5-2-32 所示。

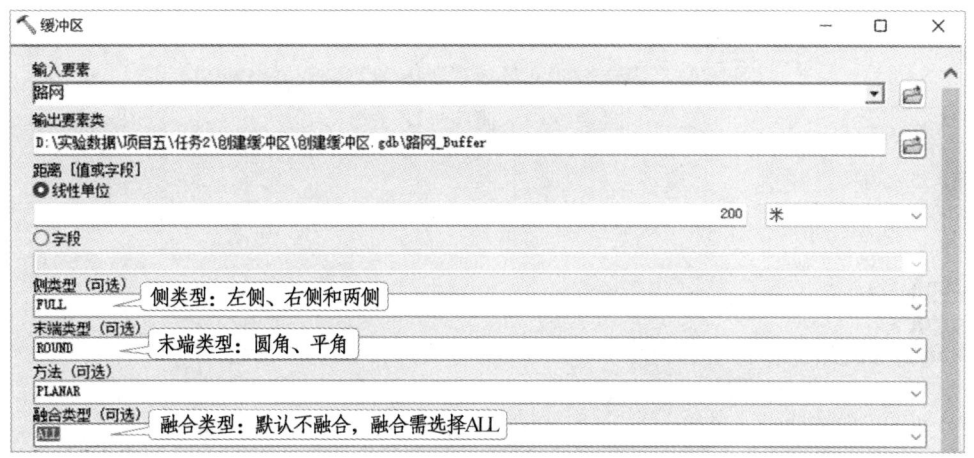

图 5-2-31 缓冲区工具线缓冲区参数设置

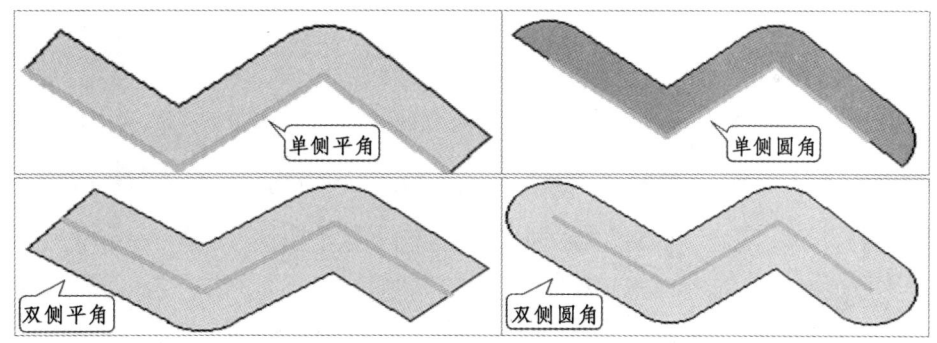

图 5-2-32 线缓冲区类型

2）创建面缓冲区

通过"缓冲区"创建面缓冲区同样可以通过线性单位输入距离值来创建等距缓冲区，在字段选项中选择距离字段可以创建变距缓冲区。侧类型有两种，一种是 OUTSIDE_ONLY（只对面外部做缓冲区），另一种是 FULL（包含外部及面内部），如图 5-2-33 所示。

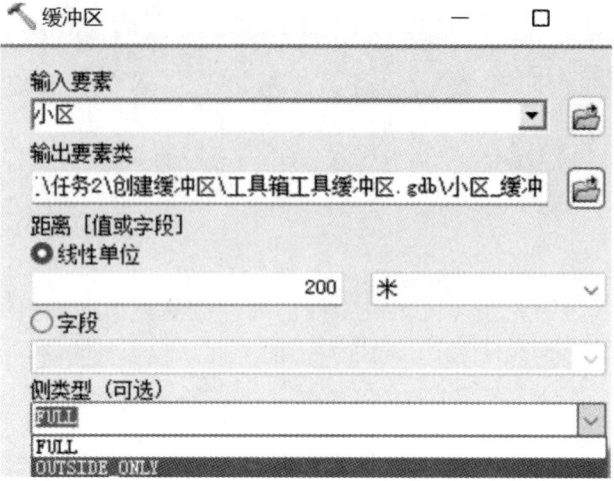

图 5-2-33　面缓冲区类型

(二)"多环缓冲区"工具

打开"多环缓冲区"工具，创建多环缓冲区，如图 5-2-34 所示。

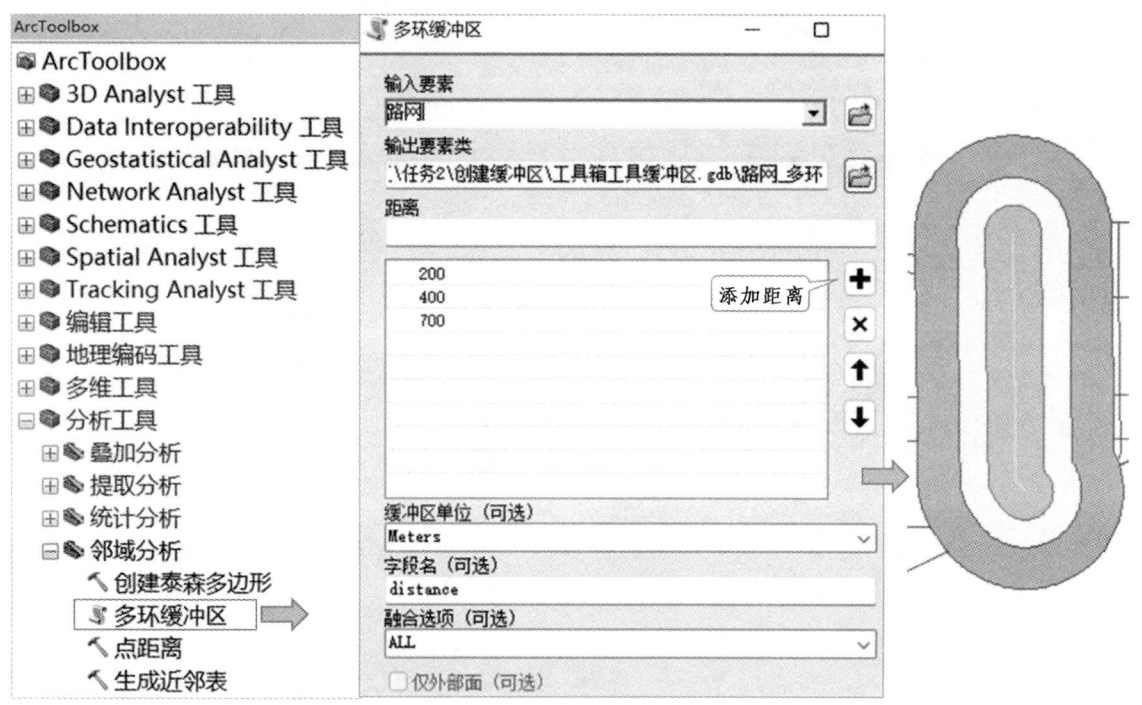

图 5-2-34　创建多环缓冲区

三、想一想

如何对水系外围做 200 米的保护区？

技能点二 择房分析

【技能目标】

（1）熟练使用"缓冲区"向导创建缓冲区。
（2）熟练使用工具箱中"缓冲区"工具创建缓冲区。

【操作流程】

择房分析操作流程，如图 5-2-35 所示。

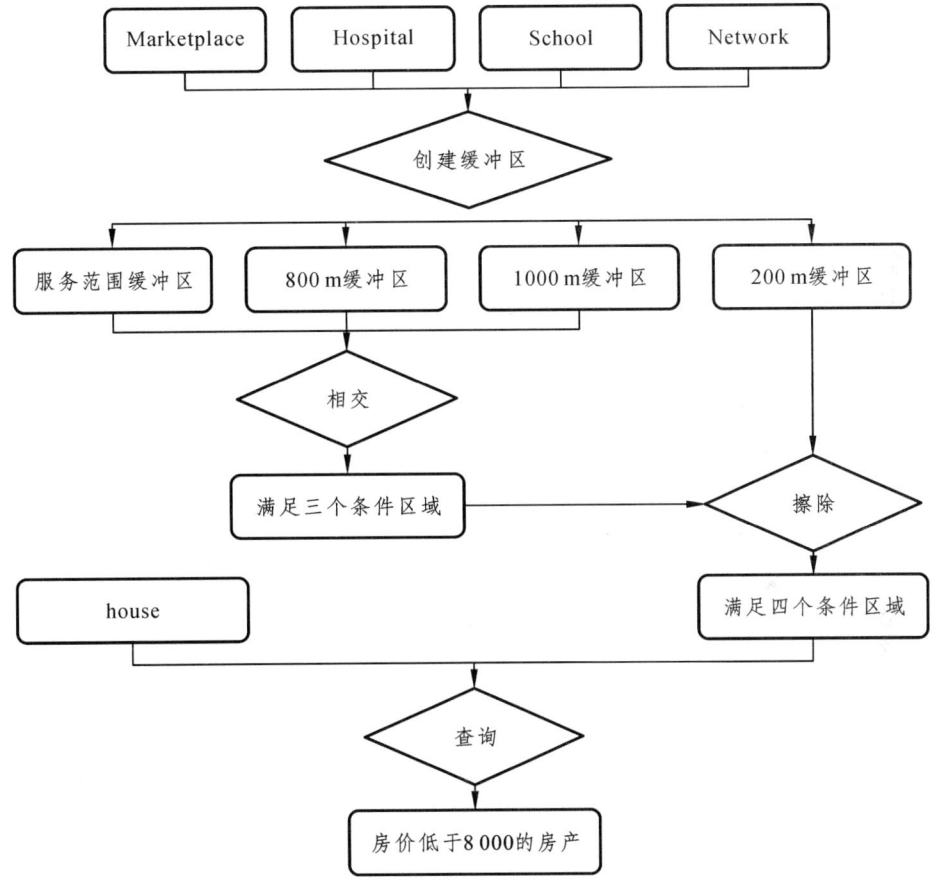

图 5-2-35 择房分析操作流程

【操作数据】

实验数据\项目五\任务 2\择房分析。
network.shp（城市市区交通网络图）、Marketplace.shp（商业中心分布图）、school.shp（学校分布图）、hospital.shp（医院分布图）、house.shp（房产分布图）。

【背景】

如何找到环境好、购物方便、小孩上学方便、就医方便的居住区是购房者最关心的问题，因此购房者就需要从总体上对商品房信息进行研究分析，选择最适宜的购房地段。

【要求】

所寻求的区域要满足以下条件：

条件1：距离道路200 m以外，以减少噪声污染。

条件2：在商业中心服务范围内，以保证购物方便。

条件3：距离学校1 000 m以内，以方便就近入学。

条件4：距离医院800 m以内，以保方便就医。

条件5：房屋单价8 000元以内（含），以免贷款压力太大。

【操作步骤】

一、创建缓冲区

（1）对Network（道路）数据创建200 m缓冲区，如图5-2-36所示。

（2）Marketplace（商业中心）服务范围创建缓冲区，如图5-2-37所示。

图5-2-36　Network（道路）200 m缓冲区　　图5-2-37　Marketplace服务范围缓冲区

（3）对School（学校）创建1 000 m缓冲区，5-6-38所示。

（4）对Hospital（医院）创建800 m缓冲区，5-6-39所示。

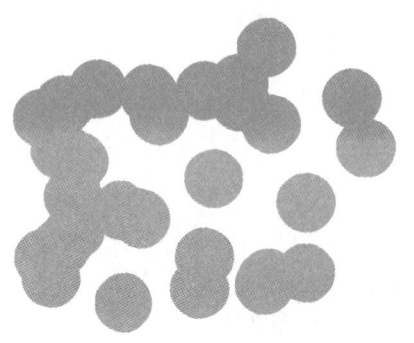 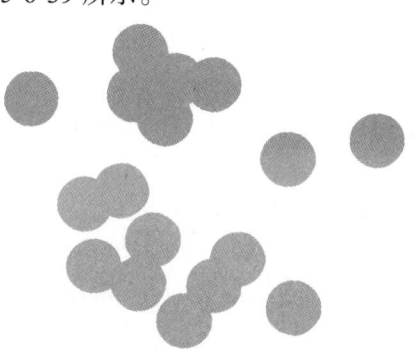

图5-2-38　School（学校）1000 m缓冲区　　图5-2-39　Hospital（医院）800 m缓冲区

二、叠加分析

（1）求同时满足商业中心服务范围内、学校 1 000 m 内、医院 800 m 内的区域，如图 5-2-40 所示。

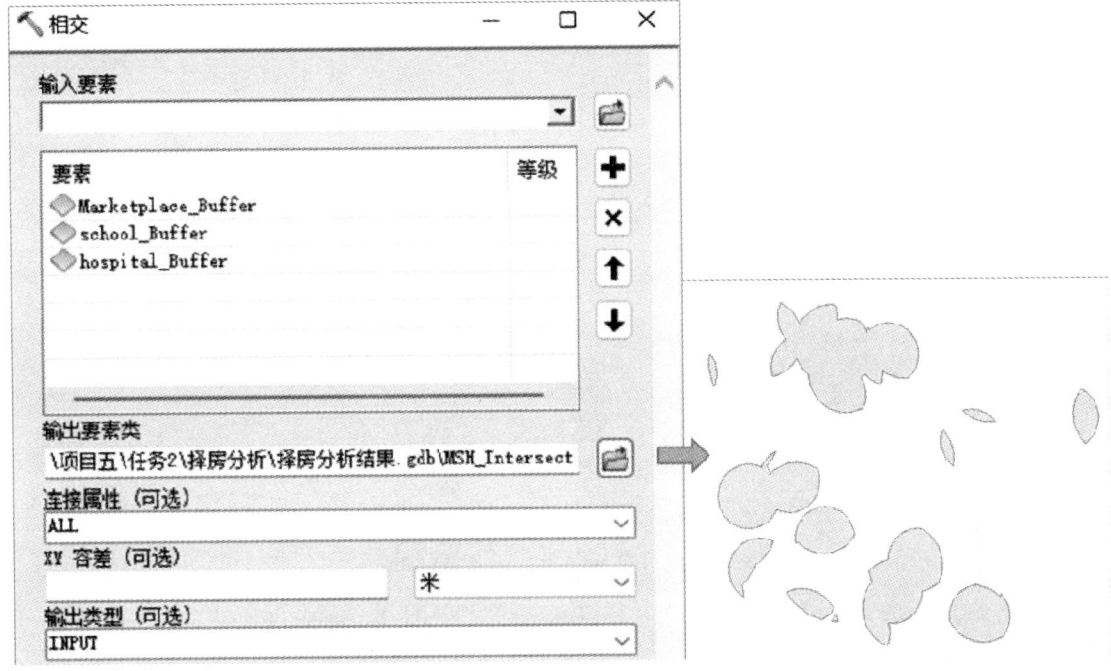

图 5-2-40　相交叠加结果

（2）从相交区域中去除"道路 200 m 以内的区域"，如图 5-2-41 所示。

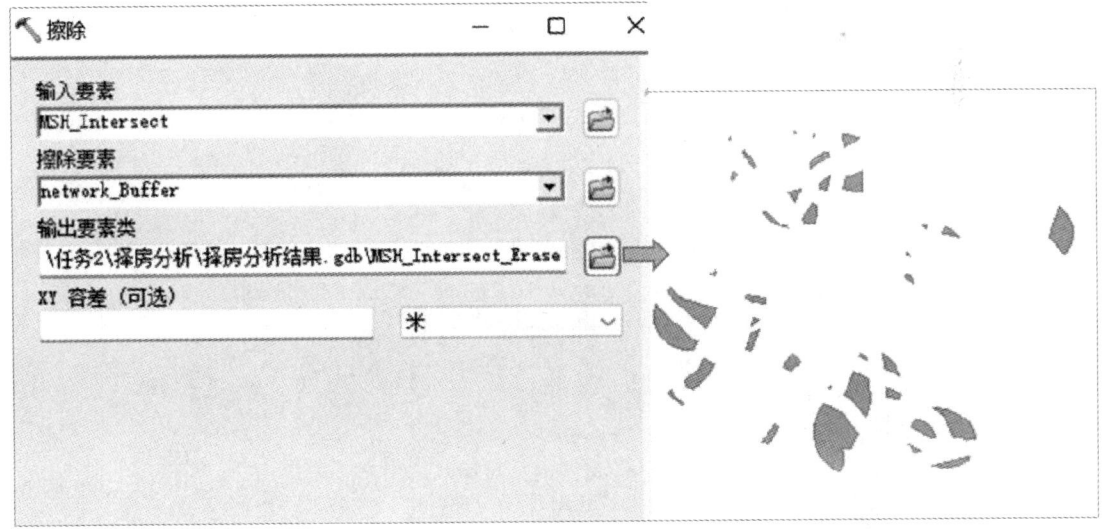

图 5-2-41　擦除叠加结果

三、数据查询

（1）查询房价低于 8 000 元的房产，如图 5-2-42 所示

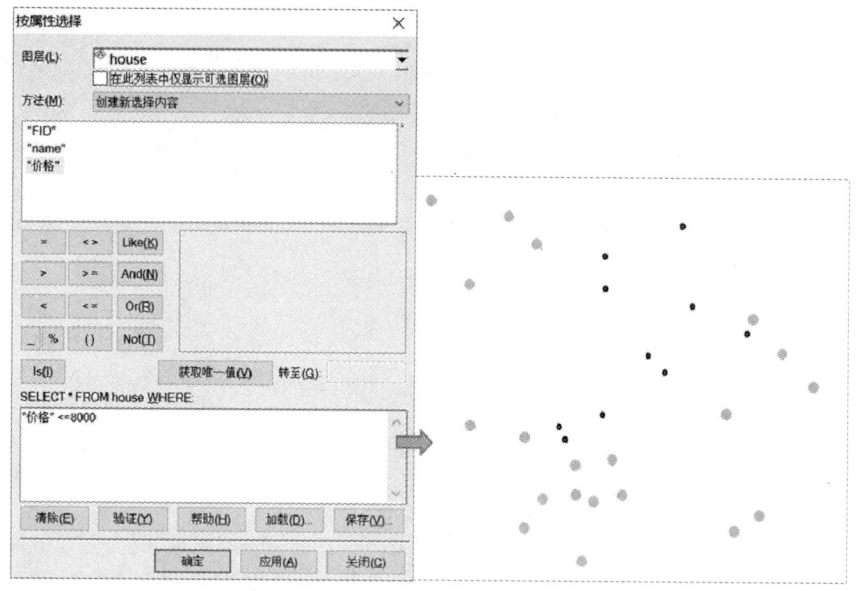

图 5-2-42　查询房价低于 8 000 元的房产

（2）查询房价低于 8 000 元的房产中在目标区域"MSH_Intersect_Erase"范围内的房产，如图 5-2-43 所示。

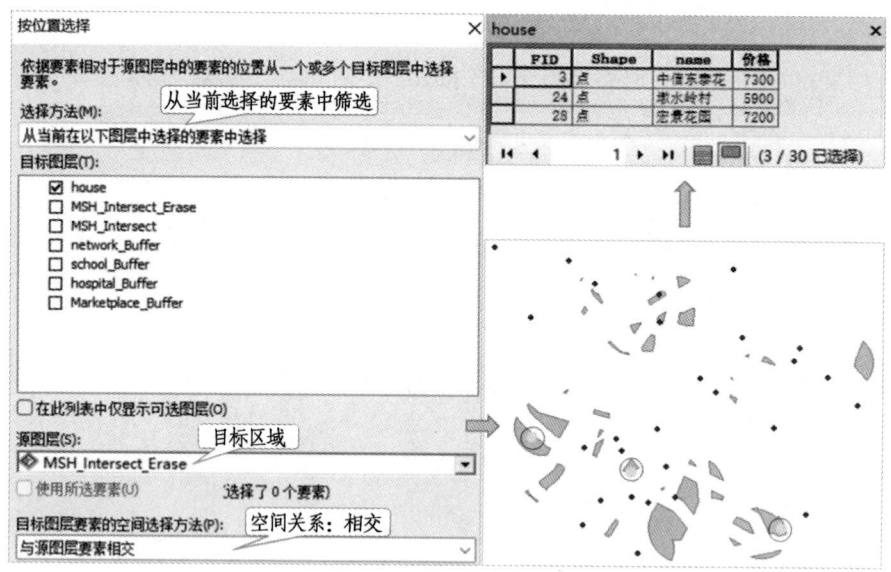

图 5-2-43　空间查询及目标购房房产

四、想一想

日常生活中还有哪些地方可以用到空间分析？

技能点三　道路占地统计分析

【技能目标】

（1）熟练使用缓冲区向导创建缓冲区。
（2）熟练使用工具箱中缓冲区工具创建缓冲区。

【操作流程】

道路占地统计分析操作流程，如图 5-2-44 所示。

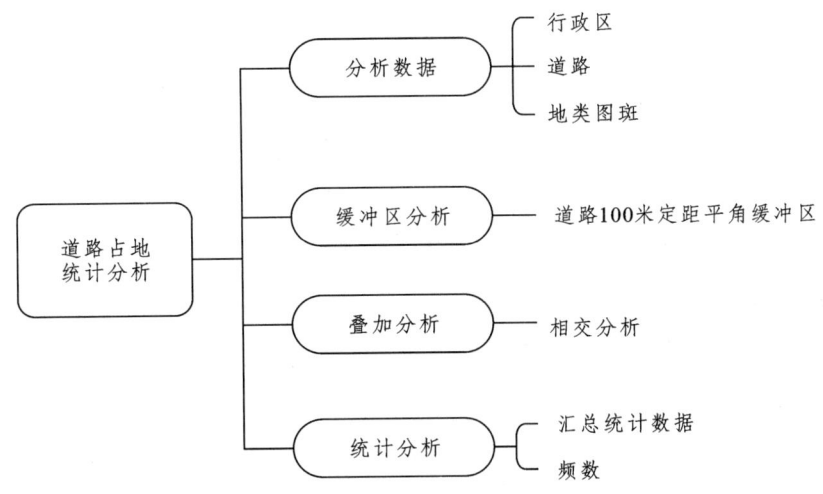

图 5-2-44　道路占地统计分析操作流程

【操作数据】

实验数据\项目五\任务 2\道路占地统计分析。

【背景】

在 3 个行政区之间修建 1 条道路，道路占地宽 200 m，求该道路占用三个行政区各类土地类型的面积分别是多少公顷？

【操作步骤】

一、创建 200 m 的道路面

打开缓冲区工具，输入"道路"，输出"道路_Buffer"，设置线性距离 100 m，测类型 FULL（双侧），末端类型 FLAT（平角），其他默认，生成 200 m 的道路面，如图 5-2-45 所示。

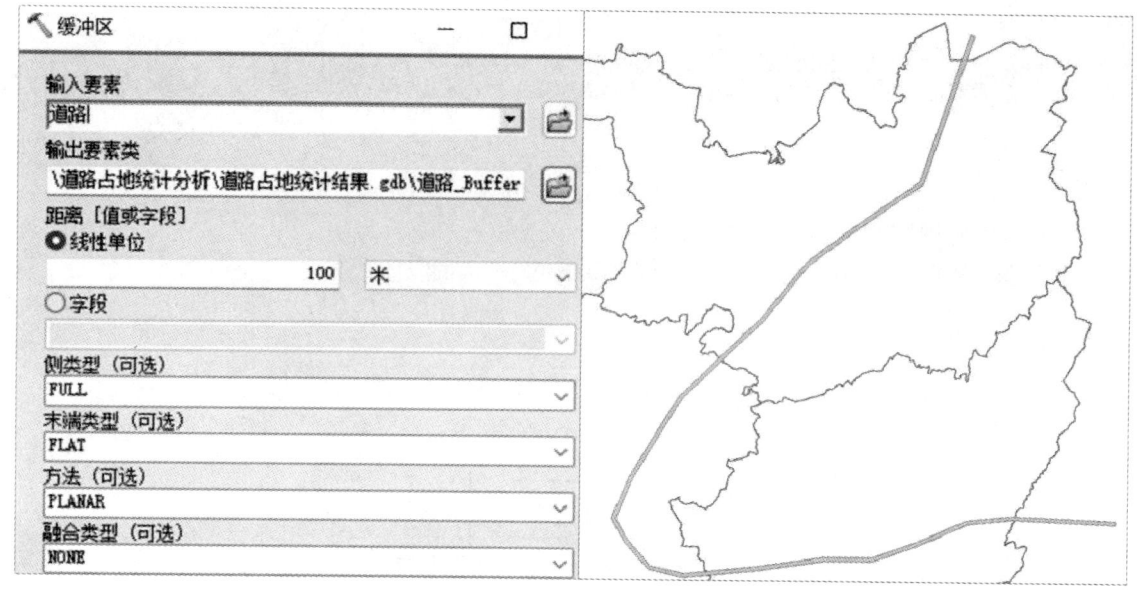

图 5-2-45 创建 200 m 的道路面

二、求各行政区范围内道路的土地利用类型

通过行政区、地类图斑（DLTB）与道路面（道路_Buffer）相交叠加，生成各行政区范围内道路的土地利用类型，如图 5-2-46 所示。

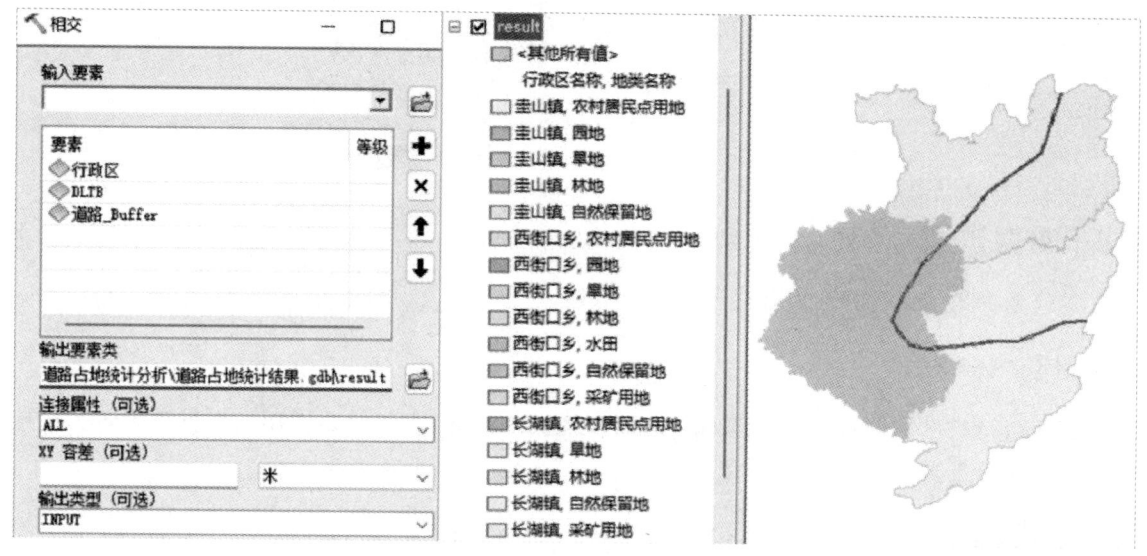

图 5-2-46 各行政区范围内道路的土地利用类型

三、汇总统计

（一）汇总面积

通过"汇总统计数据"或"频数"工具完成道路占地面积统计分析，如图 5-2-47 和图 5-2-48 所示。

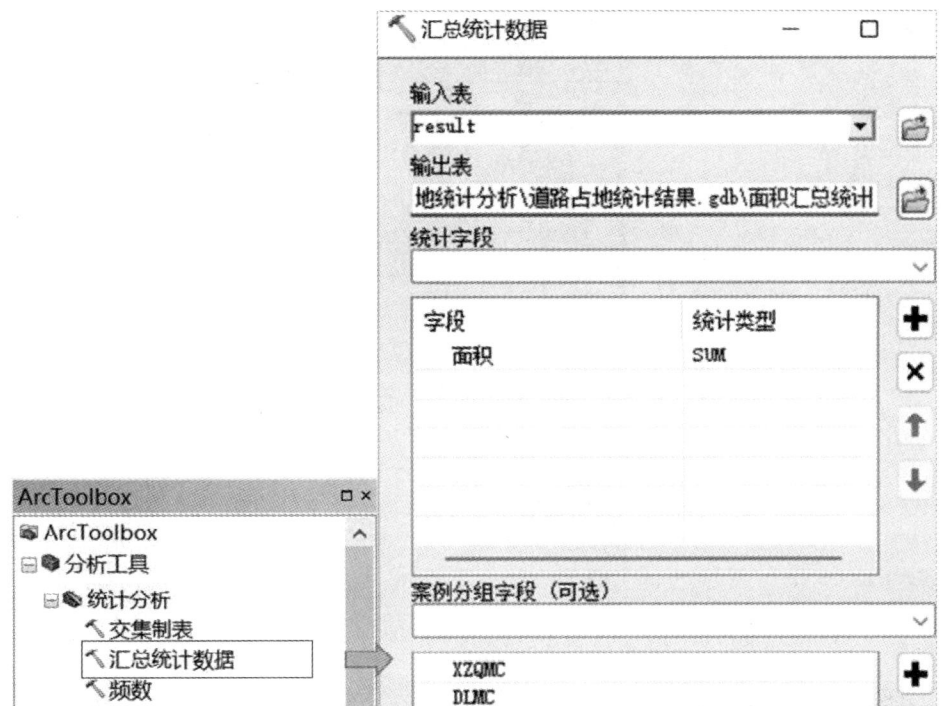

图 5-2-47 汇总统计数据工具及参数设置

OBJECTID *	行政区名称	地类名称	FREQUENCY	SUM_SHAPE_Area
1	圭山镇	旱地	17	862627.592012
2	圭山镇	林地	28	1873741.763785
3	圭山镇	农村居民点用地	2	36933.740358
4	圭山镇	园地	2	185977.608553
5	圭山镇	自然保留地	4	89156.928934
6	西街口乡	采矿用地	1	14484.434382
7	西街口乡	旱地	41	1609543.396915
8	西街口乡	林地	27	1445548.453958
9	西街口乡	农村居民点用地	1	13513.756138
10	西街口乡	水田	8	114722.775284
11	西街口乡	园地	1	12628.305756
12	西街口乡	自然保留地	26	693347.198948
13	长湖镇	采矿用地	1	41977.644818
14	长湖镇	旱地	21	801470.630651
15	长湖镇	林地	20	2085244.555549
16	长湖镇	农村居民点用地	3	129369.538
17	长湖镇	自然保留地	2	33531.190338

图 5-2-48 面积汇总统计结果

（二）面积换算

添加"面积_公顷"字段，数据类型：双精度。通过字段计算器将以平方米为单位的面积换算为公顷为单位的面积，如图 5-2-49 所示。

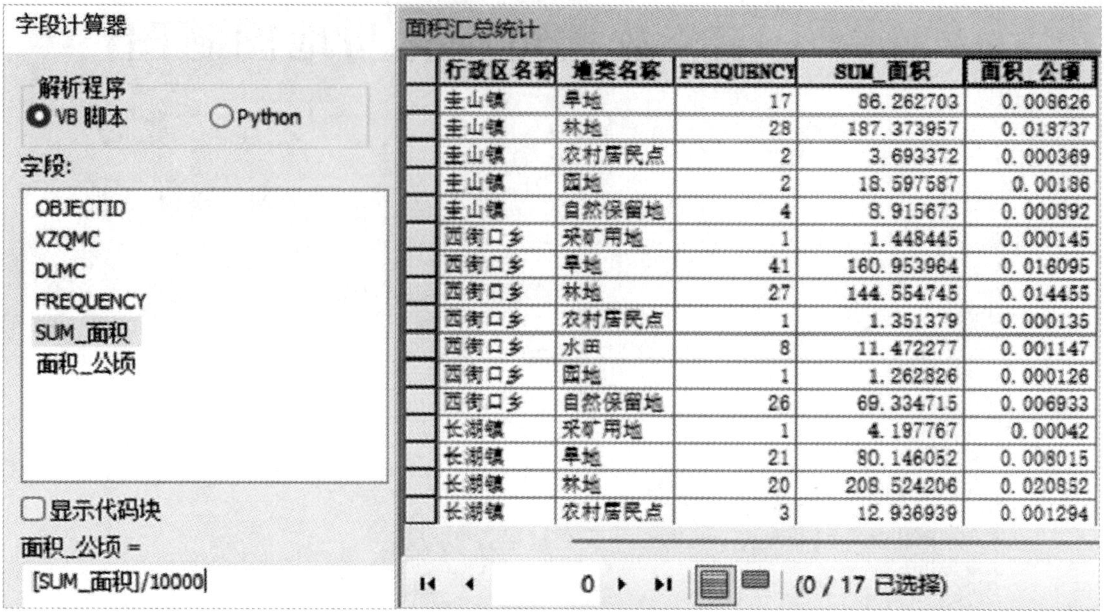

图 5-2-49　面积换算

四、想一想

使用"频数"工具如何完成面积汇总统计分析？

项目六　GIS 数据可视化与地图制图

 学习目标

知识目标

(1) 理解什么是 GIS 数据可视化。
(2) 了解数据可视化表达方式。
(3) 理解什么是地图。
(4) 了解地图包含的基本要素。
(5) 了解地图制图的原理和方法。

技能目标

(1) 熟练使用 ArcMap 进行数据可视化表达、注记的制作。
(2) 熟练使用 ArcMap 进行地图制图。
(3) 能够进行地图显示优化。

素养目标

(1) 培养科学审美,使制图作品能够兼具科学性和美观性。
(2) 以精益求精的精神要求自己,做到尽善尽美。
(3) 广泛学习、阅读经典的地图制图作品,以达"他山之石可以攻玉"之效。

知识点一　GIS 数据可视化

一、GIS 数据可视化

地理空间数据，地理空间现象通过符号可视化形式展示，GIS 符号（也称地图符号）作为国际上公认的三大通用语言（地图、绘画、音乐）之一，已跨越自然语言和文化而被广泛接受。GIS 符号能够直观、形象地将地理空间现象表达出来。图 6-1-1 中用浅灰色表示水域，用深灰色表示绿地，用点状符号表示医院，线状符号表示交通要素。

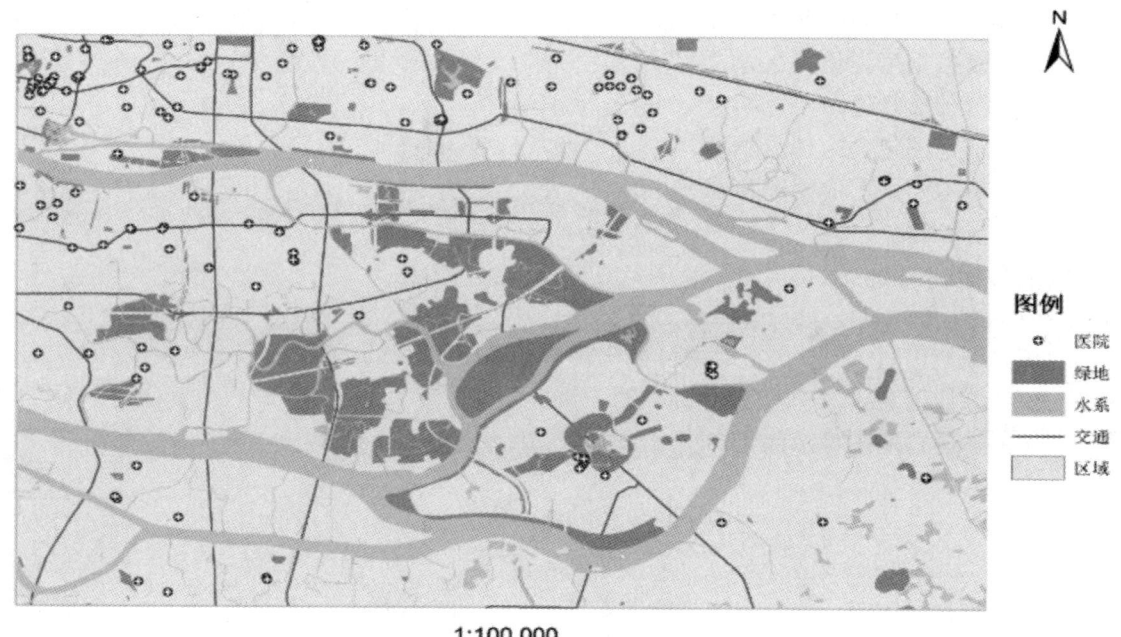

图 6-1-1　数据可视化

二、GIS 符号

根据地理要素的空间分布特征，GIS 符号可分为点状符号、线状符号、面状符号、三维体符号和标注，随着计算机、图形图像技术的发展，人们对 GIS 数据应用的需求的提高，GIS 体符号应用应运而生。

（一）点状符号

点状符号是一种表达不能依比例尺变化的小面积事物，如高程点、城堡等抽象成点状符号的地物。点符号的形状和颜色表示事物的性质，大小通常反映事物的等级或数量特征，但是符号的大小和形状与地图比例尺无关，只有定位的意义，如图 6-1-2 所示。

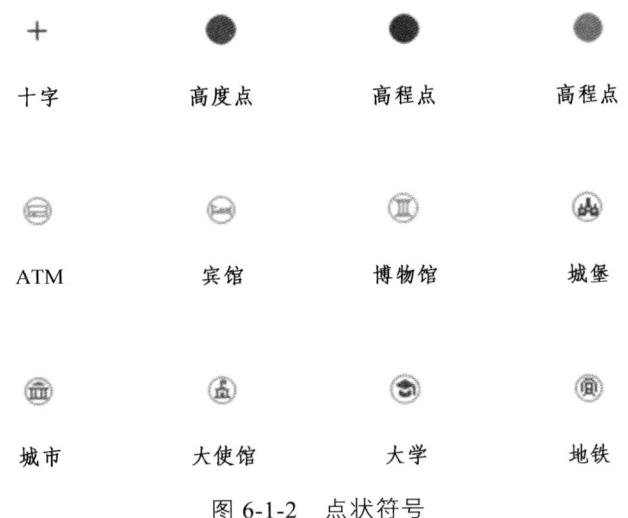

图 6-1-2　点状符号

(二) 线状符号

线符号是一种呈线状或带状延伸分布事物的符号，如河流，其长度能按比例尺表示，而宽度一般不能按照比例尺表示，需要进行适当的夸大。线状符号的形状和颜色表示事物的质量特征，其宽度往往反映事物的等级或数值，如图 6-1-3 所示。

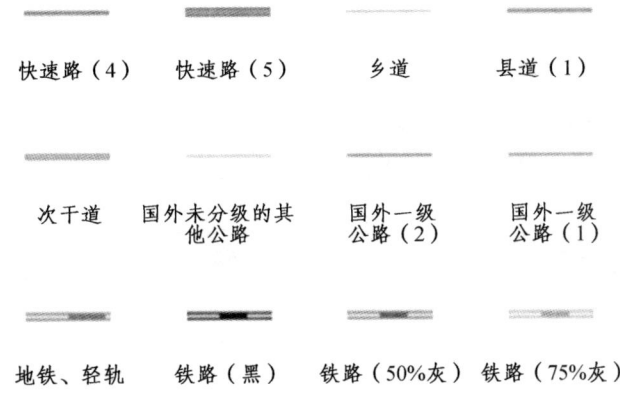

图 6-1-3　线状符号

(三) 面状符号

面状符号是一种能按地图比例尺表示出事物分布范围的符号。面状符号用轮廓线表示事物的分布范围，轮廓线内部的图形符号或颜色表示性质和数量，并可以从图上测量其长度、宽度和面积，如图 6-1-4 所示。

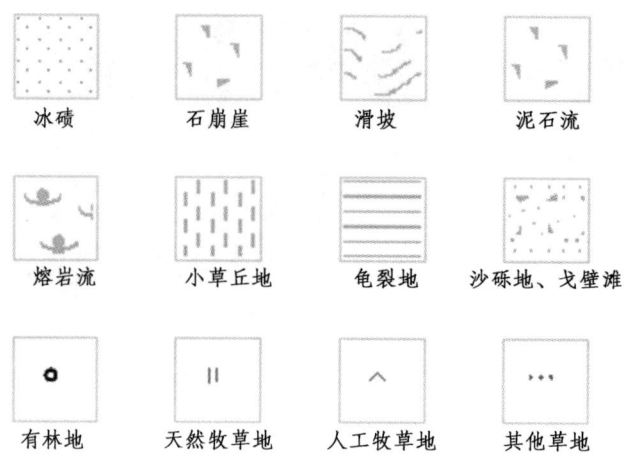

图 6-1-4　面状符号

（四）三维体符号

三维体符号是随着计算机技术的发展，人们对 GIS 数据应用真实化的需求而发展起来的，能够带给用户真实的现实世界的感受，如图 6-1-5 所示。

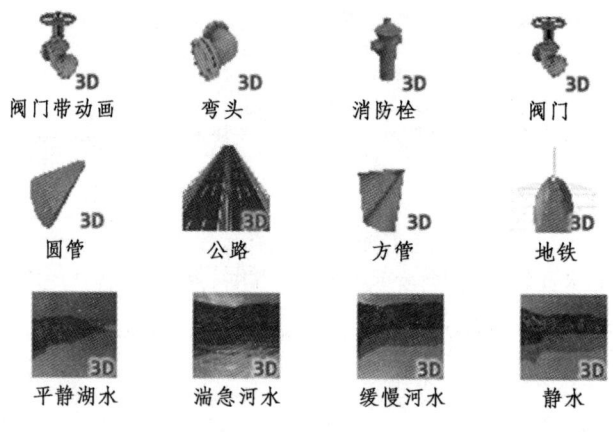

图 6-1-5　三维体符号

（五）标　注

文字标注起到说明的作用，包括字体、字色、字大、字隔、位置、排列方向等。

知识点二 地图内容

一、地图定义

地图是根据由数学方法确定的构成地图数学基础的数学法则、构成地图语言基础的符号法则和构成地图内容地理基础的制图综合法则记录地理环境信息的载体,是传递地理环境信息的工具,能反映各种自然和社会现象的多维信息、空间分布、组合、联系和制约及其在时空中的变化和发展。

二、地图内容

地图的基本内容,即地图的基本构成要素。一般来说,主要包括以下三类要素。

(一)地理要素

地理要素是地图的主体,包括自然地理要素和社会经济地理要素。自然地理要素包括水系、地貌和土质、植被等要素。社会经济地理要素包括居民地、道路网、行政界线等要素。

(二)数学要素

数学要素指数学基础在地图上的表现,是一切地图所必备的最基本的构成要素,包括和地图投影有联系的坐标网格和地图比例尺等,如图 6-1-6 所示。

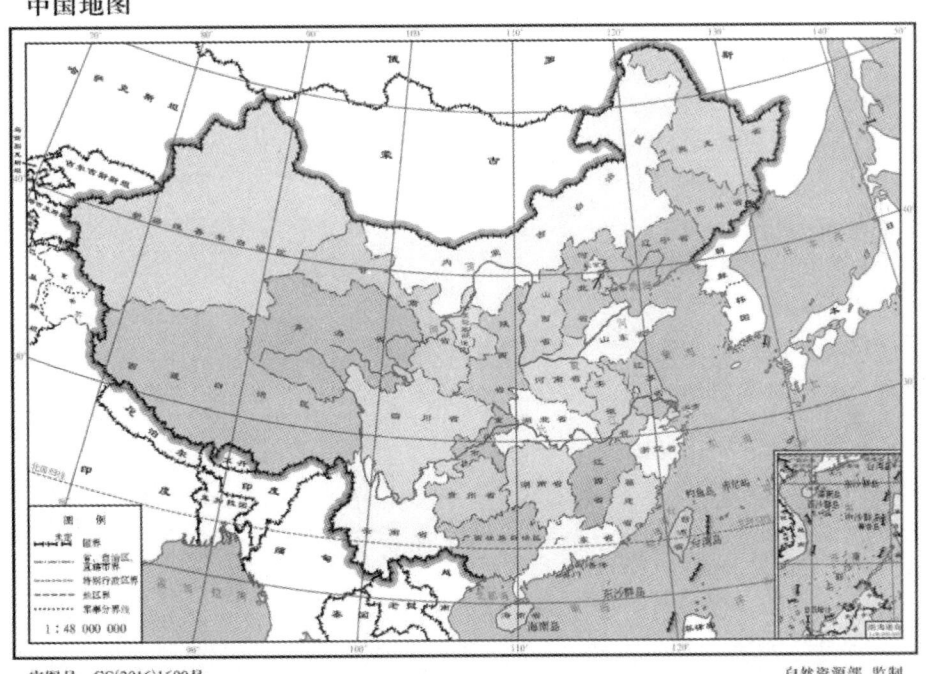

图 6-1-6 地图数学要素

（三）辅助要素

辅助工具分为读图工具和参考资料两类，为阅读地图和使用地图提供方便，主要包括图例、比例尺、指示方向、图幅接合表等。

技能点一　符号化显示

【技能目标】

（1）学会新建空白地图文档。
（2）认识 ArcMap 图形用户界面。
（3）学会切换数据视图与布局视图。
（4）解数据视图与布局视图的功能。

【操作流程】

数据符号化显示操作流程，如图 6-1-7 所示。

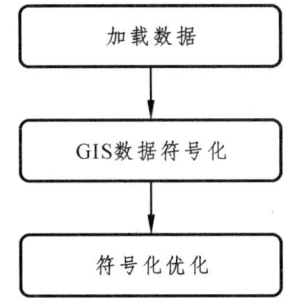

图 6-1-7　数据符号化显示操作流程

【操作步骤】

一、软件准备

（1）启动 ArcMap。
（2）新建空白地图文档。

二、数据准备

（1）添加数据。
（2）调整图层显示顺序。

为避免图层压盖，将土地利用数据放在最上层显示，区域范围数据放在下层显示，如图 6-1-8 所示。

三、符号化显示

（一）设置行政区划图层符号

将行政区划设置为空心填充符号，边界为黑色，线宽为 0.4 即可，如图 6-1-9 所示。

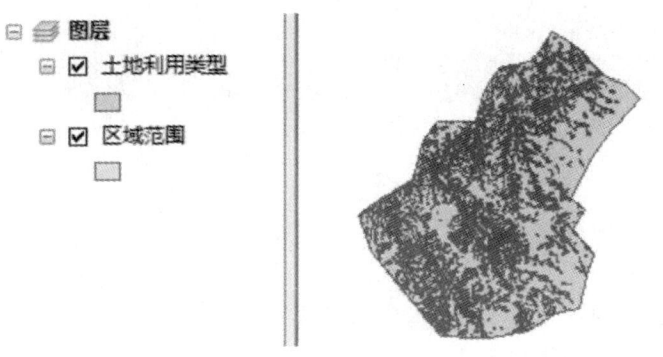

图 6-1-8　调整图层显示顺序

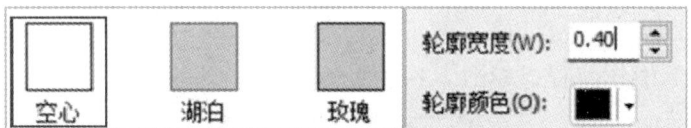

图 6-1-9　行政区划符号化设置

(二) 设置土地利用类型图层符号化

自动符号化的效果或许不那么美观，通常需要再次符号化显示。

单击右键，"属性"→"符号系统"→"类别"→"唯一值"→"DLMC"→"添加所有值"→"确定"，如图 6-1-10 所示。

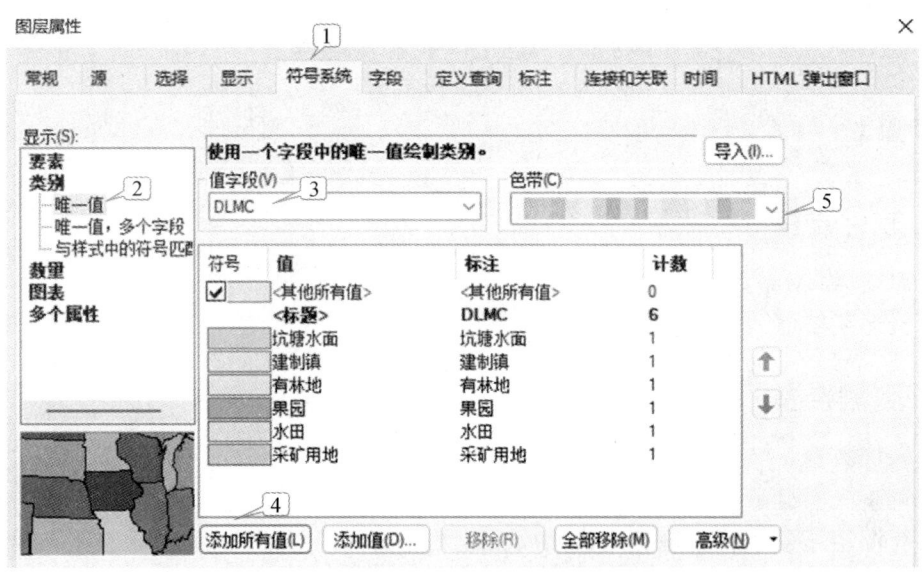

图 6-1-10　土地利用类型类别符号化

依次修改各类土地利用类型显示符号，如图 6-1-11 所示。

（1）将水系设置成浅蓝色，轮廓宽度设置为 0。

（2）设置建制镇为粉红色，轮廓宽度设置为 0。

（3）设置有林地为绿色，轮廓宽度为 0。

（4）设置果园为绿玉色，轮廓设置为 0。

（5）设置水田为黄色，轮廓设置为0。
（6）设置采矿用地为橙色，轮廓为0。

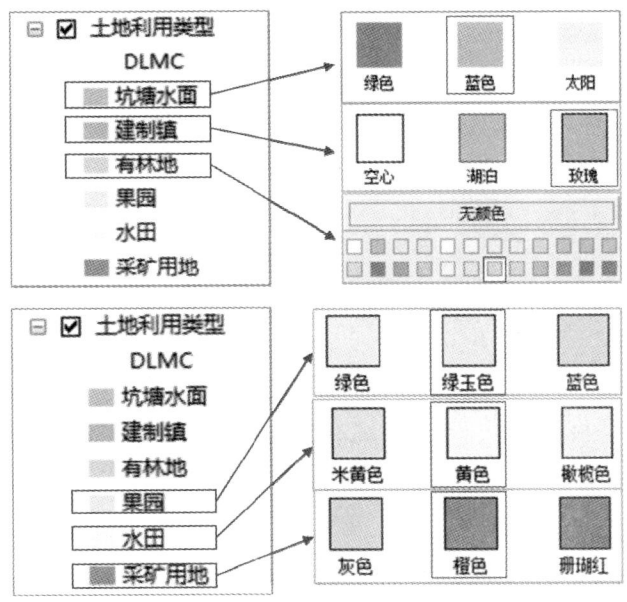

图 6-1-11　土地利用类型符号化设置

（三）符号化效果

符号化设置效果如图 6-1-12 所示。

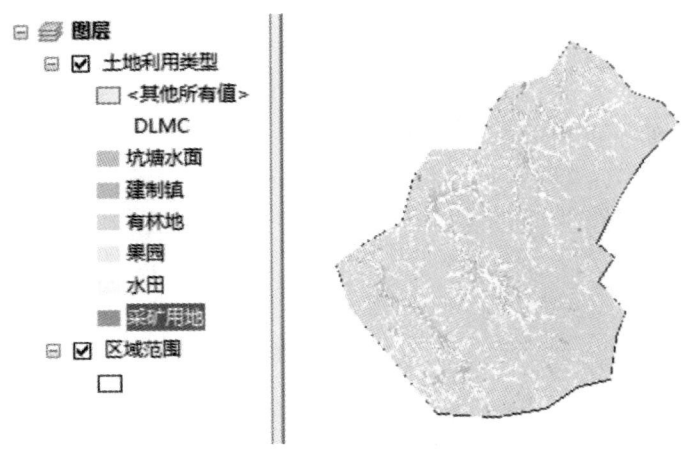

图 6-1-12　符号化设置效果

四、保存符号化显示文档

保存符号化好的地图文档，点击"菜单"→"文件"→"保存"，可记录数据符号化的效果，命名为"地利用类型图"。

技能点二　地图输出

【技能目标】

（1）掌握地图要素内容。
（2）学会利用 ArcGIS 进行地图幅面布置。
（3）学会利用 ArcGIS 进行地图输出。

【操作流程】

地图输出操作流程，如图 6-1-13 所示。

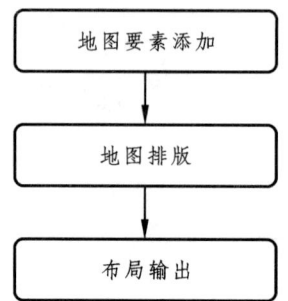

图 6-1-13　地图输出操作流程

【操作步骤】

（1）打开"土地利用类型图"地图文档，如图 6-1-14 所示。

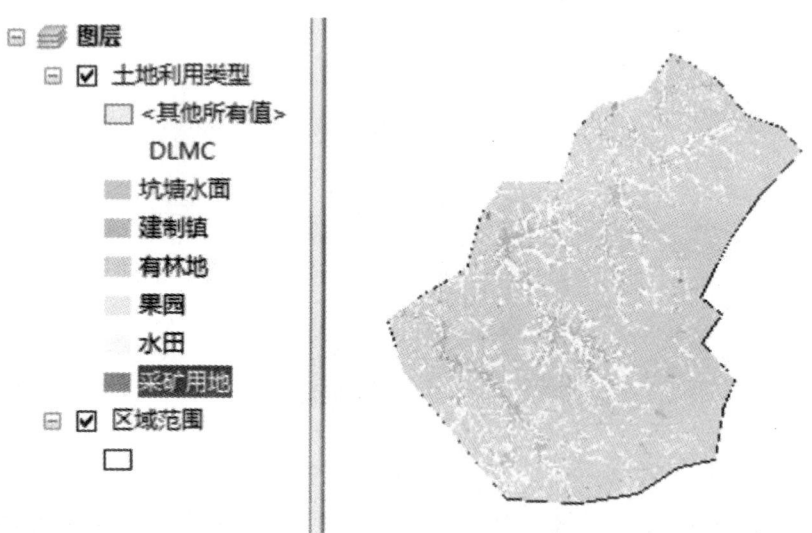

图 6-1-14　打开土地利用类型地图文档

（2）如图 6-1-15 所示，将数据调整到"布局视图"。

图 6-1-15　将数据调整至布局视图

（3）调整比例尺为 1∶100 000，如图 6-1-16 所示。

图 6-1-16　调整比例尺

（4）在文档空白地方，单击右键，打开"页面和打印设置"选项卡，如图 6-1-17 所示，设置页面大小。

图 6-1-17　打开页面和打印设置

（5）根据图幅内容范围，设置图幅页面大小，如图 6-1-18 所示，使用打印机纸张设置勾选取消，设置页面宽度和高度，点击"确定"。

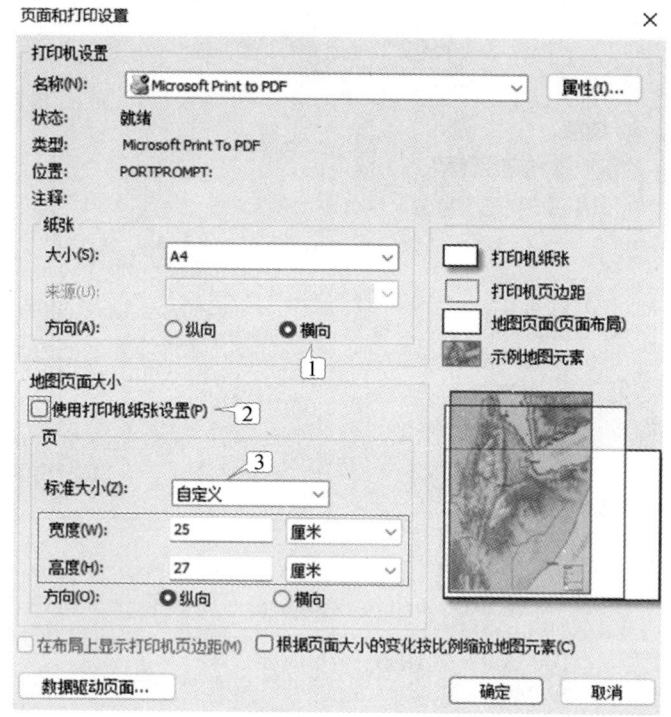

图 6-1-18　页面设置

（6）在布局视图中调整图形的大小，如图 6-1-19 所示。

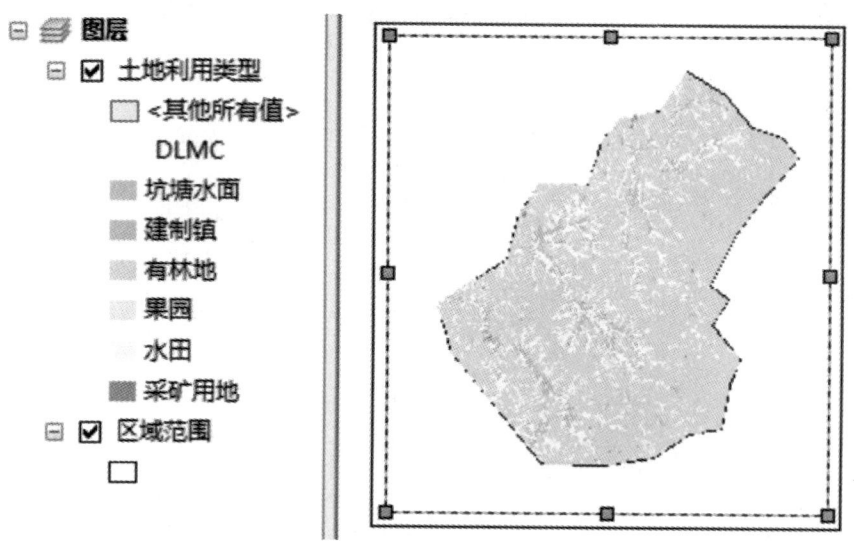

图 6-1-19　根据页面调整数据大小

（7）插入地图元素。由菜单"插入"设置地图的标题、指北针、比例尺、图例等元素，如图 6-1-20 所示。

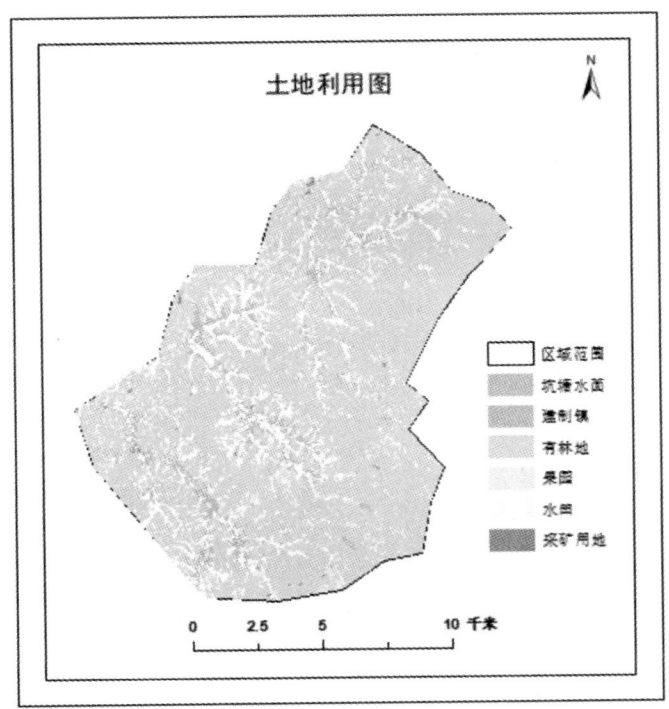

图 6-1-20　插图常用地图元素

（8）设置经纬网格。选中数据框右键选择"属性"，按图 6-1-21 打开数据框属性，选择"格网"创建经纬网，如图 6-1-22 ~ 图 6-4-25 所示。

图 6-1-21　打开数据框属性

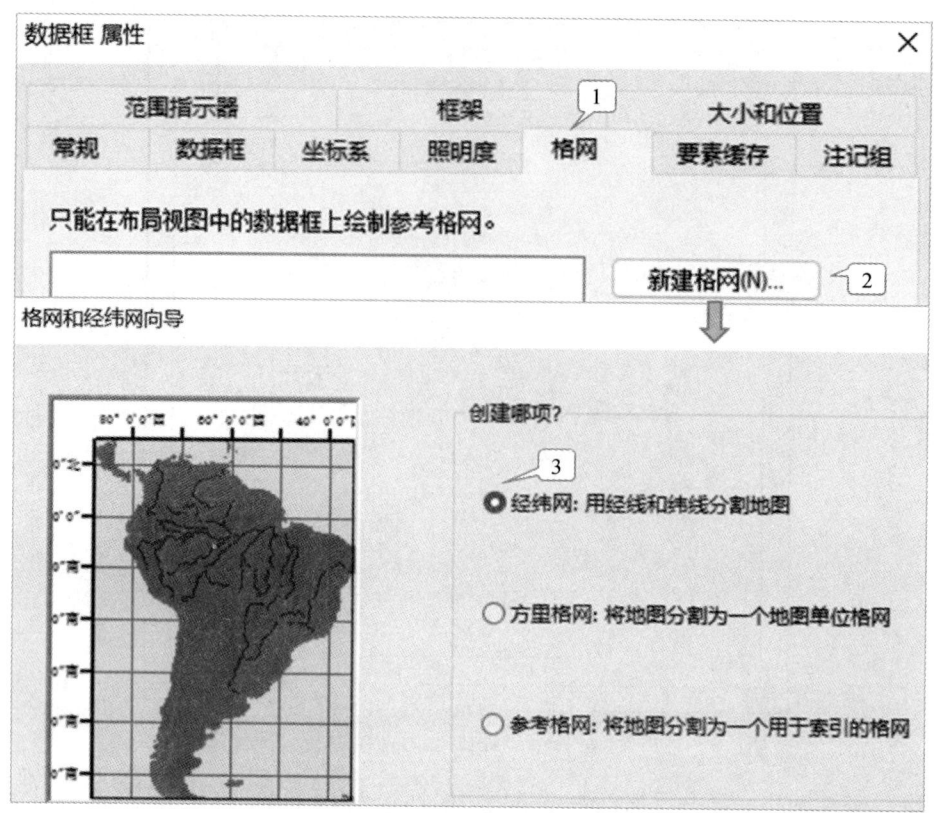

图 6-1-22 新建格网-经纬网

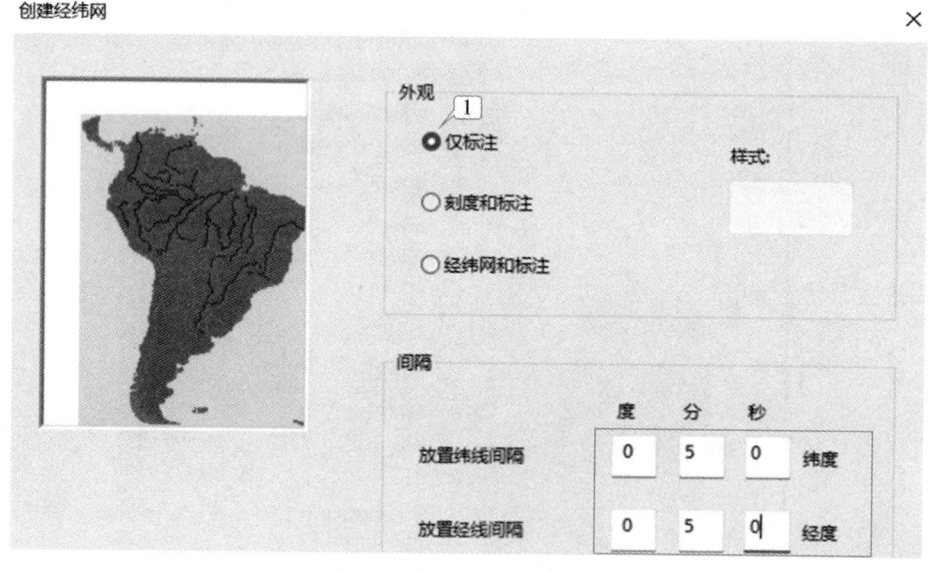

图 6-1-23 经纬网间隔

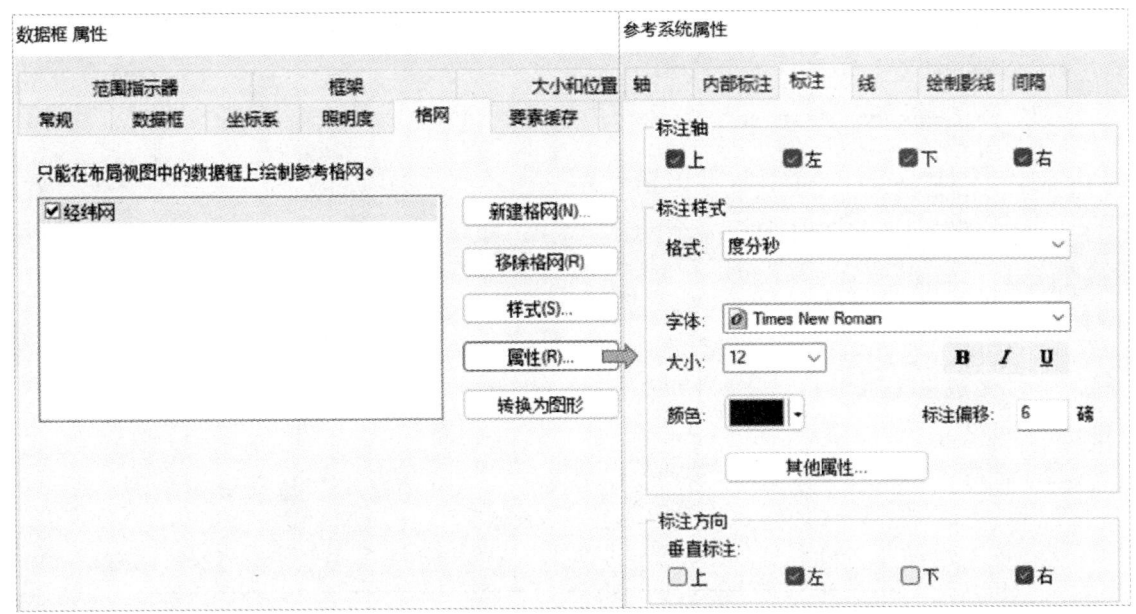

图 6-1-24 设置经纬网标注属性

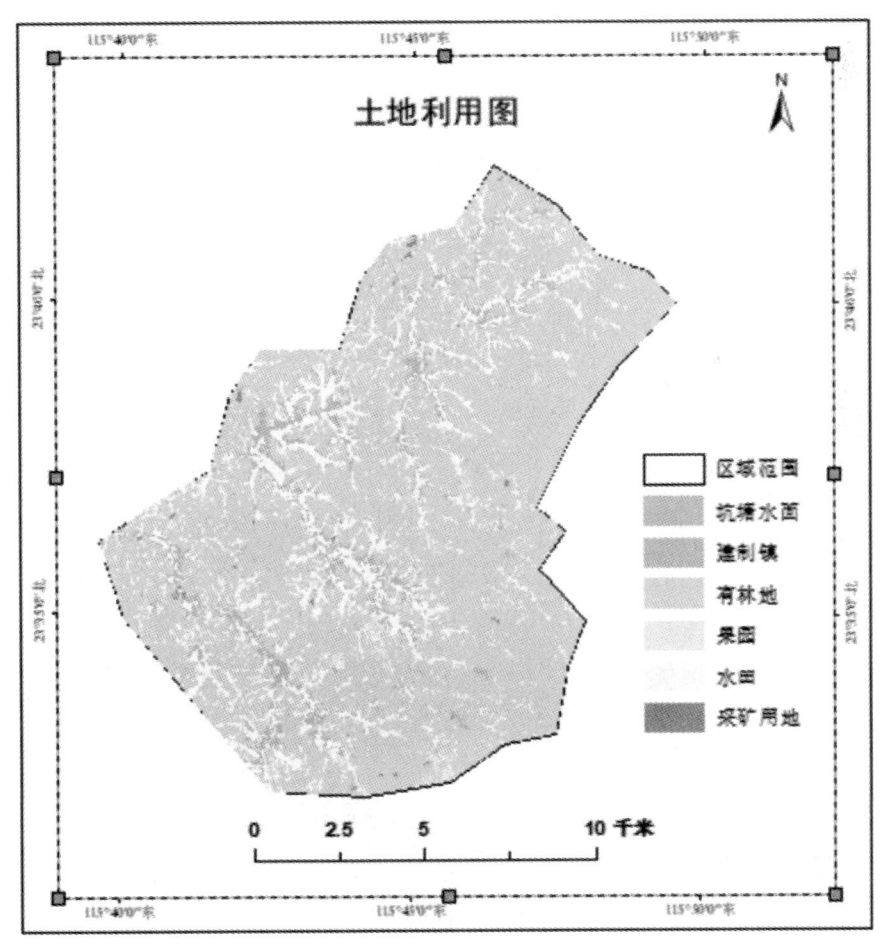

图 6-1-25 经纬网结果

（9）地图输出。由菜单"文件"选择"导出地图"，将制图结果保存为 JPG 或其他图片格式。导出结果如图 6-1-26 和图 6-4-27 所示。

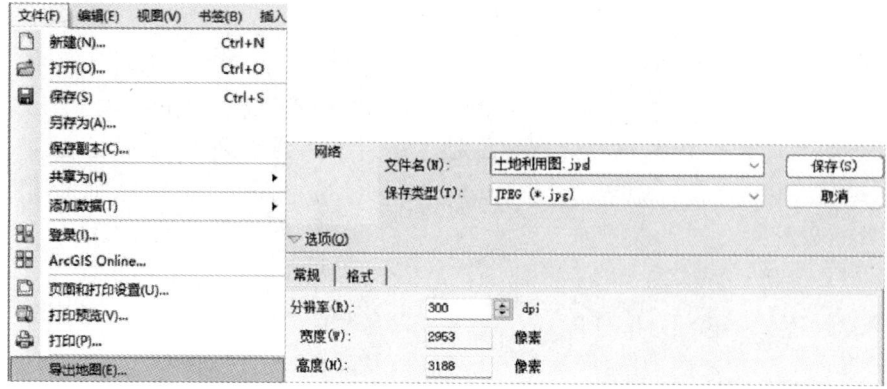

图 6-1-26　导出地图

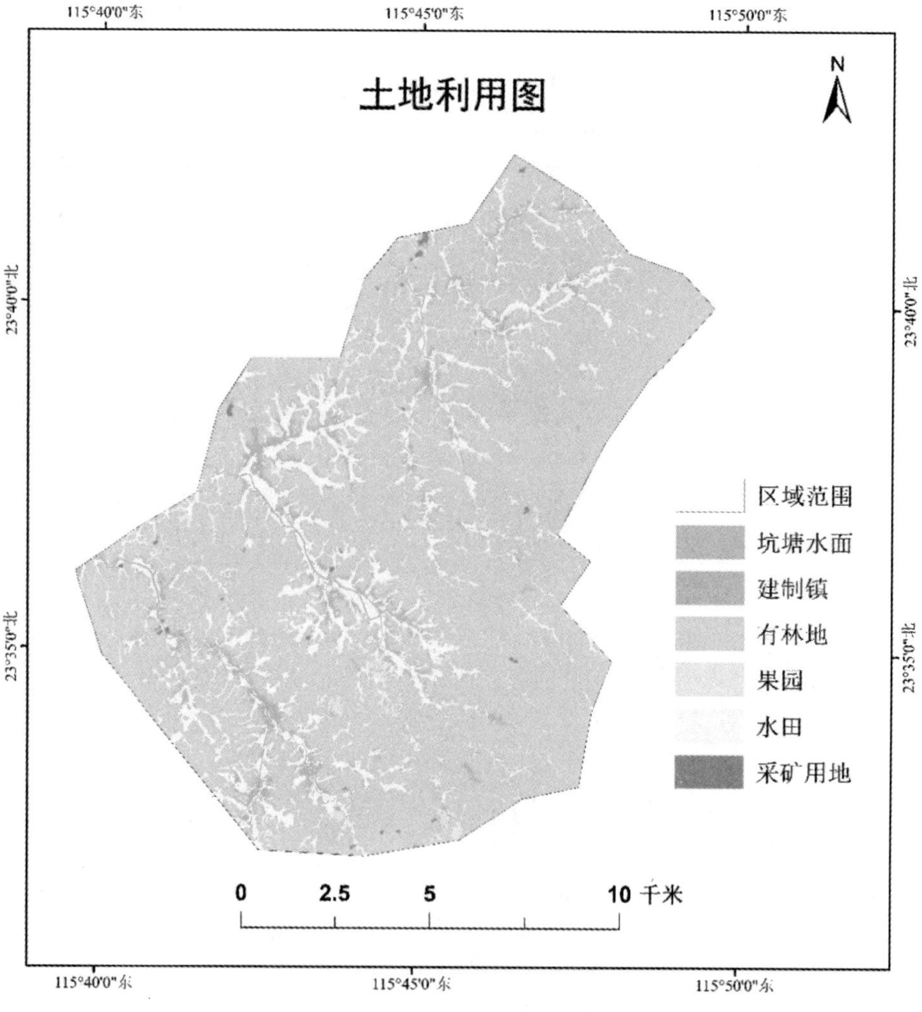

图 6-1-27　制图输出结果

参考文献

[1] 陈述彭,鲁学军,周成虎. 地理信息系统导论[M]. 北京:科学出版社,2000.
[2] 李建松,唐雪华. 地理信息系统原理[M]. 2版. 武汉:武汉大学出版社,2015.
[3] 黄杏元,马劲松. 地理信息系统概论[M]. 3版. 北京:高等教育出版社,2018.
[4] 邬伦,刘瑜,张晶,等. 地理信息系统:原理、方法和应用[M]. 北京:科学出版社,2018.
[5] 汤国安,赵牡丹,杨昕,等. 地理信息系统[M]. 2版. 北京:科学出版社,2019.
[6] 张新长,辛秦川,郭泰圣,等. 地理信息系统概论[M]. 北京:高等教育出版社,2017.
[7] KANG-TSUNG CHANG. 地理信息系统导论[M]. 8版. 陈健飞,等,译. 北京:科学出版社,2019.
[8] 吴信才,吴亮,万波. 地理信息系统原理与方法[M]. 4版. 北京:电子工业出版社,2019.
[9] 李玉芝,王启亮,高晓黎. 地理信息系统基础[M]. 北京:中国水利水电出版社,2009.
[10] MARIBETH PRICE. ArcGIS地理信息系统教程[M]. 7版. 李玉龙,等,译. 北京:电子工业出版社,2017.
[11] 薛在军,马娟娟,等. ArcGIS地理信息系统大全[M]. 北京:清华大学出版社,2013.
[12] 汤国安,杨昕,张海平. ArcGIS地理信息系统空间分析实验教程[M]. 3版. 北京:科学出版社,2021.
[13] 宋小冬,钮心毅. 地理信息系统实习教程[M]. 3版. 北京:科学出版社,2013.
[14] 晁怡,郑贵洲,杨乃. ArcGIS地理信息系统分析与应用[M]. 北京:电子工业出版社,2018.